스포츠 트레이닝의 주기화 4판

Periodization of Strength Training for Sports, 4th Edition
by Tudor O. Bompa, Carlo A. Buzzichelli
Copyright © 2022, 2015 by Tudor O. Bompa and Carlo Buzzichelli
　　　　© 2005 by Tudor O. Bompa and Michael Carrera
　　　　© 1999 by Tudor O. Bompa
All right reserved.
Korean translation copyright © 2023 by Daehan Media Co.
Korean translation right was arranged with Human Kinetics Publishers, Inc. in U.S.A

이 책의 한국어판 저작권은 미국 Human Kinetics Publishers, Inc. 사와의 독점계약으로 도서출판 대한미디어가 소유합니다.
저작권법에 의해 한국 내에서 보호받는 저작물이므로 무단전재와 무단복제를 금합니다.

스포츠 트레이닝의 주기화 4판

저자 ▪ Tudor O. Bompa, Carlo A. Buzzichelli
대표역자 ▪ 김기홍
공동역자 ▪ 고성식, 김병관, 김시현, 김아름, 박인아, 박준식, 배명호,
　　　　　 서상원, 손재헌, 송상협, 양재웅, 유정빈, 윤　철, 이상현,
　　　　　 정덕조, 정상훈, 정환종, 제이슨강, 지영진, 최한나, 한현구

초판 1쇄 발행 ▪ 2024년 7월 10일
발행인 ▪ 이광호
발행처 ▪ 대한미디어
디자인 ▪ 강희진
등록번호 ▪ 제2-4035호
전화 ▪ (02) 2267-9731
팩스 ▪ (02) 2271-1469
홈페이지 ▪ www.daehanmedia.com

ISBN 978-89-5654-564-6　93690
정가　28,000원

※잘못 만들어진 책은 구입처 및 본사에서 교환해 드립니다.

PERIODIZATION of STRENGTH
TRAINING for SPORTS

Fourth Edition

스포츠 트레이닝의 주기화

4판

Tudor O. Bompa, PhD & Carlo A. Buzzichelli 저

김기홍, 고성식, 김병관, 김시현, 김아름, 박인아, 박준식, 배명호, 서상원, 손재헌, 송상협,
양재웅, 유정빈, 윤철, 이상현, 정덕조, 정상훈, 정환종, 제이슨강, 지영진, 최한나, 한현구 공역

Contents

머리말 vii
감사의 글 ix

Part I 근력 트레이닝의 기초 1

1. 스포츠에서의 근력, 파워, 근지구력 3
2. 근력 트레이닝에서의 신경근 반응 25
3. 에너지시스템 트레이닝 49
4. 피로와 회복 77
5. 스포츠를 위한 근력운동의 법칙과 원칙 95

Part II 계획, 주기화, 프로그램 설계 125

6. 트레이닝 변인 설계 133
7. 마이크로사이클의 주간 계획 167
8. 연간 계획 189
9. 팀 스포츠 장기계획 247

| Part III | 근력 트레이닝의 주기화 | 257 |

10 해부학적 적응	259
11 근비대 트레이닝	277
12 최대근력	289
13 특정 근력으로의 전환	309
14 유지, 중단, 보상	367
15 최대의 수행을 위한 피킹	377

참고문헌	387
저자 소개	402
역자 소개	404

머리말

스포츠를 위한 근력 트레이닝의 주기화 제 4판은 스포츠 트레이닝의 주기화와 근력 트레이닝의 과학 및 방법론에 더욱 초점을 맞추었고, 우리는 이러한 필요성을 두 가지 중요한 이유로 인해 느꼈습니다.

1. 트레이닝 시스템으로서 주기화는 고대 올림픽(기원전 776년) 이후 거의 2,800년 동안 존재하였으나 현대의 트레이닝 개념은 불명확하거나 오해의 소지가 있는 이론을 기반으로 하여 유행과 상용화된 트레이닝 장비의 홍보에 영향을 받습니다.
   그 결과 오늘날 교육 프로그램은 수십년의 통찰력과 전문성으로 강화된 연구보다는 종종 과학적으로 검증되지 않은 과학에 기반하고 있습니다.

2. 검증된 과학적 정보와 조사결과에서 불구하고 스포츠를 위한 과학적 근력 트레이닝은 일부 코치 및 피트니스 강사의 일일 트레이닝 프로그램에 활용되지 못했습니다. 이러한 이유로 우리는 귀하의 트레이닝 계획 및 프로그램의 수준을 개선하고 궁극적으로 운동선수의 능력을 향상시키는 데 도움이 될 근력 트레이닝 방법론에 대한 과학적 정보와 전문지식을 공유하려합니다.
   이를 위해 우리는 과학적 개념인 신경근 생리학과 뉴턴의 운동 법칙에 특별한 주의를 기울였으며, 근력 운동의 효과적인 적용을 정당화하고 운동능력을 향상시키기 위한 개념을 적용할 수 있도록 명확하고 관련성 있는 설명을 추가하였습니다.
   스피드-파워 스포츠 종목에서 장거리 스포츠 종목에 이르기까지 경기력 향상은 스포츠 고유의 근력이 향상됨과 동시에 발생합니다.

4판은 미래의 근력 및 컨디셔닝 전문가와 성공에 투자하고자 하는 운동선수들에게 근력 트레이닝에 대한 향상된 과학이론의 이해와 경기력 향상을 극대화하기 위한 효과적인 방법을 제공하기 위해 특별히 고안되었습니다.

근거가 없거나 검증되지 않은 추측이 아닌 과학적 근거에 기반하여 트레이닝할 것을 제안합니다.

현명하게 트레이닝하세요.

감사의 글

책은 특정 정보를 공유하려는 저자의 결과물로 정보와 노하우를 분석하여 관련분야의 많은 독자를 유도합니다. 저자의 이름은 항상 표지에 표시되지만 책의 최종 편집을 담당하는 다른 많은 사람들의 이름은 독자와 거의 알려지지 않습니다. 이러한 전문가들의 공헌에 대한 존경의 표시로 이 책의 편집에 직접 참여한 분들의 이름을 여러분과 공유하고자 합니다.

이 책을 완성하기 위해 우리는 Human Kinetics 팀이라는 하나의 팀으로 함께 일했습니다. 이 팀은 수석 기획 편집자 Roger Earle과 편집장인 Shawn Donnelly가 이끌었습니다. 이 책의 전반적인 내용과 구조는 Roger가 수년에 걸쳐 끈질기게 노력한 결과이며, Shawn의 문학적 재능과 내용에 대한 친숙함은 거의 모든 페이지에서 분명합니다.

우리는 또한 교열 편집자 Rodelinde Albrecht의 공헌에 깊은 경의를 표하고 싶습니다. Kevin Campbell, 색인 작성자; 권한 관리자인 Martha Gullo. 그들의 끈기와 부지런한 노력이 이 책의 질을 크게 높였습니다.

책의 삽화는 종종 놀라운 전문가의 비전을 나타냅니다. 우리는 그래픽 디자이너인 Dawn Sills를 포함하여 이 모든 개인의 공헌을 기리고 싶습니다. Keri Evans, 표지 디자이너; 표지 디자인 전문가 Susan Allen; 사진 자산 매니저 Laura Fitch; 사진 제작 매니저 Jason Allen; 수석 아트 매니저 Kelly Hendren; 인쇄물 제작 책임 Susan Sumner.

우리는 이 책을 과학과 스포츠 트레이닝 간의 격차를 해소하기 위해 노력을 기울였으며, 코치, 강사, 트레이너, 건강 및 피트니스 전문가 그리고 학생들에게 바칩니다.

Part I
근력 트레이닝의 기초

기초가 튼튼할수록
최대 성능이 높아진다!

스포츠에서의 근력, 파워, 근지구력

대부분의 스포츠 활동에는 근력(힘 또는 F), 속도(S), 지구력(E), 유연성 또는 이러한 요소들의 조합이 포함된다. 근력 운동(strength exercise)은 저항(물, 중력, 상대방)을 극복하는 것이며, 스피드 운동(speed exercise)은 반응속도(quickness)와 빈도를 최대화 하는 것이다. 지구성 운동(endurance exercise)은 장거리, 장시간의 지속적이거나 많은 반복을 하는 것이고 유연성 운동(flexibility exercise)은 관절가동범위(range of motion, ROM)를 최대화 하는 것이다. 마지막으로 협응 운동(coordination exercise)은 복잡한 움직임을 포함된다.

특정 운동을 수행하는 능력은 운동선수마다 다르며 높은 수준에서 운동을 수행하는 선수의 능력은 조상으로부터 물려받은 힘, 속도, 지구력 및 유연성 같은 유전적인 요인에 의한 영향을 받는다. 이러한 능력을 조건부 운동능력(conditional motor capacity), 일반적인 신체적 특성(general physical quality) 또는 생체 운동능력(biomotor ability)이라고 부른다. 운동(motor)은 움직임(movement)을 나타내며, 접두사 bio는 이러한 능력의 생물학적(신체) 특성을 나타낸다. '능력(ability)'이라는 용어는 신경계의 역할을 의미한다. 각각의 신체적 운동수행 표현은 어느 정도의 기술(skill)이 모여 이루어진다.

트레이닝과 경기에서의 성공은 선수의 유전적 잠재력에 의해서만 결정되는 것은 아니다. 주기화의 체계적인 계획과 결정을 통해 완벽을 추구하는 선수는 노력을 전제로 한 지속적인 트레이닝 과정으로 시상대에 오르거나 팀이 주요 경기에서 우승하도록 도울 수 있다. 재능의 영향력을 무시할 수 없지만, 트레이닝에 집중하고 경기에서 긴장을 푸는 선수의 능력은 궁극적인 성취를 좌우할 수 있다. 운동선수는 타고난 힘이나 유전적 잠재력을 넘어서기 위해 생리학적 적응에 집중해야 한다.

근력은 현재의 기준을 넘어 운동 잠재력을 높이는 데 도움이 될 수 있기 때문에 중요하다. 유산소 운동이 주를 이루는 마라톤 같은 장거리 스포츠에서도 근력은 주자에게 가시적인 이점을 제공할 수 있다. 마라톤 경주 중에 선수가 42.195km의 거리를 이동하려면 약 55,000보가 필요하다는 점을 고려해야 한다. 이를 위해 특정 근력 트레이닝을 수행한 선수는 지면에 약간 더 강한 힘을 가할 수 있으며, 결과적으로 보폭을 약 1cm(1/2인치) 더 늘릴 수 있다. 이러한 개선으로 마라톤 선수는 경주 시간을 48초~2분까지 줄일 수 있게 된다. 따라서 장거리 선수에게도 중력에 대항하는 러닝 스텝의 밀어내기 단계(push-off phase)인 추진력을 높이는 데 시간을 투자할 가치가 있다.

다른 스포츠, 특히 속도가 지배적인 스포츠에서 선수는 최대근력(MxS)과 파워(P)를 증가시키기 위한 트레이닝 방법으로 운동수행능력을 눈에 띄게 향상시킬 수 있다.

스포츠를 위한 현대적인 근력 트레이닝의 발단

근력 운동이 운동수행능력을 향상시키기 위해 언제부터 사용되었는지 의문을 가진 적 있는가? 이는 아이네이아스(Aeneas)의 이야기에서 답을 얻을 수 있다. 로마 시인 베르길리우스 마로(Virgil, 기원전 70~19)가 쓴 트로이의 영웅 아이네이아스의 유랑을 노래한 서사시 《아이네이스(Aeneid)》에서 트로이의 왕 프리아모스(Priam)의 아들 파리스(Paris)가 스파르타의 왕 메넬라오스(Menelaus)를 마주하는 대목이 있다. 트로이 목마를 기리는 파티에서 파리스는 메넬라오스의 배우자인 헬렌(Helen)을 만났다. 파리스는 그녀와 사랑에 빠졌고, 그녀를 자신의 고향 트로이로 데려갔다. 분노한 메넬라오스는 동료 그리스인에게 트로이를 침공하고 헬렌을 스파르타로 데려오도록 부추겼다. 그러나 헬렌은 메넬라오스에게 돌아가기를 거부했고, 메넬라오스와 그의 동료들은 강제로 그녀를 되찾기로 결심한다. 그리스와 트로이 간의 트로이 전쟁(기원전 1200)은 10년 동안 지속되었으며, 어느 쪽도 승리하지 못했다.

전쟁을 계속하고 싶은 마음을 잃은 그리스인은 집으로 돌아가기로 결정했다. 그러나 교활한 그리스인 율리시스(Ulysses)는 트로이를 위한 선물, 즉 전설로 전해오는 트로이 목마를 남길 것을 제안했다. 그리스인은 거대한 목마를 만들어 선물한 뒤 후퇴했지만, 그 안에 수많은 그리스 전사들이 숨어 있다는 사실을 트로이 사람들은 알지 못했다. 다음날, 트로이 사람들은 마침내 전쟁이 끝난 것을 보고 기쁜 나머지 그리스인이 남긴 목마를 요새로 가져오기로 결정했다. 다음날 밤, 그리스 전사들은 목마에서 나와 트로이 경비병을 공격하고 그리스 군대가 요새를 침공할 수 있도록 성문을 열었다. 트로이 목마의 혼란과 혼돈은 트로이의 패배로 이어졌고, 요새는 영원히 파괴되었다.

전쟁에서 살아남은 몇 안 되는 사람 중에는 트로이의 영웅 아이네이아스가 있었다. 그는 몇 명의 전사를 데리고 이탈리아로 떠나기로 결심했다. 이탈리아로 여행하는 동안 아이네이아스는 보급품을 구하기 위해 지중해의 여러 섬에 들렀다. 베르길리우스는 아이네이아스가 모든 섬에서 환영을 받았고 보급품을 받았는데 한 가지 조건이 있었다고 적었다. 바로 그 섬에 사는 선원과의 조정 경기였다(그림 1.1a). 로마 시인은 그들이 매일 조정 경주를 위해 준비하는 모습을 다음과 같이 묘사했다.

- 먼저 노 젓는 사람들은 몇 가지 운동을 했다. 이것은 오늘날 우리가 하는 준비운동과 같다.
- 그들은 한동안 노를 저었다. 이것은 이 세션에서 가장 중요한 활동이다.
- 그들은 몇 개의 돌을 들어 올렸다(그림 1.1b). 이것은 트레이닝 세션 후에 수행하는 근력 트레이닝에 해당한다.
- 마지막으로, 그들은 편안한 온수 목욕을 하고 마사지를 받았다. 이것은 오늘날의 훈련 후 회복 및 보상 활동이다.

이미 아이네이아스가 3,200년 전에 수행한 활동이지만 오늘날에도 이에 대해 의문을 제기하는 이들이 있다. 수영, 노르딕 스키, 팀 및 라켓 스포츠, 무술 분야의 일부 코치는 근력 트레이닝이 운동능력에 미치는 긍정적인 영향을 인식하지 못한다.

스포츠 트레이닝의 주기화

> 3,200년 전의 평범한 전사인 아이네이아스는 과학과 트레이닝 방법에 대한 지식이 없었다. 그는 어떻게 노 젓는 사람이 힘을 가하면 물에 가하는 힘도 커지며, 배의 속도도 빨라진다는 것을 알았을까?

흥미롭게도 우리가 사용하는 트레이닝 개념과 트레이닝 계획 중 일부는 우리 조상들이 지금보다 단순한 형태로 사용하던 것이었다. 뉴턴(Newton, 1643~1727)이 태어나지 않았으므로 아이네이아스는 운동의 제3법칙을 알지 못했다. 모든 운동에는 같은 크기의 힘이 반대 방향으로 작용하는 반작용이 있음을 찾아냈던 것일까? 아이네이아스는 보트를 빠르게 움직이려면 노 젓는 사람이 물에 저항할 수 있는 힘을 가해야 하며, 선수는 물의 저항이나 중력을 이겨내기 위한 힘을 증가 시켜야만 극복이 가능하다는 상식을 가지고 있었다.

예를 들어 스피드(속도)는 축구 선수는 물론 다른 종목 선수에게도 높이 평가되는 체력 요소다. 코치는 끊임없이 빠른 선수를 찾는다. 그러나 빠른 속도로 달리기, 수영 등은 다음 두 가지 조건에서만 가능하다.

- 운동선수가 높은 비율의 속근섬유 같은 좋은 유전적 특성을 가지고 있는 경우, 속근섬유 수가 많을수록(예: 53%) 선수는 더 빨라진다.

그림 1.1 (a) 아이네이아스가 이탈리아로 여행하기 위해 사용한 것과 유사한 노 젓는 배 (b) 아이네이아스 시대의 노 젓는 사람들처럼 한 남자가 힘을 키우기 위해 무거운 돌을 들어 올리고 있다.

- 근력 운동은 모든 운동선수, 특히 속근섬유의 비율이 높지 않은 운동선수에게 필수다. 선수가 근력을 향상시키면 지면에 가해지는 힘이 증가하여 더 빨리 달릴 수 있게 된다. 선수가 많은 수의 속근섬유를 물려받았고 추가로 근력 트레이닝을 통해 향상시키려고 한다면, 얼마나 더 빨라질 수 있는지 상상해보라!

여섯 가지 근력 트레이닝 프로그램

다양한 스포츠의 선수들과 코치들은 근력 트레이닝을 위해 보디빌딩, 고강도 트레이닝, 올림픽 역도, 파워 트레이닝, 파워리프팅, 근력 주기화라는 여섯 가지 주요 프로그램을 사용한다. 전반적으로 근력 주기화가 스포츠 트레이닝에서 가장 영향력 있는 트레이닝 방법이다.

보디빌딩

보디빌딩에 사용되는 트레이닝 프로그램은 비대(근육 크기)를 증가시키기 위해 트레이닝 변수(세트, 반복 횟수, 휴식 시간, 수행 속도 등)를 적용한다. 근비대는 에너지 기질 과잉 보상 및 근육 단백질 부착 형태의 적응으로 가능하다. 이를 위해 보디빌더는 지칠 때까지 6~12회 세트를 수행한다.

그러나 근육 크기 증가만으로 운동수행력에 많은 도움이 되지 않는다[예외적으로 젊거나 근육이 발달되지 않은 선수, 미식축구 선수(특히 라인 배커), 럭비의 스크럼 선수, 육상 경기의 일부 선수가 포함될 수 있음]. 더 구체적으로 설명하자면, 보디빌딩의 느리고 반복적인 수축은 다른 많은 스포츠에서 폭발적인 운동의 움직임을 제공하는 데 제한적으로 긍정적인 영향을 줄 수 있을 뿐이다. 예를 들어 운동 기술은 100~180밀리초(milliseconds)로 빠

표 1.1 접촉 단계 기간

종목	시간(milisec.)
100m 달리기(접촉 단계)	90~250
멀리뛰기(도약)	105~150
높이뛰기(도약)	150~180
도마(도약)	100~120
역도의 캐치 포지션	1,150~1,200

Data from C.B. Tucker, A. Bissas, and S. Merlino, *Biomechanical Report for the IAAF World Indoor Championships 2018: Long Jump Men* (Birmingham, UK: International Association of Athletics Federations, 2019); G. Nicholson, T.D. Bennett, A. Bissas, and S. Merlino, *Biomechanical Report for the IAAF World Indoor Championships 2018: High Jump Men* (Birmingham, UK: International Association of Athletics Federations, 2019); and E. Hall, D.C. Bishop, and T.I. Gee, "Effect of Plyometric Training on Handspring Vault Performance and Functional Power in Youth Female Gymnasts," *PLoS ONE* 11, no. 2 (2016): e0148790, https://doi.org/10.1371/journal.pone.0148790.

스포츠 트레이닝의 주기화

르게 수행되는 반면, 보디빌딩에서 레그 익스텐션은 600밀리초가 걸리고, 역도에서 자세를 잡는 데 약 1,200밀리초가 걸린다(표 1.1).

예외가 있다. 슈퍼세트와 드롭세트와 같은 보디빌딩 기술은 근비대가 목표인 특정 스포츠 트레이닝의 근비대 단계에서 사용된다. 하지만 보디빌딩은 신경근 적응이 필수적이지 않기 때문에 일반적으로 긴 휴식시간이 있는 폭발적인 수축 또는 고부하로 이루어지는 운동을 실시하지 않는다. 따라서 보디빌딩은 스포츠를 위한 근력 트레이닝에서 대부분 권장하지 않는다.

고강도 트레이닝

고강도 트레이닝(HIT)은 1년 내내 높은 트레이닝 부하를 사용하는 모든 트레이닝 세트를 최소한의 긍정적 실패로 수행하는 것을 포함한다. HIT의 확고한 신봉자들은 근력 향상이 20분에서 30분 안에 달성될 수 있다고 주장한다. 하지만 이 주장은 길고 지속적인 기간의 운동(중장거리 수영, 조정, 카누, 크로스컨트리)을 위한 근력 트레이닝을 간과한 의견이다. HIT 프로그램은 경기 일정에 맞춰 계획되지 않는다. 스포츠에서 근력은 주어진 트레이닝 단계에서의 최고 운동수행능력에 도달하기 위한 날짜 및 트레이닝 기간에 따른 스포츠의 생리적 필요에 따라 주기화된다.

HIT 트레이닝을 사용하는 선수들은 대체로 매우 짧은 기간에 힘을 얻지만, 경쟁적인 시즌이 되면 힘과 지구력을 잃는 경향이 있다. 더 나아가서, HIT 프로그램에서 사용되는 훈련 방법(강제 반복 또는 신장성 강조 반복)으로 생긴 높은 수준의 신경피로와 근육통은 주별 트레이닝 내내 선수의 기술 또는 전술적 트레이닝뿐만 아니라 더 구체적인 신체적 트레이닝을 방해한다.

올림픽 역도

올림픽 역도는 근력 트레이닝의 초창기에 중요한 영향을 미쳤다. 지금도 많은 코치와 트레이너들은 주동근(특정 종목 기술에서 실제로 쓰이는 근육)이 트레이닝이 되는지 안 되는지도 모르면서 전통적인 올림픽 역도 동작(예: 클린 앤 저크, 스내치, 파워클린)을 활용한다. 그 동작들은 스포츠에서 필요로 하는 특정한 힘이 아닐 수도 있고, 달리기 스포츠에서 종종 나타나는 스트레칭-단축 주기(stretch-shortening cycle)의 부족으로 나타나는 근력의 탄성 반응성 구성요소를 트레이닝하는데 도움이 되지 않을 수도 있다. 코치는 최초의 원동력, 힘을 가하는 방향, 다양한 스포츠 활동에서 스트레칭-단축 주기 유무를 항상 근력 트레이닝 프로그램 설계에서 고려해야 하기 때문에 역도 운동의 유익성 여부를 결정하려면 스포츠의 기본 동작을 면밀히 분석해야 한다. 예를 들어, 미식축구 라인맨은 리프팅(저항운동)의 이점을 누릴 수 있지만, 조정 선수와 수영 선수는 그렇지 않을 수 있다.

젊은 운동선수와 근력 트레이닝에 대한 초보자는 역도 기술을 익히기 위해서는 많은 시간이 걸리기 때문에, 운동선수가 트레이닝 효과를 생성하는 부하를 사용하기 위해서는 충분한 기술 숙련도를 달성해야 한다. 요약하자면, 역도는 전신의 근력과 파워를 향상시키는 좋은 방법이 될 수 있지만, 근력 및 컨디셔닝 코치는 역도의 특이성과 효율성을 모두 이해한 뒤 트레이닝에 적용해야 한다.

연간 파워 트레이닝

연간 진행되는 파워 트레이닝은 연간 트레이닝 주기와 상관없이 폭발적인 바운딩 운동, 메디신볼 던지기, 근력 운동을 하는 것이 특징이다. 특히, 육상 및 특정 팀 스포츠의 코치나 트레이너는 훈련 첫날부터 메이저 대회 우승에 이르기까지 파워 트레이닝이 주요 초점이 되어야 한다고 믿는다. 그들은 파워가 중심인 종목의 경우, 오프시즌(휴식기)을 제외하고 1년 내내 파워트레이닝을 진행해야 한다고 말한다.

확실히 파워는 1년 내내 파워 트레이닝을 함으로써 향상된다. 그러나 중요한 요소는 해마다 향상되는 속도다. 근력 트레이닝은 이전의 훈련 경험이 적은 선수에서 전력 질주 및 점프력 향상 측면에서 파워 트레이닝보다 훨씬 더 나은 결과를 가져오는 것으로 나타났다. 또한 훈련의 모든 단계에서 선수가 주기화를 적용할 때 근력 트레이닝의 강조점은 연간 훈련 단계의 걸쳐 변화한다. 예를 들어, 파워는 최대근력의 함수이기 때문에 파워를 향상시키려면 최대근력을 높여야 한다. 결과적으로 근력 트레이닝은 더 빠른 파워 향상을 가져오고, 선수들을 더 높은 수준에 도달할 수 있도록 한다.

파워리프팅

파워리프팅에 참여하는 선수들은 스쿼트, 벤치프레스, 데드리프트 등을 통해 근력을 극대화하기 위해 트레이닝한다. 지난 20년 동안 많은 파워리프팅 트레이닝 방법이 등장했는데, 그 중 일부는 용구(gear)를 이용한 파워리프팅(리프터들이 리프팅 무게를 늘리기 위해 무릎 보호대, 벤치 셔츠, 스쿼트 및 데드리프트 옷을 입는)으로 매우 특이하다.

핵심 포인트는 파워리프터들이 하나의 생체 운동능력인 근력을 극대화하기 위해 트레이닝한다는 것이다. 이와는 대조적으로, 운동선수는 일반적으로 스포츠 특성을 조합하여 모든

스포츠 트레이닝의 주기화

생체 운동능력, 더 정확하게는 그 하위 특성을 트레이닝해야 한다. 결과적으로, 스포츠 코치는 보통 파워리프팅 선수들이 매주 하는 빈도나 운동 시간과 같은 정도를 근력 트레이닝에 할애할 수 없다.

게다가 스쿼트, 벤치프레스, 데드리프트는 일반적인 근력 향상을 위한 기본적인 운동이지만, 선수는 특정 준비 및 경쟁 단계에서 특정 운동 기술에 더 높은 생체역학적 대응을 하는 운동을 수행해야 한다. 특히 발이 바깥쪽으로 회전되고 서로 매우 멀리 떨어져 있는 파워리프팅에 사용되는 스쿼트 자세는 힘을 가하는 생체역학이 필드나 트랙에서 발생하는 것과 매우 다르기 때문에 선수가 사용할 때 잠재력을 극대화할 수 없어 부적절하다.

예를 들어, 와이드 그립으로 벤치프레스를 트레이닝하거나 와이드 스탠스를 사용하여 스쿼트를 트레이닝하고 갑자기 더 좁은 그립이나 스탠스를 사용하기 시작하면 어떻게 될까? 당신이 트레이닝한 그립이나 자세보다 더 약하게 했다면, 신경근 적응은 새로운 것보다 트레이닝된 그립이나 자세에서 발생하는 힘, 신체 자세 및 운동사슬 역학의 적용 지점에 대해 더 높은 수준의 특이성을 보였을 것이다. 그럼 매우 강한 와이드 스탠스에서 내로우 스탠스로 이동해야 할까? 아니다. 당신은 최대근력의 일정 비율만을 잃었고, 그것은 일반적 근력 전이와 스포츠 특이적 근력 전이의 차이점을 설명하고 있을 뿐이다. 연간 계획의 특정 시점과 운동선수로서의 경력을 쌓는 동안이 아니라 생체역학적으로 특정한 운동으로 전환해야 한다.

근력의 주기화

근력의 주기화는 스포츠의 특정한 생리학적 요구 사항을 기반으로 해야 하며, 다시 말해 파워, 파워지구력 또는 근지구력의 가장 높은 발달을 이끌어내야 한다. 또한 근력 트레이닝은 선택한 스포츠에 대한 주기화의 요구 사항을 중심으로 이루어져야 하며, 주어진 트레이닝 단계에 특정한 트레이닝 방법을 사용해야 한다. 근력의 주기화는 주요 대회 때 최고의 성적을 내는 것이 목표다.

근력 프로그램의 모든 주기화는 신체를 준비시키는 일반적인 해부학적 적응 단계로 시작한다. 근력 주기화의 목표 중 하나는 선수가 연간 계획 내에서 최대근력 수준에 도달하여 근력 증가가 파워, 파워지구력 또는 근지구력의 이득으로 전환될 수 있도록 하는 것이다. 가능한 한 최고라는 말은 일반적인 신체트레이닝, 좀 더 구체적으로 근력 트레이닝에 할애된 주간 훈련량이 제한된 시간 내에 이루어진 것을 의미한다. 단계 계획은 스포츠에 따라 각각 다르고 개별 선수의 신체적 성숙도, 경기 일정 및 운동수행능력이 최고인 날짜에 따라 다르다.

스포츠를 위한 근력 트레이닝의 주기화 개념은 두 가지 기본 요구 사항에서 발전해왔다.

1. 근력 트레이닝을 연간 계획 및 트레이닝 단계에 통합하기 위해
2. 매년 스포츠 특이적 근력을 증가시키기 위해

근력의 주기화를 사용한 최초의 실험은 1964년 도쿄올림픽에서 창던지기 메달리스트인 미하엘라 페네스(Mihaela Penes)를 위해 구성되었다. 근력의 주기화를 적용한 결과는 1965년 부쿠레슈티와 모스크바에서 발표되었다(Bompa, 1965a, 1965b).

근력 모델의 최초의 주기화는 근지구력을 요구하는 지구성 스포츠의 요구에 맞게 1968년 변경되었다(Bompa, 1977). 이 최신 책은 파워 스포츠와 지구력 스포츠의 트레이닝 방법뿐만 아니라 근력 모델의 주기화를 설명하고 있다.

근력 모델의 기본 주기화는 『*주기화: 트레이닝의 이론 및 방법론*(Bompa, 1983; Bompa, 1993; Bompa, 1999)』에도 나타난다. 1982년 스톤(Stone) 등은 근력의 주기화

근력 트레이닝 프로그램은 선택한 스포츠에 대한 주기화의 필요성을 중심으로 이루어져야 한다.

가 비대에서 시작하여 근비대, 기초근력, 근력과 파워, 최고점(peaking)과 유지의 4단계를 포함하는 근력 훈련의 이론적 모델을 제시했다. 『**근력의 주기화: 근력 트레이닝의 새로운 물결**(Bompa, 1993)』, 『**주기화 돌파구**(Fleck and Kraemer, 1996)』는 주기화가 근력과 스포츠 성과를 최적화하기 위한 가장 과학적으로 정당화되는 방법이라는 것을 다시 한번 입증했다.

근력 트레이닝과 에너지 시스템과의 관계

선수의 결함을 진단하고 트레이닝을 조직하는 능력을 향상시키기 위해서는 스포츠의 주된 에너지 시스템과 사용해야 하는 근력 트레이닝 유형 간의 관계도 고려해야 한다. 표 1.2는 근력 트레이닝과 에너지 시스템 사이에 생리학적 관계가 있음을 분명히 보여주고 있다. 운동선수의 활동 기간이 짧을수록 최대근력은 더 중요해진다.

에너지 시스템 연속체 전체에 걸쳐 인산화 시스템에서 산화 시스템에 이르기까지 최대근력은 최종 성능을 결정하는 요소이거나 중요한 기여를 한다. 운동에서 처음 몇 초 동안의 에너지는 인산화 시스템으로 공급된다. 이 범주에 속하는 스포츠의(예: 육상 경기, 역도, 전력질주) 최대근력은 지속적으로 개발되고 개선되어야 한다.

조정, 노르딕 스키, 철인 3종 경기 같은 장시간 스포츠(산화적 시스템)의 경우 최대근력(MxS)은 운동의 경제성을 향상시키기 때문에 어느 정도 중요성이 있지만 인산화 및 해당과정 시스템이 지배적인 파워 스포츠 만큼 결정적이지는 않다. 또한 지근섬유의 크기가 증가함에 따라 최대근력은 힘 생성 용량(capacity)을 증가시킬 뿐만 아니라 모세혈관 및 미토콘드리아 밀도 증가를 대비한 더 큰 표면적을 제공한다.

표 1.2 근력 트레이닝과 에너지 시스템과의 관계

에너지 시스템	무산소(산소 미관여)				유산소 (산소 관여)		
	인산화		해당과정				
시간	1~6초	7~8초	8~20초	20~60초	1~2분	2~8분	8~120분 이상
필요한 근력 트레이닝 유형	MxS P		MxS P PE	MxS P PE MES	MxS P PE MEM	MxS PE MEM	MxS (<80%1RM) PE MEL

주요어: MxS=최대근력, P=파워, PE=파워지구력, MES=근지구력(단기간), MEM=근지구력(중간), MEL=근지구력(장기간)

에너지가 인산화 시스템으로 공급되는 스포츠의 최대근력은 속근섬유의 크기를 늘리고 운동단위 동원 능력을 향상시키는 부가적인 중요성을 가지고 있다. 마지막으로, 최대근력의 향상은 해당과정 시스템으로 에너지가 공급되는 파워가 지배적인 종목(팀스포츠, 무술, 육상경기 등)에도 필수다. 이 범주에 속하는 스포츠의 경우 최대근력은 파워 트레이닝과 함께 수축 속도를 향상시켜 근수축의 방출 속도(discharge rate)를 높이는 데 기여한다.

스포츠에서 근력, 속도 및 지구력의 조합

힘, 속도 및 지구력은 성공적인 운동 수행을 위한 중요한 신체 능력이다. 지배적인 능력이란 특정 스포츠에서 더 높은 기여를 하는 능력을 말한다. 예를 들어, 지구력은 장거리 달리기에서 지배적이다. 대부분의 스포츠는 적어도 두 가지 능력에서 최고의 성과를 요구한다. 힘, 속도 및 지구력의 상호 관계는 중요한 신체적 운동 특성을 만든다. 이러한 관계를 더 잘 이해하면 각각의 스포츠에 대한 근력 트레이닝 프로그램을 계획하는 데 도움이 된다.

그림 1.2에서 볼 수 있듯이 근력과 지구력을 결합하면 주어진 저항에 대해 오랜 시간 동안 많은 반복을 수행할 수 있는 능력인 **근지구력**이 생성된다. 최단 시간에 폭발적인 움직

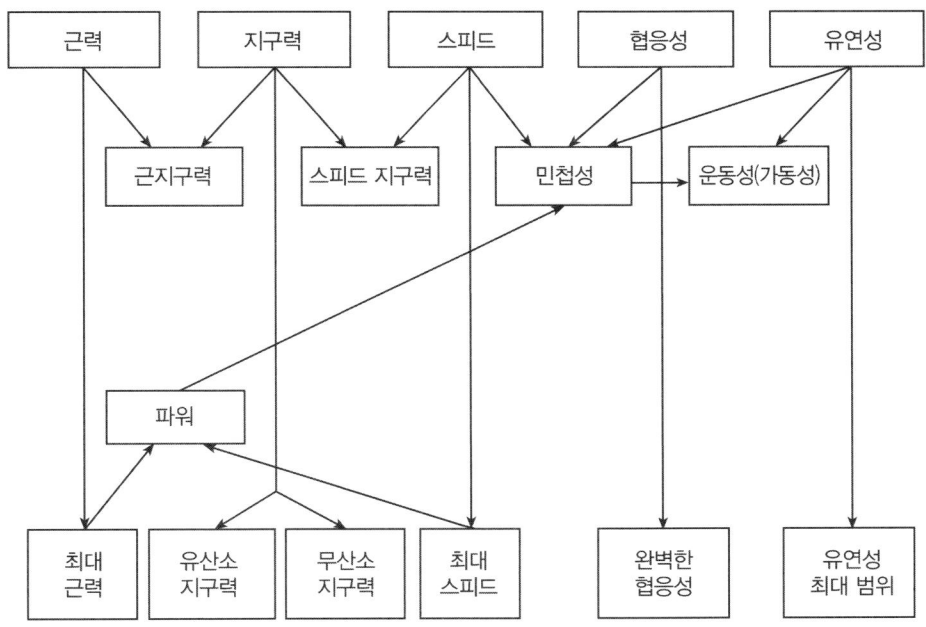

그림 1.2 생체 운동능력 간의 상호의존성

스포츠 트레이닝의 주기화

임을 수행하는 능력인 파워는 최대 강도와 최대 속도의 통합된 결과다. 지구력과 스피드의 조합을 '**스피드 지구력**(speed-endurance)'이라고 한다. **민첩성**은 체조, 레슬링, 미식축구, 축구, 배구, 야구, 복싱, 다이빙, 피겨스케이팅에서 볼 수 있듯 스피드, 협응성, 유연성 및 파워의 복잡한 조합의 산물이다. **유연성** 또는 관절의 가동범위는 트레이닝에서 매우 중요하다.

다양한 스포츠는 부상을 방지하고 최적의 스포츠 성능을 촉진하기 위해 적절한 유연성이 필요하다. 민첩성과 유연성이 결합하면 결과는 운동성(가동성), 즉 좋은 타이밍과 조합으로 경기 운영을 빠르게 결정하는 능력이 될 수 있다. 민첩성은 최대 강도의 적응을 통해 향상된다.

다각적 트레이닝을 특징으로 하는 스포츠별 전문 트레이닝 단계는 정확한 트레이닝 효과를 목표로 하는 모든 국가대표 수준 및 엘리트 선수에게 중요하다. 이 기간 동안 선수는 특정 운동을 통해 자신의 전문 분야에 적응할 수 있다. 엘리트 운동선수의 경우 근력, 스피드 및 지구력의 상호관계는 스포츠 종목과 운동선수의 필요에 따라 다르다.

그림 1.3은 근력, 스피드, 지구력이 지배적인 세 가지 예를 보여주고 있다. 각각의 경우에 하나의 생체 운동능력이 우세하면 다른 두 능력은 비슷한 정도로 작용하지 않는다. 그러나 이 예는 순수한 이론이며, 일부 스포츠에 적용된다. **대부분의 스포츠에서는 각각의 능력에 따라 투입(input)되는 수준이 다르다.** 그림 1.4는 여러 스포츠에서 힘, 속도, 지구력의 지배적인 구성을 보여주고 있다. 코치와 운동선수는 그림 1.4를 사용하여 스포츠에서 사용되는 지배적인 생체운동능력을 결정할 수 있다.

각 스포츠에는 고유한 생리학적 프로필과 특성이 있다. 에너지 시스템과 이를 스포츠 트레이닝에 적용하는 방법을 이해하는 것은 스포츠별 트레이닝 프로그램을 설계하고 구현하는

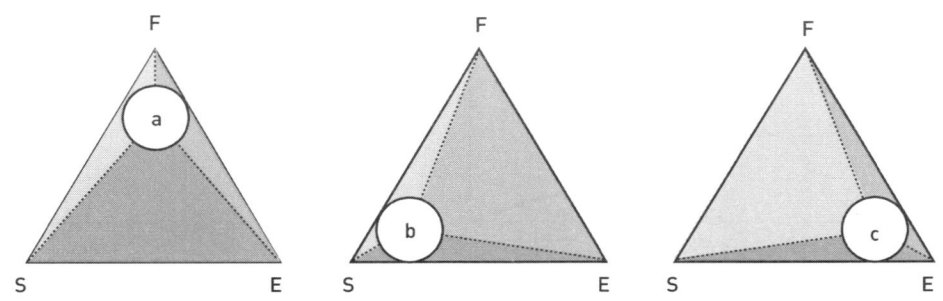

그림 1.3 (a) 근력(F), (b) 스피드(S), (c) 지구력(E)이 지배적인 주요 생체 운동능력 간의 관계

스포츠에서의 근력, 파워, 근지구력

트레이너에게 매우 중요하다. 이 책의 목적은 스포츠를 위한 근력 트레이닝의 과학, 방법론과 목적을 구체적으로 논하는 것이지만, 각 스포츠 종목별 주요 에너지 시스템 등 생리적 특성과 트레이닝과의 어떠한 관련이 있는지에 대해 확실한 이해가 필요하다.

근력 운동과 유산소 운동에 필요한 에너지는 음식이 분해되어 ATP(아데노신삼인산)로 사용 가능한 연료 형태로 전환되는 과정을 통해 체내에서 생성된다. ATP는 지속적으로 보충되고 재사용되어야 하기 때문에 신체는 무산소 비젖산 시스템(ATP-CP), 무산소성 젖산 시스템 및 유산소 시스템에 의존한다. 세 가지 시스템은 서로 독립적이지 않고 스포츠의 생리학적 요구사항에 따라 협력한다. 스포츠별 프로그램 개발은 항상 스포츠의 지배적인 에너지 시스템을 트레이닝하는 데 중점을 두어야 한다.

특정 생체 운동능력의 개발은 체계적이어야 한다. 향상된 지배적 능력은 다른 능력에 직간접적으로 영향을 미치게 되며 그 정도는 트레이닝 방법과 스포츠 특성 사이의 유사성에 엄

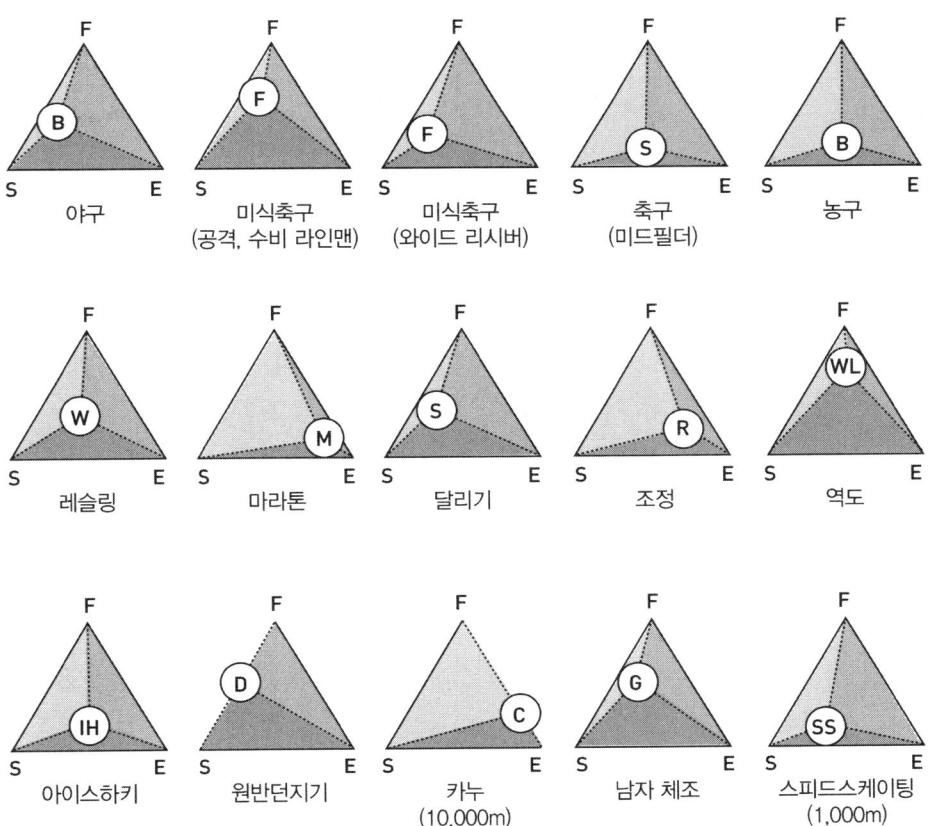

그림 1.4 다양한 종목을 위한 생체 운동능력의 지배적인 구성

격하게 의존한다. 따라서 우세한 생체 운동능력의 발달은 긍정적이거나 드물게 부정적인 전이를 가질 수 있다. 운동선수가 근력을 개발하면 스피드와 지구력에 긍정적인 전환을 경험할 수 있게 된다. 반면에 최대근력을 개발하기 위한 근력 트레이닝 프로그램은 유산소 지구력 향상에 부정적인 영향을 미칠 수 있다. 마찬가지로 유산소 지구력 향상만을 목적으로 하는 트레이닝 프로그램은 근력과 스피드에 부정적인 영향을 미칠 수 있다. 근력은 중요한 운동능력이기 때문에 항상 다른 능력과 함께 트레이닝해야 한다.

오해의 소지가 있고 근거가 없는 이론들은 근력 트레이닝이 선수의 스피드를 낮추고 지구력과 유연성 발달에 영향을 미치는 것으로 암시하였으나 많은 연구들은 이를 믿지 않는다(Atha, 1984; Dudley and Fleck, 1987; Hickson et al., 1988; MacDougall et al., 1985; Micheli, 1988; Nelson et al., 1990; Sale et al., 1990). 크로스컨트리 스키 선수를 구체적으로 살펴본 한 연구에서는 최대근력 트레이닝만으로도 최대 근력과 힘 생성율(rate of force development)을 향상시킬 뿐만 아니라 피로를 지연시켜 운동 수행에 긍정적인 영향을 미친다는 사실을 발견했다(Hoff, Gran, & Helgerud, 2002). 달리기 선수(runner)와 사이클 선수에 대한 또 다른 연구에서는 지구력 트레이닝과 고강도 저항 트레이닝의 조합으로 운동의 효율성과 파워가 모두 개선되었음을 발견했다(Rønnestad & Mujika, 2013).

스포츠별 부하 매개변수와 결합한 근력 및 지구력 트레이닝은 유산소 파워 또는 근력 향상에 영향을 미치지 않는다(즉, 부정적인 전달 결과 없음). 유사하게, 스트레칭 루틴이 전체 트레이닝 프로그램에 통합된다면 근력 프로그램은 유연성에 대한 위험이 없어지게 된다. 사이클링, 조정, 크로스컨트리 스키, 카누 같은 스포츠의 지구력 운동선수는 다른 트레이닝과 동시에 근력 및 지구력 트레이닝을 안전하게 사용할 수 있다. 이것은 근력과 유연성이 필요한 스포츠 선수에게도 동일하게 적용된다.

스피드 스포츠의 경우 파워는 스피드 향상의 큰 원천이다. 근육이 빠르고 강력하게 수축할 때 높은 가속도, 빠른 팔다리 움직임, 높은 빈도가 가능하다. 그러나 극단적인 상황에서는 최대 부하가 순간적으로 속도에 영향을 줄 수 있다. 예를 들어, 최대 부하 트레이닝으로 피로해진 후 스피드 트레이닝이 진행되면 신경계와 근육의 피로는 신경계의 출력(neural drive)과 수행을 방해한다.

이러한 이유로 최대근력 발달을 목표로 하는 매크로사이클(macrocycles)에는 가속(acceleration) 발달 및 최대하 스피드가 포함되어야 하며, 최대 스피드는 파워와 함께 더욱 발달해야 한다. 트레이닝 단계 수준에서 스피드 트레이닝은 항상 근력 트레이닝 전에 수행되어야 한다.

대부분의 동작과 움직임은 이전에 논의된 것보다 더 복잡하다. 그러므로 스포츠에서의 근력은 기술과 운동을 수행하는 데 필요한 메커니즘으로 여겨져야 한다. 운동선수들은 단지 강해지기 위해서만 근력을 기르지 않는다. 근력 발달의 목표는 특정 종목의 특정한 요구를 충족시키는 것이다. 즉, 경기력을 최대한으로 증가시키기 위해 특정한 근력이나 근력의 조합을 개발하는 것이다.

근력(F)과 지구력(E)을 결합하면 근지구력(ME)이 생긴다. 스포츠는 필요한 힘의 유형에 따라 단·중·장시간의 근지구력을 필요로 할 수 있다. 이 주제를 더 논의하기 전에 두 가지 용어인 순환(cyclic)과 비순환(acyclic)을 간략히 설명하고자 한다. 달리기, 걷기, 수영, 조정, 스케이팅, 크로스컨트리 스키, 사이클링, 카누 같은 스포츠는 순환적 움직임이 지속적으로 반복된다. 운동 동작의 한 주기가 학습되자마자 동일한 순서로 반복할 수 있다. 반면에 비주기적 움직임은 던지기, 체조, 레슬링, 펜싱 및 팀 스포츠의 많은 기술적인 움직임과 같이 끊임없이 변화하며 대부분의 다른 움직임과 유사하지 않다.

달리기를 제외한 순환 스포츠는 지구성 운동인데, 이것은 지구력이 우세하거나 종목의 퍼포먼스에 중요하게 기여한다는 것을 의미한다. 반면에, 비순환 스포츠는 종종 파워 또는 스피드 스포츠다. 그러나 농구, 축구, 아이스하키, 레슬링, 권투 같은 많은 종목은 더 복잡하

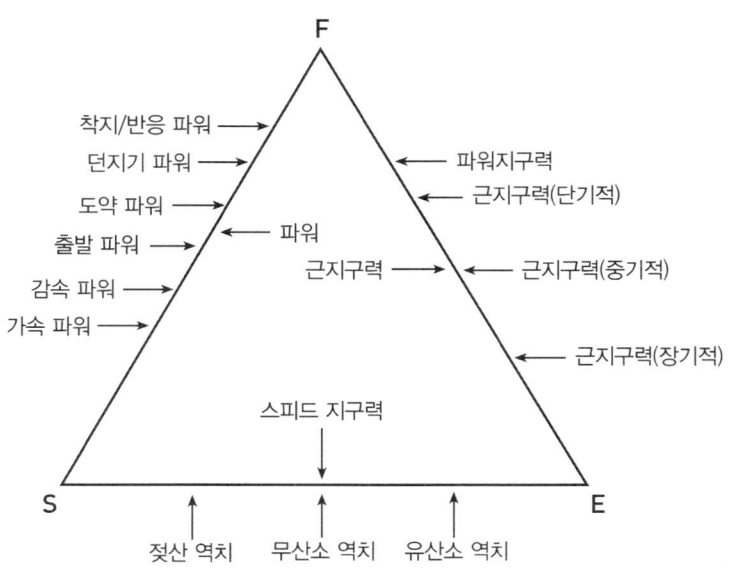

그림 1.5 지배적인 생체 운동능력 사이의 종목별 조합

스포츠 트레이닝의 주기화

고 스피드, 근력, 지구력 또한 필요로 한다. 따라서 다음 분석은 특정 종목에서 사용되는 특정 기술을 참조할 수 있지만, 종목 전체에 대한 기술은 아니다.

그림 1.5는 근력, 속도 및 지구력의 다양한 조합을 분석하고 있다. 요소는 여기에서 F-E(근력-지구력) 축으로부터 시작하여 시계 방향으로 설명된다. 각각의 근력 조합은 두 생체 운동능력 사이 축의 특정 부분을 가리키는 화살표가 있다. F에 더 가까운 화살표가 있으면 근력이 그 종목의 스킬에서 지배적인 역할을 한다는 것을 나타낸다. 축의 중간점에 더 가까운 화살표가 있으면 두 생체 운동능력의 기여도가 거의 동일하다는 것을 나타낸다. 화살표가 F에서 멀어질수록 F는 덜 중요하며, 이는 다른 능력이 더 우세하다는 것을 말한다. 그러나 근력은 여전히 그 종목에서 중요한 역할을 한다.

F-E 축은 근지구력이 지배적인 근력 조합(안쪽 화살표)인 스포츠를 나타낸다. 모든 스포츠가 동일한 힘과 지구력을 요구하는 것은 아니다. 예를 들어, 수영 경기는 50m에서 1,500m까지 다양하다. 50m 경기는 스피드 지구력과 파워지구력에 의해 지배되지만(또는 신진대사적으로 말해서 젖산 파워), 거리가 멀어질수록 근지구력(신진대사적으로 말해서 유산소 파워와 능력)이 더 중요해진다.

파워지구력(PE)은 농구에서의 리바운드, 배구에서의 스파이크, 호주의 풋볼과 럭비에서 공을 잡기 위한 점프, 축구에서 공을 헤딩하기 위한 점프 같은 활동에서 근력의 중요성 때문에 F-E 축의 정상에 있다. 이러한 동작은 모두 파워가 지배적이다. 테니스, 권투, 레슬링, 그리고 무술에서도 마찬가지다. 이러한 동작을 게임 또는 경기 내내 성공적으로 수행하려면 이러한 동작이 경기당 100~200회 이상 수행되기 때문에 선수는 지구력뿐만 아니라 파워 트레이닝도 해야 한다.

예를 들어, 농구선수는 공을 리바운드하기 위해 높이 뛰어야 할 뿐만 아니라 한 경기당 200번의 점프를 반복해야 한다. 그렇기 때문에 파워와 파워지구력을 모두 트레이닝해야 한다. 그러나 반복적인 파워 수행능력을 개선하기 위해 트레이닝의 양과 강도를 통해 신체가 적응하도록 조작한다. 그럼에도 우리는 반복되는 짧은 파워 동작(예: 팀 스포츠)과 더 오래 지속되는 강력한 동작(예: 육상 100m 및 200m, 수영 50m)을 구별해야 한다. 이 두 가지 양식 모두 내구력이 필요하다. 팀 스포츠 같은 간헐적 스포츠에서 강력한 동작을 위한 주요 에너지 시스템은 젖산 시스템을 사용하지만, 짧은 휴식 간격 때문에 결국 게임의 특정 지점에서 우세한 것은 젖산 시스템을 통한 ATP 생산이다. 반대로, 젖산 시스템을 사용하는 스포츠는 주로 젖산 시스템의 힘(즉, 최대 속도로 ATP를 생성하는 젖산 시스템의 능력)에 의존하게 된다.

단기적 근지구력(ME short)은 40초에서 2분 범위의 스포츠에 필요한 근지구력을 나타낸다. 100m 수영 종목에서 시작은 파워 활동이며, 처음 20개의 스트로크도 마찬가지다. 레이스의 중반부터 끝까지, 근지구력은 적어도 파워 못지않게 중요해진다. 마지막 30~40m에서 중요한 요소는 속도를 유지하고 마무리 지점에서 스퍼트하기 위해 팔을 당기는 힘을 재생산하는 능력이다. 수영 100m, 달리기 400m, 스피드스케이팅 500~1,000m, 카누 500m 같은 종목의 경우 근지구력이 최종 결과에 크게 기여한다.

중기적 근지구력(ME medium)은 200m 및 400m 수영, 3,000m 스피드스케이팅, 육상 중거리 달리기, 1,000m 카누, 레슬링, 무술, 피겨스케이팅, 싱크로나이즈드 스위밍, 같은 2~5분 길이의 순환 스포츠(에어로빅 파워)의 전형이라고 할 수 있다.

장기적 근지구력(ME long)은 조정, 크로스컨트리 스키, 로드 사이클링, 장거리 달리기, 수영, 스피드스케이팅, 카누와 같이 더 오랜 기간(6분 이상, 유산소 파워에서 유산소 능력까지) 동안 표준 저항에 대해 힘을 가하는 능력을 요구한다.

스피드 지구력 축(S-E)은 10~25초 사이의 거리에서 속도를 유지하는 능력을 나타낸다. (수영 50m, 육상 100m 및 200m) 또는 미식축구, 야구, 농구, 럭비, 축구, 아이스하키의 파워 스케이팅과 같이 게임당 여러 번 고속 동작을 반복한다. 이러한 스포츠를 하는 선수는 스피드 지구력을 개발하기 위해 트레이닝해야 한다.

나머지 두 가지 유형의 스피드 지구력은 거리가 증가함에 따라 스피드와 지구력의 조합과 비율이 변경된다. 스피드를 위해 스포츠는 무산소 역치(4mmol의 젖산 또는 분당 약 170회의 심박수) 주변의 트레이닝 속도를 필요로 한다. 지구력을 위해 트레이닝 속도는 유산소 역치(2~3mmol의 젖산 또는 분당 125~140회 심박수) 부근이어야 한다.

F-S(strength-speed) 축은 주로 파워가 지배적인 근력-스피드 스포츠를 가리킨다.

착지 및 반응력(Landing and reactive power)은 피겨스케이팅, 체조 및 여러 팀 스포츠 같은 여러 스포츠의 주요 구성요소다. 적절한 트레이닝은 부상을 예방할 수 있다. 많은 운동선수는 통제되고 균형 잡힌 착지에는 관심을 두지 않고 점프의 이륙 부분만 트레이닝한다. 물리적 또는 힘 요소는 특히 상급 선수에게 적절한 착지 기술에서 중요한 역할을 한다. 선수는 착지를 '고정'하고 충격을 흡수하며 균형을 잘 유지하여 루틴을 계속하거나 즉시 다른 동작을 수행할 수 있도록 신장성 트레이닝을 해야 한다.

착지 제어에 필요한 힘은 점프 높이, 선수의 체중, 충격을 흡수하여 착지하는지, 관절이 구부러지더라도 뻣뻣한지 여부에 따라 달라진다. 테스트 결과, 충격을 흡수하는 착지 시 운동선수는 체중의 3~4배에 달하는 저항을 사용하는 것으로 나타났다. 뻣뻣한 다리 관절

스포츠 트레이닝의 주기화

로 착지하려면 체중의 6~8배의 힘이 필요하다. 체중이 60kg인 운동선수가 착지 충격을 흡수하려면 82~240kg이 필요하고, 같은 선수가 다리 관절이 뻣뻣한 상태로 착지하려면 360~480kg이 필요하다. 선수가 피겨스케이팅과 같이 한쪽 다리로 착지할 때 착지 순간의 힘은 충격을 흡수하는 착지의 경우 체중의 3~4배, 다리 관절이 경직된 착지의 경우 5~7배다.

착지를 위한 특정 파워 트레이닝은 특정 기술 트레이닝보다 다리 근육의 긴장도가 훨씬 더 높아지는 방식으로 계획할 수 있다. 강도의 주기화로 착지력을 더 빠르고 더 일관되게 트레이닝할 수 있다. 장력이 높을수록 착지력이 향상된다. 또한 착지를 위한 특정 파워 트레이닝, 특히 신장성 트레이닝을 통해 선수들은 정확하고 통제된 착지에 필요한 파워보다 더 큰 예비파워를 구축할 수 있다. 예비파워가 높을수록 선수의 착지 제어가 더 쉬워지고, 착지가 더 안전해진다.

반응 파워(reactive power)는 착지 직후에 점프하는 힘을 생성하는 능력(따라서 반응성이라는 단어, 과학적으로 말해서 커플링 시간의 감소, 즉 신장성에서 단축성 동작으로의 이동)이다. 이러한 힘은 미식축구, 축구, 농구, 라크로스, 테니스에서 필요하며, 빠른 방향 전환이 필요한 무술, 레슬링, 복싱에 필요하다. 반응 점프에 필요한 힘은 점프 높이와 선수의 체중에 따라 다르다. 반응 점프에는 체중의 6~8배에 해당하는 힘이 사용된다. 1m 플랫폼에서 반응 점프를 하려면 체중의 8~10배에 달하는 반응력(reactive force)이 필요하다.

던지기 파워(Throwing power)는 축구공 던지기, 야구공 던지기, 창 던지기 등과 같이 도구에 가해지는 힘을 말한다. 릴리스 스피드는 릴리스 순간에 가해지는 근력 양에 의해 결정된다. 첫째, 운동선수는 질량에 비례하는 기구의 관성을 물리쳐야 한다(던지기 경기에서만 중요). 그런 다음 놓는 순간 최대 속도에 도달할 수 있도록 동작 범위를 통해 지속적으로 가속해야 한다. 릴리스의 힘과 가속도는 기계에 가해지는 수축력과 속도에 영향을 받는다.

도약 파워(Takeoff power)는 높이뛰기에서와 같이 막대를 뛰어넘거나 공을 잡거나 스파이크를 하는 선수가 몸을 가장 높은 지점으로 뛰어오르려고 시도하는 경기에서 중요하다. 점프 높이는 중력을 물리치기 위해 지면에 가해지는 수직력에 직접적으로 의존한다. 대부분의 경우 이륙 시 수직으로 작용하는 힘은 선수 체중의 2배 이상이다. 점프가 높을수록 다리가 더 강력해야 한다. 다리 힘은 14장에서 15장에 설명된 것처럼 주기적인 근력 트레이닝을 통해 향상된다.

기동력은 높은 가속 능력이 필요한 스포츠에서 가장 짧은 시간에 한두 걸음의 공간을 커버하는 데 필요하다. 선수는 높은 초기 가속도를 생성하기 위해 근육 수축이 시작될 때 최대 힘을 생성할 수 있어야 한다. 생리학적으로 말해서, 그러한 능력은 확실히 자발적인 운동단위 동원과 힘 발달 속도(RFD)에 달려 있다. 선수 체중의 관성을 빠르게 극복하는 능력은 선수의 상대 근력(체중 대비 최대근력)과 파워에 따라 달라진다. 결과적으로, 빠른 출발(스프린트 같은 낮은 위치에서 또는 미식축구의 태클 위치에서)은 그 순간에 선수가 발휘할 힘과 반응 시간에 달려 있다.

가속파워(Acceleration power)는 속도를 빠르게 증가시켜 일반적으로 6초 이내에 최고 속도에 도달할 수 있는 능력을 말한다. 시동가속(Sprinting acceleration)은 속도와 마찬가지로 팔과 다리를 가장 높은 보폭 빈도수, 다리가 지면에 닿을 때 가장 짧은 접촉 단계, 강력한 전진 포핸드 드라이브를 위해 다리가 지면을 밀 때 가장 높은 추진력을 만드는 근수축의 힘과 신속성에 달려 있다. 연구에 따르면 이 후자의 특성(즉, 구동 단계 중 지면반력)은 고속에 도달하는 데 가장 중요한 변수다(Weyand et al., 2000; Kyröläinen et al., 2001; Belli et al., 2002; Kyröläinen et al., 2005; Nummela et al., 2007; Brughelli et al., 2011; Morin, 2011; Morin et al., 2012; Kawamori et al., 2013). 즉, 선수의 가속 능력은 팔과 다리의 힘이 중요하다. 높은 가속을 위한 특정 근력 운동은 미식축구의 와이드 리시버부터 럭비의 윙어, 축구의 스트라이커에 이르기까지 대부분의 팀 스포츠 선수에게 도움이 될 것이다(표 1.3).

감속 파워(deceleration power)는 축구, 농구, 미식축구, 아이스하키, 필드하키 같은 스포츠에서 중요하다. 이 스포츠에서 운동선수는 지속적으로 빠르게 방향을 바꾼다. 이러한 운동선수는 감속기(decelerators)뿐만 아니라 폭발기(exploders)와 가속기(accelerators)가 필요하다. 이러한 스포츠에서 힘의 역학은 갑자기 수시로 바뀐다. 한 방향으로 빠르게 달리는 선수는 순간적으로 속도 손실을 최소화하면서 방향을 변경한 다음 다른 방향으로 빠르게 가속해야 할 경우가 있다.

가속과 감속 모두 다리와 어깨의 상당한 힘이 필요하다. 가속에 사용되는 것과 동일한 근육(넙다리근, 햄스트링 및 종아리)이 신장성 수축을 한다는 점을 제외하고 감속에 사용된다. 감속 및 다른 방향으로 빠르게 이동하는 능력을 향상시키기 위해 선수는 감속하는 힘을 트레이닝해야 한다.

스포츠 트레이닝의 주기화

표 1.3 스포츠별 근력 발달

스포츠 또는 이벤트	요구된 근력의 유형
육상	
단거리 스프린트	Reactive P, starting P, acceleration P, PE
장거리 스프린트	Acceleration P, ME short
중장거리 달리기	Acceleration P, ME medium
장거리 달리기	ME long
멀리뛰기	Acceleration P, takeoff P, reactive P
3단뛰기	Acceleration P, reactive P, takeoff P
높이뛰기	Takeoff P, reactive P
던지기	Throwing P, reactive P
야구	Throwing P, acceleration P
농구	Takeoff P, PE, acceleration P, deceleration P
바이애슬론	ME long
복싱	PE, reactive P, ME medium and long
카누와 카약	
500m	ME short, acceleration P, starting P
1,000m	ME medium, acceleration P, starting P
10,000m	ME long
크리켓	Throwing P, acceleration P
사이클	
트랙, 200m	Acceleration P, reactive P
4,000m 추발	ME medium, acceleration P
도로경기	ME long
다이빙	Takeoff P, reactive P
승마	ME medium
펜싱	Reactive P, PE
필드하키	Acceleration P, deceleration P, ME medium
피겨 스케이팅	Takeoff P, landing P, PE
미식축구	
라인맨	Starting P, reactive P
라인배커, 쿼터백, 러닝백, 인사이드 리시버	Starting P, acceleration P, reactive P
와이드 리시버, 수비수, 테일백	Acceleration P, reactive P, starting P

스포츠에서의 근력, 파워, 근지구력

표 1.3 (계속)

스포츠 또는 이벤트	요구된 근력의 유형
축구(오스트레일리아)	Acceleration P, takeoff P, landing P, ME short and medium
체조	Reactive P, takeoff P, landing P
핸드볼(유럽)	Throwing P, acceleration P, deceleration P
아이스하키	Acceleration P, deceleration P, PE
무술(무도)	Starting P, reactive P, PE
리듬체조	Reactive P, takeoff P, ME short
조정	ME medium and long, starting P
럭비	Acceleration P, starting P, ME medium
요트	ME long, PE
사격	ME long, PE
스키	
알파인	Reactive P, ME short
노르딕	ME long, PE
축구	
스위퍼, 수비수	Reactive P, acceleration P, deceleration P
미드필더	Acceleration P, deceleration P, ME medium
포워드	Acceleration P, deceleration P, reactive P
스피드스케이팅	
스프린트	Starting P, acceleration P, ME short
중거리	ME medium, PE
장거리	ME long
스쿼시와 핸드볼	Reactive P, PE
수영	
스프린트	Starting P, acceleration P, ME short
중거리	ME medium, PE
장거리	ME long
싱크로나이즈드	ME medium, PE
테니스	PE, reactive P, acceleration P, deceleration P
배구	Reactive P, PE, throwing P
수구	ME medium, acceleration P, throwing P
레슬링	PE, reactive P, ME medium

주요 용어: ME=근력, P=파워, PE=파워지구력

근력 트레이닝에서의 신경근 반응

코치는 선수의 근력 수행능력을 향상시키기 위해 과학적 근력 트레이닝, 인체의 움직임과 해부학 및 생리학의 관계를 이해해야 한다. 구체적으로, 코치들은 근수축과 근세사활주설, 수축 속도와 부하의 관계, 근섬유 유형, 유전학적 역할을 인식하고 이해한다면, 속도, 힘 또는 지구력이 필요한 특정 유형의 스포츠활동에서 뛰어난 운동선수가 더 나은 성과를 보이는 이유를 깨닫게 된다. 이 책은 근력 트레이닝의 과학적 기초를 명확하고 간단하게 설명하고 있다.

근육 적응과 부하 및 트레이닝 방법에 대한 의존성을 이해하면 특정 유형의 부하, 운동 또는 트레이닝 방법이 일부 스포츠에서는 선호되고 다른 스포츠에서는 선호되지 않는 이유를 더 쉽게 이해할 수 있다. 근력 트레이닝의 성공은 운동 경기에 적용되는 근력의 유형과 이를 증진하는 방법, 주어진 스포츠에 가장 적합한 트레이닝 방법을 파악하는데 달려 있다. 이러한 지식은 코치와 선수 모두에게 근력의 주기화 개념을 더 빠르고 쉽게 터득하는데 도움이 된다.

신체 구조

인체는 골격을 중심으로 구성되어 있다. 두 개 이상 뼈의 접합부는 '인대'라고 하는 단단한 결합 조직에 의해 관절을 형성한다. 이 골격 프레임은 체중의 약 40%를 차지하는 656개의 근육으로 덮여 있다. 근육의 양쪽 끝은 '힘줄'이라는 조밀한 결합 조직에 의해 뼈에 부착된다. 힘줄은 근육의 긴장을 뼈로 향하게 한다. 장력이 클수록 힘줄과 뼈를 더 강하게 당기고, 결과적으로 사지의 움직임이 더 강력해진다.

이 책에서 권하는 근력 운동은 운동 부하와 유형이 생리학적 적응을 이끌어서 운동 수행에 더 많은 근력과 파워를 생성한다. 신경근 시스템이 지속적으로 작용하는 것이다. 우리 몸은 매우 유연하며, 노출된 자극에 적응한다. 적절한 자극이 가해지면 최적의 생리적 성능을 얻을 수 있다.

근육 구조

움직임을 만드는 근육은 복잡한 구조다. 수축에 중요한 수축성 단백질의 특정한 배열인 마이오신(두꺼운 필라멘트)과 액틴(얇은 필라멘트) 같은 수축성 단백질의 특정 배열을 포함하는 근절로 구성된다. 따라서 근절은 근섬유의 수축 단위이며, 마이오신과 액틴 단백질 필라멘트로 이루어져 있다.

또한, 근육이 수축하고 힘을 발현하는 능력은 특히 근육의 구조, 단면적, 그리고 근육 내 섬유의 길이와 수에 따라 달라진다. 섬유의 수는 유전적으로 결정되며, 트레이닝의 영향을 받지 않는다. 그러나 변수가 있다. 예를 들어, 최대 강도의 부하로 진행하는 전문적인 훈련은 마이오신 필라멘트 수와 두께, 십자형교(cross-bridges) 수를 증가시킨다.

우리 몸은 여러 유형의 그룹화된 근섬유를 포함하고 있으며, 각 그룹은 단일운동단위로 되어 있다. 전체적으로 우리는 수만 개의 근섬유를 수용하는 수천 개의 운동단위를 가지고 있다. 각 운동단위는 행동하기 전까지 휴면 상태로 있는 수백 또는 수천 개의 근섬유를 포함한다. 운동단위는 섬유 계열을 지배하고 실무율 법칙을 구현하여 행동을 지시한다. 이 법칙은 운동단위가 자극될 때 근섬유로 보내진 자극이 완전히 퍼져서 계열의 모든 섬유에서 활동을 이끌어내거나 전혀 퍼지지 않는다는 것을 의미한다.

또 다른 운동단위는 트레이닝에서 제공하는 여러가지 부하와 방법에 반응한다. 예를 들어, 1RM의 60%로 벤치프레스를 수행하면 특정 계열의 운동단위(유형 I 및 유형 IIA)가 동원되는 반면에 더 큰 운동단위(유형 IIX)는 기구나 바벨을 최대로 가속시키고자 자발적으로 움직이는 경우 또는 세트를 채우지 못한 경우에만 동일한 부하로 동원된다. 후자의 경우, 근력 발현을 유지하기 위해 속근 운동단위가 동원되지만, 이는 더 낮은 방전 빈도수(discharge frequencies), 강한 해당과정 환경 및 낮은 각속도에서 발생한다. 비대 방법과 같이 세트를 채우지 못한 속근섬유를 동원하는 이러한 모든 특성은 마이오신 사슬이 IIX에서 IIA로 생리학적으로 전환되는 것을 정당화한다. 이것은 근력 운동이 운동선수의 속도를 늦춘다는 아이디어의 기초다. 운동선수가 보디빌더처럼 트레이닝할 때 그러하다. 최대근력과 같이 더 높은 부하가 사용되면 대부분의 속근섬유가 동원된다. 운동단위 동원은 부하와 방법에 따라 달라지기 때문에 프로그램은 활동을 활성화하고, 움직임을 수행하기 위해 수축된 주요 근육, 선택한 스포츠 동작에 관여하는 근육 섬유의 활성화 및 적응을 달성하도록 특별히 설계되어야 한다. 예를 들어, 단거리 달리기와 필드 경기(예: 포환던지기)를 하는 트레이닝은 속도와 폭발적인 운동수행능력을 최적화하는 데 필요한 근력 증진을 촉진하기 위해 무거운 부하를 사용해야 한다.

근육 섬유는 생화학적 대사 기능이 다르다. 특히 일부는 무산소 조건에서 생리학적으로 더 잘 작동하는 반면, 다른 일부는 유산소성 조건에서 더 잘 작동한다. 에너지 생산을 목적으로 산소에 의존하여 사용하는 섬유를 호기성, 유형 I, 적색 또는 지근 섬유라고 한다. 산소를 필요로 하지 않는 섬유는 혐기성, 유형 II, 백색 또는 속근섬유라고 한다. 속근섬유는 IIA와 IIX로 더 세부적으로 나뉜다(IIB 표현형은 인간에게 실질적으로 존재하지 않는다[Harrison et al. 2011]). 지근섬유와 속근섬유는 상대적으로 같은 비율로 존재한다. 기능에 따라 특정 근육 그룹(예: 햄스트링, 이두근)은 속근섬유의 비율이 더 높은 반면, 다른 근육 그룹(예: 가자미근)은 지근섬유의 비율이 더 높다. 지근섬유와 속근섬유의 특성을 표 2.1에 비교했다.

표 2.1 지근섬유와 속근섬유 비교

지근섬유(SLOW-TWITCH)	속근섬유(FAST-TWITCH)
적색, 타입 I, 유산소성	흰색, 타입 II, 무산소성
• 피로가 느리게 옴 • 더 작은 신경 세포 10개에 180개의 근섬유가 존재 • 길고 지속적인 수축 • 지구력을 위해 사용 • 저강도에서 고강도 사이의 운동에서 사용	• 피로가 빨리 옴 • 더 큰 신경 세포에 300~500개(혹은 더 많이)의 근섬유가 존재 • 짧고 강력한 수축 • 스피드와 파워를 위해 사용 • 고강도 운동에서만 사용

이러한 특성은 트레이닝에 영향을 받을 수 있다. 덴마크 연구원 안데르센(Andersen 2010)과 아가르드(Aagaard 2011)의 연구에 따르면, IIX 섬유는 많은 양의 트레이닝을 받거나 본질적으로 젖산 트레이닝을 받을 때 IIA 섬유의 특성을 발달시킨다. 즉, 이 섬유의 마이오신 사슬은 젖산 작업을 처리하는 데 더 느리고 더 효율적이다. 훈련량을 줄이는 테이퍼링 과정을 거쳐 변화를 되돌릴 수 있으며, 그 결과 IIX 섬유는 가장 빠르게 수축하는 섬유의 원래 특성으로 되돌아간다(Andersen & Aagaard 2000). 또한 근력 트레이닝은 섬유 크기를 증가시켜 더 큰 힘 생산을 생성한다.

속근 운동단위의 수축은 지근 운동단위의 수축보다 빠르고 강력하다. 결과적으로 스피드와 파워 스포츠에서 성공한 운동선수에게서 더 높은 비율의 속근섬유가 발견되지만, 빠르게 피로해진다. 대조적으로, 근섬유가 더 많은 운동선수는 오랜 시간 동안 낮은 강도의 운동을 수행할 수 있기 때문에 지구력 스포츠에서 유리하다.

근육 섬유의 동원은 헤네만(Henneman)의 '크기 원리(size principle)'를 따른다. 이 원리는 운동단위와 근육 섬유가 항상 느린 연축 근섬유로 시작하여 가장 작은 것부터 가장 큰 순서로 동원된다는 것이다. 부하가 낮거나 중간 정도의 강도이면 지근 섬유가 동원되어 일꾼으로 사용된다. 무거운 하중을 사용하면 지근섬유가 수축을 시작하지만, 속근섬유가 빠르게 이를 대신한다.

속근 섬유와 지근섬유의 동원은 트레이닝에 사용되는 부하에 따라 달라진다(그림 2.1). 부하가 많을수록 저항을 극복하기 위해 더 많은 백근섬유(속근)가 동원된다(동작에 관여).

다양한 스포츠에 참여하는 운동선수의 근섬유 유형 분포에서는 차이를 관찰할 수 있다. 그림 2.2와 2.3은 선택된 스포츠의 운동선수에 대한 속근섬유 비율의 일반적인 분포를 보여주고 있다. 예를 들어, 단거리 선수와 마라톤 선수 간의 급격한 차이는 일부 스포츠에서의 성공

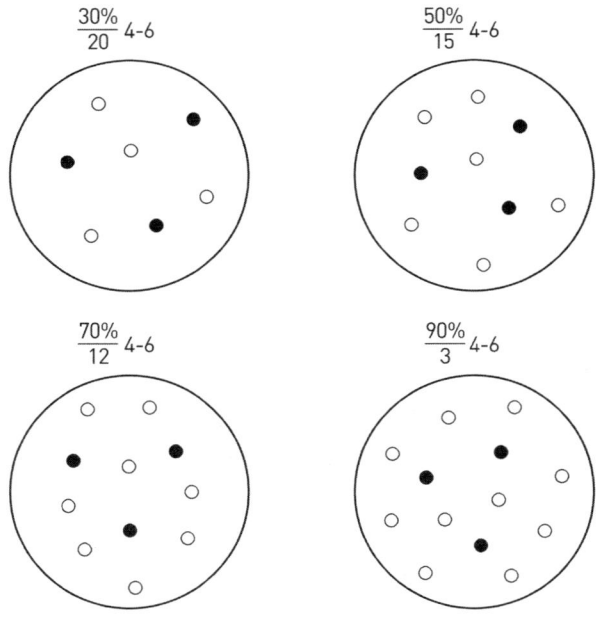

그림 2.1 네 가지 트레이닝 부하에 대한 적색 및 백색 근육 섬유의 모집 패턴

근력 트레이닝에서의 신경근 반응

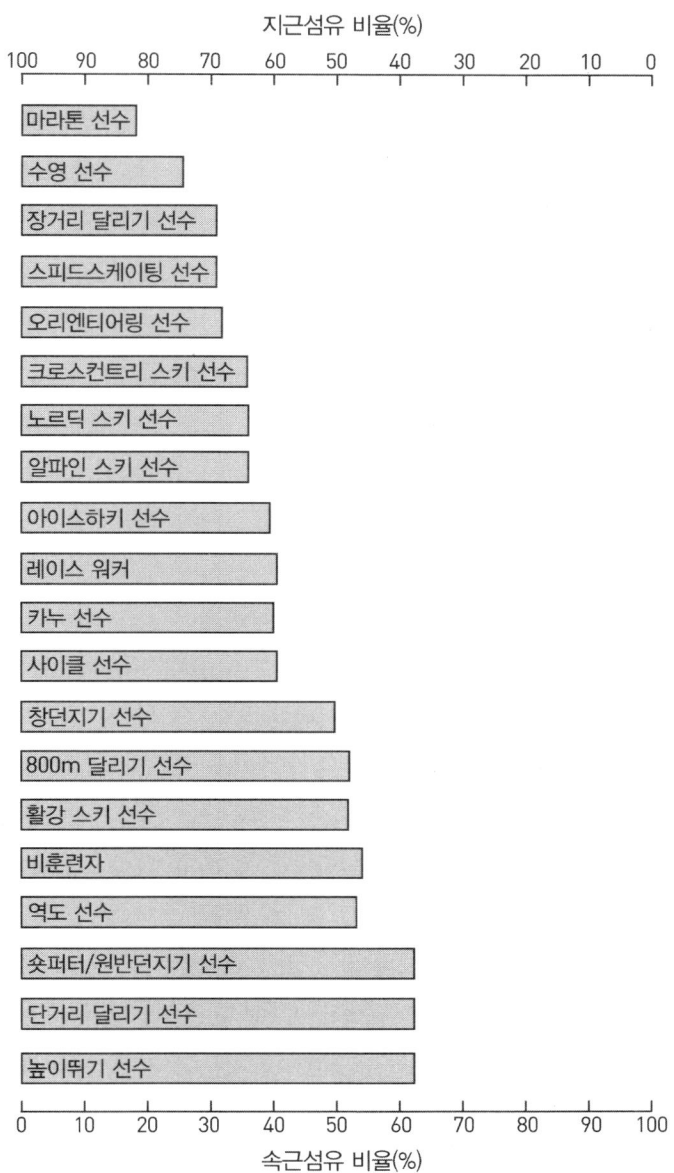

그림 2.2 남성 운동선수의 섬유 유형 분포. 유산소 운동이 지배적인 스포츠의 운동선수는 지근섬유가 우세하고, 스피드와 근력이 지배적인 스포츠의 운동선수는 속근섬유가 우세하다.

Data from D.L. Costill, J. Daniels, W. Evans, W. Fink, G. Krahenbuhl, and B. Saltin, "Skeletal Muscle Enzymes and Fiber Composition in Male and Female Track Athletes," *Journal of Applied Physiology* 40, no. 2 (1976): 149-154, and P.D. Gollnick, R.B. Armstrong, C.W. Saubert, K. Piehl, and B. Saltin, "Enzyme Activity and Fiber Composition in Skeletal Muscle of Untrained and Trained Men," *Journal of Applied Physiology* 33, no. 3 (1972): 312-319.

스포츠 트레이닝의 주기화

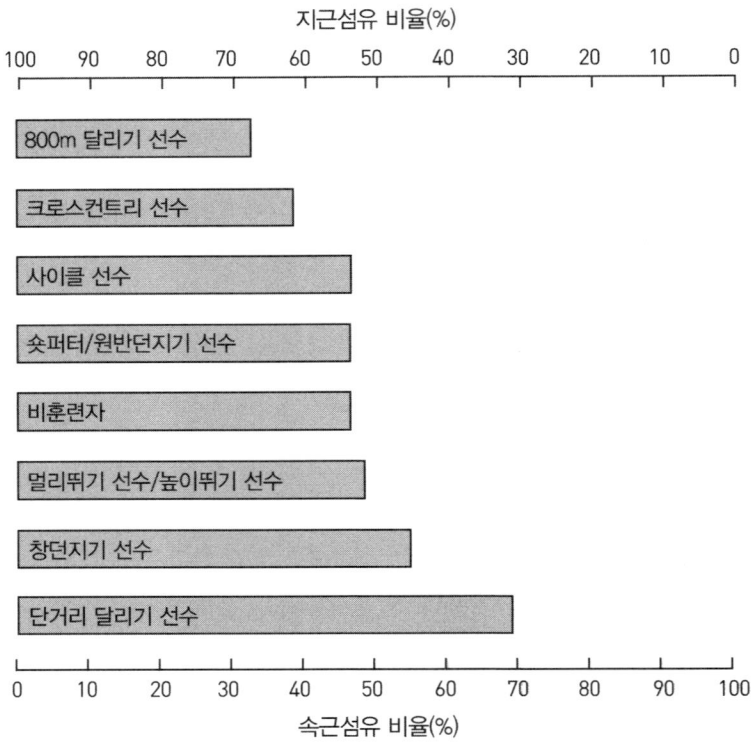

그림 2.3 여성 운동선수의 섬유 유형 분포

Data from D.L. Costill, J. Daniels, W. Evans, W. Fink, G. Krahenbuhl, and B. Saltin, "Skeletal Muscle Enzymes and Fiber Composition in Male and Female Track Athletes," *Journal of Applied Physiology* 40, no. 2 (1976): 149–154, and P.D. Gollnick, R.B. Armstrong, C.W. Saubert, K. Piehl, and B. Saltin, "Enzyme Activity and Fiber Composition in Skeletal Muscle of Untrained and Trained Men," *Journal of Applied Physiology* 33, no. 3 (1972): 312–319.

이 적어도 부분적으로는 운동선수의 유전적으로 확립된 근섬유 구성에 의해 결정된다는 것을 분명히 보여주고 있다.

운동선수가 생성하는 최대 파워는 섬유 유형 분포와도 관련이 있다. 속근섬유의 비율이 높을수록 운동선수가 생성하는 파워는 커진다. 속근섬유의 비율은 스피드와도 관련이 있다. 선수가 표시하는 스피드가 클수록 속근섬유의 비율이 높아진다. 이러한 타고난 재능을 가진 사람은 육상, 팀 스포츠, 라켓 및 격투 스포츠와 같이 스피드가 지배적인 스포츠에 참여해야 한다. 장거리 스포츠의 선수가 되는 것은 재능 낭비와 다름없다.

근수축 기전

근육 수축은 마이오신(굵은 필라멘트) 및 액틴(가는 필라멘트)으로 알려진 단백질 필라멘트와 관련된 일련의 이벤트로 발생한다. 그림 2.4a에서 볼 수 있듯이 마이오신 필라멘트는 액틴 필라멘트 쪽으로 뻗어 있는 작은 확장인 십자형교를 포함한다. 마이오신 머리가 액틴에 도달하면 수축 활성화가 시작되고, 마이오신과 액틴이 서로 결합하여 근육 수축이 일어난다. 수축 활성화는 전체 섬유를 자극하여 액틴 필라멘트가 마이오신 십자형교와 결합할 수 있도록 하는 화학적 변화를 생성한다. 십자형교를 통해 마이오신을 액틴에 결합하면 에너지가 방출되어 십자형교가 회전하여 마이오신 필라멘트를 액틴 필라멘트 위로 당기거나 미끄러진다. 이 활주 동작으로 인해 근육이 단축(수축)되어 힘이 생성된다.

> 마이오신 필라멘트가 두꺼울수록, 십자형교 수가 많을수록 결합력(당김)이 더 강해진다. 최대근력만이 마이오신의 두께와 십자형교의 수를 증가시킨다. 더 강한 운동선수는 항상 강력하고 민첩하며 빠르다.

그림 2.4b는 십자형교(슬라이딩 필라멘트) 이론과 최대근력이 십자형교 수의 증가에 미치는 이점을 시각화한 것이다. 오른쪽 선수와 대조적으로 왼쪽 선수는 최대근력을 발현했고, 결과적으로 더 많은 십자형교가 있다. 쉽게 승자를 예측할 수 있을 것이다.

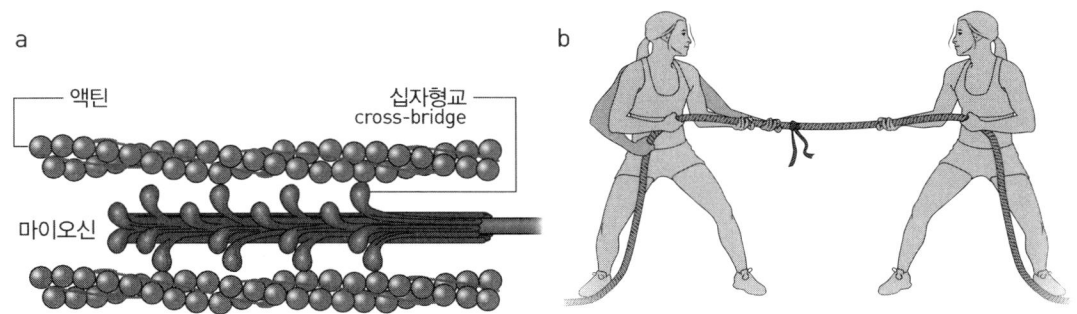

그림 2.4 근육 수축의 십자형교 이론. 근육의 수축 요소. (a) 액틴 및 마이오신 필라멘트와 이들의 십자형교. (b) 2명의 선수가 밧줄을 잡아당기고 있다. 왼쪽의 선수는 최대근력에 노출되었으며, 결과적으로 더 많은 수의 십자형교(당길 '더 많은 팔')가 있다.

스포츠 트레이닝의 주기화

앞에서 설명한 근세사활주설은 근육이 힘을 생성하는 방법에 대한 개요를 제공한다. 이 론은 효과적인 근육 수축을 촉진하는 많은 기전을 포함한다. 예를 들어, 저장된 탄성 에너지의 방출과 반사 적응은 운동능력을 최적화하는 데 필수이지만, 이러한 적응은 트레이닝에서 적절한 자극이 적용될 때만 발생한다. 또 다른 예로, 저장된 탄성 에너지를 사용하여 더 높이 뛰거나 더 멀리 던지는 운동선수의 능력은 파워 트레이닝(메디신볼 던지기, 플라이오메트릭)에서 사용되는 것과 같은 폭발적인 움직임을 통해 최적화된다.

> 힘을 발생시키는 필수 요소로 근육 수축이 일어난다.
> - 신경 자극(전기 자극)이 있을 때
> - 근육 섬유가 자극되고, 칼슘(Ca)이 근육세포로 방출되어 마이오신과 액틴이 결합되도록 할 때(마이오신 십자형교가 액틴을 당겨 수축을 시작함)
> - 에너지(ATP)가 일을 지속할 수 있을 때(수축 자체)

그러나 근육의 수축성 부분(근섬유)은 운동선수가 인대 및 힘줄 같은 콜라겐 구조를 강화하지 않는 한 운동 시 에너지를 효과적으로 전달할 수 없다. 이러한 이유로 신체가 근육의 탄성 특성을 최적화하기 위해 선수가 받아야 하는 힘과 충격을 견디려면 파워 트레이닝보다 해부학적 적응이 선행되어야 한다.

반사는 외부 자극으로 유발되는 비자발적 근육 수축이다(Latash, 1998). 반사 조절의 두 가지 주요 구성요소는 근방추와 골지건 기관이다. 근방추(수축하는 사이에 근육 길이의 변화를 감지하는 신장 수용체)는 근육 신장의 크기와 속도에 반응하는 반면(Brooks, Fahey & White, 1996), 골지건 기관(신장 수용체; 근육-힘줄 접합부에서 발견되는 근육의 변화를 감지하는[Latash, 1998]) 근육 긴장에 반응한다. 근육에 높은 수준의 긴장이나 신장이 발생하면 근방추와 골지건 기관이 무의식적으로 근육을 이완(억제 작용)하여 손상과 부상으로부터 근육을 보호한다.

억제 반응이 줄어들면 운동능력이 향상된다. 그렇게 하는 유일한 방법은 신체가 더 큰 긴장을 견디도록 적응시키는 것인데, 이는 반사 작용의 임계값을 증가시킨다. 이러한 적응은 점진적으로 더 무거운 하중(1RM의 최대 90% 이상)을 사용하는 최대 근력 트레이닝을 통해 달성할 수 있으며, 따라서 더 많은 수의 속근섬유를 지속적으로 동원하여 신경근 시스템이 더 높은 긴장을 견디도록 한다. 이로써 속근섬유는 더 많은 단백질을 갖추게 되며, 이는 선수의 필요에 따라 십자형교 사이클링과 힘 생성을 돕는다.

근력 트레이닝에서의 신경근 반응

운동선수가 생성하는 최고 파워는 근육 섬유의 구성에 따라 달라진다. 속근 섬유가 많을수록 더 많은 파워를 얻을 수 있다.

스포츠 트레이닝의 주기화

모든 스포츠 동작은 신장-단축 사이클로 알려진 운동 패턴을 따르며, 이는 신장(길어짐), 등척성(길이 변화 없음), 단축(줄어듦)의 세 가지 주요 수축 유형으로 특징지어진다. 예를 들어, 빠르게 스쿼트하여 점프하고 스파이크를 블로킹하는 배구 선수는 신장-단축 사이클을 완료한 것이다. 바벨을 가슴 쪽으로 내리고 팔을 뻗어 빠르게 폭발하는 선수도 마찬가지다. 신장-단축 사이클의 생리학적 이득을 완전히 사용하려면 근육이 수축에서 수축으로 빠르게 변화해야 한다(Schmidtbleicher, 1992).

근육 잠재력은 신장-단축 사이클에 영향을 미치는 모든 복잡한 요소가 작용할 때 최적화된다. 신경근 시스템이 전략적으로 자극될 때 수행을 향상시키는 용도로 사용될 수 있다. 이를 위해 근력의 주기화는 에너지 생성비율(최종 성능에 대한 에너지 시스템의 기여도 같은 선택한 스포츠의 생리학적 구성)에 대한 단계 계획을 수립한다. 에너지 생성비율이 설명되면 트레이닝 단계에서는 순차적이고 단계적인 접근 방식으로 신경근 적응이 긍정적으로 트레이닝에 전달될 수 있도록 계획된다. 응용 인체 생리학을 이해하고 각 단계의 목표는 코치와 선수가 생리학적 원리를 스포츠별 트레이닝에 통합하는 데 도움이 된다.

다시 말해, 신체의 근골격계는 관절의 인대로 서로 연결된 뼈의 배열이다. 이 관절을 가로지르는 근육은 신체 움직임에 힘을 제공한다. 그러나 골격근은 서로 독립적으로 수축하지 않는다. 오히려 다음 단락에서 설명하는 것처럼 각각 다른 역할을 하는 여러 근육이 관절 주위에서 수행되는 움직임을 생성한다. 주동근 또는 협력근은 움직임을 수행하기 위해 협력하는 근육이다. 운동하는 동안 길항근은 주동근과 반대로 작용한다. 대부분의 경우, 특히 숙련되고 경험 많은 운동선수의 경우 길항근이 이완되어 쉽게 움직일 수 있다. 운동 동작은 주동근과 길항근 그룹 간의 상호작용에 직접적인 영향을 받기 때문에 두 그룹 간의 부적절한 상호작용으로 인해 움직임이 경직될 수 있다. 근육 수축의 부드러움은 길항근의 이완에 집중함으로써 향상될 수 있다. 기술 트레이닝을 사용하여 선수에게 주어진 근육 그룹을 이완하거나 수축하여 부드러운 기술을 수행하는 방법과 시기를 가르친다.

이러한 이유로 공동수축(관절을 안정화시키기 위한 주동근과 길항근의 동시 활성화)은 손상으로 인한 재활의 초기 단계에서만 권장된다. 반면에, 특히 파워 스포츠를 하는 운동선수는 공동수축을 유도하기 위한 운동(예: 불안정한 표면, 균형 판 등)을 해서는 안 된다. 예를 들어, 엘리트 단거리 선수의 한 가지 뚜렷한 특징은 보폭 주기의 각 단계에서 길항근의 근전도 활동이 매우 낮다는 것이다(Wysotchin, 1976; Wiemann & Tidow, 1995).

주동근(prime movers)은 종합적인 근력 운동 또는 기술적인 기능의 일부인 관절 동작을 생성하는 데 주로 관여하는 근육이다. 예를 들어, 팔꿈치의 굴곡(두갈래근 컬)이 일어나는 동안 주동근은 위팔두갈래근인 반면, 세갈래근은 길항근 역할을 하며 더 부드러운 동작을 촉진하기 위해 이완되어야 한다. 또한, 일반적으로 더 작은 근육인 안정화 또는 고정 장치는 길이 변화 없이(isometric) 수축하여 뼈를 고정시킴으로써 주동근이 당기기 위한 견고한 기반을 갖도록 한다. 다른 팔다리의 근육도 작용하여 주동근이 운동을 수행할 수 있도록 안정화 역할을 할 수 있다. 예를 들어, 유도 선수가 상대방을 자신 쪽으로 끌어당기고 잡고 있으면 팔꿈치 굽힘근(세갈래근), 어깨 폄근(뒤쪽 어깨세모근), 어깨뼈 모음근(등세모근) 및 내림근(넓은등근)의 활동을 위한 안정적인 기반을 제공하기 위해 등, 다리, 복부 근육이 길이 변화 없이(등척성) 수축된다.

근력의 종류와 트레이닝의 중요성

트레이닝에는 다양한 유형의 근력이 포함될 수 있으며, 각 유형은 특정 스포츠와 운동선수에게 중요하다. 근력의 질, 힘-시간 곡선, 근 작용의 유형, 운동선수의 체중 및 특이도의 관점에서 근력의 유형을 구별할 수 있다.

근력: 특성

근력 트레이닝으로 얻을 수 있는 효과는 항상 최대 근력, 파워 및 근지구력의 세가지 범주에 포함되거나 또는, 이 중 하나에 특정된다.

최대근력

최대근력은 수축 중에 신경근 시스템으로 발휘될 수 있는 가장 큰 힘이다. 특징은 구조적 적응(비대)과 주로 신경 적응(주로 근육 사이 및 근육 내 조정 형태)의 조합을 통해 증가한다. 최대근력은 선수가 한 번의 시도에서 들 수 있는 가장 무거운 하중을 말하며, 최대의 100% 또는 1RM으로 표현된다. 선수들은 가장 중요한(근본적인) 트레이닝에 대한 최대근력을 알아야 한다. 왜냐하면 거의 모든 근력 단계에 대한 부하를 계산하는 기초이기 때문이다.

파워

힘은 일을 하는 비율 또는 힘×속도(P=F×V)다. 와트로도 측정된다. 스포츠 트레이닝에서 파워는 근력과 속도라는 두 가지 능력의 산물이며, 그 자체가 가장 짧은 시간에 가장 높은 힘을 가하는 능력이다. 과학 용어로는 '힘'이지만, 일부 학자는 '속도-힘'이라는 용어를 잘못 사용하기도 한다. 선수가 시간제한 없이(최대) 힘을 표현하는 파워리프팅과 달리, 다른 모든 스포츠의 선수는 가능한 한 많은 힘을 가하는 데 시간 제약에 직면한다. 예를 들면, 개인 및 단체 경기에서 선수들이 달리면서 땅을 디딜 때(중력을 극복하기 위해 지면에 가해지는 힘), 격투 경기에서 펀치와 킥, 야구에서 배트 스윙과 공 던지기가 포함된다. 파워는 힘을 빠르게 발현시키는 능력을 향상시키는 방법을 통해 트레이닝되며, 따라서 더 많은 운동단위를 모집하거나 활성 운동단위의 발화율(firing rate)을 향상시킨다. 파워는 트레이닝의 최대 강도 단계 이후에 특정 방법을 사용해야만 최대화될 수 있다.

근지구력

근지구력은 근육이 장시간 일을 지속할 수 있는 능력이다. 대부분 스포츠는 지구력 요소를 포함하며, 근지구력을 향상시키는 방법은 스포츠에 특화된 신경과 신진대사 측면을 트레이닝 시켜야 한다. 이 책에서는 운동 특유의 근지구력을 네 가지로 구분한다.

1. 파워 지구력(해당 작용 능력): 10~15초
2. 짧은 근지구력 또는 해당 작용 능력: 종종 불완전한 휴식과 함께 30초에서 2분
3. 근력 운동 또는 유산소 운동: 2~8분
4. 긴 근지구력: 8~60분 또는 그 이상

근력: 힘-시간 곡선

힘-시간 곡선(그림 2.5)을 분석하면 기동력(starting strength), 폭발력(explosive strength, 힘의 발달 속도), 파워(기동력+폭발력) 및 최대근력 같은 강도 유형을 구분할 수 있다.

기동력

기동력은 구심성 동작이 시작될 때 표시되며, 일반적으로 50밀리초(milliseconds)에서 측정된다. 그 수준은 운동을 시작할 때 가능한 한 많은 운동단위(즉, 근육 내 조정)를 자발적으로 동원하는 능력에 달려 있다.

폭발력 또는 힘의 발달 속도

폭발력은 구심성 동작이 시작될 때 근력이 증가하는 비율이다. 그 수준은 더 많은 운동단위를 동원하거나 힘 출력을 증가시키기 위해 활성 운동단위의 발화율을 증가시키는 능력에 달려 있다.

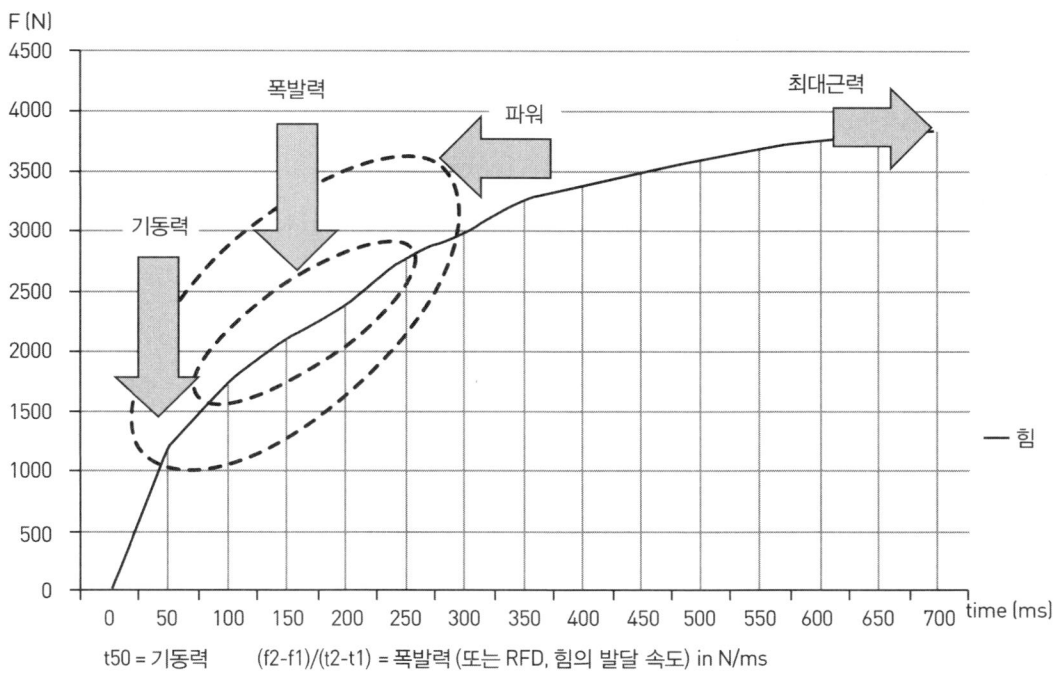

t50 = 기동력   (f2-f1)/(t2-t1) = 폭발력 (또는 RFD, 힘의 발달 속도) in N/ms

그림 2.5   힘-시간 곡선

파워

기동력과 폭발력을 합쳐서 파워를 나타내거나 다른 저자에 따르면 '속도-근력'을 나타낸다. 스포츠 활동에서는 힘을 적용하는 데 사용할 수 있는 시간이 제한되어 있기 때문에 일반적으로 스포츠에서 탁월하려면 높은 수준의 파워가 필요하다.

최대근력

최대근력은 운동선수가 한 동작에서 생성할 수 있는 최대 힘이다.

근력: 근육 활동

근육의 작용에 따라 구심성(단축성), 등척성, 원심성(신장성)의 세 가지 형태로 힘을 구별할 수 있다.

단축성(구심성) 근력

단축성 작용에서 근육은 수축하는 동안 긴장하여 관절에 움직임을 생성한다. 최대근력은 일반적으로 신장성 동작 이전 또는 이후에 한 번의 시도(최대 1회 반복 또는 1RM)에서 단축성 동작으로 들어 올릴 수 있는 가장 높은 부하로 측정된다. 단축성 힘의 경우, 1RM은 1회 최대 능력의 100%를 나타낸다.

등척성 근력

등척성 동작에서 근육은 짧아지거나 늘어나지 않고 장력을 생성한다. 이는 생성된 힘이 외부 저항과 같거나 외부 저항이 움직일 수 없을 때 발생한다. 기동력에 의한 등척성 동작의 높은 발생률은 BMX, 요트 및 격투 스포츠뿐만 아니라 대부분 모터 스포츠에서 필요하다. 그러한 조치의 필요성은 선수의 근력 트레이닝 프로그램에 반영되어야 한다. 등척성 수축은 단축성 근력보다 최대 20% 더 높을 수 있다. 다른 근력 관련 동작과 달리 등척성 수축은 긴장 상태가 지속되는 시간 또는 등척성 수축의 지속 시간(초 또는 분)으로 평가된다.

신장성 근력

신장성 동작에서는 외부 저항보다 적은 장력을 생성하므로 근육이 늘어난다. 점프, 전력 질주 및 방향 전환이 필요한 스포츠에는 높은 수준의 신장성 근력이 권장된다. 신장성 근력

근력 트레이닝에서의 신경근 반응

근력의 유형					파워 순환	파워 비순환					
			근지구력 순환		근지구력 비순환						
부하	낮음				중간			높음	최대	초최대	
수축 유형	단축성									신장성	
%부하	10	20	30	40	50	60	70	80	90	100	110	>120	130
반복 횟수			100-150	80-100	40-50	20-25	12-15	8-10	4-6		3-4	2-3	1

그림 2.6 점프, 전력 질주, 방향 전환이 필요한 스포츠에서 권장되는 신장성 근력은 단축성 근력보다 최대 40% 더 높을 수 있다.

은 단축성 근력보다 최대 40% 더 높을 수 있다(그림 2.6). 예를 들어, 단축성 수축에 대한 1RM이 100kg인 경우 같은 운동선수는 신장성 수축에 대해 최대 140%(140kg)를 사용할 수 있다.

근력: 체중과의 관계

최대근력 트레이닝 방법은 신경 및 근육 적응을 모두 이끌어낸다. 다음 장에서 설명하는 것처럼 부하 매개변수는 체중을 유지하면서 선수의 체중과 근력 또는 근력만 증가시키는 방식으로 조작될 수 있다. 절대 근력과 상대 근력의 두 가지 유형으로 구분한다.

절대 근력

절대 근력은 체중에 관계없이 최대의 힘을 발휘할 수 있는 선수의 능력이다. 일부 스포츠에서 탁월하려면 높은 수준의 절대 근력이 필요하다. 예를 들어 미식축구와 럭비의 라인맨, 육상 경기 중 대부분의 던지기 경기, 역도와 레슬링의 가장 무거운 체급이 이 범주에 속한다. 근력 증가와 병행하여 체중 증가를 요구하는 운동선수는 절대 근력 증가를 목표로 하는 트레이닝 프로그램에 따른다.

상대 근력

상대 근력은 최대근력과 체중의 비율이다. 높은 수준의 상대 근력은 운동선수가 체중 범주로 나뉘는 체조, 격투기 종목(레슬링, 복싱, 유도, 브라질리언 주짓수, 종합격투기 등), 잦은 방향 전환이 필요한 단체 경기, 그리고 육상 경기와 점프에서 중요하다. 예를 들어, 체조 선수는 관련된 근육의 상대적 강도가 적어도 1:1이 아닌 한 링에서 십자버티기(iron cross)를 수행할 수 없다. 절대 근력은 최소한 선수의 체중을 상쇄할 수 있을 만큼 충분해야 한다. 물론 비율은 체중 증가에 따라 변경된다. 체중이 증가하면 그에 따라 근력이 증가하지 않는 한 상대 근력은 감소하게 된다. 이러한 이유로 상대적인 근력을 증가시키는 것을 목표로 하는 트레이닝 프로그램은 근육 크기와 전체 체중을 증가시키는 것보다 근력 트레이닝에 대한 신경 적응을 이끌어냄으로써 근력을 키울 수 있다.

근력: 특이도

프로그램에 사용된 트레이닝 수단과 방법의 스포츠별 생체역학 및 생리학적 유사성 정도에 따라 일반 근력과 특정 근력의 두 가지 유형을 구분한다.

일반 근력

일반 근력은 전체 근력 트레이닝 프로그램의 기초이며, 스포츠 트레이닝의 첫해에 주요 초점이 되어야 한다. 전반적인 근력이 낮으면 선수의 전반적인 진행 상황이 제한될 수 있다. 손상에 취약한 신체로 만들고 잠재적으로 비대칭 모양을 만들거나 근력을 키우는 능력을 감소시킬 뿐만 아니라 스포츠 관련 기술을 개발하는 능력을 저하시킨다.

운동선수의 전반적인 근력 발달에 기여하는 요소로는 해부학적 적응, 비대, 최대근력 매크로사이클(macrocycles)이 있다. 해부학적 적응은 힘줄 강화를 통한 근육 균형 및 손상 예방과 함께 전반적인 코어 근력 개발에 전념한다. 이름에서 알 수 있듯이 해부학적 적응은 몸이 뒤따르는 더 어려운 단계에 대비하도록 준비한다. 일반 근력은 근비대 매크로사이클로 유발되는 구조적 변화와 최대근력 매크로사이클로 인한 신경 적응을 통해 더욱 증가한다.

특정 근력

특정 근력 운동은 에너지 시스템의 기여, 움직임 면(planes of movement), 기동력, 관절의 운동범위 및 근육 활동 같은 스포츠의 특성을 고려한다. 용어에서 알 수 있듯이 이러한 유형의 근력은 각 스포츠에 고유하며 상당한 분석이 필요하다. 따라서 다른 스포츠에 참여하는 운동선수의 근력 수준을 비교하는 것은 올바르지 않다. 특정 근력 트레이닝은 모든 수준 높은 운동선수를 위해 준비 단계의 끝에서 시작하여 점진적으로 통합되어야 한다.

예비(여유) 근력

예비 근력(strength reserve)은 최대근력과 경쟁 조건에서 기술을 수행하는 데 필요한 근력의 차이다. 예를 들어, 근력 측정 기술을 사용하는 한 연구에서는 경기 중 스트로크당 노젓는 사람으로부터 56kg의 평균 근력을 측정했다(Bompa, Hebbelinck & Van Gheluwe, 1978). 같은 피험자들이 파워 클린 리프트에서 90kg의 절대 근력을 갖는 것으로 밝혀졌다. 절대 근력(90kg)에서 레이스당 평균 근력(56kg)을 빼면 34kg의 예비 근력을 나타낸다. 즉, 평균 근력과 절대 근력의 비는 약 1:1.6이다.

같은 연구의 다른 피험자들은 더 높은 예비 근력과 1:1.85의 비율을 갖는 것으로 밝혀졌다. 이들은 조정 경기에서 더 잘 수행했으며, 이는 더 높은 예비 체력을 가진 운동선수가 더 높은 수준에서 수행할 수 있다는 결론을 뒷받침하고 있다. 따라서 부정적인 전환을 방지하기 위해 근력 및 컨디셔닝 코치는 운동선수가 스포츠별 세션과 함께 합리적인 비율로 근력 트레이닝에 전념하는 동안 가능한 한 최대근력 수준에 도달하도록 돕는 것을 목표로 해야 한다. 예비 근력은 던지기 경기 같은 스포츠와 수영, 카누, 최고 속도 스포츠 등 저항에 대항하여 힘이 가해지는 스포츠에서 필수다.

근력 트레이닝 및 신경근 적응

체계적인 근력 트레이닝은 신체의 구조적 및 기능적 변화 또는 적응을 일으킨다. 적응 수준은 근육의 크기와 근력으로 입증된다. 이러한 적응의 크기는 트레이닝의 양, 강도(부하) 및 빈도에 의해 신체에 가해지는 요구와 그러한 요구에 적응하는 신체의 능력에 정비례한다. 트레이닝은 신체에 점차 가해지는 스트레스에 합리적으로 적응한다. 즉, 신체가 익숙한 것보다 합리적으로 더 큰 요구에 노출되고 트레이닝된 생리학적 시스템에 충분한 회복 시간이 주어지면, 신체는 더 강해져서 스트레스 요인에 적응하게 된다.

몇 년 전까지만 해도 근력이 주로 근육의 단면적(CSA)에 결정된다고 믿었다. 결과적으로 웨이트 트레이닝은 '엔진 크기'를 늘리는 데 사용되었다. 즉, 근육의 비대를 목표로 트레이닝했다. 근육의 단면적이 개인의 근력을 가장 잘 예측할 수 있는 단일 변수이지만(Lamb,

1984), 1980년대 이후의 근력 트레이닝 연구(Zatsiorsky 및 Bompa 같은 학자)는 근력 표현의 신경 구성요소로 초점을 옮겼다. 근력 표현에서 신경계의 주요 역할은 2001년 브러튼(Broughton)의 논문에서 구체적인 내용을 찾아볼 수 있다.

근력 운동에 대한 신경 적응에는 억제 기전의 억제와 근육 내 및 근육 간 협응의 향상이 포함된다. 억제 해제는 다음 기전에 영향을 준다.

- 골지건 기관 – 근육과 힘줄(건)의 접합부 근처에 위치한 감각 수용체로, 단축 또는 수동적 스트레칭으로 과도한 긴장을 받을 때 근육의 반사 억제를 유발한다.
- 렌쇼 세포(Renshaw cell) – 척수에서 발견되는 억제 연결 뉴런(개재 뉴런)은 알파 운동 뉴런의 방전 속도를 감소시켜 강축(tetanic contraction)으로 인한 근육 손상을 예방하는 역할을 한다.
- 척수 상방(위) 억제 신호(Supraspinal inhibitory signal) – 뇌에서 오는 의식적 또는 무의식적 억제 신호

근육 내 협응의 구성요소는 다음과 같은 근력 향상을 위한 결정적인 요소다.

- 동시화(Synchronization) – 운동 장치를 동시에 또는 최소 지연(즉, 5밀리초 미만의 지연)으로 수축하는 능력. 운동단위의 동시화는 최소한의 자극으로 최대의 힘을 발현하는 것을 말한다.
- 동원(Recruitment) – 운동단위를 동시에 동원하는 능력은 스피드 파워 스포츠에서 중요하며, 최대근력을 통해서만 유도되거나 향상될 수 있다. 최대근력은 신경근의 잠재력이 달성되었다고 할 수 있으며, 궁극적으로 최고 성능에 도달하는 데 결정적인 요소다.
- 흥분율(Rate coding) 또는 방전율(discharge rate) – 더 많은 강도를 표현하기 위해 발화율(운동단위 방전율)을 증가시키는 능력을 의미한다. 근육에 의해 생성되는 힘은 운동 뉴런이 방전되는 속도에 따라 달라진다. 방전율 범위는 최소 초당 5~8펄스(pps)에서 최대 20~60pps 이상이다(Enoka, 2015). 더 높은 흥분율은 더 높은 힘을 초래한다.

특정 운동 패턴이 확립되어 있는 한(근육 간 조정) 근육 내 협응의 적응은 한 운동에서 다른 운동으로 잘 전달된다. 예를 들어, 최대근력 트레이닝을 통해 개발된 운동단위의 최대 자발적 동원은 선수가 기술을 알고 있는 한 스포츠별 운동 기술로 이전될 수 있다. 최대근력 증진을 위한 매크로사이클의 목적은 주동근(prime mover)의 운동단위 동원을 개선하는 반면, 파워 매크로사이클은 주로 신속한 방전율 또는 흥분율에 작동한다. 일반적인 믿음과 달리, 근육 내 협응의 이 두 가지 측면(동원과 흥분율)은 근육의 힘 생성에서 동시화(Synchronization)가 하는 것보다 더 큰 결정적인 역할을 한다.

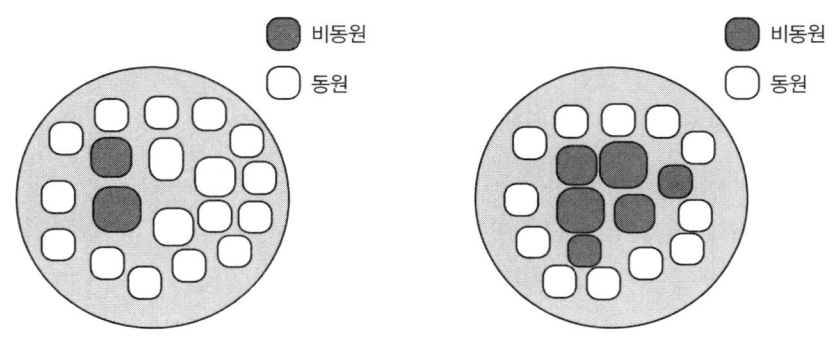

그림 2.7 시간이 지남에 따라 근육 간 협응을 위한 근력 운동은 동일한 부하를 들어 올리는 데 필요한 운동단위 활성화를 감소시켜 더 높은 부하에 더 많은 운동단위를 사용할 수 있게 한다.

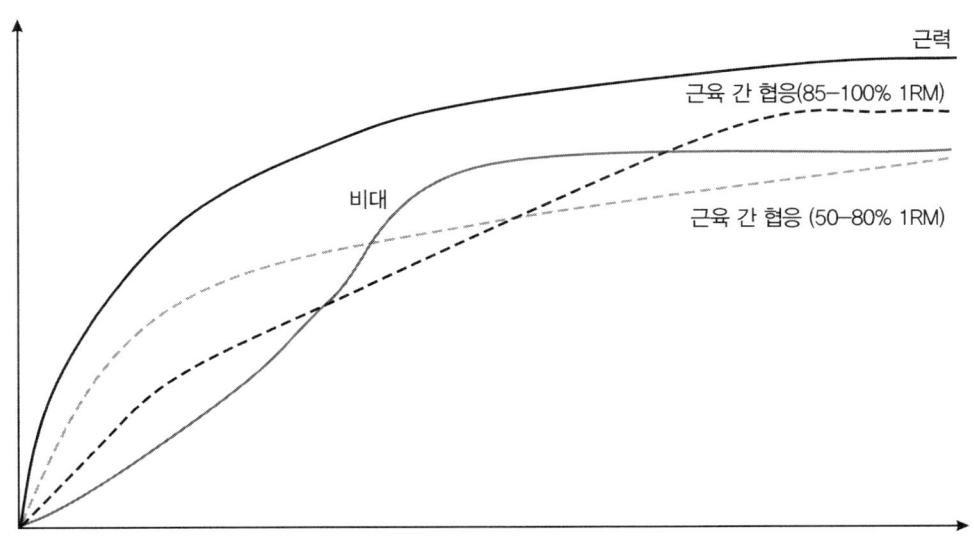

그림 2.8 시간이 지남에 따라 운동선수의 근력에 기여하는 요소

스포츠 트레이닝의 주기화

근육 간 협응, 함께 일하는 것을 배우는 근육의 능력은 운동사슬의 연결을 조정하여 행동을 더욱 효율적으로 만드는 신경계의 능력이다. 시간이 지나면서 신경계가 동작을 학습함에 따라 동일한 무게로 더 적은 수의 운동단위가 활성화되어 더 높은 무게로 더 많은 운동단위를 활성화할 수 있게 된다(그림 2.7 참조). 따라서 장기간에 걸쳐 주어진 운동에서 중량을 증가시키기 위해서는 근육 간 협응 트레이닝(테크닉 트레이닝)이 핵심이다.

트레이닝에 대한 근비대 반응이 즉각적이라는 사실에도 불구하고(Ploutz et al., 1994) 근육 단백질의 축적(성장)은 6주 이상 이후에야 분명해진다(Moritani & deVries, 1979; Rasmussen & Phillips, 2003). 부과된 트레이닝에 대한 특정 적응반응을 나타내는 이러한 단백질은 트레이닝으로 얻어진 신경 적응을 안정화한다. 이것이 세일(Sale, 1986)의 유명한 연구를 이해하는 데 필요한 핵심이다. 신경 적응은 일단 발생하면 잠재력이 완전히 발휘되지도 않고, 절대적으로 안정적이지도 않기 때문이다. 따라서 시간이 지남에 따라 근력을 증진하려면 여기에서 논의된 요소를 계속 트레이닝해야 한다(그림 2.8). 이것은 특히 증가하는 시스템의 효율성과 특정 근비대를 기반으로 한 중장기적으로 부하 증가가 이루어져 근력이 향상되는 것은 근육 간 협응의 결과다.

최대근력 트레이닝 프로그램을 설계할 때는 역도 및 역도와 관련된 정보를 분석하고 약간의 주의를 기울여 적용해야 한다. 예를 들어, 역도 선수는 매일, 종종 하루에 여러 번, 연간 약 6,000~9,000시간을 트레이닝하는 반면, 다른 스포츠의 운동선수는 최대근력을 위해 트레이닝하는 데 15~20%만 시간을 할애할 수 있다. 스포츠마다 목표도 다르고, 트레이

표 2.2 근력 트레이닝 영역에 따른 신경 적응

적응	강도 영역(%1RM)				
	5	4	3	2	1
근육 내 협응	40–60	60–70	70–80	80–90	90–100
• 동시화	****	***	***	***	****
• 동원	**	***	****	****	****
• 흥분율	****	***	***	***	****
근육 간 협응	****	***	***	**	*
억제 기전의 억제	*	**	***	****	****
특정 비대	*	**	****	***	**

적응 자극: **** = 매우 높음; *** = 높음; ** = 중간; * = 낮음
모든 부하는 부하가 허용하는 가장 폭발적인 단축성 동작으로 이동해야 한다.

닝 방법도 다르다. 이 기간 동안 다양한 스포츠의 선수들은 최대근력을 점진적으로 향상시켜야 하며, 주로 강도 3, 2, 1을 순서대로 이용한다. 대부분 운동선수는 훨씬 더 짧은 시간과 세션 수로 최대근력을 개선해야 하며, 이는 더 높은 평균 트레이닝 강도를 요구할 수 있다. 이것이 역도와 파워리프팅 트레이닝 방법을 적용할 때 신중해야 하는 이유다.

이 분야는 우리에게 최대근력을 증가시키는 데 필요한 대부분 신경근 시스템의 적응이 1RM의 80~95%의 부하와 90% 이상의 부하에 노출되는 시간(강도 범위에 특정한 적응을 이끌어내기 위해 필요)을 포함한다는 것을 보여주었다.

표 2.2는 각 강도 범위에 대한 신경근 적응을 요약한 것이다. 이 표에서 다음과 같은 내용을 배울 것이다.

- 근육 내 협응 증가의 대부분은 80% 이상의 부하를 포함한다.
- 근육 간 협응 증가의 대부분은 80% 미만의 부하를 포함한다.
- 신경근 협응을 최대화하고 결과적으로 최대근력을 최대화하기 위해 근력의 전체 스펙트럼을 사용해야 한다.

트레이닝 방법론을 고려할 때 이 표에서 다음과 같은 점을 유추할 수 있다.

- 최대근력 개발을 위한 시간이 제한된 준비 단계에서 최대근력 매크로사이클에 사용되는 평균 강도는 더 높을 것이다(1RM의 80~85%). 이 접근 방식은 일반적으로 팀 스포츠에서 사용된다.
- 최대근력 개발을 위한 충분한 시간이 있는 개별 스포츠 준비 단계에서, 특히 다년간의 관점에서 중장기적으로 지속적인 발전을 계획하는 경우 기간별 근력 계획은 주로 근육 간 협응에 초점을 맞춘다. 따라서 최대근력 매크로사이클에 사용되는 최대 강도가 아닌 평균 강도는 더 낮다(1RM의 70~80%).
- 그럼에도 최대근력의 발달을 위해 모든 주기적인 계획은 낮은 강도, 세트당 높은 시간의 긴장(해부학적 적응 선호), 그리고 높은 강도가 나중에 높은 근육 긴장을 유발하도록 하는 테크닉에 초점을 맞추는 것으로 시작한다.

스포츠 트레이닝의 주기화

운동능력 향상을 위한 신경근 전략

스피드-파워 스포츠를 위한 신경근 시스템은 코치가 계획한 트레이닝 프로그램에 따라 특정 방식으로 행동하고 반응하도록 트레이닝되고 모델링된다. 신경근 시스템이 원하는 방식으로 반응하도록 하는 에이전트는 코치가 사용하는 트레이닝 방법과 연간으로 계획된 트레이닝 단계의 특정 요구 사항에 따라 이러한 방법을 계획한다. 연간 계획의 전체 트레이닝 프로그램은 해당 연도의 주요 경기, 단체 경기의 경우, 리그 경기 또는 국제 선수권 대회에서 최대 성과에 도달하는 범위에서 작성된다(표 2.3). 스피드 파워 스포츠의 근력 주기화는 두 가지 생리학적 단계로 구성되어야 한다.

표 2.3 스피드-파워 스포츠를 위한 신경근 전략

트레이닝 단계	준비 단계			경쟁 단계	이행 단계
신경근 전략	적응	속근섬유의 동원 증가	속근섬유의 방전율 증가	속근섬유를 동원하거나 방전하는 능력 유지	회복 또는 재생 균형 개발
트레이닝 방법	AA	MxS	P/A	MxS 유지	AA

주요어: AA = 해부학적 적응, FT = 속근, MxS = 최대근력, P/A = 파워 및 민첩성

1. 최대근력을 통해 속근섬유의 동원을 증가시킨다.
2. 파워, 최대속도, 민첩성, 순발력의 발달을 유도하기 위해 최선의 방법을 사용하여 본 대회 시작 전에 방전율을 높인다.

첫 번째 단계에서의 목표는 최소, 바람직하게는 6주 이상의 최대근력 교육을 통해 달성할 수 있다. 이미 논의된 바와 같이, 1RM의 80~90%의 부하를 사용하는 최대근력은 작용하는 가장 많은 수의 속근섬유를 포함하도록 주동근의 동원 능력을 증가시킨다. 이러한 능력은 부하를 극복하거나 상대방의 저항, 방수 또는 도구의 무게를 극복할 수 있는 최대한의 힘을 발휘하는 것으로 해석된다. 많은 수의 속근섬유를 동원하는 능력이 향상되어 두 번째 단계의 성공을 촉진한다.

> 근육에서 힘을 발현하기 위한 근 활성화의 변환은 흥분-수축 결합(Enoka, 2015)으로 알려져 있으며, 여기서 액틴과 마이오신 근육 필라멘트의 상호작용과 십자형교로 수행되는 작업이 결정된다. 먼저 최대근력을 통해 속근섬유의 동원을 늘리지 않고는 높은 방전율을 달성할 수 없다. 이것이 이 책에서 논의된 주기화 계획이 최대근력, 파워, 스피드, 민첩성, 신속성의 생리학적 순서를 따르는 이유다.

두 번째 단계에서는 파워 트레이닝, 최대 속도, 민첩성 트레이닝(운동 및 과정)을 통해 신경근 시스템을 트레이닝하여 방출 속도, 즉 빠르고 강력하거나 폭발적인 동작 능력을 향상시켜 주요 대회에서 최대 생리적능력을 발휘할 수 있도록 한다.

> 신경근 전략은 근력 주기화의 필수적인 부분이며, 최고 운동수행능력을 달성하기 위한 두 단계를 결정한다. 신경근 전략을 사용하지 않고는 높은 운동수행능력을 달성할 수 없다.

에너지시스템 트레이닝

이 교재는 스포츠를 위한 근력 트레이닝의 과학, 방법론 및 목표를 논의하는 데 중점을 두었다. 각각의 스포츠는 각자 고유한 생리학적 프로필이 있으므로 스포츠 특성별(특이성) 프로그램을 설계하고 진행하는 모든 트레이너는 인체의 에너지시스템에 대한 이론적 배경과 스포츠 트레이닝에 적용하는 방법을 반드시 이해해야 한다. 구체적으로 말하면, 각각의 스포츠에는 요구되는 다양한 생리학적 특이성이 존재하기 때문에 트레이너들은 특정 스포츠에서 요구되는 주된 에너지시스템 이해를 통해 에너지시스템이 근력 트레이닝과 어떻게 관련되는지를 습득해야 한다. 트레이너들이 지도하는 스포츠 종목의 생리학적인 특성을 근력 트레이닝과 분리하여 생각한다면 트레이너 업무 수행의 성공률을 높이기 어려울 것이다. 이 장에서는 서로 다양한 스포츠에서 요구되는 근력 트레이닝과 스포츠 특이성 에너지시스템 트레이닝을 통합하는 방법을 살펴본다.

스포츠 트레이닝의 주기화

에너지시스템

에너지는 일을 수행할 수 있는 능력을 의미하며, 저항에 대항하여 근육을 수축할때 근원이 되는 힘을 의미한다. 따라서 스포츠 활동 중에 근육수축을 동반하는 신체활동을 수행하기 위해서는 에너지가 필요하다. 신체는 근육세포가 저장된 음식의 다량 영양소 성분을 'ATP(아데노신삼인산)'라고 불리는 고에너지 화합물로 변환시켜 에너지를 유도하고, 이 에너지는 근육세포에 저장된다. ATP는 한 분자의 아데노신과 세 분자의 인산염으로 구성되어 있다. 반면에 아데노신이인산(ADP)은 아데노신 한 분자와 인산 두 분자로 구성되어 있다. 에너지를 생성하는 과정에서 ATP는 ADP+P(인산염)로 분해된다. 에너지를 지속적으로 공급하려면 ATP도 일정하게 공급되어야 하는데, 이 과정에서 ADP는 다른 인산염 분자와 결합하여 ATP가 재합성되고 근육세포에 저장된다.

선수가 근력 트레이닝을 실시하거나 유산소성 운동을 수행할 때, 고에너지 ATP는 ADP+P로 변환되면서 근육수축에 필요한 에너지를 방출하게 된다. 이때 방출된 에너지로 움직임(근육수축)이 수행된다. 트레이닝을 계속하기 위해서는 세포에 ATP 공급을 지속적으로 보충해주어야 한다. 왜냐하면 근육세포(근육 kg당 5~6mM)에는 제한된 양의 ATP만 저장되어 있고, 또한 세포는 세포가 가지고 있는 ATP를 모두 사용할 수 없기 때문이다(최대 60~70%까지 사용됨).

세 가지 에너지시스템

신체는 트레이닝 유형에 따라 무산소성 비젖산 시스템(또는 ATP-PC; 인원질), 무산소성 젖산 시스템 또는 유산소 시스템의 세 가지 에너지시스템 중 하나를 사용하여 ATP를 공급할 수 있다.

무산소성 비젖산 시스템(ATP-PC; 인원질)

근육에는 소량의 아데노신삼인산(ATP)만 저장될 수 있기 때문에 격렬한 트레이닝을 하는 경우 에너지는 빠르게 고갈된다. 예를 들어 근육에 저장된 ATP는 탈진(all-out)성 스프린트의 처음 2초 동안만 연료를 공급하거나, 12~15회 반복 세트 중에서 처음 2~5회까지만 연료를 공급할 수 있다. 선수가 15회 반복운동이 끝날 때 활동근육에서 뜨거운 통증을 느꼈다면, 15회 반복하는 단일 세트 동안에 인원질과 젖산 시스템이 에너지 방출에 같이 관여했음을 의미한다.

근육에서 ATP가 고갈되면 크레아틴인산염(CP)이 크레아틴(C)과 인산(P)으로 분해된다. ATP와 마찬가지로 크레아틴인산염도 근육세포에 저장되어 있다. 크레아틴인산염이 크레아틴과 인산으로 변환되어도 근수축을 위한 즉각적으로 사용 가능한 에너지를 방출하지 않는다. 오히려 신체는 변환으로 생성된 에너지를 이용하여서 ADP+P를 ATP로 재합성하게 되는데, 이때 합성된 ATP가 근수축에 사용되는 에너지다. 즉, 크레아틴인산염 분해에 의해 생성된 인산은 근수축을 위한 에너지로 이용되기보다는 ATP의 재합성에 이용된다.

크레아틴인산염의 저장량이 제한되어 있기 때문에 인원질 시스템은 탈진성 운동을 시작하고 8~10초의 매우 짧은 시간 동안 에너지를 공급할 수 있다(최대하 운동을 위한 에너지로는 다소 긴 시간 동안 공급될 수 있다). 인원질 시스템은 60m 전력 질주, 다이빙, 역도, 육상경기에서의 점프나 던지기와 같이 매우 빠르고 폭발적인 동작을 위한 신체의 주요 에너지원이다. 크레아틴 섭취는 크레아틴과 결합하는 수분함량을 증가시켜 세포의 용적을 증가시키고 단백질 합성을 지속시킬 수 있을 뿐만 아니라 인원질 시스템의 에너지 생성 능력을 증가시킬 수 있다. 따라서 크레아틴 보충제는 1990년대 후반부터 단거리 달리기, 던지기, 하키 또는 축구, 보디빌딩과 같이 근력, 근비대 및 파워를 중요시하는 선수들에게 관심이 높아지고 있다.

무산소성 젖산 시스템

신체는 200m, 400m 전력 질주나 최대 50회 빠르게 반복되는 웨이트트레이닝과 같이 짧은 시간 근지구력 트레이닝 단계로 전환되는 더 긴 시간의 격렬한 운동(10~60초 동안 지속)에 대해 각각 다르게 반응한다. 처음 8~10초 동안은 인원질 시스템을 통해 에너지가 공급된다. 5~6초 만에 ATP 생산의 최대 파워에 도달했음에도 무산소성 젖산 시스템이 주된 에너지의 공급원이 되는 것은 약 10초 후에 이루어진다(Hultman & Sjoholm, 1983).

무산소성 젖산 시스템은 근육세포와 간에 저장되어 있는 글리코겐(체내 포도당 또는 당분 형태로 저장된)을 분해하여 에너지를 공급하고, 글리코겐은 ADP+P로부터 ATP를 재합성하기 위해 에너지를 방출한다. 무산소성 젖산 시스템에서 글리코겐이 분해되는 동안 산소가 결핍되면 젖산이라는 부산물을 생성한다. 고강도 트레이닝을 장시간 계속하게 되면 근육에는 많은 양의 젖산이 축적되어 피로가 유발되고, 점차적으로 초기의 고강도 운동 수준을 유지할 수 없게 하는 원인이 된다.

운동 중에 글리코겐을 지속적으로 사용하면 결국 글리코겐은 고갈된다. 글리코겐은 트레이닝 직후에 단순 탄수화물(다당류가 아닌 이당류 형태 특별히 말토덱스트린 및 아밀로펙틴 같은 탄수화물 분말 형태)을 섭취한 다음 복합 탄수화물(전분), 과일 및 채소를 섭취하고 충분하게 휴식을 취함으로써 쉽게 회복될 수 있다.

스포츠 트레이닝의 주기화

유산소 시스템

유산소 시스템을 통해 ATP를 재합성하기 위한 에너지를 생산을 시작하는 데 60~80초가 걸린다. 다른 시스템과 달리 유산소 시스템은 산소가 있는 상태에서 ATP를 재합성시키며, 글리코겐, 지방 및 단백질의 분해를 통해 재합성 과정이 이루어진다. 이 과정이 진행되려면 필요한 양의 산소가 근육세포로 전달되어야 하는데, 이를 위해 심박수와 호흡 빈도가 증가되어야 한다. 무산소성 젖산 시스템(무산소성 해당과정)과 유산소 시스템(유산소성 해당과정)은 ATP를 재합성하기 위해 에너지원으로서 모두 글리코겐을 사용한다. 그러나 이 두 시스템의 대표적인 차이로 유산소 시스템에서는 무산소성 젖산 시스템과 달리 젖산을 거의 생성시키지 않으므로 운동을 지속적으로 할 수 있다.

결과적으로 유산소 시스템은 1분에서 3시간까지 지속되는 운동에서 주요 에너지를 공급하게 된다. 2시간 이상 운동을 지속하게 되면 체내에 저장된 글리코겐이 고갈되므로 ATP를 보충하기 위해 지방과 단백질이 동원되어야 한다. 글리코겐, 지방 및 단백질이 분해되면 모든 경우에 이산화탄소와 물이 생성되며, 이 부산물은 호흡과 땀을 통해 신체에서 제거된다. 유산소 능력이 향상되면 지방을 연료로 사용하는 능력도 증가된다.

800m 종목보다 더 먼 거리를 달리는 종목의 육상 선수는 경기 중 신체에 연료를 공급하기 위해 글리코겐, 지방 및 단백질을 분해하는 유산소 에너지시스템을 주로 사용한다.

에너지시스템 트레이닝에서 이론과 실제의 접목

에너지시스템에 대한 실질적인 지식이 없는 코치는 그들 스포츠 종목에 필요한 주된 에너지 시스템을 트레이닝하기 위해 직관적으로 프로그램을 개발할 수도 있다. 예를 들면, 단거리 달리기(스프린트) 코치는 신경계와 무산소성 에너지시스템이 갖는 트레이닝의 유익함에 익숙해지지 않은 선수들에게 스프린트 거리에 맞춰 직관적으로 트레이닝을 시킨다. 그러나 에너지시스템 트레이닝을 할 때는 근섬유 유형의 동원양상도 고려되어야 한다. 에너지시스템의 효율성 향상은 장기적인 트레이닝에 의해 야기되는 긴장과 피로에 견딜 수 있는 근육신경계의 능력에 달려 있다. 예를 들면, 지속적으로 무산소성 젖산 시스템 트레이닝을 실시하면 젖산이 축적되어 있는 상태에서도 속근섬유가 힘을 발휘할 수 있도록 한다. 이러한 결과는 운동단위 동원의 증가와 지근섬유에서 젖산을 재사용함으로써 가능하다. 무산소성 대사는 150~400m 전력 질주를 통해 최대근력 및 파워 지구력 트레이닝을 조합하는 프로그램을 통해 극대화시킬 수 있다.

   선수들이 운동 중에 에너지를 생성하는 데 기여하는 에너지시스템은 운동강도 및 운동 지속시간과 직접적인 관련이 있다. 인원질 시스템은 주로 스피드와 순발력이 주된 능력인 단시간(최대 8~10초)에 수행되는 모든 스포츠에서 에너지를 공급한다. 인원질 시스템이 주된 스포츠에는 육상종목의 단거리달리기, 투척과 점프 종목, 스키 점프, 다이빙, 체조에서 도마, 역도 등이 있다. 이러한 스포츠에서의 움직임은 단시간에 폭발적이고 높은 부하를 사용하므로 최대근력과 순발력이 요구된다. 따라서 인원질 시스템은 많은 수의 속근섬유를 동원(최대근력)하고, 속근섬유의 방전율(최대파워) 증가와 함께 사용된다.

   반면에 무산소성 젖산 시스템은 비교적 긴 시간(15~60초)의 고강도 스포츠를 위한 주된 에너지 공급원이다. 무산소성 젖산 시스템이 지배적인 스포츠에는 육상의 200m 및 400m 달리기, 수영의 50m, 트랙 사이클, 스피드 스케이트 500m 종목이 해당한다. 이러한 스포츠의 운동수행력은 인원질 시스템과 무산소성 젖산 시스템 모두의 최대 파워가 필요하다. 무산소성 대사의 최대 능력은 육상 중거리 달리기 종목, 수영의 100m와 200m, 카누와 카약의 500m, 스피드스케이팅의 1,000m 종목은 물론 체조의 대부분 종목, 알파인 스키, 리듬체조, 트랙 사이클의 추발경기와 같이 다소 긴 시간이 요구되는 스포츠에 필요하다.

   이러한 스포츠를 위한 근력 트레이닝의 목적은 파워 지구력이나 단시간 근지구력을 향상시키는 것이다. 선수는 속근섬유의 방전율을 증가시킬 수 있을 뿐만 아니라 더 오랜 시간(10~120초까지) 동안 방전 수준을 유지할 수 있어야 한다. 단기간에 파워 지구력과 근지구력의 증가는 최대근력을 증가시킨 결과로만 기인된다는 것을 알아야 한다. 따라서 이러한

스포츠 트레이닝의 주기화

스포츠의 선수는 최대근력을 기본적으로 발달시켜야 한다.

이미 언급했듯이 유산소 에너지시스템은 1분에서 3시간 이상 수행되는 스포츠에서 에너지를 공급하는 데 사용된다. 코치들은 이렇게 넓은 시간 범위에서 특정한 종목에 맞는 트레이닝 방법을 이해하고 있어야 한다. 일반적으로 스포츠 종목의 지속시간이 1분에 가까울수록 수행력에 대한 유산소적 기여도는 낮아진다. 반대로 지속시간이 길어질수록 유산소 에너지시스템의 기여도가 더 우세해진다.

유산소 에너지시스템의 파워와 능력을 구별하려는 경우에도 동일한 추론이 적용된다. 최대 유산소 파워까지 도달한 파워발현(power output)은 보통 6분 정도 지속될 수 있지만(Billat 외, 2013), 파워발현이 조정되면 최대 유산소 파워는 최대 15분까지 유지될 수 있다(Billat 외, 1999). 따라서 1~15분 동안 지속되는 모든 스포츠는 높은 수준의 유산소 파워가 필요하다. 또한 15분 이상 수행되는 스포츠의 경우에는 15분에 가까울수록 높은 유산소 파워를 지속적으로 유지하는 것이 제한되므로 더 오랜 시간 수행되는 스포츠 종목에서는 더 높은 유산소 능력이 필요하다. 육상, 수영, 스피드스케이팅에서 중장거리, 1,000m 카약과 카누, 레슬링, 피겨스케이팅, 싱크로나이즈드, 크로스컨트리, 스키, 사이클링(도로경주) 그리고 철인 3종 경기 등 대부분 스포츠는 주로 유산소 시스템이 지배적인 범주에 속해 있다. 이러한 스포츠 선수들은 중장기적인 근지구력 트레이닝을 통해 생리적으로 유익함을 얻을 수 있다.

대부분 스포츠는 에너지시스템의 연속체에서 기여도에 따라 주된 에너지시스템이 정해지지만 팀 스포츠, 복싱, 무술 및 라켓 스포츠와 같이 간헐적 운동이 특징인 스포츠에서는 특별한 고려사항이 적용되어야 한다. 이들 스포츠에서는 시합의 강도, 리듬 및 시간에 따라 세 가지 에너지시스템이 모두 사용되는데, 시합의 격렬한 부분에서는 무산소성 에너지 경로를 사용하게 되며, 빠른 회복과 운동국면 사이의 재보충을 위해서는 강력한 유산소 파워에 의존하게 된다(유산소성 인산화를 통한 크레아틴인산염 재합성)[Bogdanis 외, 1996]. 결과적으로 이러한 범주의 스포츠는 최대근력, 파워 및 파워지구력 향상에 초점을 맞춘 트레이닝이 필요하다.

〈표 3-1〉은 에너지시스템과 각 범주에 속하는 스포츠에 대해 제안된 근력 트레이닝 유형 간의 관계를 보여주며, 에너지시스템 연속체에서 최대근력 트레이닝의 필요성을 보여주고 있다. 스포츠에서 주된 시스템이 무산소성이든 유산소성이든 또는 두 시스템이 동일하게 기여하든 상관없이, 즉 에너지시스템에 상관없이 최대근력의 향상은 서로 다른 주된 능력을 극대화되도록 기반을 제공한다. 즉, 근육섬유의 밀도를 높이고 운동단위 동원양상을 향상시

표 3.1 에너지시스템과 근력 트레이닝 방법 간의 관계

에너지 시스템	무산소성				유산소성		
	비젖산		젖산				
양식	파워	용량	파워	용량	파워		용량
지속시간	1–6초	7–8초	8–20초	20–60초	1–2분	2–8분	2–>120 분
필요한 체력 트레이닝	MxS, P	MxS, P, PE	MxS, P, PE, MES	MxS, P, PE, MEM	MxS, PE, MEM	MxS (<80% of 1RM), PE, MEL	

Key: MEL= 장시간 근지구력, MEM = 중시간 근지구력, MES = 단시간 근지구력, MxS =최대근력, P = power, and PE = 파워지구력.

키면 높은 파워발현을 필요로 하는 스포츠(무산소성 스포츠)와 지구력을 기반으로 하는 스포츠에서 지근섬유의 크기를 증가시켜 모세혈관과 미토콘드리아 밀도를 높이므로 더 많은 근육이 활성화된다.

다시 말하면, 모든 스포츠에는 고유한 생리학적 특성과 필요한 생체 운동능력들의 특별한 조합이 있다. 따라서 능력 있는 트레이닝 전문가는 스포츠 종목 간에 차이를 구별하는 생리적인 조건이 무엇인지 잘 이해하고 일상적인 트레이닝 과정에서 이러한 생리적인 원리를 잘 적용시킨다. 다음에는 트레이닝에서 스포츠 종목별 특성을 적용할 수 있도록 에너지시스템이 대사 트레이닝과 어떤 관련이 있는지 그리고 근력 트레이닝과 함께 다양한 스포츠 트레이닝에서 6개의 운동강도 영역을 어떻게 사용할 수 있는지에 대해 살펴보고자 한다.

운동시간과 에너지 공급을 위한 에너지시스템의 기여도 사이의 관계를 잘 이해하려면 〈표 3.2〉를 참조하면 된다. 〈표 3.2〉에서 보듯이, 운동이 1분 이상 지속되면 에너지 기여도는 무산소성에서 유산소 시스템 형태에 더욱 의존하게 된다(그림 3-1 참조).

〈표 3.2〉는 대부분 스포츠는 세 가지 에너지시스템 모두에서 생산되는 에너지가 필요하다는 것을 보여주고 있다. 스포츠에 에너지시스템을 접목시키면 해당 스포츠와 관련된 트레이닝과 생리학은 더 복잡해진다. 에너지시스템 트레이닝의 연속성(스펙트럼)과 개별 영역의 생리적 및 트레이닝 특성은 〈표 3-3〉에 제시된 여섯 가지 운동강도 영역에 반영된다. 표에는 각각의 운동 강도 영역에 해당하는 트레이닝의 유형, 반복 또는 트레이닝 시간, 반복 횟수, 트레이닝의 목표를 달성하는 데 필요한 휴식시간, 반복 후 젖산 농도 및 정해진 에너지 시스템을 자극하는 데 필요한 최대강도의 비율을 제시하고 있다.

그러나 여섯 가지 운동강도 영역의 실제적인 적용은 선수의 잠재력, 운동내성 및 트레이닝 단계의 세부사항에 따라 계획되어야 한다. 운동 강도 영역에 대한 다음의 간략한 분석은

스포츠 트레이닝의 주기화

표 3.2 육상경기에서 에너지시스템의 기여도

종목	지속시간	인원질 (ATP-PC)	글리코겐		중성지방 (지방산)
			젖산	유산소성	
100 m	10초	53%	44%	3%	—
200 m	20초	26%	45%	29%	—
400 m	45초	12%	50%	38%	—
800 m	1분 45초	6%	33%	61%	—
1,500 m	3분 40초	—	20%	80%	—
5,000 m	13분	—	12.5%	87.5%	—
10,000 m	27분	—	3%	97%	—
Marathon	2시간 10분	—	—	80%	20%

Sources: K.A. van Someren, 2006, The physiology of anaerobic endurance training. In The physiology of training, edited by G. Whyte (Oxford, UK: Elsevier), 88; E. Newsholme, A. Leech, and G. Duester, 1994, Keep on running: The science of training and performance (West Sussex, UK: Wiley).

각 유형에서 에너지시스템 트레이닝에 대한 특정 세부사항을 다루고 있다. 선수 트레이닝에서 강도 영역을 적용시키는 것은 일반적으로 팀 스포츠 코치보다 개인 종목 스포츠 코치에게 더 권고되고 있다. 스포츠 트레이닝에서 강도 영역을 적용하는 데 사용되는 방법론은 트레이닝 효율성과 수행성과를 결정하게 된다.

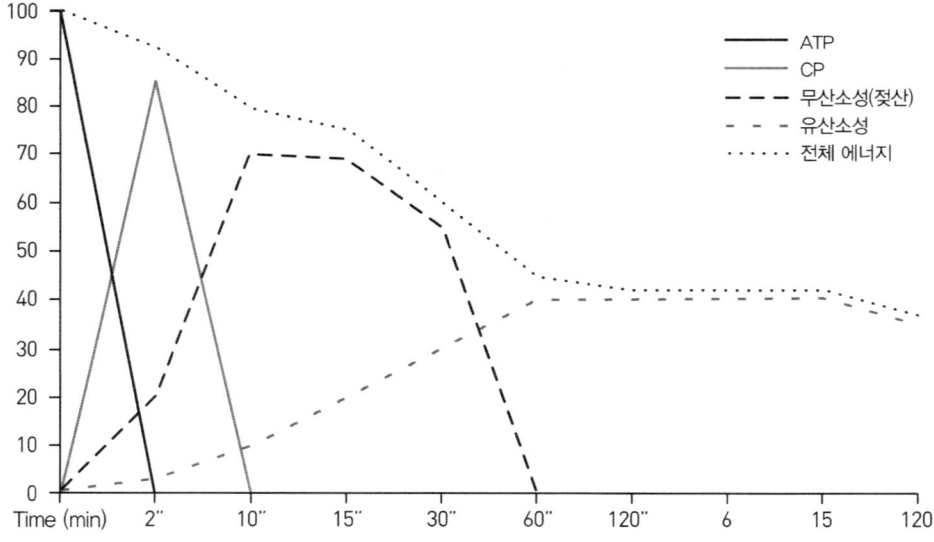

그림 3.1 에너지시스템의 에너지 공급

표 3.3 에너지시스템 트레이닝과 여섯 가지 운동강도 영역의 생리학적 특성

강도 영역	트레이닝 형태	반복 지속시간	반복횟수	휴식 간격 (운동:휴식)	트레이닝 양식 세트 수	연속적 세트	강도(%)
1	비젖산 시스템	1–8초	6–12	1:50–1:100	✓	✓	95–100
2	젖산 시스템 (단기적 파워)	3–10초	10–20	1:5–1:20	✓	✓	95–100
	젖산 시스템 (장기적 파워)	10–20초	1–3	1:40–1:130	✓	—	95–100
	젖산 시스템 (용량)	20–60초	2–10	1:4–1:24	✓	✓	80–95

강도 영역	트레이닝 형태	반복 지속시간	반복횟수	휴식 간격 (운동:휴식)	젖산농도 (mmol)	심박수 (%)	산소소비량(%)
3	최대 산소 소비	1–6분	8–25	1:1–1:4	6–12	98–100	95–100
4	무산소성 역치 트레이닝	1–10분	3–40	1:0.3–1:1	4–6	85–95	80–90
5	유산소성 역치 트레이닝	10–120분	지속적 유지(항정상태)		2–3	75–80	60–70
6	유산소성 회복	5–30분	지속적 유지(항정상태)		2–3	55–75	45–60

강도 영역 1

인원질 시스템 트레이닝은 무산소성 비젖산 에너지시스템이 지배적이고 폭발적인 스피드를 트레이닝시켜야 하는 모든 스포츠를 위한 스포츠 특이성 에너지시스템이다. 강도 영역 1에서 트레이닝을 통해 효과를 얻고자 하는 선수들은 매우 짧고(8초 이하) 빠르거나 폭발적인 반복 또는 기술 및 전술 트레이닝을 사용해야 한다. 이를 위해 선수들은 완전하게 연료 보충(크레아틴인산염)을 위한 충분한 휴식시간을 갖고 최대 수행력의 95% 이상으로 스포츠 특이성 운동 강도를 계획해야 한다.

이 트레이닝의 주요 목표는 가속, 최대 스피드, 빠른 첫 스텝, 빠른 반응, 근육의 ATP와 크레아틴인산염을 연료로 사용하는 빠르지만 짧은 시간의 기술과 전술 수행력을 높이는 것이다. 근육에서 PC를 완전하게 보충하기 위해서는 반복(운동) 사이에 긴 회복시간이 필요하다. 만일 휴식시간(인터벌)을 지키지 않는다면 일부 팀 스포츠와 무술에서 자주 발생하는 것처럼 PC 보충은 불완전하게 된다. 결과적으로 무산소성 해당과정이 점차 주요한 에너지원이 되므로(비젖산 능력으로부터 단거리 젖산 파워로) 다량의 젖산이 축적되어 선수들이 운동

스포츠 트레이닝의 주기화

을 멈추거나 늦어지게 한다(최악의 경우 부상 위험).

초보 선수의 경우에는 젖산축적이 급격하게 증가하게 되면 종종 근육경직과 불편함이 발생할 뿐만 아니라 운동수행력의 강도가 감소한다. 이러한 부작용을 피하기 위해서는 완전한 회복이 필요한데, 일반적으로 가속 또는 스피드 반복 사이에는 최대운동 1초당 1분의 휴식시간과 최대근력 운동 세트 사이에는 3~8분의 휴식시간이 필요하다(%1RM과 선수의 체중, 근력수준 및 근육신경의 효율성에 따라 다름). 회복에 도움이 되는 방법으로 매 세트 사이에 길항근의 가벼운 스트레칭과 작용근(주동근)의 마사지를 적용할 수 있다.

강도 영역 2

젖산 트레이닝은 운동하는 동안 젖산 축적에 대한 내성을 높여 선수들의 수행능력을 향상시키며, 15~90초의 빠른 반복운동에 유용하다. 젖산축적이 가장 빠르게 증가할 때는 12~16초 사이의 최대운동에서 발생하지만, 젖산축적의 가장 높은 수준은 40~50초의 고강도 반복운동에서 나타난다. 젖산 축적이 발생하는 운동 중 파워발현은 젖산 에너지시스템의 대사와 관련된 효소의 증가와 신경계 적응을 통해 향상된다. 사실, 젖산파워 운동에서(10~20초 지속)의 수행력은 대사적인 요인보다는 근육에서 방전율을 유지시키는 신경계의 능력이 주요 제한요인이 된다(Vittori, 1991).

반면에 혈류로부터 젖산을 반복적으로 제거시키면 뼈대근육(골격근)에서 젖산내성이 증가하게 된다. 최근 연구들에서는 고강도 트레이닝의 결과로 젖산 수송체의 수가 증가하는 것으로 보고했다(Bonen, 2001). 혈류에서 젖산을 제거하고 에너지로 사용하기 위해 지근 섬유로 운반하는 능력은 피로를 지연시키고 젖산내성이 요구되는 스포츠에서 수행력을 높이는 데 필연적인 적응현상이다.

선수는 젖산역치의 운동시간 동안 신경계 방전율을 유지하도록 트레이닝되었거나 산성증의 통증(높은 혈중젖산농도)을 견딜 수 있게 되면 선수들의 수행력은 더욱 오랜 시간 동안 지속될 수 있다. 따라서 강도 영역 2에서 트레이닝의 목적은 더 오랫동안 최대강도의 운동에서 신경계가 적응하고, 젖산축적으로 인한 산성화에 저항하고, 젖산을 효과적으로 완충하고, 활동근육에서 젖산 제거 능력을 증가시키는 것이다. 그리고 트레이닝과 시합에 따른 선수의 고통을 생리적 및 심리적인 측면에서 내성을 높이는 것이다. 강도 영역 2에 대한 트레이닝은 다음의 세 가지 유형이 있다.

1. ***단기 젖산파워*** 이 트레이닝 방법은 젖산 에너지시스템에서 단지 부분적으로만 젖산을 제거할 정도의 짧은 휴식시간(운동시간, 반복 횟수 및 상대적인 강도에 따라 15초~4분)이 주어지면서 최대유사강도 및 최대강도 짧은 반복 또는 반복연습(3~10초)의 시리즈를 구성한다. 이러한 유형의 트레이닝에서 얻어지는 생리적인 효과는 극심한 산성증의 상태에서 높은 수준의 무산소성 파워를 발휘할 때 선수는 젖산에 대한 내성이 증가하게 된다는 것이다. 이러한 트레이닝 방법은 시합기 시즌이 가까워질 때 그리고 선수가 최대능력에 도전할 때 종종 사용된다.

2. ***장기 젖산파워*** 이 트레이닝 방법은 젖산 에너지시스템이 최대 에너지 생산속도에서 작동하도록 긴 시간(10~20초)의 최대유사 및 최대강도 반복으로 구성한다. 이 방법은 근육신경계에 주는 가장 높은 스트레스 중 하나다. 따라서 선수들이 동일한 수준의 강도로 운동을 반복하려면, 젖산을 완전히 제거하고 중추신경계를 회복할 수 있도록 긴 휴식시간(선수의 수행능력 수준과 반복 횟수에 따라 12~30분)이 필요하다. 휴식시간(간격)이 충분하지 않으면 회복이 불완전하고 손상위험이 높아진다.

3. ***젖산능력*** 이 트레이닝 방법은 젖산(12mM 이상)이 증가되도록 더 긴 시간(20~60초)의 고강도 반복운동으로 구성한다. 선수들이 동일한 수준의 운동을 반복하려면 젖산이 거의 완전하게 제거될 수 있도록 중간 정도의 휴식시간(운동시간, 반복 횟수 및 상대적 강도에 따라 4~8분)이 필요하다. 휴식시간이 충분하지 않으면 젖산 제거가 불완전하고 산성증이 심해진다. 이러한 조건에서 선수는 반복 속도를 의도한 수준 이하로 늦추어야 한다. 따라서 선수는 젖산축적에 대한 내성을 향상시키는 트레이닝의 효과를 얻지 못하게 되며, 오히려 선수는 유산소 시스템을 트레이닝하게 된다.

심리적으로 젖산 내성 트레이닝의 목적은 선수의 통증역치를 높이는 것이다. 그렇지만 이러한 유형의 트레이닝은 선수가 심한 수준의 피로에 노출될 수 있기 때문에 일주일에 2회 이상 실시하는 것은 좋지 않다. 만일 초과하여 실시하면 선수는 손상이나 오버트레이닝(over training)으로 인해 바람직하지 않은 결과를 초래할 수도 있다.

강도 영역 3

최대산소섭취량(VO_{2max}) 트레이닝은 혈장량, 1회 박출량 및 심박출량, 모세혈관의 증가 같은 생리적인 적응을 통해 궁극적으로 최대산소섭취량을 증가시키고 더불어 산소의 수송과 사용의 효율성을 증가시킨다. 트레이닝과 시합이 중추계(심장과 폐 포함)와 말초계(근육, 모세혈관, 미토콘드리아 포함) 모두에 큰 부하를 주기 때문에 이러한 생리적 적응의 효율적인 증가는 매우 중요하다. 따라서 근육세포로의 산소수송 능력이 향상(특히 산소 사용의 효율성 증가)되면 유산소 시스템이 지배적이거나 매우 중요한 스포츠의 수행력을 향상시킨다.

이러한 효과를 얻으려면 최대산소섭취량의 90~100% 강도에서 1~6분간 트레이닝 시간이 필요하다(고강도 짧은 반복과 약간 낮은 강도의 긴 반복). 트레이닝 세션에서 수행되는 반복 횟수는 스포츠 종목의 특정 시간에 따라 달라지는데, 시간이 길어질수록 반복 횟수는 줄어든다. 따라서 주어진 트레이닝 세션에서 선수가 혜택을 받으려면 $\dot{V}O_{2max}$의 100% 강도에서 각각 3분씩 6회 반복하거나 $\dot{V}O_{2max}$의 95% 강도에서 각각 5분씩 8회 실시해야 한다. 이 트레이닝 영역은 하키와 같이 고강도의 움직임과 휴식이 번갈아 가면서 진행되는 스포츠에서 선호도가 높다.

강도 영역 4

무산소성 역치 트레이닝은 혈중젖산 확산속도와 제거속도(4~6mM)가 동일한 운동강도에서 수행된다. 이 영역에서 트레이닝의 목적은 선수가 과도한 젖산 축적 없이 고강도 운동을 유지할 수 있도록 하기 위해 젖산 축적량이 4mM에 도달하는 운동강도를 높이는 것이다(무산소성 역치를 높이는 것).

이 트레이닝은 $\dot{V}O_{2max}$의 85~90% 강도 또는 최대심박수의 92~96% 사이의 강도로 1~6분의 짧은 반복을 사용할 수 있지만, 운동 사이에 더 긴 휴식을 취해야 한다(운동 대 휴식 비율 1:0.5 및 1:1). 이러한 트레이닝은 젖산 생성을 크게 증가시키지 않으면서 무산소성 대사를 자극할 수 있다. 이러한 효과는 $\dot{V}O_{2max}$의 80~85% 강도 또는 최대심박수의 87~92% 강도에서 1:0.3과 1:0.5의 운동과 휴식 비율로 5~7회, 8~15분 긴 반복운동을 통해서도 달성할 수 있다.

강도 영역 4는 선수가 젖산 축적 역치 트레이닝으로 젖산 축적에 대한 내성을 높이기 때문에 운동강도 영역 2[마이크로(microcycle) 주기 내]와 병합하여 종종 사용된다. 여기서 기억해야 할 것은 선수에게 새로운 생리적인 자극을 부과하지 않으면 이전의 적응 수준을 넘어서는 과보상을 경험할 수 없거나 신체적인 수행력은 향상되지 않는다(점증적인 과부하 원리를 명심하라).

강도 영역 5

유산소성 역치 트레이닝은 선수의 유산소 능력을 향상시키고자 하는 트레이닝으로, 여러 스포츠 중 특히 산소공급이 수행력이 제한요소로 작용하는 스포츠에서 매우 중요하다. 예를 들면, 중장거리 달리기, 수영, 조정 등이 해당한다. 이러한 유형의 트레이닝은 심폐계의 기능적인 효율성과 대사체계의 기능을 향상시키고, 선수가 장기간 스트레스에 견디는 내성을 높여준다.

다른 강도 영역과 마찬가지로 이 영역에서 트레이닝을 실시할 때는 충분한 수분공급이 중요하다. 수분공급이 충분하지 않으면 피부 혈류와 발한율이 감소하여 열방출을 낮추므로 고체온증으로 이어질 수 있다(Coyle, 1999). 수분 부족으로 발생하는 효과는 심박출량, 1회 박출량 및 운동 근육으로의 혈류를 저해시켜 수행력을 크게 떨어뜨릴 수 있다.

유산소성 역치 트레이닝의 목적은 중간 정도의 속도와 중강도에서 일정한 페이스로 지속적이거나 또는 긴 반복(10분 이상)의 인터벌 트레이닝으로 운동량을 늘려 유산소 능력을 증가시키는 것이다(젖산농도가 2~3mM이고, 심박수가 분당 약 130~150회/분). 선수에게 유산소 능력을 향상시키는 이상적인 시기는 시즌 시작 전 준비단계다.

팀 스포츠, 격투기 및 라켓 스포츠 선수들은 유산소 트레이닝이 전형적인 유형인 단지 장시간 가볍게 장거리를 달리기 형태로 계획되지 않아야 더 효과적이다. 이러한 스포츠들은 일반적으로 준비단계에서 인터벌 트레이닝을 반복하고 준비단계의 두 번째 국면에서는 특정한 고강도 전술 트레이닝이 필요하다. 반면 장거리 경주 선수는 시합기에도 유리지방산을 주 연료로 사용하는 생리적인 조건을 지속시키기 위해 유산소성 역치 트레이닝을 반드시 실시해야 한다.

강도 영역 6

유산소성 보상 트레이닝은 시합 후 선수들의 회복을 촉진시키고 강도 영역 2와 3 트레이닝의 특징인 고강도 트레이닝에 익숙하게 한다. 이 시스템에서 대사산물을 제거하고 회복과 재보충 속도를 높이려면 가벼운 강도에서 운동을 실시하도록 계획해야 한다(VO_{2max}의 40~60%).

고강도 지구성 트레이닝은 적응 능력과 운동수행력 향상에 필요한 구성요소이지만, 격렬한 운동은 신체가 회복되고 강해지기 전에 종종 부정적인 영향을 미칠 수 있다. 최대능력의 약 50% 강도로 5~20분 동안 자전거를 타거나 달리기 같은 능동적인 회복 방법은 신체의 회복과 재보충에 도움이 된다.

반대로 격렬한 지구성 유형의 트레이닝을 실시하고 정적인 휴식(누워 있거나 앉아 있는 등)을 취하면 신체의 재충전과 부산물 제거가 늦어질 수 있다. 즉 정적인 휴식으로 인해 혈장 코티졸과 아드레날린 수준이 높아지고 백혈구의 감소, 호중구나 단핵구 같은 면역계 촉매제의 수준이 낮아지면 신체의 회복과 재충전은 느려지게 된다(Hagberg 외, 1979; Jezova 외, 1985; Wigernaes 외, 2001).

다른 한편으로, 능동적 회복(운동 후 적절한 영양 섭취와 함께)은 코티졸과 아드레날린

스포츠 트레이닝의 주기화

의 증가를 낮추는(백혈구 수의 감소를 중단시키고, 호중구와 단핵구 수의 감소가 일어나지 않도록 하는) 것으로 보고되고 있다(Hagberg 외, 1979; Jezova 외, 1985; Wigernaes 외, 2001). 즉, 격렬한 트레이닝 후 능동적 회복은 면역체계의 기능을 다시 활성화시켜 신체가 더욱 빠르게 재충전(regenerate)되도록 한다.

따라서 트레이닝 단계의 끝부분에 이르게 되면 운동의 힘든 부분은 종료되지만, 운동수행력 향상과 적응을 위해 필요한 희생을 기꺼이 감수하는 선수들은 15~20분 정도의 추가적인 정리운동을 수행하여 신체의 다양한 계통을 안정화시키고 재충전이 가능하게 해야 한다. 그렇지 않으면 회복과정이 느려지고, 다음 트레이닝 단계에 부정적인 영향을 미칠 수 있으며, 또한 오버트레이닝 부상을 초래할 수 있다. 힘든 몇 주간의 트레이닝 동안 강도 영역 6은 1~3회 정도 적용하거나, 때로는 다른 강도 영역들과 함께 사용할 수 있다(이 경우는 운동이 끝날 때).

에너지시스템 트레이닝을 위한 여섯 가지 강도 영역은 지구력이 중요한 스포츠 선수뿐만 아니라 팀 스포츠, 접촉 스포츠, 라켓 스포츠 선수에게도 적용되며, 이 트레이닝 방법은 스포츠 특이적인 신체적인 능력들을 개선시키는 장점이 있다. 이러한 스포츠는 세 가지 에너지시스템의 특정 비율로 사용하게 된다. 따라서 스포츠 종목별 비율은 6개 강도 영역의 운동 강도와 운동 지속시간에 대한 이해를 토대로 설계된 전문적인 기술과 전술훈련을 사용하여 적절하게 실시되어야 한다.

예를 들면, 인원질 시스템을 트레이닝하기 위해 선수는 단시간 최대 스피드 달리기 트레이닝만으로 트레이닝을 계획해서는 안 된다. 선수들은 전문적이고 짧지만 매우 빠른 기술이나 전술훈련을 사용하여 동일한 조건에서 더 구체적인 유익함을 얻을 수 있다. 특정 스포츠에서 사용되는 기술과 전술에 유사할수록 특이적 적응은 더 커지게 된다.

전통적으로 장거리, 느린 속도의 조깅을 포함하는 강도 영역 5의 트레이닝은 특별히 고려될 필요가 있다. 선수들이 〈표 3.3〉에 제시된 것처럼 낮은 강도이지만 그에 해당하는 운동 지속시간, 반복 횟수 및 휴식 시간이 충족된 기술이나 전술훈련을 사용한다면 더욱 성공적인 결과를 얻고 더욱 긍정적으로 반응하게 된다.

강도 영역 6(유산소 보상 트레이닝)에서의 트레이닝은 일반적으로 시합이나 토너먼트 또는 매우 다양한 활동이 요구되는 운동단계들로 구성된다. 강도 영역 6의 트레이닝이 낮은 강도, 장시간의 기술 트레이닝과 더불어 운동단계가 재미있고 심리적인 이완과 마사지 및 스트레칭 등과 같은 물리치료적 기법들을 통합하여 실시된다면 긍정적인 보상을 얻을 수 있다.

근력과 에너지시스템 트레이닝의 통합(방법)
============

여기에서는 에너지시스템 트레이닝을 위한 6개 영역을 스포츠 종목 특이성 근력 트레이닝 프로그램과 통합하는 방법을 다루고자 했으며, 이를 위해 두 가지 유형의 계획(연간계획 및 마이크로 주기)에 초점을 맞춰 예를 제시했다. 왜냐하면, 이 두 가지는 트레이닝 방법론의 모든 계획 중에서 가장 중요하고 실무적인 내용이기 때문이다. 마이크로사이클과 연간계획에 대한 자세한 내용은 각각 9장과 10장을 참고하기 바란다.

연간계획

모든 스포츠는 기술과 전술, 스포츠 종목별 특이적인 스피드, 지구력, 근력, 파워, 민첩성 그리고 사회적·심리적인 관계성 등 선수가 다양한 분야에서 발전하는 데 시간이 걸리기 때문에 스포츠 트레이닝은 복잡하다. 문제는 최고의 수행력을 유지하고 시합 후와 트레이닝 단계 사이에 회복과 재충전을 촉진하기 위해 이러한 복잡한 트레이닝 요소를 어떻게 통합해야 하는지를 모색하는 것이다. 이 질문에 대한 답으로 〈그림 3.2~3.9〉는 다양한 연간 계획과 마이크로사이클에서 근력과 에너지시스템 트레이닝의 적용 방법을 보여주고 있다. 일반적으로 에너지시스템 트레이닝은 준비단계에서 시합단계로 진행되면서 가장 중요한 시합에서 최고의 적응이 나타나도록 해야 한다. 이러한 향상은 해마다 적응이 증가하는 경우에만 가능하다.

〈그림 3.2〉는 대학 농구팀에서 사용하는 연간계획을 보여주는데, 이 모델을 사용하여

주기(월)	7월	8월	9월	10월	11월	12월	1월	2월	3월	4월	5월	6월
트레이닝 단계	준비기				시합기						전환기	
근력의 주기	AA		MxS	P, PE	유지: MxS, P, PE						보상	
지구력 및 속도의 주기화 (에너지 시스템 트레이닝 구역)	1주 그리고 2:4, 3주 그리고 4:3 5주 그리고 6:3, 2	3, 2, 1, 6	2, 1, 3, 6		2, 1, 3, 6						5	

Key: AA = 해부학적 적응 그리고 MxS = 최대근력, P = 파워, 그리고 PE = 파워지구력.

그림 3.2 대학 농구팀의 연간계획에서 근력과 에너지시스템 트레이닝을 통합하기 위한 권장지침

스포츠 트레이닝의 주기화

다른 팀 스포츠에 대한 연간 트레이닝 계획도 설계할 수 있다. 처음 두 줄은 1년간 월별로 구분된 대학 농구팀의 특정 트레이닝 단계이며, 다음은 근력, 지구력 및 스피드의 주기화를 보여준다. 이 그림은 근력의 주기화를 위한 단계를 해부학적 적응, 최대근력, 그리고 최대근력을 스포츠 종목별 특이적인 파워와 파워 지구력으로 전환하여 민첩성과 기민성을 향상시키는 순으로 제시하고 있다.

각각의 트레이닝 단계에서 에너지시스템 영역이 나열되는 순서는 각 에너지시스템의 중요성을 나타낸다. 예를 들어, 처음 두 번의 마이크로사이클에서는 강도 영역 3보다 영역 4(무산소 역치 트레이닝)에 대한 트레이닝을 더 많이 실시해야 한다고 제시하고 있다.

유산소가 주된 유형인 트레이닝(영역 3, 4)에서 젖산 내성과 인원질 시스템 트레이닝(영역 1, 가속화, 기민성 및 민첩성)으로의 진행은 준비단계에서 시작하여 시합단계로 전이되는 자연스러운 연간계획 진행을 따라야 한다. 각 트레이닝 단계에서는 강도 영역의 우선순위가 지정되는데, 첫 번째 강도가 항상 주요 트레이닝의 목표가 된다.

초기 준비단계(7월과 8월 초)에서는 비특이적인 트레이닝 방법을 사용할 수 있다. 그러나 8월 말부터는 스포츠 종목 특이성 트레이닝이 우선되어야 한다. 코치는 시합단계(영역 1, 2, 3)를 준비하기 위해 스포츠 종목 특이성 강도를 트레이닝시키는 특이적 트레이닝을 설계해야 한다.

팀 스포츠와 달리 지구력이 지배적인 개인 스포츠들에는 1~2개의 주요한 정점이 있는 연간계획이 포함되어야 한다.

1. 정점이 하나인 연간계획(그림 3.3 참조): 이러한 유형의 스포츠에는 달리기, 조정, 크로스컨트리 스키, 철인 3종, 도로 사이클 경기, 마라톤, 카누 및 스피드 스케이팅이 포함된다. 이 계획에서 에너지시스템과 근력 트레이닝의 통합은 시합단계(8~11월 또는 북반구의 경우 5~8월) 동안 최고의 수행력이 발휘될 수 있도록 주기화된다. 첫 번째 전환단계(T)는 1주간이며, 두 번째 전환단계는 4주간이다.

2. 정점이 두 개인 연간계획(그림 3.4 참조): 이러한 계획 유형의 스포츠에는 실내와 실외 챔피언십(육상) 또는 겨울과 여름 챔피언십(수영)이 포함된다. 따라서 에너지시스템과 근력 트레이닝은 두 시합단계에서 정점에 이르도록 주기화되어야 한다. 첫 번째 전환단계(T) 기간은 2주간이다. 1주간의 전환단계는 두 개의 준비단계에서 각각 최대근력 트레이닝 후로 계획될 수도 있다. 두 번째 준비단계(준비단계 2)는 중장거리 육상경기 같은 일부 스포츠에서 더 짧다. 이 경우 선수는 준비단계 1에서 유산소 지구력

매크로주기	1	2	3	4	5	6	7	8	9	10	11	12
트레이닝 단계	Prep.		T	Prep.				Comp.				T
근력의 주기	AA	MxS (60–70% of 1RM)		MxS(70%–80% of 1RM), MEL			Maint.: MxS (70–80% of 1RM), MEL	Maint.: MxS (70%–80% of 1 RM), MEL				AA
지구력의 주기화 (에너지 시스템 트레이닝 구역)	5, 4		5	4, 5, 3			3, 4, 2, 5, 6	3, 4, 2, 6				5

Key: AA = 해부학적 적응, comp. = 시합기, maint. = 유지, MEL = 장기 근지구력, MxS = 최대근력, prep. = 준비, T = 전환.

그림 3.3 하나의 정점(하나의 주요 시합단계)을 가진 지구력 위주의 스포츠를 위한 연간계획

주기(월)	10월	11월	12월	1월	2월	3월	4월	5월	6월	7월	8월	9월
트레이닝 단계	Prep. 1			Comp. 1			T	Prep. 2	Comp. 2			T
근력의 주기	AA	MxS (70%–80% of 1RM)	ME	Maint.: MxS (70%–80% of 1RM), ME			AA	MxS (70%–80% of 1RM)	Maint.: MxS(70%–80% of 1RM), MEL			AA
지구력의 주기화 (에너지 시스템 트레이닝 구역)	5, 4		3, 2, 5, 4, 6	2, 3, 5, 4, 6			5	3, 2, 5, 4, 6	2, 3, 5, 4,6			5

Key: AA = 해부학적 적응, ME = 근지구력(시합에 따라 중기 근지구력 중장기 근지구력), MxS = 최대근력, T = 전환기.

그림 3.4 두 개의 정점이 있는 개인 지구력 스포츠를 위한 연간계획

의 기초를 반드시 트레이닝하고, 시합의 첫 번째 단계 동안에 유산소 지구력을 지속적으로 유지시켜야 한다(시합단계 1). 이 방법을 따르지 않으면 주요 챔피언십이 예정된 시합단계 2가 끝날 때 수행력이 저하된다.

〈그림 3.3과 3.4〉에서 보는 바와 같이 유산소가 지배적인 스포츠를 위해 제안된 트레이닝 강도에는 강도 영역 1(인원질 시스템 트레이닝)이 포함되어 있지 않다. 이는 북미의 트레이닝 전문가들이 유산소성 스포츠의 수행력을 최고로 유지하기 위해 스피드 트레이닝(인원질 시스템 트레이닝)이 필수라고 간주했기 때문에 인원질 시스템 트레이닝이 배제된 데 놀랐을 것이다. 즉 도로 사이클 경기, 철인 3종 경기, 장거리 달리기, 크로스컨트리 스키, 마라톤 및 하프 마라톤 같은 유산소성 스포츠의 경우에는 1~10초간의 스피드가 최종 수행력에 중요하지 않다는 것이다.

따라서 유산소가 지배적인 스포츠에서 성공의 핵심요소는 강도 영역 1의 가장 빠른 스피드의 트레이닝이 아니라 영역 3~5에서 트레이닝되는 경주마다 평균 스피드다. 더불어 이

스포츠 트레이닝의 주기화

주기(월)	1	2	3	4	5	6	7	8	9	10	11	12
트레이닝 단계	Prep. 1			Comp. 1	T	Prep. 2		Comp. 2	T	Prep. 3	Comp. 3	T
근력의 주기	AA	MxS	P, PE	Maint.: P, PE	AA	MxS	P, PE	Maint.: P, PE	AA	MxS	P, PE	Maint.: P, PE	AA
지구력과 스피드의 주기화 (에너지 시스템 트레이닝 구역)	4, 5	3, 2, 1, 6	3, 2, 5,	1	5	3, 2, 1, 6	3, 2, 5, 1	5	3, 2, 1, 6	3, 2, 5, 1	5

Key: AA = 해부학적 적응, comp. = 시합, maint. = 유지, MxS = 최대근력, P = 파워, PE = 파워 지구력, prep. = 준비, and T = 전환.

그림 3.5 접촉 스포츠에서 근력과 에너지시스템 트레이닝 통합을 위한 연간계획

전과 같이 중요한 시합을 앞두고 강도 영역 1로 트레이닝이 계획된다면 생리적으로나 심리적으로 스트레스가 너무 크다. 결과적으로 선수는 근육과 신경계에 바람직하지 못한 피로감을 갖고 시합에 참가하게 된다. 따라서 영역 1을 강조하는 것보다 선수의 스피드와 달리는 효율을 높이기 위해서는 합리적인 근력 트레이닝을 실시하는 것이 바람직하다.

반면에 중거리 달리기의 경우에는 최대 스피드를 높이기 위해 근력 트레이닝과 함께 강도 영역 1이 필수다. 그럼에도 영역 2, 3, 4는 젖산내성, 유산소성 파워 및 무산소성 역치 수준이 중거리 종목의 핵심요소이기 때문에 영역 1보다는 더 많이 강조되어야 한다.

〈그림 3.5〉는 무술, 복싱, 레슬링 같은 접촉 스포츠에 대한 연간계획을 제시했다. 시합 날짜는 스포츠마다 다를 수 있으므로 연중의 월별이 아닌 숫자로 표시했으며, 3개의 주요 시합을 위한 트레이닝이므로 3주기 연간계획이라고 볼 수 있다. 이러한 계획은 트레이닝의 기반을 구축하는 데 활용될 수 있는 시간이 제한적이기 때문에 매우 함축적이고 비교적 복잡하다. 만일 활용이 가능하다면 첫 번째 주기를 더 길게 계획하여 기술전략을 포함한 트레이닝 기반을 구축하는 데 시간을 더 많이 할애하는 것이 좋다.

마이크로사이클

근력과 에너지시스템을 통합하는 것은 연간계획뿐만 아니라 마이크로사이클 트레이닝에서도 필수적인 요소다. 응용 프로그램은 다음 두 가지 예로 설명하기로 한다. 〈그림 3.6〉에 표시된 첫 번째 예는 라켓 스포츠의 주간 마이크로사이클을 보여준다. 이는 접촉 스포츠와 무술에도 적용된다.

〈그림 3.6〉에서 보듯이 요일별 트레이닝에는 이러한 유형의 스포츠에 필요한 근력 트레

에너지시스템 트레이닝

	월	화	수	목	금	토	일
트레이닝의 형태	기술 그리고 전술	기술 그리고 전술	전술	기술 그리고 전술	전술	휴식	휴식
근력의 주기	MxS, P	PE	—	MxS, P	PE		
지구력과 스피드의 주기화 (에너지 시스템 트레이닝 구역)	1	2, 3, 6	4	1, 2, 6	3, 5		

Key: MxS = 최대근력, P = 파워, and PE = 파워 지구력.

그림 3.6 라켓 스포츠를 위한 마이크로 주기에서 에너지시스템과 근력 트레이닝의 통합 및 대체 방안

이닝 유형뿐만 아니라 기술적 또는 전술적 측면을 포함하는 몇 가지 트레이닝 목표를 보여주고 있다. 모든 기술과 전술 단계들은 각각 강도 영역의 생리적 특성에 맞는 스포츠 종목 특이성 트레이닝법을 사용해야 한다. 즉, 근력과 컨디셔닝 코치는 각각의 강도에 맞는 스포츠 특성별 트레이닝을 설계하여 스포츠 특이성 적응을 유도하도록 해야 한다.

예를 들어, 강도 영역 3을 고려해보자. 1~6분 동안 스포츠 특이성 트레이닝을 설계하는 것은 선수에게 필요한 강도로 1~6분 동안 달리도록 하는 것보다 선수의 스포츠 특성별 적응을 위해 더욱 유익하다. 특히 준비단계의 두 번째 파트부터 기술과 전술훈련에 대한 시간과 특정 강도가 정해지면 스포츠 특성별 적응이 비특이성 유형의 트레이닝에서 실시되는 것보다 훨씬 우수하다. 비특이적 트레이닝은 대부분 준비단계의 초기에 계획되어야 하며, 시합이 다가옴에 따라 스포츠 특이적 트레이닝이 주류를 이루도록 해야 한다. 결과적으로 투기(combat) 스포츠의 경우에는 라운드의 시간과 횟수(한 번의 결전과 한 번 경기 모두에서)를 고려하되, 상대방과 대결하기 위해 선수를 잘 준비시키기 위해서는 더 높은 평균 운동강도로 짧게 그리고 더 긴 시간의 라운드 두 가지 모두를 사용하는 것이 좋다.

월요일의 트레이닝 단계에는 기술과 전술 트레이닝 및 강도 영역 1(인원질 시스템 트레이닝)이 포함된다. 이러한 운동은 무산소성 비젖산 시스템을 자극하므로 근력 트레이닝에는 파워와 최대근력을 다루게 된다. 화요일에는 스포츠 특이적 젖산 파워 또는 파워지구력에 부합되는 능력이 포함된다. 이 전략의 주된 장점은 젖산 시스템이 파워지구력 트레이닝 동안에도 작용하여 결과적으로 트레이닝 후 회복 속도가 같아진다는 것이다. 각각의 시스템에서 회복과 재충전 속도는 다르기 때문에 강도 영역 2와 3을 최대근력과 일치시키는 것은 생리학적인 오류로 볼 수 있다. 운동 사이에 재충전을 빠르게 하려면 운동의 종료 시점에 강도

스포츠 트레이닝의 주기화

	월	화	수	목	금	토	일
트레이닝의 형태	유산소	유산소	젖산 그리고 유산소	유산소	유산소/ 젖산	유산소	트레이닝 없음
근력의 주기	MEL	MxS (<80% of 1RM)	—	MEL	—	P	
지구력과 스피드의 주기화 (에너지 시스템 트레이닝 구역)	4, 5	3, 6	2, 6, 5	4, 5	4, 2, 6	5	

Key: MEL = 장기 근지구력, MxS = 최대근력 그리고 P = 파워.

그림 3.7 유산소성 스포츠를 위한 마이크로사이클에서 근력과 대사적인 트레이닝의 통합(준비단계 후기 또는 시합단계)

영역 6의 트레이닝(유산소성 보상)을 포함해야 한다.

수요일 프로그램에서는 에너지시스템을 바꾸고 트레이닝하는 날 간에 각각의 시스템을 위한 회복과 재충전을 촉진하기 위해 다른 에너지시스템인 유산소 시스템을 실시하도록 한다. 목요일에는 무산소성 시스템에 초점을 맞추고, 금요일 프로그램에는 스포츠 특이적 전술훈련으로 시작하여 유산소 파워로 이동하며, 마지막으로 저강도 유산소성 역치 운동을 실시하도록 한다. 금요일 트레이닝 단계가 끝나면 파워지구력 트레이닝을 실시하되, 횟수(2~3세트, 30회)를 더 늘려서 실시하도록 한다.

〈그림 3.7〉에 제시된 두 번째 예는 달리기, 수영, 도로 사이클 경기 및 크로스컨트리 스키 같은 장거리 종목인 유산소가 지배적인 스포츠에 초점을 맞추고 있다.

〈그림 3.7〉에 제시된 6일간의 트레이닝에는 특정한 트레이닝 목표를 다루고 있다. 예를 들어, 월요일에는 중추와 말초의 적응을 자극하기 위해 유산소 지구력 트레이닝이 주요 목표가 된다. 이러한 트레이닝은 산소의 운반과 이용이 요구되고 경주 중에 유리지방산을 사용해야 하므로 유산소 지구력 스포츠 선수들에게 주요 관심사가 된다. 따라서 긴 반복(각각 10분씩 6회 반복 또는 각각 20분씩 4회 반복)이나 장시간의 지속적인 유산소 운동을 계획하는 것이 중요하다. 운동이 끝날 때 실시하는 근력 트레이닝에는 장시간의 근지구력 운동과 같이(14장에 언급됨) 동일한 에너지시스템이 동원되도록 해야 한다.

화요일의 목표는 보상 트레이닝(강도 영역 6)이 이어지는 1~6분간의 반복을 통해 최대산소섭취량을 향상시키는 것이다. 반면에 화요일에 제안된 근력 트레이닝 유형(80% 1RM 이하 최대근력)은 주된 에너지시스템과 일치하지는 않지만, 근육신경계의 효율성과 달리기 효율성을 유지하기 위해 필요하다. 이러한 유형의 근력 트레이닝을 무시한다면(최대근력이 유지되지 않는 경우), 선수는 시합단계의 마지막 국면에서 최고의 경기력을 위해 필요한 힘 발현 능력을 유지하지 못하게 된다.

수요일의 프로그램은 다른 유형으로 구성된다. 강도 영역 2에서 시작하여 신체와 정신이 적응하도록 트레이닝을 실시하게 되는데, 젖산 축적에 따른 통증과 스트레스를 이겨낼 수 있도록 고강도와 저강도를 번갈아 가며 60초씩 10~20회 반복하는 인터벌 트레이닝을 실시하도록 한다. 이러한 유형에서 트레이닝의 장점은 선수가 젖산 축적에 대한 내성이 있을 때인 시합(레이스) 초반에 있다. 영역 2 운동에 이어 즉시 영역 6에서 운동을 수행하도록 하면 신체는 이러한 생리적·심리적 스트레스를 보상받을 수 있게 된다. 영역 6에서 10분간의 운동을 1회 마친 후, 선수는 영역 5에서 10분간 2회 운동을 수행할 수 있으며, 다시 한번 15분 동안 보상 트레이닝(영역 6)을 수행할 수 있다. 때로는 세트 이후의 회복이 세트 자체보다 적응에 더 중요하다.

목요일에는 유리지방산을 연료로 사용하여 대사적인 시스템의 효율성을 향상시키도록 강도 영역 4와 5를 다시 강조해야 하며, 마지막으로 장시간 근지구력을 높이기 위해 근력 운동프로그램을 계획한다. 금요일은 더 복잡하다. 이 단계의 주요 목적은 선수가 처음 무산소성 역치 트레이닝(영역 4)을 실시하고 그에 따른 잔재해 있는 피로감을 가지고서 젖산 시스템 트레이닝(영역 2)을 수행하도록 적응시키는 것이다. 이러한 트레이닝의 조합은 선수가 무산소성 시스템을 통해 에너지를 생산해야 하는 경주의 종료 시점에서 경험하는 생리적인 상태를 알게 해준다. 운동단계는 20분간의 보상 트레이닝(영역 6)을 1회 더 실시하고 끝나게 된다. 마이크로사이클은 토요일에 가벼운 유산소 트레이닝 단계(유산소 역치 트레이닝 또는 영역 5)와 이어지는 20분간의 파워 트레이닝으로 끝나게 된다.

여기에 제안된 근력 트레이닝 단계 수는 많을 수 있다. 실제로 운동은 매우 전문화되어야 하므로 가급적이면 적어야 한다(2~4개의 운동). 선수들은 15~20분 사이에 이러한 근력 트레이닝을 마칠 수 있으며, 이는 스포츠 특이적 적응에서 얻어지는 잠재적인 유익함을 고려할 때 절대 긴 시간이 아니다.

스포츠 트레이닝의 주기화

지구성 스포츠를 위한 근력 트레이닝의 중요성

많은 선수와 근력 및 컨디셔닝 코치는 스포츠에서 스피드, 파워 또는 유산소 지구력 중 어느 것이 중요한지 여부에 관계없이 근력이나 대사적인 트레이닝을 실시할 때 다소의 잘못된 견해를 가지고 있다. 여기에서는 이러한 잘못된 견해의 일부를 논의하고자 한다.

오해: 유산소 지구력이 요구되는 스포츠는 근력 트레이닝이 필요하지 않다.
달리기와 크로스컨트리 스키 같은 스포츠에서 추진력(신체를 앞으로 보내기 위해 지면을 박차는 추진단계에서의 힘)은 수행력을 높이는 데 필수적인 요소다. 도로 사이클 경기에서 페달에 가해지는 힘, 조정, 카누, 카약에서 노의 날이 물을 통과하는 힘 및 수영할 때 팔이 물을 통과할 때도 마찬가지다. 따라서 특정한 트레이닝에만 실시하는 것은 해가 지남에도 수행력을 향상시키는 데 충분하지 않다. 최고의 스피드는 저항(중력, 눈, 지형 특성, 물)에 대해 강력한 힘을 가할 때 얻어진다.

근력 트레이닝의 중요성을 확인하기 위해 달리기의 예를 들어보자. 〈그림 3.3〉은 추진단계를 개선하는 데 필요한 주기화된 근력 트레이닝과 그에 따른 달리기의 평균 스피드를 보여준다. 추진력을 향상시키려면 선수는 지면에 가해지는 힘을 높여야 하며, 이러한 지면 반력의 증가는 〈그림 3.3〉에 제시된 바와 같이 선수가 최대근력을 사용하는 경우에만 가능하다.

선수는 하프 스쿼트(half squat), 리버스 하이퍼익스텐션(reverse hyperextension), 니 리프트(knee lift) 및 카프레이즈(calf raise)의 네 가지 운동을 통해 최대근력을 높일 수 있다. 이러한 운동들은 주요 근육군[주로 지면 접촉에서 활성화되는 넙다리네갈래근(quadriceps)과 모음근(adductors), 추진단계에서 활성화되는 볼기근(gluteus), 햄스트링(hamstrings), 장딴지근(gastrocnemius), 가자미근(soleus) 포함]과 달리는 동안 무릎을 반복적으로 높이 들어 올리는 엉덩허리근(iliopsoas)을 강화시킨다. 그 결과 "효율성이 낮은 Type II 섬유의 활성화 지연, 근신경계 효율성 향상, 속근섬유(Type IIx)가 피로와 저항력이 강한 Type IIa 섬유로의 전환, 또는 근육힘줄의 경직도 개선"(Rønnestad and Mujika, 2013) 등을 통해 더 빠르게 달릴 수 있게 된다.

장거리 종목은 최대근력을 이용하여 보폭당 가해지는 힘을 향상시키기보다는 선수들이 달리는 동안에 동일한 힘이 가해지도록 장시간의 근지구력 향상으로 전환하는 것이 중요하다. 그래서 단지 출발 속도를 높이기보다는 달리기 동안에 평균속도를 증가시키는 것이 바람직하다. 추진단계에서 많은 근육섬유를 동원하면 보폭이 1cm 증가한다고 가정해보자. 선수가 마라톤 중에 5만 번의 보폭 수가 있다는 점을 감안할 때 한 경기당 누적된 거리는 500m가 된다. 이러한 차이는 선수의 운동수행 시간에 따라 1분 30초에서 2분 정도 더 빠르게 달린 것을 의미한다.

오해: 오르막 달리기는 지구성 선수의 다리 근력을 충분하게 높여준다.
지구성 선수들에게 오르막 달리기를 하는 이유를 묻는다면 대부분 "다리의 근력을 향상시키기 위해"라고 대답할 것이다. 그러나 오르막 달리기가 근력운동으로 인정되기 위해서는 스포츠 특이성 동작과 관련된 근력을 증가시켜야 한다. 이 개념은 오르막 달리기와 관련된 사례이지만, 아직 입증되지는 않았다.

파워 선수의 가속력을 높이기(가속 기술 향상) 위한 오르막 전력 질주는 반복 트레이닝 유형으로 실시된다. 즉 선수는 설정된 시간 내에 약 10~50m(인원질 시스템 시간영역) 오르막을 달리게 되며, 이어서 조깅이나 걸어서 출발지점으로 돌아간다. 선수는 운동의 반복 사이 거리에 따라 1~6분의 휴식 시간을 갖는다. 트레이닝의 요구 조건은 반복 거리, 수행에 사용된 시간과 경사도에 따라 달라진다(경사도가 10° 이상이면 매우 어려운 것으로 간주됨).

인터벌 트레이닝 유형에서 오르막 달리기는 심폐계에 큰 이점을 준다. 심폐계 향상을 위한 트레이닝은 25~50m의 긴 반복, 저강도, 짧은 휴식 시간을 사용하여 실시한다. 즉, 50m×5회 반복×4세트, 50m 최고 기록의 60~70%에 해당하는 시간 강도로, 반복 간의 휴식 시간은 30초, 세트 간의 휴식 시간은 3분으로 구성한다.

선수가 오르막을 달릴 때 심박수는 분당 160~170회 범위에 있어야 한다. 이러한 범위의 심박수는 심장에 큰 자극을 주며, 오르막길 달리기를 통해 심장의 1회 박출량과 활동 근육으로 더 많은 혈액을 보내기 위해 수축력을 증가시켜서 심장을 강화시킨다. 결과적으로 근육에는 많은 영양분과 에너지 생산에 필요한 산소를 공급하게 된다. 따라서 오르막 운동은 에너지시스템 트레이닝의 특성에 맞출 수 있다. 심폐계를 향상시키기 위한 트레이닝 방법으로 오르막 달리기를 사용하기에 가장 좋은 시기는 유산소성 기반을 다진 이후 준비단계의 두 번째 부터이다.

스포츠 트레이닝의 주기화

오해: 팀·라켓·접촉 스포츠 및 격투기 종목의 지구력을 향상시키려면 장거리 유산소 트레이닝이 필요하다.

스포츠를 위해 운동능력을 높이려는 방법론이 지속적으로 개선되고 있지만, 특별히 지구력의 발달과 관련된 분야에서는 일부 근대적인 방법이 여전히 사용되고 있다. 그러나 스피드와 파워가 지배적인 스포츠에서는 유산소 지구력의 역할이 갖는 중요성이 낮다[축구, 라크로스(lacrosse), 수구 같은 일부 팀 스포츠 제외]. 아직도 미식축구, 크리켓, 야구, 하키, 농구 같은 스포츠에서는 스포츠 특이성 수행력 조건에 부합하지 않더라도 유산소 지구력을 높이기 위해 장거리 달리기(조깅)가 처방되고 있다. 예를 들어, 시합 중에 미식축구의 수비수(linebacker)는 1~3분의 휴식 간격마다 각각 3~6초의 짧은 가속을 40~60회 실시하는데, 이러한 수행력은 5마일을 달리기를 통해서는 향상되지 않는다.

그 대신에 이러한 스포츠 선수들은 인터벌 트레이닝과 종목 특이성에 해당하는 전문적인 스피드 지구력 및 파워 지구력 트레이닝을 사용하여 단련시켜야 한다. 예를 들면, 선수는 점프 스쿼트를 실시하고 나서 10~15m 가속 스프린트를 수행할 수 있다. 이 트레이닝은 4~6회 반복에서 2세트를 2~3회 연속하여 실시하고 반복 사이의 휴식 시간은 1분, 세트 사이의 휴식 시간은 3분, 연속수행 사이에는 5분 이상의 운동성 회복을 포함한다. 요구되는 트레이닝 수준에 도달하기 위해 선수는 총 16회의 15m 단거리 전력 질주(2회 연속×2세트×15m 4회, 반복 사이의 휴식 시간 1분, 세트 간 휴식 시간 3분, 연속 사이 5분)로부터 시작하여 4~6주간의 트레이닝이 필요하다. 〈그림 3.8〉은 이러한 스포츠 그룹에 참가하는 선수들을 위한 준비단계의 종목 특이적 지구력에 대한 주기화 프로그램을 보여주고 있다.

	일반적 준비	초기 특이적 준비	후기 특이적 준비
지구력의 주기화	유산소 지구력	유산소 그리고 무산소 지구력	특이적 지구력
반복 형태	더 길거나(600-400m) 동일한 거리의 반복 세트 또는 사다리(ladders)의 감소(각 반복 거리에 따라 다양한 강도).	짧은 거리 (50-200m)	포지션 특화
강도 영역	4, 3	3, 2	2, 3
트레이닝 형태	비 특이적 트레이닝	특이적 기술 및 전술 훈련	포지션-특이적 스피드 지구력; 기술 및 전술 훈련, 유산소성 파워 유지

트레이닝 및 반복거리의 총량은 스포츠의 생리적 요구사항과 위치의 세부사항을 기반으로 한다(거리, 필요한 속도 및 유형 및 게임당 평균 반복횟수 ex : 방향 변경, 정지 및 이동). 반복의 강도는 이전 측정에서 나타난 개별 특성을 기반으로 설정된다(예: 최대 유산소 속도의 80%에서 600m 또는 야드(yards)).

그림 3.8 스피드와 파워 스포츠를 위한 준비단계(제안)

전면적인 준비단계에서 실시되는 긴 반복은 일반적으로 수행된다. 그러나 초기의 종목 특이성 준비단계부터 트레이닝은 더 구체화되어야 한다. 종목 특이성 인원질과 젖산 지구력은 전문적인 기술과 전술훈련을 통해 더 향상될 수 있다. 코치는 각 강도 영역에 대한 종목 특이적 트레이닝을 설계하여 선수들 각자의 스포츠 종목과 포지션에 맞는 생리적인 요구에 따라 트레이닝되도록 해야 한다.

오해: 스피드 트레이닝은 게임이나 기타 스포츠 특이성 방법을 통해 완성되어야 한다.
오히려 스피드는 비특이적 트레이닝 방법과 기술을 사용하여 향상시킬 수도 있다. 스피드는 일정한 거리를 최대한 빨리 달릴 수 있는 능력을 말한다. 사실, 특정한 팀 스포츠나 라켓 스포츠에서는 달려야 하는 거리에 따라 가속주 트레이닝과 최대 스피드 트레이닝으로 구분되어야 한다. 가속주 트레이닝은 엉덩이와 무릎의 각도를 가깝게 하고, 앞으로 기울인 자세로 넙다리네갈래근(무릎폄근)을 크게 활성화시켜서 1~4초 사이의 거리를 달리도록 한다. 반면에 최대 스피드 트레이닝은 엉덩이와 무릎의 각도를 더욱 크게 하여 똑바로 선 자세로 볼기근(gluteus)과 햄스트링(엉덩이폄근)을 크게 활성화시켜 4~6초 사이의 거리를 달리도록 한다.

따라서 대부분 스프린트가 5초 미만에 수행되는 팀 스포츠와 라켓 스포츠의 경우에는 스피드보다 가속주 트레이닝에 중점을 두어야 한다. 격투기와 복싱 같은 스포츠에서의 스피드는 공격적인 동작(펀치 같은)을 신속하게 실시하거나 상대방의 공격에 빠르게 반응하는 능력을 의미한다. 두 경우의 스피드에는 근력 요소와 파워 요소를 모두 포함하고 있다. 따라서 이러한 두 가지 능력은 모두 선수가 강해지기 전에는 절대로 빨라질 수 없으므로 근력과 파워 트레이닝을 통해 스피드를 향상시켜야 한다.

근력과 파워를 높이고자 실시하는 전면적 트레이닝을 통해 스피드가 향상될 것이라는 사실은 스피드와 지구력 트레이닝의 가능성(trainability)과 연관이 있다. 실제로 지구력은 유전적 소인이 강한 스피드보다 단련시키기가 더 쉽다. 이러한 이유로 장거리 지구력 선수는 특이하게도 총 연간 트레이닝 시간의 최대 90%까지 트레이닝을 하며, 대부분의 트레이닝에는 달리기, 노 젓기, 수영 또는 자전거 타기 등이 포함되어 있다. 반면에 스피드 선수는 스피드를 향상시키기 위해 전면적 트레이닝에 근력과 파워를 향상시키기 위한 트레이닝을 매우 높은 비율로 실시하고 있다.

스포츠 특이적 스피드의 향상은 두 가지 주요한 트레이닝 단계를 통해 진행된다(그림 3.9 참조). 첫 번째 단계는 반복 사이에 긴 휴식 시간(선수가 1회 반복에서 달리는 10m마다 1분)을 두고 특이적 스피드(다른 방향, 방향전환 등)를 높인다. 두 번째 단계는 짧은 거리

스포츠 트레이닝의 주기화

		일반적 준비			특이적 준비	
근력의 주기화		AA	MxS	MxS	MxS (maint.), P	MxS (maint.), PE
스피드의 주기화	비 특이적	—	—	가속 (상승 및 유지)	가속(유지), 최대 속도 신속성, 민첩성	—
	특이적	—	—	—	—	행동-반응, 빠른 방향전환, 정지 및 출발의 민첩성, 다양한 방향으로의 최대속도

Key: Maint. = 유지, MxS = 최대 근력, P = 파워, and PE = 파워 지구력.

그림 3.9 근력과 스피드 트레이닝 통합

(10~20m)에 대한 가속주로 시작하여 점차 거리를 30m, 40m, 50m로 늘린다. 각각의 스포츠나 선수의 포지션에 맞는 최대 이동 거리를 설정할 때 고려해야 하는 첫 번째 요소는 경기에서 종목 특수성 이동 거리의 범위를 정하는 것이다. 대부분의 팀 스포츠에는 1~4초 또는 5~30m의 가속주를 많이 수행하지만, 최대 스피드를 얻고자 한다면 최대 4~6초 또는 30~50m로 1회 최대 반복으로 수행해야 한다.

또 다른 중요한 요소는 반복운동 중에 선수의 자세(form)를 들 수 있다. 반복운동이 끝날 무렵에 자세(달리기 기술)가 나빠지면 선수는 고강도 스피드 트레이닝을 지속하는데 필요한 힘이 부족하다는 것을 의미한다. 이것은 좋은 자세와 파워로 수행할 수 있는 거리보다 훈련거리가 길다는 것을 의미하며, 달리는 중에 발생하는 경직으로 확인할 수 있다(안면근육 수축, 찡그린 얼굴 또는 경직되고 들린 어깨).

격투기와 접촉 스포츠의 경우에는 메디신볼, 파워볼 등의 트레이닝 장비를 사용하여 빠르게 치는 속도를 높일 수 있다. 이러한 트레이닝 프로그램은 무거운 무게로 시작하고 시합 단계가 다가오면 무게를 낮추는 방식으로 주기화할 수도 있다. 이 방법은 선수의 공격동작을 최대속도에서 실시되도록 해야 한다. 발목과 손목의 부하는 힘 벡터(중력)가 아래가 아닌 앞쪽을 향하므로 공격동작의 힘 벡터와 수직이 된다. 그렇기 때문에 운동패턴을 방해할 수 있으므로 피하는 것이 좋다.

근력운동과 에너지시스템 트레이닝이 통합되면 선수의 생리학적 적응에 큰 영향을 미칠 수 있다. 효과적인 스포츠 특이성 프로그램을 설계하고 실현하기 위해 트레이너는 주요 에너지시스템, 트레이닝 단계 그리고 강도 영역의 실질적인 적용에 대한 세심한 이해가 필요하다. 경험상 각 트레이닝 단계는 동일한 에너지시스템을 자극하는 활동이 포함되도록 설계되어야 한다. 이 방법은 신체가 한 번에 하나의 시스템만 단련되도록 하고, 다른 시스템은 다른 트레이닝을 실시하는 날에 단련될 수 있도록 유지해야 한다.

또한 강도 영역 트레이닝은 스포츠 특이성 기술과 전술 트레이닝을 조합하여 사용하는 것이 가장 좋다. 초기부터 중간 준비단계에서는 무산소성 역치나 최대산소섭취량을 향상시키기 위해 전통적인 대사적 트레이닝 방법을 사용하는 것이 좋다. 그러나 시합단계가 다가오면 선수는 스포츠 특이적 트레이닝을 이용한 에너지시스템과 자신의 스포츠 종목에 해당하는 전문적인 근력 유형(파워지구력 또는 근지구력)을 통합해야 한다.

피로와 회복

트레이닝 과정은 "형태적 및 기능적인 적응을 유도하기 위해 신체에 가해지는 일련의 인위적인 자극"이다(Verkhoshansky). 그러나 신체 에너지의 대부분을 트레이닝에 투입한다고 해서 구조적 혹은 기능적으로 완전하게 적응을 이룬다는 것은 아니다. 적응이 일어나기 위해서는 트레이닝 프로그램에 휴식을 부여하여 운동 기간을 적절하게 나누어야 하고(예를 들어, 매크로사이클이 끝날 때 무부하 주를 계획함), 트레이닝 부하를 과도하게 증가시키지 않으면서도 마이크로사이클에 다양한 수준의 운동 강도를 교대로 실시해야 한다. 이러한 방법은 운동과 휴식의 균형을 적절하게 하며, 누적된 피로로 인한 '내적인 부하'의 축적을 막아준다.

수행력을 향상시키기 위해서는 트레이닝 부하가 적응을 자극할 만큼 충분히 높아야 하지만, 선수가 자신의 능력을 초과하는 부하에서 트레이닝을 실시하거나 충분하게 휴식을 취하지 못하게 되면 트레이닝에 적응하고 향상될 수 있는 능력이 점차 저하된다. 선수가 적응에 실패하면 만성피로가 되고, 결국 바람직하지 않은 오버트레이닝 상태를 초래하는 생화학적 및 신경학적 반응을 유발한다. 다행히도 신체가 운동량이 많거나 격렬한 마이크로사이클 트레이닝에서 더 빨리 적응할 수 있도록 회복요법을 사용할 수 있다. 마사지나 샤워 같은 요법 중 일부는 연중 언제라도 사용할 수 있다(그리고 준비단계 후반이나 시합단계에서는 더 자주). 다른 요법들은 선수가 기능적으로 완전히 재충전되고 낮은 내적 부하가 가장 요구되는 시합단계에서는 제한될 수도 있다.

피로

선수들에게는 다양한 형태의 트레이닝 부하가 지속적으로 노출되며, 그중 일부는 내성의 역치(한계)를 넘어서기도 한다. 결과적으로 적응력은 감소하고 수행력도 영향을 받게 된다. 선수는 자신의 생리적 한계를 넘어서면 피로가 축적되는데, 피로가 클수록 회복률이 낮아지고, 협응력이 감소하며, 파워 발현도 감소하는 등 부정적인 효과가 높아지게 된다. 선수가 트레이닝 환경 조건 이외의 다른 개인적인 스트레스 상황에도 직면해 있다면 트레이닝으로 인한 피로는 더욱 높아지게 된다.

운동으로 인한 피로(오버트레이닝 그리고 과로)와 관련된 일반적인 현상은 생리학적 및 심리학적으로 복잡하다. 피로는 선수가 힘을 발휘하는 능력에 영향을 줄 수 있고, 또는 필요한 힘을 유지하지 못하게 할 수도 있다. 피로에 대한 연구는 많이 수행되어왔지만, 정확한 발생 부위나 원인은 아직까지 명확하게 밝혀지지 않은 실정이다. 그럼에도 코치와 지도자들은 선수의 피로, 과로 및 오버트레이닝을 예방하기 위한 더 우수한 계획을 세울 수 있도록 이러한 영역과 관련된 정보를 얻어야 한다.

피로는 근육에서 기인되는 것으로 추정되지만, 중추신경계는 심리적인 상태에 따라 신경전달에 크게 영향을 주는 신경전달물질 수준과 호르몬 수준 그리고 결과적으로 전면적인 피로에도 영향을 미친다. 실제로 중추신경계는 이전에 우리가 알고 있는 것보다 훨씬 더 크게 수행력을 제한하고 있다(Enoka & Stuart, 1992; Schillings 외, 2000; Noakes 외, 2005; Weir 외, 2006).

중추신경계는 두 가지 기본적인 과정(흥분과 억제)을 가지고 있다. 흥분은 신체활동을 자극하는 과정인 반면, 억제는 저지하는 과정이다. 이러한 두 과정은 트레이닝 전반에 걸쳐 교대로 작용한다. 어떠한 자극이 발생하면 중추신경계는 신경자극을 활동근육으로 보내 수축하게 하며, 자극의 속도, 파워 및 빈도는 중추신경계의 상태와 직접적으로 연관이 있다. 흥분이(제어된) 많아질 때, 신경 자극은 가장 효과적이고 수행력을 높이게 된다. 피로가 신경세포를 억제하면 근수축이 느려지고 약해진다. 따라서 중추신경계의 전기적 활성은 동원되는 운동단위의 수와 방전(discharge) 빈도와 연관되어 있어 궁극적으로 수축력에 영향을 미치게 된다.

　신경세포의 활동은 오랫동안 유지될 수 없으며, 트레이닝이나 시합에 대한 부담으로 인해 저하되게 된다. 고강도의 트레이닝 지속된다면 신경세포는 외부 자극으로부터 자신을 보호하기 위해 억제 상태가 된다. 결과적으로 피로는 근육의 수축기전 손상을 막기 위한 자기 보호기전으로 보아야 한다.

　더욱이 격렬한 운동은 근육세포에 젖산을 축적하여 산성증을 유발한다. 고산성증은 근수축에 필요한 칼슘의 방출에 영향을 미친다. 즉 흥분성 신경자극은 근육막에 도달할 수는 있지만, 칼슘 방출이 억제되어 차단된다(Enoka & Stuart, 1992).

　코치는 피로 증상을 관찰해야 한다. 스피드와 파워 스포츠에서 피로는 확연하게 눈에 띄게 된다. 피로가 누적된 선수는 폭발적인 운동에서 느리게 반응하고, 다소 손상된 협응력을 보이며, 전력 질주, 바운딩, 리바운드, 점프 및 플라이오메트릭에서 신체와 지면 접촉단계의 시간이 길어지게 된다. 이러한 증상은 지근섬유보다 피로에 민감한 속근섬유의 활성화와 관련이 있다. 따라서 중추신경계에 매우 적은 억제만으로도 속근섬유 동원에 영향을 미치게 된다. 지구성 운동에서의 피로는 대개 테크닉(기술자세)의 무너짐과 평균 스피드의 점진적인 감소로 나타난다.

　골격근은 운동단위의 활성화와 발사 빈도의 조절을 통해 힘을 생성하는데, 이러한 두 가지 조건은 힘의 발현을 높이기 위해 점진적으로 증가하게 된다. 근수축을 억제하는 피로는 발사 빈도를 바꾸는 전략으로 어느 정도 중재될 수 있다. 결과적으로 근육은 특정 상태의 피로 상태에서도 더 효과적으로 힘을 유지할 수 있지만, 최대수축 시간이 지속적으로 증가하게 되면 운동단위의 발사 빈도가 감소됨으로써 흥분 신호보다 억제 신호가 더욱 지배적이 된다(Bigland-Ritchie 외, 1983; Hennig & Lomo, 1987).

　Marsden, Meadows 및 Merton(1971)은 30초간 최대수의적 수축이 끝났을 때의 발사 빈도는 수축이 시작될 때의 빈도에 비해 80%가 감소되었다고 보고했다. De Luca와 Erim(1994) 및 Conwit 외(2000)도 유사한 결과를 발표했다. 수축시간이 증가함에 따라 큰 운동단위의 활성화는 높아지지만, 발사속도는 일반적인 활성화 빈도의 역치보다 낮았다는 것이다.

　이러한 결과들은 각 세트를 탈진적으로 실시해야만 근력이 향상될 수 있다는 이론을 확고히 하는 코치들(특히 미식축구)에게 경고하는 것이다. 중요한 사실은 실패할 때까지 더 많은 반복이 실행될수록 발사 빈도는 감소하게 된다는 것이다.

근육수축이 진행됨에 따라 저장된 연료는 고갈되어 운동단위의 이완시간이 길어지고, 근육의 수축빈도가 낮아져 결과적으로 파워 발현이 낮아지게 된다. 피로는 이러한 근육신경 기전에서 기인한다. 현장 실무자들은 신경계에 최대부하가 주어지는 운동 세트 사이에 휴식 시간이 너무 짧으면(1~2분) 이어지는 세트에서 높은 활성을 유지할 수 없게 되는데, 이는 휴식 시간이 너무 짧으면 근육신경계를 이완하고 재충전하기에는 충분하지 않다는 사실을 알아야 한다.

피로한 상태에서 중추신경계의 기능적 능력을 분석할 때, 코치는 선수가 인지한 피로와 트레이닝을 통해 성취한 과거의 신체능력을 고려해야 한다. 신체능력이 검사나 시합에서 경험한 피로 수준보다 높으면 동기부여가 향상되고, 피로를 극복하는 능력도 향상된다. 따라서 피로에 대한 정신적 회복력이 중요한 팀 스포츠, 라켓 스포츠 및 접촉 스포츠들에서는 시합 중에 피로를 극복하는 능력이 반드시 단련되어야 한다.

아데노신삼인산(ATP), 크레아틴 인산, 글리코겐 고갈

근피로는 운동의 특성에 따라 활동근육의 크레아틴 인산(CP)이 고갈되거나 근글리코겐이 감소되었을 때 유발하며(Sahlin, 1986), 결과적으로 근육이 수행하는 일률이 감소하게 된다.

적은 반복 세트 또는 짧은 스프린트 등 단시간 고강도 운동에서 근육수축을 위한 즉각적인 에너지원은 아데노신삼인산(ATP)과 크레아틴 인산(CP)이다. 근육에서 이들 에너지원이 고갈되면 수축능력이 제한을 받게 된다(Karlsson & Saltin, 1971). 그러나 휴식 시간 동안 유산소 시스템은 유산소성 인산화 과정을 통해 인산염을 재보충한다. 결과적으로 유산소성 컨디셔닝은 스피드와 파워 스포츠에서도 필요하다(Bogdanis, 1996).

글리코겐이 고갈된 근육에서(팀 스포츠에서 흔히 볼 수 있는 긴 간헐적 운동에서 기인되는 경우) ATP는 소비되는 것보다 생성되는 속도가 늦다. 글리코겐은 큰 힘을 지속시키는 근육의 능력에 필수이며(Conlee, 1987), 장시간 중강도에서 수행되는 지구성 운동능력은 운동 전 근육에 저장된 글리코겐의 양과 직접적으로 관련이 있다(Saltin, 1973; Balsom 외, 1999). 따라서 피로는 근글리코겐 고갈의 결과로도 발생한다(Bergstrom 외, 1967).

중·장시간의 근지구력이 요구되는 지구성 최대하 운동에서는 혈당과 지방산이 에너지원으로 사용되면, 이 과정에는 산소가 필요하다. 산소공급이 제한되면 유리지방산 대신에 탄수화물이 에너지원으로 사용된다. 근육에서 유리지방산을 에너지로 최대로 사용하기 위해서는 활동근육으로의 지방산 유입과 선수의 유산소 트레이닝 상태에 따라 결정된다. 왜냐하면 유산소 트레이닝은 산소의 가용성과 유리지방산의 산화능력을 모두 증가시키기 때문이다(Sahlin, 1986). 따라서 근육피로는 산소부족, 산소운반 능력 감소 및 활동하는 근육으로 이동하는 혈류의 부족 등이 원인이 된다(Bergstrom 외, 1967).

젖산 축적

수초 간의 최대수축 후에 무산소성 젖산 시스템은 근글리코겐을 사용하여 ATP를 생성하기 시작하고, 젖산도 축적되기 시작한다. 크레아틴 인산의 감소와 젖산 축적은 동시에 발생하게 되어 근육의 최대수축 능력을 감소시킨다(Fox 외, 1989). 속근섬유의 강력한 수축에 의존하는 매우 빠른 동작이나 근육의 큰 수축력이 필요한 운동에서 이러한 기전은 매우 중요하다. 이러한 활동은 무산소성 상태이기 때문에 무산소성 시스템을 통해 연료를 사용하게 되고, 젖산이 축적된다. 고강도(무거운 부하) 세트를 실시하는 시간이 8초를 넘어서게 되면 속근섬유는 젖산을 더욱 많이 생성시키고, 중추신경계로부터 전달되어야 할 흥분자극이 즉각적으로 차단된다. 따라서 다음에 이어지는 고강도 세트에서는 더 긴 휴식 시간이 경과되어야 운동이 수행될 수 있다(7장의 휴식 시간 참조).

근수축 중에 생화학적인 변화들은 산성증을 유발하는 수소이온의 유리 또는 (아직 명확하게 밝혀지지 않은) 탈진 시점을 결정하는 '젖산피로'를 유발한다(Sahlin, 1986). 근육운동이 활동적일수록 수소이온의 농도는 더 높아져서 혈액의 산성증도 높아지게 된다. 수소이온은 또한 뇌하수체 전엽에서 성장호르몬의 분비를 자극한다(Roemmich & Rogol, 1997; Takarada 외, 2000; Godfrey 외, 2003; Kraemer & Ratamess, 2005). 그렇지만 대사적인 측면에서 볼 때, 강력한 트레이닝에 의해 유발되는 성장호르몬의 주된 효과는 지방연소를 증가시키는 것이며(Wee 외, 2005; Yarasheski 외, 1992; Goto 외, 2007; Jorgensen 외, 2003), 이는 젖산성 운동이 지방 감량에 효과적이라는 기전을 뒷받침하는 근거 중 하나다. 다른 기전은 분당 칼로리 소비량이 높은 것과 운동후초과산소소비량(EPOC)이 최대 24시간 동안 지속되어 신진대사량을 증가시킨다는 것이다. 그럼에도 운동성 성장호르몬(또는 테스토스테론)의 증가(White 외, 2013)는 근육 성장에 영향을 미치지 않는다(Helms, 2010).

표 4.1 혈액과 근육에서 젖산 제거에 필요한 시간

젖산 제거율(%)	시간(분)
25-30	10
50-60	25
90-100	75

Reprinted, by permission, from T.O. Bompa and F. Claro, 2009, Periodization in rugby (Aachen, Germany: Meyer & Meyer Sport), 33.

산성증이 심해지면 칼슘의 결합 능력을 억제하고, 이로 인해 근수축 단백질의 결합의 주요 활성 부위인 액틴의 트로포닌이 활성화되지 않는다. 트로포닌은 근육수축에 중요한 역할을 수행하기 때문에 트로포닌의 비활성화는 피로의 시작을 촉진한다(Fabiato & Fabiato, 1978). 더불어 산성증으로 인한 불편함은 심리적인 피로의 원인이 될 수도 있다(Brooks & Fahey, 1985). 그러나 근육의 산성증은 트레이닝 후에 경험되는 근육통의 원인이 아니다. 〈표 4.1〉에서 보는 바와 같이 젖산 제거는 근섬유에서 산화되거나 간에서 다시 글루코스로 전환되기 때문에 상당히 빠르다(코리 사이클을 통해).

근통증(근육통)

근육통은 선수가 처음 근력 트레이닝 프로그램을 시작하거나 평소에 사용하지 않던 근육을 사용하여 익숙하지 않은 운동을 수행했을 때 혹은 과도한 무게를 사용했거나 운동 중에 신장성 수축국면이 많았을 경우에 발생할 수 있다. 또한 초보자는 충분한 적응 없이 무거운 부하를 적용시켰을 때 근육통이 발생할 수 있다.

운동 초기의 손상은 대사기능 장애와 근육세포의 기계적인 장애와 같은 두 가지 기전으로 설명된다. 대사적인 기전으로 인한 근손상은 몇몇 보디빌딩의 운동 방법처럼 탈진에 이르도록 장시간 최대하 운동을 실시하는 중에 나타난다. 특히 신장성 수축국면에서 근육에 직접 부하를 가하면 근손상이 발생할 수 있으며, 이는 대사적인 변화에 의해 악화될 수 있다. 근육의 세포막 파열(미토콘드리아 부종, 혈장막 절단, 근원섬유 구성의 변형)은 가장 심각한 손상 중 하나다(Friden & Lieber, 1992).

신장성 수축은 단축성 수축 보다 더 큰 근육의 장력이 발휘되고, 지근섬유를 선택적으로 비활성화시키며, 속근섬유의 운동단위 활성화를 유발한다(Nardone 외, 1989). 따라서 근력이 충분히 트레이닝되지 못했거나 또는 결합조직이 적응되지 않은 상태에서 신장성 수축 방법을 사용하게 되면 불편함을 호소하거나 근손상을 입게 된다. 신장성 수축은 동일한 운동부하에서 단축성 수축보다 더 많은 열을 생성시키고, 이로 인해 상승한 온도는 근육세포의 구조적 및 기능적인 구성요소를 손상시킬 수 있다(Armstrong, 1986; Ebbing & Clarkson, 1989).

근육손상의 두 기전은 스트레스를 받은 근육섬유와 관련이 있으며, 이는 트레이닝 실시 후 최대 48시간 동안에는 크레아틴 키나아제(근육손상의 지표) 효소가 높다는 것을 통해 알 수 있다. 운동 후 24~48시간이 경과되면서 불편함이 나타나게 되는데, 이를 '지연성근통증'

피로와 회복

이라고 한다. 그럼에도 근섬유는 일반적으로 트레이닝 이전 상태로 빠르게 회복되지만, 스트레스가 심할 경우 근육외상을 입게 된다. 따라서 트레이닝이 너무 격렬하거나 운동량이 과도하게 되면 최대 7일간 압통과 경직이 복합되어 나타나는 근통증이 유발될 수 있다.

근통증의 예방법은 트레이닝부터 영양에 이르기까지 여러 형태가 있는데 가장 중요한 예방법은 트레이닝의 부하를 점진적으로 증가시키는 것이다. 근력 트레이닝의 주기화도 선수가 불편함, 근육통 및 기타 부정적인 트레이닝 결과를 피하는 데 도움이 된다. 또한 선수가 충분하게 준비운동을 실시하면 신체는 좋은 컨디션에서 운동을 수행할 수 있게 된다. 반면에 준비운동을 너무 적게 실시하면 긴장과 통증이 유발될 수 있다. 트레이닝이 끝날 때는 스트레칭이 필수적으로 권장되고 있다. 전형적인 근력 트레이닝에서 근수축 후에는 근육이 약간 짧아지고 안정시 길이로 회복되는 데 몇 시간 정도 소요된다. 스트레칭을 1~3분 정도 실시하면 근육이 안정 시 길이로 빠르게 회복되며 근육경련을 완화시킨다.

근통증을 예방하고 회복하기 위해서는 적절한 운동 후 영양 섭취(5장에서 설명)와 전반적인 식이요법이 도움을 준다. 선수가 무거운 부하로 근력 트레이닝을 실시했다면 더 많은 단백질과 탄수화물이 필요하며, 특정 아미노산 같은 보충제를 섭취할 필요도 있다. 운동 후에 영양공급이 부족하면 운동으로 인해 경직된 근육의 회복이 지연될 수 있다. 전통적으로 마사지도 근육통을 완화하는 것으로 알려져 왔으며, 근육의 긴장도(안정 시 근전기 활성)를 줄이고 혈류와 회복을 촉진하는 데 도움이 된다.

트레이닝을 면밀히 모니터링하면 오버트레이닝, 피로 및 손상을 예방하는 데 도움이 된다.

오버트레이닝

오버트레이닝의 징후는 선수가 트레이닝 전략에 잘 적응하지 못했거나 전혀 적응하지 못했다는 신호다. 오버트레이닝은 회복과 재충전 기간이 부족하게 설계된 장기간의 트레이닝 프로그램에서 나타난다. 이 과정에서 선수에게 적절한 휴식, 이완 및 회복이 주어지지 않으면 만성피로로 이어지고 선수들의 동기부여가 줄어들게 된다.

오버트레이닝의 전형적인 징후는 평소보다 심박수가 높게 나타난다는 것이다(과민성, 수면장애, 식욕부진 그리고 근육피로, 근육통증 및 근육강직). 때때로 격렬한 트레이닝 프로그램 후 회복하는 동안에 오버트레이닝 징후가 나타난다. 이러한 징후가 한두 번의 격렬한 시합 후에도 며칠 동안 지속되면 오버트레이닝보다는 오버 리칭(over reaching)일 수 있다. 즉, 선수는 자신에게 맞는 생리적인 수준보다 높은 상태에서 운동한 것이다. 선수는 적절한 휴식과 회복을 통해 피로를 잘 극복하고 나서 다음 시합에 대비해야 한다. 그러나 회복이 불충분하면 선수는 과도달 상태에서 오버트레이닝 상태로 빠르게 전이될 수 있다.

오버트레이닝의 인지

여기에서는 선수가 오버트레이닝을 하고 있는지 확인하는 데 도움이 되는 몇 가지 전략을 알아보고자 한다.

심박수 기록

선수와 코치는 매일 아침에 심박수를 기록하여 선수가 적절한 수준의 트레이닝을 실시하고 있는지 확인할 수 있다. 아침에 심박수를 측정하고 기록해야 하는 이유는 선수가 휴식을 취한 상태이고, 아직 하루 스트레스의 영향을 받지 않았기 때문이다. 2~3일 동안 안정 시 심박수가 증가하면 과도달의 징후일 수 있다. 이 경우 코치는 트레이닝 프로그램의 강도 수준을 낮추고('유산소성 보상' 세션을 계획할 수 있음) 향후 24~48시간 동안 심박수를 면밀히 확인해야 한다.

트레이닝 일지 작성

이 방법은 단순하지만, 종종 선수들이 불평을 토로한다. 선수들은 일반적으로 자신의 트레이닝 부하나 시간을 기록하는 데 문제가 없지만 트레이닝 단계의 강도 수준이나 피로 수준을 기록하는 것을 꺼리는 경향이 있다. 선수들은 최고가 되기 위해 트레이닝하고 희생하기 때문에 트레이닝 단계가 너무 격렬하다는 것을 인정하는 것은 선수들에게 일상적이지 않다. 따라서 코치는 선수들을 면밀히 살피고 신체적인 내성을 초과하지 않도록 알려주어야 한다.

코치는 트레이닝이 선수에게 미치는 생리적인 영향을 특정한 트레이닝 일지를 통해 선수들이 지속적으로 작성하도록 격려해야 한다. 이러한 트레이닝 일지에는 운동 직후, 몇 시간 후 및 다음 날 아침에 나타나는 선수의 느낌이 포함되어야 한다.

악력측정

악력측정은 오버트레이닝이나 일일 피로를 객관적으로 측정하는 빠르고 효과적인 방법이다. 또한 중추신경계 피로의 우수한 지표로도 사용된다. 선수는 매번 실시되는 운동 전에 악력계를 한 손으로 쥐고 점수를 기록한다. 특정한 날에 점수가 지속적으로 감소하거나 낮아지면 선수는 중추신경계에 피로가 있으므로 회복이 필요하다는 것이다.

코치는 나타나는 징후가 없더라도 심리적인 스트레스가 선수의 트레이닝 반응에 영향을 미칠 수 있음을 알아야 한다. 즉, 계획된 프로그램이 고강도로 트레이닝하는 날이라고 할지라도 코치나 선수는 프로그램을 선수의 현재 신체적·정서적인 상태에 맞추어야 한다는 것이다. 때로는 적은 것이 더 많고, 때로는 휴식이 트레이닝보다 적응에 더 큰 영향을 미칠 수 있다.

심박수 변이성 모니터 사용

심박수 변이성(HRV)은 심박수 사이의 시간 간격(R-R간격)의 변화를 포함하는 생리적인 현상이다. 간격은 피로, 이완, 정서 상태, 생각 및 트레이닝 스트레스 등의 요인에 따라 달라진다. 심박수는 유기체의 기능을 환경 상황에 잘 적응시키기 위해 이러한 모든 요인에 대해 빠르게 반응한다.

이러한 변화는 중추신경계의 조절과는 무관하다. 그보다는 자율신경계와 관련이 있으며, 더 구체적으로 교감신경계와 부교감신경계 사이의 상호작용과 관련이 있다. 교감신경계는 전신을 활성화시키고 심박수 증가, 혈압 증가, 말초혈관 수축, 기관지 확장, 동공 확장, 발한 증가, 혈류에서 에너지 기질 방출, 소화 감소 및 억제 같은 일련의 다양한 효과를 만들어낸다. 즉, 싸움과 도피 스트레스 반응이다. 이러한 반응에서 화학적인 매개체는 노르아드레날린, 아드레날린, 부신피질 자극 호르몬 및 여러 가지 코르티스테로이드 이다.

반대로 부교감신경계는 심박수 감소, 혈압 감소, 느린 심호흡, 근육 이완, 동공 수축, 식욕 및 소화 증진을 유발한다. 이 시스템의 화학적 매개체는 아세틸콜린이며, 안정, 휴식, 평안 및 위험과 스트레스가 없는 상황에서 나타나는 신체 반응이다.

신체의 상태는 어느 시점에서든 교감신경계와 부교감신경계 간의 균형에 의해 결정된다(자율신경성 균형). 중요한 것은 하나의 신경계 또는 다른 신경계로 균형을 바꾸는 신체의 능력이다. 실제로 밤에 휴식을 취한 다음 날 고강도의 트레이닝이 계획된 경우 신체는 회복된 상태(부교감신경 우세)가 된다. 반면 안정 시 교감신경이 우세할 경우에는 회복에 필요한 ATP를 생성하기 위해 산소요구량이 높고, 부신성 남성호르몬(DHEAS)인 신경스테로이드 수준이 낮은 것과 관련이 있다(Chen 외, 2011). 이 경우 더 낮은 부하의 트레이닝 단계로 대체해야 한다.

유산소성 보상 단계는 교감신경계의 활동을 낮춤으로써 회복 속도를 높이는 것으로 확인되었다. 며칠간 연속해서 교감신경계의 과도한 작용은 적절하게 부하를 감소시키지 않는 한 오버트레이닝으로 이어질 수 있는 과도달의 징후다.

최근에는 트레이닝에 대한 신체의 반응을 평가하고 오버트레이닝을 예방하기 위해 저렴한 HRV 모니터링 장치(예: BioForce, Omegawave)가 출시되었다. 이러한 장치는 다음과 같은 방식으로 도움이 될 수 있다. 마이크로사이클(microcycle) 또는 매크로사이클(macrocycle) 전체에서 계획된 내적부하(잔류피로) 확인, 트레이닝 방법에 따른 신체의 반응에 대한 지식함양, 운동량, 강도 및 빈도를 개별화하여 각 선수에게 트레이닝 프로그램의 최적화, 트레이닝 환경 외적인 스트레스 요인(직장, 학교, 가족 및 생활양식)의 영향을 파악하고 정량화하는 데 도움이 된다.

회복기술 구현(implementing)

만성근육통과 관절염은 트레이닝의 양과 강도를 감소시켜야 하는 증상일 수 있다. 트레이닝 후에 몇 시간 혹은 며칠 동안 견딜 수 없는 반응이 있다면 코치는 운동 후에 몇 가지 회복전략을 구현할 수 있다. 예를 들어 스트레칭은 운동성을 회복하고 부상을 입을 가능성을 줄이고 운동이 끝날 때 신체를 이완시켜 주는 좋은 방법이다. 운동하는 동료나 코치가 참여하는 수동적인 파트너 보조 스트레칭은 근육을 완전히 스트레칭하고 이완시킬 수 있는 이상적인 방법이다. 그러나 오버트레이닝의 징후를 줄이거나 없애기 위해서는 회복전략을 구현하고, 코치는 회복을 촉진하는 트레이닝 프로그램을 설계해야 한다.

운동 후에 신체를 회복시키는 다른 방법은 조깅이나 자전거 타기와 같이 가벼운 유산소성 운동을 5~10분간 실시하는 것이다. 이러한 능동적 회복 방법은 트레이닝 중에 축적되어 회복을 방해할 수 있는 젖산과 근육 잔해물 등의 물질을 적극적으로 제거하는 능동적인 방법이다. 또한 선수는 냉수와 온수를 오가는 샤워를 하면 근육과 힘줄의 회복을 촉진할 수 있다. 이는 피부에서 장기로의 혈류를 증가시키고 근육에서 노폐물을 제거하고 염증을 줄이는 좋은 방법이다. 선수는 2~3세트 동안 30~60초의 온수와 30~60초의 냉수를 번갈아 가며 실시해야 한다. 이 방법은 익숙해지는 데 약간의 시간이 걸리지만 매우 효과적이다.

단기간 오버트레이닝으로부터 회복하기 위해서는 3~5일간 트레이닝을 중지해야 한다. 이 휴식 기간 후에 선수는 각 트레이닝 단계를 쉬는 날과 번갈아 가며 트레이닝을 재개한다. 오버트레이닝 증상이 심하고 선수의 회복 시간이 더 필요한 경우, 트레이닝 이전의 수준으로 컨디셔닝을 회복하려면 대략 2주가 소요된다(Terjung & Hood, 1986).

회복

피로회복에는 다양한 방법이 있다. 트레이닝을 수행하는 동안 피로회복 방법을 이해하는 것은 효과적인 트레이닝 방법을 아는 것 못지않게 중요하다. 트레이닝 프로그램은 지속적으로 새로운 부하와 강도를 적용하지만, 회복방법은 효과적으로 적용을 못할때가 종종 있다. 여기에서 나타나는 차이는 선수가 트레이닝 후에 최고 기량에 이르고 회복하는 데 방해가 될 수 있다. 선수의 최종적인 수행력의 약 50%는 회복 능력에 달려 있다. 회복이 불충분하다면 트레이닝에 적응하지 못할 수도 있다.

회복은 하나가 아닌 여러 요인이 다양하게 작용하면서 조절된다. 주요 요인으로는 연령, 트레이닝 경험, 성별, 환경, 에너지 기질의 가용성 및 정서적 상태 등이 있다. 나이가 많은 선수는 일반적으로 젊은 선수보다 회복하는 데 시간이 더 걸린다. 반면에 잘 단련되고 경험이 많은 선수는 일반적으로 주어지는 트레이닝 자극에 더 빨리 적응할 수 있기 때문에 경험이 적은 선수보다 회복 시간이 적게 걸린다. 성별 또한 내분비계의 차이로 인해 회복 속도에 영향을 미칠 수 있다. 특히 여자 선수는 남자 선수보다 회복이 더 느리다. 회복에 영향을 미치는 환경요인은 시간 차이, 고도 및 기후 등이 있다. 회복은 또한 세포 수준에서 영양소의 보충에 의해서도 영향을 받는다. 특히, 활동 근육세포에서 단백질, 지방, 탄수화물 및 ATP-PC의 회복은 세포 대사와 에너지 생산을 위해 필요하다(Fox 외, 1989; Jacobs 외, 1987). 마지막으로, 회복은 두려움, 우유부단함 또는 의지력 부족으로 인해 지연될 수 있다.

트레이닝에 대한 신경내분비 반응은 근력 트레이닝에서 회복하는 데 중요한 요소다. 5장에서 언급하겠지만, 근력 트레이닝 직후에는 단백질 분해가 단백질 합성보다 크기 때문에 신체는 부정적인 균형 상태가 지속된다. 또한 테스토스테론-코티졸 비율이 낮으므로 신체는 이화작용 상태에 있게 된다. 이러한 신체의 불균형은 고강도 트레이닝 직후 단백질과 탄수화물 혼합식을 음료 형태로 섭취함으로써 해결할 수 있다. 이렇게 하면 코티졸 수치를 낮추고 근글리코겐의 재보충 속도를 높이면서 근육 단백질의 합성을 보조함으로써 신체를 바람직한 평형상태로 되돌려 회복과 재충전 과정을 시작할 수 있다.

스포츠 트레이닝의 주기화

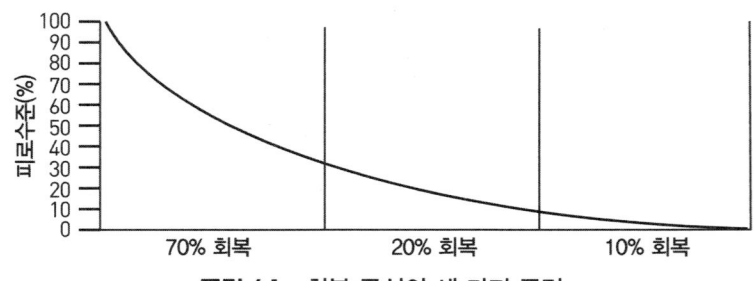

그림 4.1 회복 곡선의 세 가지 국면

표 4.2 탈진적인 트레이닝 후 회복 시간

회복 과정	회복 시간
ATP-PC의 회복	2-8분
근 글리코겐의 회복: 　장시간 운동 후 　간헐적 운동 후	10-48시간 5-24시간
근육과 혈액에서의 젖산 제거: 　활동적 휴식 　수동적 휴식	30분-1시간 1-2시간

Adapted from M.L. Foss and S.J. Keteyian, 1998, Fox's physiological basis for exercise and sport, 6th ed. (New York: McGraw Hill), 67.

　회복은 적용된 트레이닝 부하와 직접적으로 부합되는 느린 과정이다. 마찬가지로 신체가 항상성(정상적인 생물학적 상태)에 도달하는 능력을 나타내는 회복 곡선은 직선형이 아니다(그림 4.1 참조). 회복과정의 1/3에서 70%가 회복되고, 다음 2/3에는 각각 20%와 10%가 회복된다. 회복을 위한 시간 간격은 동원된 에너지시스템에 따라 달라진다. 〈표 4.2〉는 다양한 생리학적 시스템에서 권장되는 회복 시기들을 보여준다.

　최고의 효과를 위해 선수는 각각의 트레이닝 단계 후에 회복 방법을 이용하는 것이 좋으며, 특이적 준비기(시합에 가까운)와 시합단계에서는 더 많이 사용해야 한다(Fry외, 1991; Kuipers & Keizer, 1988). 다음에는 트레이닝 적응과 회복을 위해 마이크로사이클에서 사용할 수 있는 모델을 살펴본다.

능동적(운동성) 회복

중강도의 유산소성 회복운동으로 실시하는 능동적 회복 동안에는 노폐물(젖산)이 빠르게 제거된다. 예를 들어, 가벼운 조깅을 하면 처음 10분 동안 젖산의 62%가 제거되고, 다음 10분 동안에 추가로 26%가 제거된다. 따라서 젖산 트레이닝 단계 후에는 10~20분의 능동적인 회복 시간을 두는 것이 유익하다(Bonen & Belcastro, 1977; Fox 외, 1989).

완전휴식 또는 수동적 휴식

완전휴식 또는 수동적 휴식은 모든 선수가 공통적으로 가지고 있는 하나의 필수요소일 것이다. 대부분의 선수는 최대능력으로 완전한 기능을 회복시키기 위해 하루에 약 10시간의 수면이 필요하며, 그중 일부는 낮잠 형태를 취하게 된다. 선수들은 규칙적인 수면 습관을 갖고 늦어도 밤 11시 이전에 취침해야 한다. 또한 취침 전에 이완 기법을 수행하면 마음이 더 편안해질 수 있다(Gauron, 1984). 최근 'SleepAsAndroid' 같은 휴대전화 애플리케이션은 선수들이 수면패턴을 효과적으로 자가 모니터링하고 수행력을 지원하는 생활양식을 갖도록 조절하는 데 사용되고 있다.

마사지

마사지는 치료 목적으로서 연조직을 체계적으로 조작하는 것이며, 대부분의 선수가 선택하는 치료 방법이다(Cinique, 1989; Yessis, 1990). 선수들이 마사지 요법으로 최상의 효과를 얻으려면 공인된 전문가를 만나는 것이 중요하다. 마사지의 생리적 효과는 기계적 압박과 감각자극 통해 나타난다.

　마사지의 기계적 효과는 근피로 감소와 과도한 부종의 감소를 들 수 있다. 실제로 마사지는 특정한 유형의 염증을 치료할 때 특히 유용하며, 또한 근막유착을 늘려준다. 조직의 기계적 압박과 신전은 순환계를 통해 제거하기 위해 근막유착의 가용성에도 도움이 된다. 또한 마사지는 혈액순환을 증가시킨다. 이완된 근육을 조이면 압력이 가해지는 방향으로 정맥이 비워져서 작은 모세혈관이 열리도록 자극하고, 마사지 부위의 혈류를 증가시킨다. 휴식 시에는 약 4%의 모세혈관이 열려 있으며, 마사지를 통해 35%까지 높일 수 있다(Bergeron, 1982). 그 결과 마사지 부위에 혈액의 가용성을 높이고, 모세혈관과 조직세포 사이에는 물질교환을 증가시킨다.

　마사지는 림프순환도 증가시키는데, 정맥의 순환과 조직에서 체액(림프)의 회귀를 돕는다. 일방적인 밸브가 있는 정맥과는 달리 림프관에는 밸브가 없다. 따라서 림프는 외부의 압력에 따라 어떤 방향으로도 이동이 가능하다. 중력과 근육의 펌프작용(호흡근 활동을 포함한)은 림프를 이동시키는 주요 수단이다. 마사지는 혈관 외액을 림프관으로, 그리고 이 혈관을 통해 순환계로 이동시키는 가장 효과적인 외적 수단이다. 이 과정은 일종의 정화작용으로 설명될 수 있다.

마사지의 감각 효과는 주로 반사적이며 완전히 설명되지는 않고 있다. 마사지는 중추신경계에 대한 감각 전달을 천천히 증가시켜 통증과 압통을 완화할 수 있다. 따라서 통증 부위 쪽으로 점차 마사지를 실시해야 한다. 피부를 가볍게 쓰다듬으면 일시적으로 모세혈관이 확장되며, 강하게 쓰다듬을수록 확장이 더 길어진다. 마사지는 주로 마사지 부위를 통해 순환을 증가시키므로 대사에서는 국부적인 효과를 갖는다. 노폐물의 분해와 순환계로의 흡수는 안정 시보다 최대 2.5배 증가할 수 있다.

마사지는 또한 근육경련을 완화시킨다. 근육경련 같은 불수의적인 근수축이 있을 때 가볍게 쓰다듬으면 반사기전을 통해 이완효과를 보이게 된다. 근육경련인 경우에는 우선적으로 근섬유와 평행한 방향으로 가볍게 쓰다듬어야 한다. 이 방법이 실패하면 양손으로 근복에 강한 압력을 가해야 한다. 이 기법도 실패하면 엄지손가락으로 근복을 깊게 누르는 것이 도움이 될 수 있다. 경련이 있는 근육에는 부드러운 스트레칭만 권장된다. 깊은 압박, 갑작스런 압박 또는 격렬한 스트레칭은 경련이 증가할 수 있다.

심부조직 마사지는 격렬한 트레이닝 단계 전날 또는 시합 전 2~3일간 계획되어야 한다. 스피드와 파워 스포츠에서 최고의 수행력을 발휘하는 데 매우 중요한 근막이완요법은 마사지를 보완하고 시합 전날 또는 시합 당일에도 사용할 수 있다.

온냉요법

이완과 회복은 증기욕, 사우나, 핫팩(온찜질 기구) 등의 온열요법을 통해서도 효과를 볼 수 있다. 핫팩은 기본적으로 피부를 가열하지만 조직은 가열하지 않기 때문에 이 방식은 여전히 유용하게 사용되고 있다. 최소 20분 정도 충분히 열치료를 하면 근육 주위에 순환을 증가시킬 수 있다. 한 가지 단점은 근육조직이 가열되기 전에 피부가 먼저 뜨거워질 수 있다는 것이다. 온열요법의 가장 큰 장점은 선수의 긴장을 풀어주고 심부의 근육조직보다는 표면을 온열화시키는 것이다.

냉찜질 요법은 회복에서 생리적으로 중요한 유익함을 준다. 치료 요법에는 5~10분 동안의 얼음 목욕, 냉탕 목욕 또는 10~15분 동안 냉찜질 등이 있다. 근육의 염좌가 발생한 직후에 얼음 마찰을 곧바로 실시하면 부종이 감소한다. 얼음을 사용하기에 가장 좋은 시기는 근육조직이 미세하게 파열될 가능성이 있는 격렬한 트레이닝 단계 직후다.

식이와 식이보충

선수들은 매일 에너지 균형을 유지해야 한다. 즉, 하루의 에너지소비량은 에너지섭취량과 거의 일치해야 한다. 선수들은 자신이 섭취하는 칼로리가 적절한지 쉽게 판단할 수 있다. 계획된 운동일정을 수행하고 있음에도 체중이 감소되었다면, 이는 칼로리를 충분하게 소비시키지 않았기 때문으로 볼 수 있다.

Fahey(1991)는 식이요법이 근육조직 회복에 중요한 역할을 한다고 했다. 단백질이 필요하다는 것은 명백하지만, 탄수화물도 필요하다. 근글리코겐의 저장량이 부족하면 근손상으로 인한 회복이 지연된다. 따라서 에너지소비와 회복의 두 관점에서 선수들은 식이요법에 세심한 주의를 기울여야 한다.

또한 선수들은 식이요법을 통해 충분한 음식을 섭취하더라도 비타민과 무기질 보충제를 섭취해야 한다. 아무리 균형 잡힌 식단이라고 하더라도 일반적으로 트레이닝 단계나 시합에서 사용되는 모든 비타민과 무기질을 보충할 수는 없다. 실제로 선수들은 전형적으로 비타민 A를 제외한 모든 비타민 결핍을 경험하게 된다(Yessis, 1990). 보충제는 힘든 트레이닝을 실시하는 동안에 다른 영양소만큼 트레이닝 식단의 일부가 되어야 한다.

보충제 프로그램을 계획할 때 코치와 선수는 연간계획 전체에 각각의 트레이닝주기를 고려하고 그에 따라 보충제 섭취를 조절해야 한다. 예를 들어, 전이기에는 트레이닝의 강도와 양이 감소되므로 다량의 비타민(특히 비타민 B6, B12, C 및 특정 무기질)의 필요성도 낮아지게 된다. 비타민과 무기질 보충제 섭취에 대한 계획은 연간 트레이닝 계획 중에 특정 단계를 차트 형식으로 나타내서 비교적 쉽게 만들 수 있다.

Clark(1985)와 Yessis(1990)는 식사 시간의 선택도 회복 속도에 영향을 미칠 수 있다고 했다. 선수들은 하루 3회보다는 적어도 4회로 나누어 섭취하는 식습관으로 개선해야 한다는 것인데, 그 이유는 4회 섭취하는 패턴이 음식물의 소화나 흡수를 용이하게 한다는 것이다. 하루 중 섭취량의 약 20~25%를 이른 아침에, 15~20%는 아침과 점심 사이에, 30~35%는 점심에, 20~25%는 저녁 식사에 섭취할 것을 추천했다. 선수들은 식사 시기는 4시간을 넘지 않도록 하고, 저녁 식사와 아침 식사 사이는 12시간을 넘지 않도록 해야 한다는 것이다.

Clark(1985)와 Yessis(1990)는 또한 선수들이 트레이닝 단계 직전에 음식물 섭취를 제한했는데, 배가 부르면 가로막(횡격막)이 올라가 심혈관계와 호흡계에 부담을 더 주기 때문이다. 선수들은 트레이닝 직후에도 과도한 음식 섭취는 피해야 한다고 했는데, 이때는 위액이 거의 분비되지 않기 때문이다. 그 대신에 선수들은 트레이닝 직후에는 탄수화물, 단백질 및 아미노산 보충제가 함유된 음료를 섭취해야 한다. 트레이닝 이후의 음식 섭취는 30~60분이 경과되어야 한다.

심리적 회복

심리적 회복 요소로는 동기와 의지 등이 있는데, 이들 요소는 신체적·정신적 자극으로 인한 스트레스의 영향을 받을 수 있다. 다양한 내적 및 외적 자극에 대한 신체의 반응속도는 운동능력에 큰 영향을 미친다. 운동에 집중할수록 다양한 트레이닝 자극에 잘 반응하고 운동능력이 커지게 된다. 따라서 생활양식이 선수의 회복 속도에 전적으로 영향을 미친다는 것은 놀라운 일이 아니다. 예를 들어, 중요한 타인, 형제자매, 부모, 팀 동료 또는 코치들과의 관계가 좋지 않은 경우 회복과정에 부정적인 영향을 미칠 수 있다. 만일 스포츠 심리학자가 필요하다면 동기와 의지에 영향을 미치는 심각한 정서적 문제를 가지고 있는 선수에게 도움을 줄 수 있을 것이다.

또한 이완요법은 선수의 집중력을 크게 향상시킬 수 있다. 뇌가 이완되면 신체의 다른 모든 부위도 동일하게 이완될 것이다(Gauron, 1984). 아마도 이런 방법을 적용하기에 가장 좋은 시간은 저녁에 취침하기 전일 것이다. 예를 들어, 취침 전에 온욕이나 샤워를 하면 더 이완된 상태가 될 수 있다.

근손상 회복

손상의 초기(약 2~4시간 후), 즉 급성기 동안에는 압박, 냉찜질, 거상 및 능동휴식 또는 완전휴식(손상 정도에 따라)으로 손상을 치료하는 것이 가장 좋다. 1도 근염좌의 경우, 신경억제를 줄이고 다음 날 근력의 회복 속도를 높이기 위해 손상 후 2시간 또는 수 시간마다 통증역치 이하에서 부드러운 움직임을 실시할 수 있다.

손상 후 처음 1시간은 회복에 매우 중요하다. 실제로 부종을 줄이기 위해서는 가능한 한 빨리 손상된 부위에 냉찜질하면서 압박하는 것이 기본이다. 이러한 조치가 늦어지면 전체 회복 기간이 며칠씩 길어질 수 있다. 냉찜질은 2~3시간마다 15~20분 동안 실시하며, 압박은 처음 36시간 동안은 가능한 한 오래 유지해야 한다. 그러나 비스테로이드성 소염제와 마찬가지로 냉찜질은 초기의 과도한 염증반응을 막아내고 조직복구를 방해하지 않도록 처음 48시간만 실시해야 한다(Hubbard 외, 2004; Takagi 외, 2011; Haiyan 외, 2011).

지난 수년간 전통적인 RICE 약어(휴식, 냉찜질, 압박, 거상) 중 R(휴식)은 손상회복을 가속함에 있어 움직임의 중요성이 부각되면서 휴식에서 제한된 활동으로 변경되었다. 또한, 가벼운 저항운동은 초기 72시간 후에 실시할 수 있으며, 다음날에는 실제 근력강화로 진행할 수 있다. 특히, 통증이 있는 동작범위 상하에서 단축성 및 신장성 운동뿐만 아니라 등척성 운동을 사용하여 손상된 근육을 강화하고 기능적인 회복 속도를 높일 수 있다. 손상된 팔다리의 경우, 선수는 반대쪽(손상되지 않은) 팔다리의 트레이닝을 게을리해서는 안 된다. 실제로 손상되지 않은 팔다리를 트레이닝시키게 되면 손상된 팔다리도 '교차 트레이닝의 효과'로서 기능적으로 단기간에 회복할 수 있게 된다(Hellebrandt 외, 1947; Gregg & Mastellone, 1957; Devine 외, 1981; Kannus 외, 1992; Zhou, 2003; Lee, 2007; Sariyildiz 외, 2011).

근손상회복에서 혈액 순환과 조직의 영양공급 효과뿐만 운동을 통해 자극되는 내분비, 자가분비 및 주변분비 단백동화호르몬 같은 조직복구의 기본요소들 때문에 선수들에게 절대 휴식은 절대적인 금기사항이다. 재활트레이너는 손상당한 근육만을 특별한 방식으로 트레이닝 시키고 나머지 신체는 손상 전 생체 운동능력들을 가능한 한 유지하기 위해 근신경과 대사적으로 트레이닝 하는 재활 접근법을 활용했다. 실제적인 예로, 부상으로 뛰지 못하는 선수를 위해 세계선수센터(World Athletics Center)의 교육 책임자인 Dan Pfaff(육상경기 올림픽 메달리스트 코치)는 신진대사 수준을 유지시키기 위해 자전거 운동(비젖산, 단기 젖산, 장기 젖산)을 실시하도록 했다. 마지막으로, 선수의 특별한 생리적 상태를 인지하고, 선수에게 적합한 재활은 가능한 재활환자에게 일반적으로 사용되는 비활동적이고, 시간기반 접근보다는 거리기반 수행하는 능동적 접근방식을 따르는 것이 좋다.

스포츠를 위한 근력운동의 법칙과 원칙

과학적이고 체계적인 트레이닝 방법을 적용한다면 운동 시 불필요한 실수를 최소화시켜 훌륭한 트레이닝 프로그램을 구성할 수 있다. 아래에 소개할 근력 트레이닝의 법칙과 원칙은 근력 트레이닝 프로그램을 계획할 때 기초적인 틀을 갖추는데 도움이 될 것이다. 이러한 법칙은 물리적 법칙 및 스포츠 트레이닝에 어떻게 적용되는지에 기초적 자료를 제시하고 방법론적인 원칙은 근력 트레이닝 프로그램의 실제 적용에 대해 설명한다. 즉, 견고한 토대를 가진 집이 튼튼하다는 의미다.

    이 두 가지 법칙과 원칙을 함께 적용하여 운동 경기에서 요구하는 강하고 유연하며 안정적인 운동선수를 배출할 수 있다. 트레이닝의 원칙은 선수와 스포츠의 필요성, 선수의 신체적 능력에 맞게 조정한 프로그램을 통해 근력 및 기타 능력의 지속적이고 구체적인 향상을 보장할 수 있다.

뉴턴의 운동 법칙과 스포츠를 위한 근력 트레이닝에서의 실제 적용

뉴턴의 운동 법칙은 근력 트레이닝에 필수이며, 선택한 스포츠의 생리학적 특성에 관계 없이 운동선수를 위한 모든 근력 트레이닝 프로그램에 적용되어야 한다. 우리는 선수의 운동적 능력이 향상되는 데 효과적이라는 사실을 보여주기 위해 이러한 법칙의 적용을 실용적인 의미에서 논의할 것이다.

관성의 법칙

뉴턴의 운동 제1법칙은 "물체는 힘을 가하지 않으면 원래의 상태를 유지하려고 한다"라는 것이다. 물체의 상태를 변경하려면 힘을 가해야 한다. 따라서 운동선수가 정지 또는 동작에서 자세를 변경하려면 힘을 가해야 한다. 동일 선수가 단축성 수축을 하면 더 빠르게 움직일 수 있고, 신장성 수축을 하면 빠르게 감속할 수 있다. 이 두 가지 경우 모두 지면(중력)에 힘이 가해지면서 시작, 감속, 정지 또는 방향 변경(가속 및 감속)이 가능하게 된다.

더 중요한 것은 가속하거나 템포를 증가시키는 것은 선수가 추가적인 힘을 발생시킬 수 있을 때만 가능하다는 것이다. 근력이 높아지면 속도를 높이거나 낮출 수 있는 능력이 생긴다. 운동선수의 질량(체중)은 선수의 상태를 변경하는 데 필요한 힘의 양을 나타낸다. 가벼운 운동선수의 경우 낮은 힘이 필요하며, 무거운 운동선수의 경우 높은 힘이 필요하다.

일부 지도자와 운동선수(예: 수영 또는 노르딕 스키)는 자신의 스포츠에 근력이 필요하지 않다고 생각한다. 우리는 이러한 생각에 강하게 반대한다. 개인의 무지함이 물리 법칙에 대항하거나 거스를 수 없다.

- 만약 당신이 더 빨라지고 싶다면 지면에 강한 힘을 가해야 한다.
- 물체를 더 멀리 던지고 싶다면 던지는 힘을 향상시켜야 한다.
- 격투기에서 상대를 이기고 싶다면 근력을 향상시켜야 한다.

가속도의 법칙

뉴턴의 운동 제2법칙은 '가속도'라고 알려진 속도 변화율과 관련이 있다. 일정한 힘은 항상 일정한 가속도를 생성하며, 가속도를 높이려면 선수가 지면에 가하는 추진력을 높여야 한다.

$$F = m \times a$$

힘은 질량(m)과 가속도(a)의 곱과 같으며, 운동선수는 저항에 가하는 힘에 비례하여 가속할 수 있다. 중력, 공기 저항성(마찰), 상대 및 환경(예: 노르딕 스키, 산악자전거 또는 BMX)은 빠른 속도를 달성하기 위해 극복해야 하는 저항의 일부다. 운동선수는 자신의 힘에 비례하여 자신의 질량을 가속할 수 있다. 즉, 저항에 대해 가할 수 있는 힘의 양에 비례하고, 다음 조건들을 고려해야 한다(Burkett, 2018).

- 두 명의 단거리 선수가 동일한 시간 동안 동일한 추진력(지면에 대해 밀어내기)을 적용한다고 가정하면 상대적으로 가벼운 선수가 더 많이 가속할 수 있다.
- 두 명의 단거리 선수가 같은 체중(질량)이라면 같은 시간 내에 더 많은 힘을 가한 선수가 더 빨리 가속할 것이다.

가속도는 미터/초 제곱(m/s^2) 단위로 측정된다. 그러나 질량 또한 방정식의 일부이므로 최종 결과물은 N(뉴턴)으로 측정된다. 따라서 질량(체중)이 100kg이고 $10m/s^2$(즉, 중력)로 가속되는 단거리 주자의 경우 다음과 같다.

$$100\ kg \times 10\ m/s^2 = 1{,}000\ N$$

운동선수는 매번 직면하는 저항을 극복하기 위해 힘을 증가시켜야 궁극적으로 가속도를 높일 수 있다.

기억하라: 가속 능력은 항상 선수가 저항에 사용하는 힘과 비례한다. 더 빨라지고 싶다면 힘을 키워야 하며 다른 방법은 없다. 현대 전문가가 아닌 과학에 귀를 기울이라. 지도자는 근력, 특히 최대근력의 향상이 선행되지 않고서는 속도, 가속도 또는 방향전환 능력이 향상되지 않는다는 것을 인지해야 한다.

뉴턴의 운동 제2법칙에서 파생된 개념인 '충격(Impulse)'은 테니스나 축구 같은 운동 경기 또는 접촉 스포츠에서 상대에게 짧은 시간에 갑작스러운 힘을 전달하는 것을 의미한다. 충격은 운동선수의 힘에 따라 대상의 상태를 변경할 수 있다(예: 야구의 타격 또는 테니스의 서브). 충격의 힘은 그것을 전달하는 선수의 힘에 비례한다. 다시 말해, 운동선수의 힘은 트레이닝의 질, 특히 그의 최대근력과 파워에서 발현된다. 라켓 스포츠, 접촉 스포츠 또는 팀 스포츠에 관련된 선수가 게임이나 경기력을 발전시키려면 근력과 파워를 향상시켜야 한다. 충격이 강할수록 속도가 빨라지거나 공이 도달하는 거리가 증가한다.

작용-반작용 법칙

뉴턴의 운동의 제3법칙은 이렇게 설명할 수 있다. 운동선수가 경주를 시작하기 위해서는 출발대(육상경기에서 이용되는)와 중력에 대항하는 힘을 가해야 한다. 운동선수의 힘이 클수록 저항(중력)을 극복하기가 쉽다. 출발대 힘을 가하면 동일한 힘 크기와 방향은 반대인 반작용이 일어난다.

수영, 싱크로나이즈, 수구, 조정, 사이클링, 카약, 카누 같은 물 안 또는 물 위에서 수행되는 스포츠의 경우 몸이나 보트는 힘 적용의 결과로 앞으로 움직인다. 물에 힘이 가해지면, 물은 몸이나 보트에 동등하며 반대되는 힘(반작용)을 가한다. 이를 '항력(drag)'이라고 한다. 보트나 수영하는 사람이 물 위를 이동할 때 항력은 앞으로 나아가거나 활공하는 속도를 감소시킨다. 속도를 유지하고 항력을 극복하기 위해 선수는 동일한 힘을 생성해야 하고, 속도를 높이기 위해서는 더 높은 힘을 생성해야 한다.

방정식은 아래와 같다.

$$D \sim V^2$$

이 방정식은 항력이 속도의 제곱에 비례한다는 것을 의미하며, 이해하기 쉬울 뿐만 아니라 적용하기도 쉽다.

수상 스포츠에서 선수가 물에 힘을 가하면 속도가 증가한다. 힘이 증가하면 물체는 더 빠르게 움직이지만, 속도가 증가하면 항력도 속도의 제곱에 비례하여 증가한다. 예를 들어, 운동선수가 초당 2m(약 6.5피트)의 속도로 수영하거나 노를 젓는다고 가정해본다.

$$D \sim V^2 = 2^2 = 4\ kilograms\ (8.8\ lb)$$

즉, 선수는 한번 노를 저을 때 4kg(8.8lb)의 힘으로 당긴다. 더 경쟁력을 갖추려면 선수는 더 빨리 수영하거나 노를 저어야 한다[예: 초당 3m(9.8피트)].

$$D \sim V^2 = 3^2 = 9\ kilograms\ (19.8\ lb)$$

더 빠른 속력을 위해 선수는 힘을 4kg(8.8lb) 더 증가시켜야 하고, 항력은 16kg(35lb)으로 증가하게 된다.

스트로크 단위(한 번 젓기)당 힘을 증가시키지 않고는 속도를 증가시킬 수 없기 때문에 힘을 증가시키려면 최대근력이 향상되어야 한다. 코치는 선수의 최대근력을 증가시켜야 할 뿐만 아니라 경기 시간 동안 모든 스트로크에 지속적으로 동일한 힘을 가할 수 있도록 해야 한다. 모든 수상 스포츠에는 강한 지구력 요소가 있기 때문이다. 이는 트레이닝에 최대근력을 다루는 단계와 적절한 근지구력을 다루는 단계를 모두 포함해야 함을 의미한다.

스포츠를 위한 근력 트레이닝의 선택된 원칙

성공적인 근력 트레이닝 프로그램은 부상 없이 우수한 선수를 만드는 것을 목표로 하며, 선수 자신의 능력과 재능을 극대화하는 구체적인 원칙을 적용하는 것으로 시작해야 한다. 다음에 소개할 원칙은 젊은 선수와 숙련된 선수 모두에게 중요하다.

관절 유연성 향상

근력과 유연성을 동시에 증가시키기 위해 대부분의 근력 트레이닝은 전체 가동 범위에 걸쳐 특히 발목, 무릎, 엉덩이 및 어깨에 사용되어야 한다. 관절의 좋은 유연성은 긴장, 통증 및 스트레스 부상을 예방할 수 있다. 발목 유연성, 특히 배측 및 저측 굴곡(발가락을 종아리 쪽으로 가져왔다가 종아리에서 멀어짐)은 초보자뿐만 아니라 축구, 테니스, 무술, 접촉 스포츠 등에서도 중요하게 여겨야 한다.

대부분 운동선수가 유연성 트레이닝을 시작하기에 가장 좋은 시기는 사춘기 이전인 운동 발달 후기 단계이며, 유연성을 유지하기만 하면 된다. 딥 스쿼트를 할 때 발목, 엉덩이, 특히 무릎 유연성에 문제가 있는 경우 운동선수는 명백한 긴장과 기계적 스트레스를 받을 수 있다. 축구는 발목, 무릎, 엉덩이의 유연성이 제대로 트레이닝되지 않는 스포츠 중 하나다. 축구 트레이닝에서 사용되는 일부 운동은 경기 중 필요한 가동 범위와 거리가 멀고, 이는 관절의 요구 사항을 발전시키는 것과도 거리가 멀다. 좋은 가동 범위는 다리 부상을 예방하는 데 도움이 될 수 있음을 기억해야 한다.

유연성 향상을 위한 많은 운동이 있으며, 파트너 보조 스트레칭과 수동적(등척성) 스트레칭, 능동적 스트레칭을 결합한 기술인 고유수용성 신경근 촉진(PNF)이 많이 사용되고 있다.

근막 이완(경추 및 TMJ 영역)은 경기력에 부정적인 영향을 미치지 않으면서 근육 유연성과 관절 가동성을 증가시킨다(Sullivan et al., 2013; Healey et al., 2014). 사실, 스피드와 파워 스포츠에서 최고의 경기력을 위해서는 경기 전에 근막 이완을 준비해야 한다.

> 경기 중 요구되는 최대가동범위(ROM)는 매일 연습 시의 최소 수준이어야 한다.

인대 및 건 근력 향상

근육의 힘은 건과 인대의 힘보다 빨리 향상된다. 많은 지도자는 특이성의 원칙을 잘못 사용하거나 장기적인 비전의 부족으로 인대와 힘줄의 강화를 간과하는 경향이 있다. 그러나 대부분 부상은 근육이 아니라 근건 접합부에서 발생하며, 그 이유는 적절한 해부학적 적응 없이 격렬한 근력운동이 건과 인대의 손상을 발생시킬 수 있기 때문이다.

그러나 해부학적 적응으로 건과 인대가 강해질 수 있으며, 구체적으로 건과 인대를 트레이닝하면 직경이 증가하여 긴장과 찢어짐을 견딜 수 있는 능력이 증가한다.

섬유질, 단백질, 콜라겐으로 구성된 인대는 관절을 가로질러 뼈와 뼈를 서로 연결하는 중요한 역할을 한다. 콜라겐 섬유는 증가하는 부하에 저항하는 데 도움이 되도록 다양한 각도로 배열되며, 인대의 강도는 단면적에 직접적으로 관련이 있다. 관절에 과도한 힘이 가해지면 인대가 파열될 수 있으나, 규칙적인 운동이나 활동은 인대가 쉽게 늘어나게 하여 관절의 움직임이 자연스럽게 일어날 수 있도록 한다. 그러나 시합이나 트레이닝 같은 높은 부하가 가해지면 관절의 과도한 움직임을 제한하기 위해 인대 강성이 증가하게 되는데, 부하가 너무 크면 인대가 스트레스를 견디지 못하여 부상을 입을 수 있다.

그러한 부상을 예방하는 가장 좋은 방법은 신체를 적절하게 조절하여 기계적 스트레스를 처리할 수 있도록 하는 것이다. 인대가 스트레스를 처리하고 재생을 위한 적절한 시간을 제공하도록 운동선수는 트레이닝의 해부학적 적응 단계처럼 로딩 및 언로딩 주기를 통해 인대를 조정할 수 있다. 트레이닝 부하를 점진적으로 증가시키면 인대의 점탄성이 향상되고 동적 움직임, 최대근력 트레이닝 및 플라이오메트릭 같은 높은 부하를 더 잘 수용할 수 있게 된다.

반면에 건은 근육을 뼈에 연결하고 근육에서 뼈로 힘을 전달하여 움직임이 발생하도록 한다. 또한 플라이오메트릭 및 다른 형태의 점프(신장-단축 주기)에 사용되는 것 같은 탄도 운동에 중요한 탄성 에너지를 저장한다. 건이 강할수록 탄성 에너지를 저장할 능력이 커지며, 이것이 단거리 선수와 점프 선수가 강력한 건을 가지고 있는 이유다. 강한 건이 없었다면, 그들은 중력의 힘을 극복하기 위한 큰 힘을 뼈에 전달할 수 없었을 것이다.

인대와 건은 모두 트레이닝 가능하다. 구성 및 구조적 특성은 트레이닝의 결과로 변화하여 두께, 강도 및 강성이 최대 20%까지 증가한다(Frank, 1996). 인대와 건은 근육보다 혈관이 적어 치유가 가능하긴 하지만, 부상 이전의 능력으로 회복되지 않을 수도 있다.

이 모든 것을 고려하여 운동(특히 해부학적 적응 단계에서 수행되는 유형)은 부상 예방 방법으로 간주될 수 있다. 건과 인대의 강화가 방해를 받으면 운동선수의 힘을 전달하는 건의 능력과 관절의 해부학적 안전성을 확보하는 인대의 능력이 저하될 수 있다. 스테로이드의 남용은 인대와 건의 물질적 특성을 감소시키며, 근육의 힘을 증가시킨다(Woo et al., 1994). 일반적으로, 인대와 건을 힘의 증가에 상응하게 강화하지 않으면 프로 미식축구 선수를 포함한 일부 운동선수가 경험하는 인대 및 건 부상이 발생할 수 있다.

코어 근력의 향상

팔과 다리는 코어(몸통)와 비례한다. 다시 말해, 잘 발달하지 않은 코어는 열심히 일하는 팔다리에 약한 지지력을 제공하게 된다. 따라서 근력운동 프로그램에서 팔과 다리에 집중하기 전에 코어 근육을 강화해야 한다.

코어 근육은 점프, 리바운드 및 플라이오메트릭 운동 중에 고도로 활성화되며, 몸을 안정시키고 다리와 팔 사이의 연결 또는 힘의 전달자 역할을 한다. 약한 코어 근육은 이러한 필수 역할을 수행하지 못하여 선수의 경기력을 제한한다. 이 근육의 대부분은 신체 자세에서 지지 역할을 하고, 팔과 다리가 움직이는 동안 지속적으로 활성화되기 때문에 지근섬유가 많다. 그들은 역동적이지는 않지만 지속적으로 수축하며, 다른 근육 그룹의 활동에 대한 견고한 지지 기반을 형성한다.

많은 사람이 요통을 경험하고 불편해 하지만 개선하기 위한 노력은 거의 하지 않는다. 허리 문제에 대한 최선의 방법은 잘 발달한 등과 복부 근육을 갖는 것이다. 코치와 운동선수는 코어 부분을 소홀히 해서는 안 된다. 동시에 코어 근력 트레이닝이 현재 새로운 이론으로 선전되고 있으며 새로운 운동들을 소개하지만, 이들 중 일부는 사실 무용지물이며 심지어 위험하기까지 하다. 이 장에서는 이러한 코어 트레이닝에 대한 관점을 제공한다. 코어에 과도하게 초점을 맞추는 것은 경기력 향상에 도움이 되지 않으며, 스포츠 경기력에 필수적인 여러 가지 운동, 즉 스포츠의 원동력을 향상시키는 운동을 수행하지 못하게 하는 수단일 뿐이다.

복부와 등 근육은 단단하고 강력한 근다발의 지지 구조를 가지고 있으며, 서로 다른 방향으로 배열되어 신체의 핵심 영역을 둘러싸고 있다. 복근이 발달하지 못하면 골반이 앞으로 기울어지고 척추의 요추 부위에 전만(swayback)이 생기게 된다. 예를 들어, 복직근은 좋은 자세를 유지하기 위해 윗몸 일으키기와 같이 다리를 고정할 때 수직으로 움직이며 척추가 늘어나지 않도록 한다.

내복사근과 외복사근은 복직근의 몸통 굽힘(척추 굴곡)과 모든 비틀기, 측면 굽힘 및 몸통 회전 동작을 수행하는 데 도움을 준다. 이 근육들은 운동선수가 많은 스포츠에서 넘어짐을 회복하도록 돕고 권투, 레슬링, 무술에서 많은 동작을 수행할 때 활성화된다. 복부 앞 근육과 옆 근육은 섬세하고 정확한 몸통 움직임을 수행하며, 이 근육들은 수직, 대각선, 수평으로 움직인다.

많은 운동선수는 등 근육에 비해 복근이 약하기 때문에 일반 및 특정 복근 트레이닝을 권장한다. 복부 근육을 분리해서 운동하려면 척추는 구부리지만 엉덩이는 구부리지 않는 운동이 필요하다.

고관절을 굴곡시키는 운동은 장요근(강력한 고관절 굴곡근)에 의해 수행되고, 복근은 이보다 적은 작용을 한다(시상면에서 척추 신전을 방지하기 위해 대부분 등척성으로 작용함). 가장 인기 있는 복부 운동은 윗몸 일으키기다. 윗몸 일으키기는 고관절 굽힘근(장요근)과 복근을 동시에 강화하기 때문에 기본적인 코어 강화 운동이라고 할 수 있다.

고관절 굽힘근은 자세에 대한 부정적인 영향으로 지난 20년 동안 간과되어 왔다[짧아진 (경직된) 고관절 굴곡근은 골반 전방 경사 및 요추 과전만을 유발한다]. 그럼에도 신경 억제를 방지하고 고관절 폄근(길항근)의 근력 발달을 촉진하는 데 강한 고관절 굴근은 중요하며, 달리기 및 점프 운동선수에게 기본이 된다.

또한, 고관절 굽힘근은 최대 속도에 비해 탄성-반응 성분이 덜한 첫 번째 가속 단계에 적극적으로 관여한다. 마지막으로 고관절 굽힘근은 상체의 당기는 근육과 고관절 굽힘을 통해 상대를 잡고 싸우는 동작이 있는 격투 스포츠에서 주동근이다. 이러한 중요한 근육들은 저항에 대항하여 다리와 무릎 들어 올리기 같은 운동을 통해 트레이닝될 수도 있다.

척추를 따라 있는 깊은 근육을 포함한 등 근육은 등 폄 및 몸통 폄 및 회전 같은 많은 움직임을 담당한다. 몸통은 대부분 팔과 다리 동작의 전달자 및 지지자 역할을 하고, 척추는 점프 및 착지 시 충격을 흡수하는 중요한 역할을 한다.

허리 문제는 척추가 과도하고 고르지 못한 스트레스를 받거나 갑자기 좋지 않은 자세를 취하는 경우 발생할 수 있다. 운동선수의 경우 잘못된 자세나 몸의 앞으로 기울어짐으로 마모가 생겨 허리 문제가 발생할 수 있다. 좀 더 구체적으로 말하면, 디스크의 압력은 외부 스트레스에 의한 신체 위치에 따라 달라진다.

예를 들어, 앉아서 무언가를 들어 올리거나 업라이트 로잉 또는 팔꿈치를 굴곡하는 동작과 같이 서 있는 상태에서 상체가 흔들릴 때, 척추에 스트레스가 증가한다. 앉아 있는 것은

오버플로우(OVERFLOW) 활성화

운동선수가 근력운동을 하면 많은 코어 근육이 활성화되고, 공동으로 수축하여 몸을 안정시키고 사지가 운동을 할 수 있도록 버팀목 역할을 한다. 이러한 공동 수축을 '오버플로우 활성화' 또는 '방사'라고 한다(Enoka, 2002; Zidewind & Kernell, 2001). 방법들은 다음 예에 설명되어 있다.

업라이트 로잉
업라이트 로잉 동작은 발을 엉덩이 너비로 벌리고 서서 바벨을 잡고 팔을 허벅지 앞에 내려놓는 동작이다. 팔을 구부려 가슴에서 무게를 들어 올릴 때, 척추기립근(코어 근육)을 포함한 복부와 등 근육이 수축하여 몸통을 안정화시키고, 팔이 원활하게 동작(시상면에서 굴곡 방지 작용)을 수행할 수 있도록 한다. 몸통을 안정화하기 위한 코어 근육의 지원 없이는 주동근이 효과적인 작업수행이 어려울 것이다.

　운동이 진행되는 동안 모든 코어 근육(특히 등)이 활성화되고 수축되며, 결과적으로 강화된다. 사실, 코어 근력을 위한 많은 체중 운동보다 이 운동 중에 근육 수축 수준이 더 높을 수 있다. 따라서 이를 사용하면 코어 근육을 더 잘 발달시킬 수 있다(Hamlyn et al., 2007; Nuzzo, 2008; Colado et al., 2011; Martuscello et al., 2012).

스쿼트와 데드리프트
직립 자세에서 저항에 대항하여 수행되는 모든 다리 동작 동안 모든 코어 근육이 강력하게 활성화되어 몸통을 안정화하고 지지대로 사용된다(Martuscello et al., 2012). 이 활성화는 또한 관련된 근육을 강화하는데, 예를 들어 무거운 쿼터 스쿼트(엘리트 운동선수가 체중의 3~4배의 부하를 가하는)는 특히 코어 근육의 강한 수축을 유발한다.

　반면에 데드리프트는 등 근육의 근력을 강화시켜준다. (데드리프트는 청동기 시대부터 다리 폄근과 등 근육을 강화하는 데 사용되었다. 무게를 드는 것은 신기한 게 아니다. 에아이네이아스의 노 젓는 사람들을 기억하는가? 그들도 데드리프트를 사용했다.)

스파이크
가장 역동적인 운동 기술 중 하나인 배구 스파이크는 코어 근육의 직접적인 도움 없이는 제대로 수행될 수 없다. 스파이크를 하는 동안 코어 근육이 수축하여 몸통을 안정화시켜야 다리가 폭발적으로 점프할 수 있고 팔이 공을 칠 수 있다.

　코어 근육은 또한 팔과 다리가 운동을 수행해야 하는 상황에서 몸통을 고정하고 안정화시키며, 예를 들면 달리기, 점프, 던지기, 메디신 볼 운동, 빠르고 민첩한 발 움직임이 있다. 실제로, 코어 근육은 척추의 굽힘 또는 폄에 대항하기 위한 모든 근력 또는 스포츠별 운동과 관련된다. 결과적으로 특정 코어 강화 운동의 전체 양은 세션당 몇 가지 필수 운동 세트를 포함하며 줄일 수 있다.

서 있는 것보다 더 큰 디스크 압력을 생성하고, 몸이 반듯이 눕거나 엎드려 있을 때 가장 적은 스트레스가 발생한다. 등 근육을 사용하는 많은 운동에서 복부 근육은 등척성으로 수축하여 신체를 안정화시킨다.

스테빌리티 볼 트레이닝

스포츠별 트레이닝의 모든 것과 마찬가지로 스테빌리티 볼('스위스 볼' 또는 '밸런스 볼'이라고도 함)은 새로운 것이 아니다. 이것은 1960년대에 처음 등장했으며, 특히 재활 시설에서 매우 인기를 얻었고, 1990년대부터는 스포츠와 피트니스 분야에서도 인기를 얻었다. 피트니스 분야에서의 인기는 다양성과 즐거움을 주기 때문인 것으로 이해된다.

스테빌리티 볼로 수행되는 많은 운동은 좋은 상체 및 하체 근력, 유연성은 물론 코어 근력을 향상시킨다. 그러나 스포츠계의 일부 구성원들은 이러한 운동이 경기 실력의 향상으로 이어진다고 주장한다. 실제로 균형은 경기력을 제한하는 요소가 아니다. 따라서 속도, 근력 및 지구력과 같은 범주에 속하지 않는다. 신체는 스포츠에 참여하는 자극 및 스포츠와 관련된 기술 및 전술 훈련을 통해 스포츠의 불안정한 환경에 적응한다. 선택한 운동은 공에서 수행할 수 있지만, 일반적인 적응이 특정 생리적 적응보다 우선시되는 해부학적 적응 단계 또는 트레이닝의 전환 단계로 제한되어야 한다.

이러한 주의사항 외에도 선수와 코치는 스테빌리티 볼에서 최대근력으로 운동하는 것이 경기력에 악영향을 미칠 수 있다는 것을 알아야 한다.

공은 운동선수가 들어 올릴 수 있는 무게의 양을 제한한다. 왜냐하면 관련된 특정 관절뿐만 아니라 몸 전체를 안정화하기 위해 더 많은 신경계가 사용되기 때문에 주동근 속근섬유의 활성화가 감소하기 때문이다. 우리가 권장하는 유일한 스테빌리티 볼 운동은 운동의 단축성 부분이 시작되기 전에 선수가 복부를 완전히 스트레칭할 수 있도록 하는 복근 트레이닝을 위한 것이다. 다른 근육 그룹은 다른 방법을 통해 더 효과적으로 트레이닝할 수 있다.

스테빌리티 볼 트레이닝은 훈련할 때와 장소가 있으며, 오버플로우 활성화는 움직임에 관련된 모든 근육이 본질적으로 서로 소통하고 도움을 제공하는 방식을 설명한다. 우리의 몸은 매우 유연하며, 전통적인 훈련 방법에 훌륭하게 적응한다. 그리고 스포츠에서 가장 중요한 것은 선수의 신체 적응이 잘될 때 더 좋은 성과를 내고 자연스럽게 안정성을 만들어낸다는 것이다.

안정근들의 향상

주동근은 강한 안정근 또는 고정근과 함께 작용할 때 더 효율적이다. 안정근은 신체의 다른 부분이 작용할 수 있도록 관절을 안정시키기 위해 주로 등척성으로 수축한다. 예를 들면, 팔꿈치를 구부릴 때 어깨가 고정되고 팔이 공을 던질 때 복부 근육이 안정 역할을 한다. 조정에서 몸통 근육이 안정장치 역할을 할 때 몸통은 다리의 힘을 팔에 전달하고, 팔은 노를 물속으로 밀어 넣는다. 따라서 약한 안정근은 주동근의 수축 능력을 억제할 수 있다.

또한 부적절하게 발달한 안정근은 주요 근육의 활동을 방해할 수 있다. 만성적인 스트레스를 받으면 안정근이 경련하여 주동근을 억제하고 운동 효과를 감소시키며, 이러한 상태는 불충분한 근력과 어깨 근육의 불균형으로 부상을 입은 배구 선수들에게 종종 나타난다(Kugler et al., 1996).

어깨에서는 가시위근과 가시아래근이 팔을 회전시킨다. 이 두 근육을 강화하는 가장 간단하고 효과적인 운동은 덤벨을 들고 팔을 회전하는 것이다. 제공된 저항은 어깨를 안정화시키는 두 근육을 자극한다. 엉덩이에서 궁둥구멍근과 중간볼기근은 외회전을 수행한다. 이 근육을 강화하기 위해 선수는 무릎을 잠근 상태로 서서 케이블 머신에 연결된 끈으로 다리를 옆으로 들어 올려야 한다.

안정근은 또한 등척성으로 수축하여 사지의 한 부분을 고정하고 다른 부분은 움직일 수 있도록 한다. 또한 관절에서 긴 뼈의 상호작용 상태를 모니터링하고 부적절한 기술, 힘 또는 잘못된 스트레스 관리로 인한 잠재적 부상을 감지할 수 있다. 이러한 조건 중 하나가 발생하면 안정근이 주동근의 활동을 억제하여 긴장과 부상을 방지한다.

안정근은 운동능력에서 중요한 역할을 한다. 그러나 일부 근력 및 컨디셔닝 코치는 고유수용성 감각 트레이닝('균형 트레이닝'이라고도 함)을 사용하여 안정근 트레이닝을 과도하게 실시한다. 사실, 불안정한 표면 트레이닝은 동시수축(관절 안정을 위한 주동근 및 길항근 동시 수축)으로 높은 운동단위 활성화를 유도하는데, 이는 폭발적인 동작 중 길항근의 비활성이 필요한 스피드 및 파워 운동선수에게 필요한 신경근육 적응에 도움이 되지 않는다.

다른 한편으로, 밸런스 보드를 사용한 고유감각 트레이닝이 과거에 부상을 입었거나 불안정한 발목에 안정성을 제공하는 데 도움이 된다는 많은 연구 결과가 있다(Caraffa et al., 1996; Wester et al., 1996; Willems et al., 2002). 밸런스 보드 트레이닝이 불안정한 구조의 안정근 근력과 고유수용감각을 증가시켜 더 큰 안정성을 촉진하는 데 도움이 되며, 이미 안정된 구조는 더욱 강화하고 이것은 부상을 예방할 수 있다는 이론이다. 그러나 이것은 아직 입증되지 않았으며, 어떤 경우든 진짜 문제는 안정근을 강화하기 위한 운동에 얼마나 많은 시간을 할애해야 하는지다.

특정 연구는 고유수용성 감각이 무릎 부상을 감소시킬 수 있음을 보여주지만(Caraffa et al., 1996), 다른 연구는 부상 예방을 위한 고유감각 트레이닝의 이점을 반박한다(Söderman et al., 2000). 특히 한 검토 연구는 고유감각 연구의 설계 및 구현에 있는 결함에 대해 이의를 제기했다(Thacker et al., 2003). 게다가 지난 10년 동안 팀 스포츠(축구 및 배구)를 위한 밸런스 보드 사용이나 고유수용성 감각 트레이닝을 실시하지 않은 근력 및 컨디셔닝 코치는 발목이나 무릎 부상이 증가하지 않았다고 보고했다.

스포츠 트레이닝의 주기화

> 다양한 운동과 방법에 소비하는 시간과 에너지를 선택하라.
> - 선수들은 대부분 시간이 촉박하다. 최고의 운동선수에게 균형 트레이닝과 스테빌리티 볼에 시간을 보내는 것은 귀중한 시간을 낭비하는 것일 수 있다.
> - 민첩성을 위한 트레이닝에 너무 많은 시간이 소요되고, 최대근력/파워에는 시간이 충분하게 소요되지 않는다.
> - 코치와 강사는 운동능력을 향상시키기 위한 신경근 전략을 수립하여 트레이닝 철학을 검토해야 한다.

즉, 밸런스 보드 또는 스위스 볼 트레이닝은 준비단계(해부적 적응 단계)의 초기단계에서 도움이 될 수 있다. 편측 운동은 확실히 주동근을 트레이닝하는 동안 관절 안정성을 향상시키는 최선의 선택이다.

그럼에도 해부학적 적응 단계에서 적절한 고유수용성 근력을 트레이닝하는 경우, 선수의 신장을 높이고 스포츠별 힘, 속도 및 체력을 증진시키는 트레이닝 시간을 허용하기 위해 다음 트레이닝 단계에서는 빼야 한다. 결국 이러한 운동이 선수의 고유감각을 향상시키는 데 효과가 있다고 해도 이러한 운동이 가지는 느리거나 중간적인 특성 때문에 스포츠에서 수행되는 빠르고 강력한 움직임으로부터 관절을 보호하지 못할 것이다(Ashton-Miller et al., 2001).

움직이기 위해 안정근을 준비하는 것은 중요하다. 특히, 이상적인 스포츠별 속도와 파워 또는 지구력을 갖춘 움직임에 대한 트레이닝은 선수의 신체 상태와 경기력에 매우 중요하다.

개별 근육이 아닌 움직임을 트레이닝한다

스포츠에서 근력 트레이닝의 목적은 특정 스포츠의 기술을 수행하는 데 사용되는 관절의 움직임에 부하를 가하는 것이다. 운동선수는 보디빌딩에서처럼 고립된 상태에서 근육을 단련하는 것을 지양해야 한다. 보디빌딩은 처음부터 격리된 근육의 개념을 홍보해왔고, 잘 수행해왔다. 그러나 운동 기술은 '운동 사슬'이라고 불리는 것을 형성하면서 일정한 순서로 행해지는 다관절 운동이기 때문에 고립된 운동은 스포츠에는 적용되지 않는다.

예를 들어, 공을 잡기 위한 도약은 엉덩이 폄, 무릎 폄, 마지막으로 발목 폄(푸시-오프)과 같은 운동 사슬을 사용한다. 여기서 발은 몸을 들어 올리기 위해 지면에 힘을 가한다.

이 강력한 연속적인 동작은 많은 스포츠 움직임 중 대표적인 것으로 '트리플 익스텐션'이라고 불린다.

특이성의 원칙에 따르면, 특히 전환(특이적 근력으로) 단계에서 신체 위치와 팔다리 각도는 특정 기술을 수행하는 데 필요한 것과 유사해야 한다. 이는 운동선수가 동작을 위해 트레이닝할 때 근육이 통합되고 강화되어 더 강력한 동작을 수행할 수 있도록 한다. 따라서 선수들은 웨이트트레이닝에만 의존해서는 안 되며 메디신 볼, 근력운동 기구를 이용한 파워 트레이닝, 더 무거운 도구로 던지기, 플라이오메트릭 장비 등을 통합하여 트레이닝 루틴을 넓혀야 한다. 이러한 도구로 수행되는 운동을 통해 운동선수는 운동능력을 강화할 수 있다.

스포츠 트레이닝에서 스쿼트, 데드리프트, 벤치 프레스, 밀리터리 프레스, 턱걸이, 역도 같은 복합 관절 운동은 1936년 올림픽이 열리기 전인 1930년대 초에 육상 선수들이 도입한 이후 사용되어왔다.

대부분 운동선수는 여전히 이 전통을 따른다. 이러한 운동은 근력 트레이닝에 효과적이며 효율적이다. 몇 가지 고립 운동('부속 운동'이라고 함)은 아직 부족한 근육의 비대에 도움을 주거나 혈류를 증가시키며, 저반복 고부하 기간 동안 주동근의 근육 단백질 함량을 높이는 데 도움을 주기 위해 사용될 수 있다.

> 스포츠의 주요 주동근들을 먼저 판별한 다음 근력의 주기화 원칙에 따라 트레이닝하라.

새로운 것이 아니라 필요한 것에 집중하여 트레이닝하라.

수년에 걸쳐 북미 스포츠 및 피트니스 시장은 운동능력을 향상시키는 것으로 추정되는 많은 제품으로 넘쳐났으나, 효과가 미미한 제품이 다수였다. 생체역학과 운동생리학에 대한 지식은 힘, 속도의 향상을 보장하는 제품이 오히려 도움이 되지 않는다는 것을 알 수 있게 해준다. 운동능력 보조제(혹은 증진제) 대신 선수와 코치, 트레이너의 마음을 사로잡은 두 가지 트레이닝 방법은 균형 트레이닝과 과속 트레이닝이다.

밸런스 트레이닝은 안전하지만 효과가 없음에도 널리 사용된다. 많은 트레이닝 장치와 함께 속도와 파워를 향상시키기 위해 사용되는 과속 트레이닝은 선수의 달리기 기술을 위태롭게 하고 힘의 발달 속도를 감소시킨다.

운동은 해당 운동 기술을 수행하는 데 사용되는 주요 근육 그룹이나 주요 주동근들을 대상으로 한할 때만이 필수적이다. 예를 들어, 벤치 프레스를 수행하는 선수가 사용하는 것이 단순한 벤치인지 스태빌리티 볼인지는 중요하지 않다.

핵심 목표는 움직임의 범위를 통해 지속적으로 가속하여 운동을 수행하는 것이다. 벤치 프레스를 시작할 때 관성과 바벨의 무거운 부하를 이겨내기 위해 속근섬유가 동원된다. 선수가 바벨을 계속 위로 밀어내면 최대한 높은 가속도를 만들도록 시도해야 한다. 이러한 조건에서 동일한 속근섬유에서 활동전위의 방출 빈도가 증가한다. 따라서 최대 속도는 스포츠 수행 중 공이나 기타 운동 기구를 놓는 순간과 일치하도록 동작이 끝날 때 달성되어야 한다.

다리 근육에 높은 수준의 근력 적응이 요구되는 경우, 운동선수는 가능한 한 최대의 근력 및 적응 수준을 개발하기 위해 스쿼트를 해야 한다. 즉, 필요한 작업을 수행해야 한다. 다른 운동을 통해 다양성을 추가하는 것은 동일한 근육 그룹을 대상으로 특이적인 방식을 통해 하는 것이라면 괜찮다.

근력 트레이닝의 원리

모든 근력 트레이닝 프로그램의 목적은 선수의 신체 능력을 지속적으로 증가시키는 것이다. 근력 트레이닝 원리는 다양한 부하에 신체를 적응시키는 방법을 제공한다. 이는 또한 운동선수와 스포츠의 특정 요구에 맞게 프로그램을 개별화하기 위한 지침을 제공한다.

점진적인 부하

부하가 점진적으로 증가하는 원리는 크로톤의 밀로라는 그리스 신화를 예시로 설명할 수 있다. 밀로는 세상에서 가장 힘이 센 사람이 되기 위해 어린 시절부터 매일 송아지를 들어 올렸다. 송아지가 무거워질수록 밀로는 힘이 더 세졌다. 송아지가 다 자라서 황소가 되었을 때 밀로는 장기간의 발전 덕분에 세상에서 가장 힘센 사람이 되었다.

구체적으로 말하면, 점진적인 트레이닝은 운동선수의 신체 구조와 기능에 적응을 유도하여 운동 잠재력을 증가시키고 궁극적으로 경기력을 향상시킨다. 물론 신체는 증가된 트레이닝 부하에 대해 생리적·심리적으로 반응한다(즉, 모든 트레이닝을 통해 자극된 양과 강도의 합만큼). 또한, 신경 반응과 기능, 신경근 협응, 스트레스에 대처하는 심리적 능력의 점진적인 변화를 가져온다. 이 모든 과정은 시간과 전문적인 지도가 필요하다. 일부 코치는 1년 내내 '표준 부하'라는 일관된 트레이닝 부하를 사용한다. 이 접근방식은 생리학적인 수행 기반이 감소하고 지속적인 개선을 방해하기 때문에 후반 경쟁 단계에서 성과를 저하시킬 수 있다(그림 5.1). 트레이닝 부하를 꾸준히 증가하는 방법을 적용해야 우수한 적응력과 기능을 얻을 수 있다.

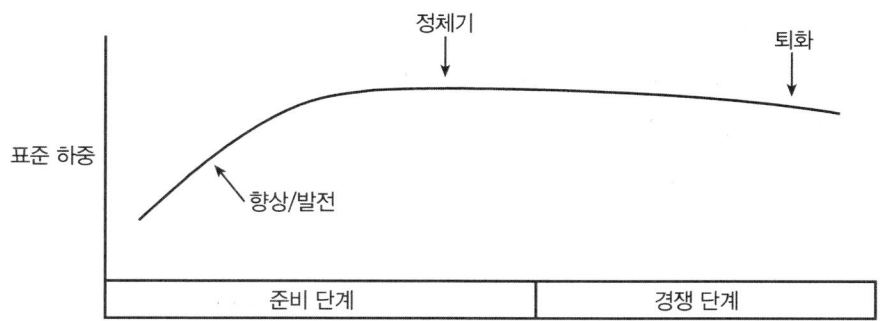

그림 5.1 표준 부하는 연간 계획의 초기에만 향상된다.

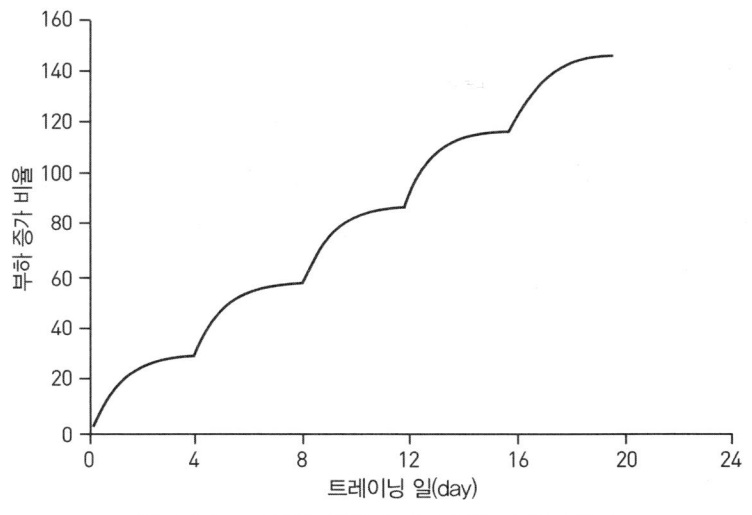

그림 5.2 과부하 원칙에 따라 부하가 증가한다.

Adapted from Phys Ther Rev 1956; 36(6): 371-383, with permission of the American Physical Therapy Association. Copyright © 1956 American Physical Therapy Association. APTA is not responsible for the translation from English.

또 다른 전통적인 근력 트레이닝 접근법은 과부하 원칙을 사용한다. 이 원칙의 초기 지지자들은 근육이 익숙한 부하를 직면하는 것보다 더 많은 부하에 대해 최대근력 용량으로 쓰일 때만 근력과 비대가 증가한다고 주장했다(Hellebrand & Houtz, 1956; Lange, 1919). 현대 옹호자들은 근력 트레이닝에서 피로에 대한 작업부하가 프로그램 전반에 걸쳐 증가해야 한다고 제안한다(Fox, Bowes, & Foss, 1989). 따라서 부하 증가 곡선은 지속적으로 상승될 수 있다(그림 5.2).

과부하 지지자들은 근력을 증가시키는 두 가지 방법을 제안한다. (1) 근력 증가를 유도하는 최대부하에서의 탈진, (2) 비대를 유도하는 최대하 부하에서의 탈진(보디빌더들 사이에서 인기있는 접근 방식) 그러나 운동선수의 트레이닝 세션에서 매번 탈진을 기대할 수

스포츠 트레이닝의 주기화

없으며, 이는 대부분의 에너지가 스포츠 관련 활동에 집중되어야 하고, 스포츠 관련 기술을 최적으로 수행하기 위해 신체가 잘 회복되어야하는 특정 준비 단계부터 포함된다. 사실, 그러한 생리학적 부담은 근육 긴장, 스포츠 특정 기술 숙련도 손상, 피로, 고갈, 부상, 또는 과도한 트레이닝으로 이어진다. 근력 트레이닝 프로그램이 효과적이려면 근력 주기화의 개념을 따라야 하며, 각 단계의 구체적인 목표는 그해의 주요 대회에서 최고의 성과를 거두거나 챔피언십 전반에 걸쳐 가능한 최고의 성과로 이어져야 한다.

이러한 목표를 달성하기 위해 더욱 효과적인 접근방식은 단계 유형 부하이다(그림5.3). 근력 트레이닝에 적용된 스트레스 요인에 적응한 결과로 무거운 하중을 견딜 수 있는 선수의 능력이 향상된다(Councilman, 1968; Harre, 1982). 단계 유형 방법은 트레이닝 부하 증가 후 신체가 적응, 재생 및 새로운 증가를 준비하는 부하감소 단계를 필요로 한다.

이러한 부하감소 마이크로사이클 빈도는 각 선수의 필요, 적응 속도 및 시합 일정에 따라 결정된다. 트레이닝 부하 증가는 선수의 수행 향상 속도에 따라 결정된다. 매크로사이클 단계(주) 간 강도 증가는 일반적으로 2~5% 사이다. 트레이닝 부하의 급격한 증가는 선수의 적응 능력을 초과하여 생리적 균형에 영향을 미칠 수 있다. 단계적 접근 방식이 반드시 선형 방식으로 각 트레이닝 세션의 부하를 증가시키는 것을 의미하지는 않는다. 또한, 단일 트레이닝 세션은 상당한 신체 적응을 유발하기에는 충분하지 않다. 신체 적응을 위해서는 같은 운동을 일주일에 여러 번 반복하되 다른 강도로 반복해야 하며, 그다음 주에는 증가해야 한다. 그림 5.3에서 각 수평선은 트레이닝의 한 주 또는 마이크로사이클을 나타내고, 부하가 월요일에 적용됐다고 가정한다. 부하는 몸을 피로하게 하지만, 여전히 운동선수의 능력 범위 내에 있다. 신체는 수요일까지 적응하고 이후 이틀 동안 부하에 적응하며, 금요일이 되면

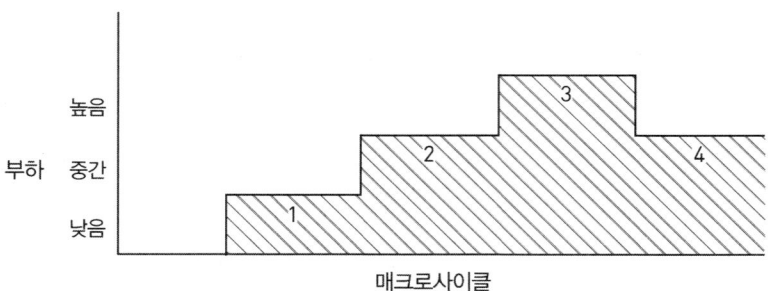

그림 5.3 각 열이 단계적 방식으로 증가하는 주간 부하를 나타내는 거시적 단계 부하의 그림이다(Bompa, 1965a 1965b & 1983).

선수는 더 강해지고 더 무거운 부하를 들 수 있다고 느낀다. 따라서 피로 후에는 적응이 뒤따르고, 생리학적 회복 또는 개선이 뒤따른다. 이 새로운 적응력은 적응력의 새로운 최고치라고 할 수 있다. 그다음 주 월요일이 되면 선수는 생리적으로도 심리적으로도 편안해진다. 이 과정이 마이크로사이클 전반에 걸쳐 선형적으로 근력 운동 부하를 증가시키거나(매크로사이클 시작 시 부하 매개변수가 선수의 능력 범위 내에 있는 경우) 변화시킬 수 (월요일은 무겁게, 수요일은 가볍게, 금요일은 중간 정도) 있는 이유다.

그림 5.3의 세 번째 단계 다음에는 더 낮은 단계 또는 파도 형태의 마이크로사이클이 뒤따른다. 전반적인 수요의 감소는 신체가 재생되고 완전히 적응하도록 한다. 부하감소 주간 동안 선수는 처음 세 단계에서 축적된 피로에서 거의 완전히 회복되고, 에너지 저장을 보충하며, 심리적으로 이완된다. 몸은 트레이닝 부하의 추가 증가를 예상하여 새로운 예비를 축적한다. 트레이닝 수행 능력은 일반적으로 부하감소 마이크로사이클 이후에 향상된다. 부하감소 마이크로사이클이 끝날 때 테스트를 계획할 수 있다.

마이크로사이클이 짧을수록(예를 들어 2+1 구조, 즉 2주간의 로딩 후 1주 동안 부하감소) 시작 부하에서 증가가 낮아진다. 따라서 더 긴 매크로사이클은 큰 증가를 허용할 수 있지만, 일반적으로 더 낮은 강도에서 시작한다. 더 긴 매크로사이클(3+1 아니면 4+1 주기)은 시작의 강도가 낮을 때 일반 준비 중에 사용되는 반면, 트레이닝이 강화됨에 따라 특정 준비부터 더 짧은 매크로사이클이 사용된다. 사실, 시작 부분에서 강도가 이미 높을 때 강도의 장기간 증가를 유지하는 게 더 어렵다. 트레이닝 부하가 단계적으로 증가하지만 연간 계획의 부하 곡선은 적응을 자극하고 실현하기 위해 부하의 지속적인 증가 및 감소를 나타내는 물결 모양이다(그림 5.4). 스텝 로딩 방법은 모든 스포츠와 선수에 적용이 가능하지만, 두

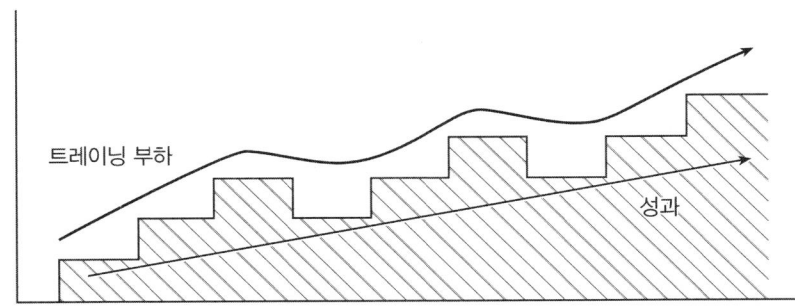

그림 5.4 트레이닝 부하 곡선은 기복이 있는 반면(파도모양 화살표), 성과는 지속적으로 향상된다(직선 화살표). 일부 저자는 원본 출처를 인용하지 않고 기복 부하 개념을 자신의 것으로 주장했다(Bompa, 1965a 1965b & 1983). 그뿐만 아니라 일부 저자들은 기복 주기화를 제안하기까지 했다. 기복 주기화? 연간 계획의 주요 트레이닝 단계를 어떻게 기복화시킬 수 있는가?

스포츠 트레이닝의 주기화

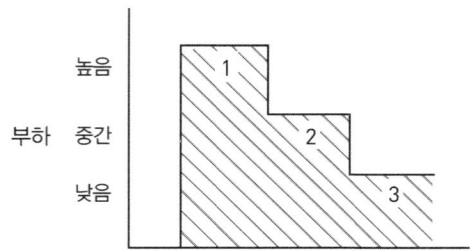

그림 5.5 일부 역도 학교에서 사용하는 역단계 부하이다. 또한 피킹을 용이하게 하기 위해 스포츠 트레이닝의 부하감소 단계에서 사용할 수 있다.

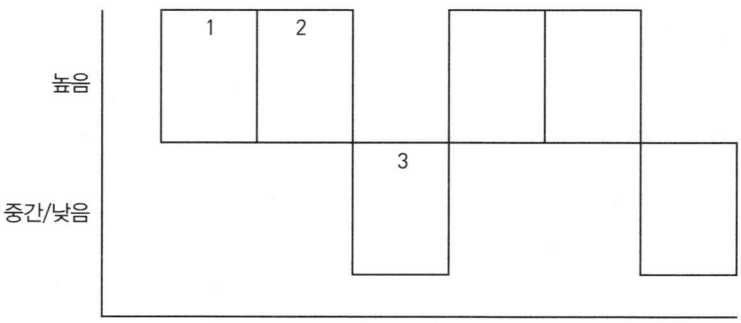

그림 5.6 플랫 부하 패턴은 일반적으로 파워 스포츠의 특정 준비 및 초기 경쟁 단계에서 적용된다(Bompa, 1993).

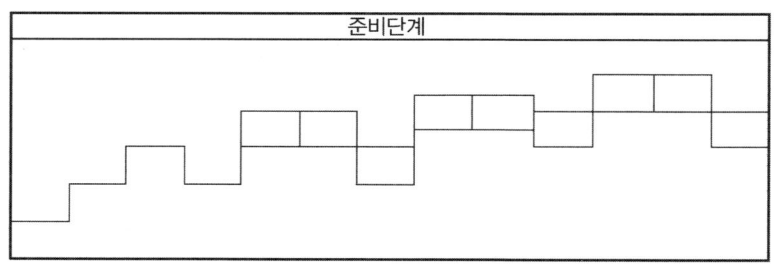

그림 5.7 준비단계에 대한 권장 부하 패턴이다. 부하가 점진적으로 증가하므로 프로그램 시작 시 단계 로드가 사용된다. 점진적 적응의 처음 5주 후, 트레이닝이 매우 까다롭고 성과 향상에 필요한 특정 적응을 초래하는지 확인하기 위해 플랫 스텝 부하가 사용된다(Bompa, 1993).

가지 변형(역 스텝 로딩 및 플랫 로딩)을 신중히 적용해야 한다. 역단계 부하(그림 5.5)에서 부하는 단계별로 증가하기보다는 감소한다. 일부 동유럽 역도 선수들은 이러한 형태의 부하(저강도 트레이닝의 마이크로사이클 직후에 가장 무거운 부하를 계획)가 생리적 필요에 더 구체적이라고 주장한다. 역단계 부하는 1960년대 후반부터 역도에 사용되었지만, 다른 스포츠에서는 허용되지 않았다. 이유는 간단하다. 스포츠를 위한 트레이닝 목표는 점진적 적응, 즉 점차 선수의 트레이닝 능력을 증가하며 트레이닝 능력이 향상되었을 때만 성과 향상이 가능하다. 역부하는 테이퍼링 방식으로 경기 전 정점 주기 동안에만 사용해야 한다. 양이 주요 요인이기 때문에 내구력 향상은 단계 부하에 의해 훨씬 더 잘 달성되며 1년 내내 단계 부하 방식으로 더 잘 증가한다.

플랫 부하 패턴(그림 5.6)은 근력 트레이닝 경험이 많은 운동선수, 장기간 고강도 트레이닝을 견딜 수 있는 운동선수 그리고 일반적으로 파워 스포츠에서 특정 준비 단계에서 적용될 수 있다. 높은 강도 트레이닝은 2~3 마이크로사이클 동안 동일한 수준에서 수행되고, 그 다음 낮은 부하 회복 주간이 이어진다. 2~3 마이크로사이클 동안에는 기술, 전술, 속도 및 지구력 트레이닝 중 하나 또는 모든 요소에 대한 높은 강도를 수반해야 한다. 저강도 마이크로사이클을 계획할 때 이완과 회복을 촉진하기 위해서는 모든 요소의 강도가 낮아야 한다. 잘 트레이닝된 운동선수에 대한 부하 패턴의 역학은 트레이닝 단계와 원하는 트레이닝 적응 유형의 함수다. 모든 스포츠의 준비 단계 초기에는 단계 부하 패턴이 우선하여 더 나은 진행을 보장한다(그림 5.7). 플랫 부하 패턴은 특히 파워 스포츠와 4위 수준 이상으로 경쟁하는 선수의 후반 준비 단계에 더 적합하다.

다양성

현대는 운동선수가 많은 시간을 트레이닝하도록 요구한다. 트레이닝의 양과 강도는 때때로 매년 증가하고, 운동은 여러 번 반복된다. 경기력 향상을 위해 트레이닝에 열중하는 선수는 기술, 전술 및 에너지 시스템 트레이닝을 수행하는 것 외에도 근력 트레이닝에 매주 2~4시간을 할애해야 한다.

근력 트레이닝의 정의와 이해

단계 부하는 시간이 지남에 따라 근육, 대사 또는 신경 스트레스의 점진적인 증가를 통해 형태 기능적 적응을 이끌어내는 데 가장 선호되는 양식이다. 부하를 합리적으로 진행하여 더 높은 수준의 비대, 근지구력, 최대근력 또는 파워 같은 원하는 적응을 이끌어내는 많은 방법이 있다. 이러한 옵션을 이해하려면 부하 변수와 이것이 최종 트레이닝 효과에 미치는 영향을 분석해야 한다. 매크로사이클 전반에 걸쳐 우리가 이끌어내고자 하는 트레이닝 효과(적응)에 따라 매개변수 중 하나 이상을 진행할 수 있다. 매개변수는 다음 장에서 자세히 설명한다.

횟수
세트당 반복 횟수는 최대 1회 반복 횟수(1RM)의 백분율과 밀접한 관련이 있다. 매크로사이클 전반에 걸쳐 반복을 증가시켜 지구력을 증가(더 많은 양)하거나, 다른 매개변수를 조작하면서 횟수는 동일하게 하거나, 횟수를 낮추되 강도를 높인다거나(1RM의 백분율), 아니면 강도를 유지하거나 살짝 낮춰서 언로딩을 하거나 피크를 할 수 있다.

세트
매크로사이클 전반에 걸쳐 작업 능력과 지구력(더 많은 양)을 증가시키기 위해 세트 수를 늘릴 수 있다. 또한 동일한 수의 세트를 유지하여 다른 매개변수 중 하나를 늘리거나 언로드 또는 피크에 대한 세트 수를 줄일 수 있다. 세트 수(볼륨)는 트레이닝의 잔류 피로 효과에 가장 영향력 있는 단일 변수다.

휴식시간
휴식 시간은 최종 트레이닝 효과에 직접적인 영향을 미친다. 매크로사이클이 반복 수 감소와 강도 증가(1RM의 비율) 방향으로 이동하면 휴식시간을 늘릴 수 있다. 지구력을 높이기 위해 휴식시간을 줄일 수 있다(더 많은 밀도). 또는 다른 변수 중 하나 이상을 변경하여 휴식시간을 동일하게 유지할 수 있다. 파워 지구력과 근지구력을 위해 일련의 세트를 수행할 때 세트 사이의 휴식시간을 줄이면(파워 출력을 유지하면서) 밀도가 높아져 나중에 더 긴 시간 동안 더 높은 평균 파워 출력으로 변환된다.

이러한 상황에서 지루함과 단조로움은 동기 부여와 개선의 장애물이 될 수 있다. 이러한 장애물을 극복하는 가장 좋은 방법은 트레이닝 루틴에 다양성을 통합하는 것이다. 다양성은 트레이닝 반응을 향상시키고, 선수의 심리적 웰빙에 긍정적인 영향을 미친다. 그러나 다양성을 효과적으로 구현하기 위해서는 코치가 근력 트레이닝에 정통해야 한다. 다양성을 위해 다양성을 사용해서는 안 된다. 그러나 특이성이 생리적 적응과 수행 향상의 핵심이라는 사실을 절대 잊어서는 안 된다. 근력의 주기화에는 최고의 근신경 적응을 이끌어내기 위한 연간 계획 전반에 걸쳐 수단과 방법의 합리적인 변화가 자연스럽게 포함된다. 다음 지침은 연간 계획 과정에서 합리적인 변화로 근력 트레이닝 프로그램을 설계하는 데 도움이 될 것이다.

- 일반 준비 단계의 전체 가동 범위에서 후반 특정 준비 단계 및 경쟁 단계의 스포츠 특정 가동 범위로의 진행. 전체 가동 범위 운동이 부분 운동보다 근육 긴장을 더 많이 유발한다는 사실을 명심하라. 따라서 이러한 운동은 항상 최대 힘을 유지하기 위해 적은 강도로 사용되어야 한다(Bloomquist et al., 2013; Hartmann et al., 2012; Bazyler et al., 2014).
- 해부학적 적응 및 보상 매크로사이클 동안 덤벨 운동을 사용하여 특히 어린이를 위한 다양한 운동을 선택한다.
- 트레이닝에서 부하의 점진적 증가 원리를 사용하여 부하를 변화시킨다.
- 근육 수축의 유형과 속도 또는 템포를 변화시킨다. 일반적인 패턴은 해부학적 적응에서 느린 신장성 수축(3~5초) 및 제어된 단축성 수축(1~2초)으로 실시한 후 최대 근력 매크로사이클의 느린 신장성 수축 및 빠른 단축성 수축(1초 이하)으로 이어지며, 다음 마이크로사이클 단계에서 파워, 파워 지구력 또는 단기 근지구력 위해 빠른 신장성 수축 및 폭발적 단축성 수축 형태로 실시한다. 이 패턴은 3개의 숫자로 표시된다(King, 1998). 첫 번째 숫자는 신장성 수축의 지속 시간(초), 두 번째 숫자는 신장성 수축과 단축성 수축 사이의 일시 정지 시간, 세 번째 숫자는 단축성 수축 지속 시간이다(X는 '폭발적'을 뜻한다).
- 방법을 다양하게 하라. 해부학적 적응 및 근비대를 위한 매크로사이클 동안에는 체중, 덤벨 및 기계를 이용하며, 최대근력, 특이 근력으로의 전환 및 유지를 위한 매크로사이클에서는 주로 바벨 또는 근력 트레이닝 기계를 이용한다.

운동 선택의 다양성은 운동선수에게 동기를 부여하고 적응을 새롭게 느끼게 해준다. 그러나 코치와 선수들이 단지 새로운 것을 하기 위해 운동을 대체하거나 방법을 변경할 때 문제가 발생할 수 있다. 다양성의 원칙은 변경 또는 교체가 선수가 긍정적으로 적응할 수 있는 경우에만 사용해야 한다. 운동선수가 높은 수준의 경쟁과 체력에 도달하면 특정 운동이 항상 기본 프로그램에 포함되어야 한다. 코치는 트레이닝의 부하 또는 방법을 변경할 수 있지만, 항상 스포츠에서 사용되는 주동근의 운동사슬을 가장 잘 작동시키는 동작을 고수하거나 최대 이득을 위해 필요한 자극의 한계치를 잘 이끌어내야 한다.

운동선수를 위한 트레이닝은 일반 피트니스 트레이닝과 다르며 일부 피트니스 트레이닝 프로그램은 선수들에게 큰 도움이 되지 않는다. 예를 들어, 헬스 트레이너는 격주로 운동을 변경해야 한다고 말한다. 이러한 접근방식은 지속적인 다양성과 흥미를 필요로 하는 개인

스포츠 트레이닝의 주기화

고객을 트레이닝할 때는 유용할 수 있지만, 운동선수에게는 적합하지 않다. 주어진 스포츠에 대한 교대 근력 운동은 새로운 운동이 해당 스포츠의 주요 주동근을 다루는 경우에만 수행할 수 있다.

적응은 운동능력 향상을 위한 생리학적 요구 사항이므로 가장 높은 수준의 적응을 생성하려면 동일한 유형의 트레이닝과 근육 그룹을 목표로 반복적으로 실시해야한다. 신체 시스템의 적응이 지속적으로 발달하지 않으면 운동선수의 기능은 눈에 띄게 향상되지 않는다. 매일 같은 운동을 반복하는 것은 매우 지루하다. 예로 달리기, 수영, 사이클링, 조정 등의 기본 기술 훈련을 끊임없이 반복하고 있다. 그러나 아무도 육상선수, 수영선수, 자전거선수, 조정선수에게 기본 기술 트레이닝이 지루하기 때문에 변경하라고 제안하지 않는다. 코치는 기능적 목적이 같지만, 트레이닝에 다양성을 더하는 여러 가지 운동을 선택해야 한다. 이런 식으로 트레이닝 프로그램에 활기를 불어넣을 수 있지만, 주요 초점은 운동 선수의 생리적 적응 수준이라는 점을 항상 염두에 두어야 한다.

개별화

현대 트레이닝에는 개별화가 필요하다. 각 선수는 자신의 능력, 잠재력 및 근력 트레이닝 배경에 따라 트레이닝을 받아야 한다. 때때로 코치는 특정 운동선수의 요구, 경험 및 능력을 무시하고 성공적인 운동선수의 트레이닝 프로그램을 따르고 싶은 유혹을 받는다. 설상가상으로 생리학적으로나 심리적으로나 그러한 고부하를 감당할 준비가 되어 있지 않은 주니어 운동선수의 트레이닝 일정에 그러한 프로그램을 적용하기도 한다.

트레이닝 프로그램을 설계하기 이전에 지도자는 선수에 대한 평가가 선행되어야 한다. 경기력이 비슷한 운동선수라도 반드시 같은 트레이닝 능력이 있는 것은 아니다. 개인의 트레이닝 능력은 여러 생물학적 및 심리적 요인에 의해 결정되며 운동량(볼륨), 부하(강도) 및 선수가 수행하는 근력 트레이닝 유형을 지정할 때 반드시 고려해야 한다. 트레이닝 능력은 또한 트레이닝 배경의 영향을 받는다. 트레이닝 강도는 경험을 기반으로 해야 한다. 운동선수가 큰 향상을 보인 경우에도 코치는 트레이닝 부하(운동량 + 강도)를 추정하는 데 신중해야 한다. 배경과 경험이 다른 선수를 같은 트레이닝 그룹에 배정할 때 코치는 개인의 특성과 잠재력을 고려해야 한다.

트레이닝 프로그램을 계획할 때 고려해야 할 또 다른 요소는 선수의 회복 속도다. 지도자는 트레이닝의 프로그램을 계획하고 평가할 때 트레이닝 이외의 선수의 생활방식과 감정적인 상태도 파악하고 있어야 한다. 회복 속도는 선수의 학업 및 일상생활에도 영향을 미치

스포츠를 위한 근력운동의 법칙과 원칙

운동 잠재력의 정점에 도달하기 위해 운동선수는 개별화되고 주기적인 트레이닝 계획이 필요하다.

므로 심박수 측정기를 이용하여 회복 속도를 모니터링할 수도 있다.

성별에 따른 체력적 차이도 고려해야 한다. 일반적으로 여성의 체력은 남성의 63.5% 수준이다. 좀 더 구체적으로 보면, 여성의 상체 근력은 남성의 평균 55.8%다. 그러나 여성의 하체 근력은 평균 71.9%로 남성에 근접한다(Laubach, 1976). 여성은 남성보다 비대 수준과 운동능력이 낮은 경향이 있다. 그 이유는 남성에 비해 테스토스테론 수치가 많으면 20배나 낮기 때문이다(Wright, 1980). 여성 운동선수는 남성 운동선수보다 근육량이 적음에도 불구하고 동일한 트레이닝 프로그램을 수행할 수 있다. 또한, 회복 능력을 모니터링할 때를 제외하고는 큰 문제없이 남성과 동일한 부하 패턴을 적용하고 동일한 트레이닝 방법을 사용할 수 있다.

여성을 위한 근력 운동은 트레이닝 기간 중 긴 공백 없이 고강도로 지속되어야 한다. 플라이오메트릭 트레이닝은 적응할 수 있도록 장기간에 걸쳐 신중하게 진행되어야 한다. 여성은 일반적으로 남성보다 신체적으로 약한 경향이 있기 때문에 근력 운동을 개선하고 강화하면 수행 능력이 눈에 띄게 향상될 수 있다(Lephart et al., 2002). 플라이오메트릭 트레이닝을 통한 근력의 추가 증가는 더 큰 능력을 촉진한다. 에너지 시스템 트레이닝의 경우 여성은 남성과 동일한 트레이닝 방법을 사용할 수 있다.

성별 차이와 관련된 한 가지 주요 문제는 스포츠에서의 부상이다. 여성 운동선수는 특히 무릎 관절 같은 하체 부상의 발생률이 더 높다고 알려져 있다.

생리학적으로나 해부학적으로 이 사실을 설명하기 위한 노력으로 여러 연구가 수행되었다. 예를 들어, 한 다리 스쿼트 운동 시 근전도를 이용하여 근활성도를 살펴본 결과 대학 여자 운동선수는 남자 운동선수에 비해 외측 체간 굴곡의 근활성도가 낮고 발목 배측 굴곡, 발목 회내, 고관절 내전, 고관절 굴곡 및 외회전 시 더 높은 근활성도를 보였다(Zeller at al., 2003). 게다가, 점프와 민첩성 운동에 참여하는 여성 운동선수는 남성보다 무릎의 근강직으로 인한 안정성이 확보되지 않는 경향이 있다. 무의식적으로 여성은 무릎을 안쪽으로 이동하게 하여 무릎 관절에 더 많은 힘을 가하고, 전방 십자인대를 악화시키거나 긴장시킬 수 있다.

성별에 따른 계획이 꼭 필요한 것은 아니지만 이러한 차이는 여성 운동선수의 최대 근력, 특히 하체 근력을 향상시키는 데 시간을 할애해야 함을 나타낸다. 특히, 초기 준비 단계를 마무리할 때 넙다리네갈래근과 뒤넙다리근군의 강화는 선수가 무릎 관절에 더 많은 스트레스를 가하고 부상으로 이어질 수 있는 경기 특정 드릴 및 파워 트레이닝을 위해 생리학적으로 선수를 준비할 수 있다.

특이성

효과적인 트레이닝 프로그램을 설계하기 위해 스포츠 종목에 따라 특화된 근력을 파악해야 운동의 효과와 적응력을 극대화 시킬 수 있다. 3가지 에너지 시스템이 스포츠 종목에 대한 기여도를 분석하여 근력 트레이닝 프로그램을 설계해야 한다.

관절의 가동범위, 평면에서의 움직임, 주동근 및 근수축 형태(신장성 수축, 등척성 수축, 단축성 수축)를 고려해야 한다. 트레이닝 특이성은 스포츠 특정 신경근 적응을 위한 가장 중요한 메커니즘이다.

특이성과 지배적인 에너지시스템

지도자는 선택한 스포츠에서 주요 에너지시스템을 신중하게 고려해야 한다. 예를 들어, 근지구력 트레이닝은 조정, 장거리 수영, 카누, 스피드스케이팅 같은 지구력 스포츠에 가장 적합하다. 코치는 또한 관련된 특정 근육 그룹(주동근)과 스포츠의 특징적인 움직임 패턴을 고려해야 한다. 운동은 스포츠 종목별 주된 패턴의 동작을 적용하고 주동근을 향상시켜야 한다. 일반적으로 근력이 향상되면 실력도 향상한다.

특이성에 대한 방법론적 접근

특이성의 원칙은 최적의 근력 트레이닝 프로그램이 구체적이어야 한다는 생각에서 비롯되었다. 이 원칙에 따르면 스포츠 기술에 특화된 운동이나 트레이닝 유형은 더 빨리 적응하고 더 빨리 수행 능력을 향상시킨다. 그러나 특이성은 시합 단계에서 수행 능력이 좋은 선수에게만 적용되어야 한다. 이 선수들은 주로 자신의 스포츠 종목에 알맞는 근력 트레이닝을 수행하는 데 집중해야 한다.

특이성을 오용하면 비대칭적이고 부조화한 신체 발달을 초래하고 길항근과 안정근을 방

기능성 트레이닝의 오류

때때로 특정 저자는 과학적인 참신함을 위해 새로운 용어를 사용한다. '기능성 트레이닝'이라는 등 말이다. 보수(BOSU), 스태빌리티 볼, 같은 다양한 유형의 장비에서 수행되는 운동을 의미하며, 모두 작고 깊은 안정화 근육의 참여를 증가시키기 위해 더 어려운 환경을 조성하도록 설계되었다(Staley, 2005). 그러나 올림픽과 세계선수권대회에서 우승하거나 세계 기록을 세운 선수들이 특정 근력을 키우는 최적의 방식으로 하지 않았으면 2000년도까지 이 모든 기록과 성적이 가능했을까?

특이적 근력과 기능적 근력은 동의어가 아니다. 특이적 근력을 위한 트레이닝은 해당 스포츠 종목에서 필요한 힘 발현의 신경 및 대사 특성을 포함할 수 있게 유사하게 실시하는 것이다. 이 트레이닝은 특정 운동 기술에서 운동 사슬의 작용을 모방하는 특정 운동을 사용하여 달성된다(특정 관절의 운동 범위 및 힘 벡터 포함). 스포츠 기술에 필요한 운동 패턴을 방해하지 않으면서 주동근에 특히 중점을 둔다.

대조적으로 경기 또는 운동 기술의 생리학적, 생체역학적 매개변수를 언급하기보다는 기능적 근력이라는 용어는 근력 트레이닝 방법을 설명하는 데 더 일반적으로 사용된다. 즉, 훈련은 프리 웨이트 또는 케이블, 편측 훈련, 두 개 이상의 운동면에서 서거나 움직이는 것을 의미한다(이 정의에 대한 예외는 예방 운동과 일부 코어 안정성 운동에서 발견된다). 즉 특이적 근력 트레이닝에 관해 이야기 하기 위해 필수적인 출발점은 경기의 생체역학적, 특히 생리학적 매개변수이다. 이와 대조적으로 기능적 트레이닝은 방금 나열된 특성을 지닌 운동을 사용하여 간단히 정의 할 수 있다.

운동 선택이 근력 트레이닝 프로그램의 기능성 정도를 완전히 정의한다고 말하는 것은 방법론적으로 잘못된 것이다. 그러나, 최고의 기능적 훈련 전문가들이 근력의 주기화 개념을 계획에 적용하는 것도 사실이다. 또한 운동을 선택할 때 생체역학을 고려할 뿐만 아니라 특정 운동과 방법을 선호하더라도 부하 매개변수를 선택할 때는 생리학적 관점도 고려한다. 그러나 우리는 특정 파워 스포츠(예: 서스펜션 트레이닝 벨트를 잡고 한 다리 스쿼트)에서 필요한 최대근력 향상을 위해 특정 기능적 트레이닝 방법이 어느 정도 적절한지 고려해야 한다. 이 시점에서 근력의 주기화는 기능적 트레이닝보다 포괄적인 개념이며, 특정 근력은 운동의 새로움, 변형 또는 단순한 기술보다는 생체역학 및 생리학에 근거한다는 점을 분명히 해야 한다.

효과적인 트레이닝을 위해서는 신체의 주요 기능을 다루고 또 이에 적응해야 한다. 즉, 트레이닝은 기능적이며 생리적이다.

치한다. 오용은 또한 주동근의 발달을 방해하고 부상을 초래할 수 있다. 특이성을 지나치게 강조하다 보면 균형적인 근육 발달에 제한이 되어 오히려 한쪽으로 치우친 근육의 불균형을 초래할 수 있다. 따라서 추가적인 보강운동은 특히 연간 계획의 초기 준비 단계와 전환 단계에서 지속적으로 실시해야한다. 이러한 운동들은 주동근과 길항근의 균형을 유지한다.

근력 운동을 위한 운동의 특이성

스포츠 종목에 따른 근력 운동 선택 시 종목의 움직임 특성과 공간의 방향 또는 신체의 위치 그리고 기술의 동적 움직임 구조를 파악하여 유사하게 연출시킬 수 있도록 노력해야 한다. 즉, 기술을 수행할 때의 환경과 유사한 신체적 포지션에서 몸과 팔다리를 움직일 수 있도록 운동을 선택해야 한다. 팔다리 또는 다른 신체 부위 사이의 각도는 근육이 수축하는 방식과 수축하는 부위에 영향을 미친다. 따라서 효과적인 트레이닝을 위해서는 이러한 측면(특정 관절의 가동 범위 및 주동근의 활동)에 대한 숙지가 필요하다.

트레이닝 특이성을 최대화하기 위해 운동할 때는 반드시 다음 사항에 유의한다.

- 주동근의 활성화를 증가시킨다.
- 수행되는 기술의 각도를 모방한다.
- 운동 기술의 의도된 방향에 대해 구체적이어야 한다(신경 경로).

근력 운동의 대상이 되는 근육(근육 사슬)의 순서는 운동 기술을 수행할 때 근육의 순서와 유사해야 한다.

근력 트레이닝에 사용되는 운동은 흔히 트레이닝 장비 제조사가 추진하고 현대적인 트레이닝 방법으로 선전하는 특수 효과를 기반으로 선택된다. 그러나 제조업체들이 그렇게 말한다고 해서 운동이 현대적이지는 않다. 이러한 운동이 운동선수에게 더 효율적이고 유익할까? 기계의 현대화 보다는 운동의 효율성이 먼저 고려되어야 한다. 지도자는 스포츠 종목에 특화된 근육을 목표로 생리학적인 운동 접근이 필요하며 스포츠 장비 업체에서 홍보하는 내용을 비판적으로 판단하고 구별할 줄 알아야 한다.

파워와 민첩성 향상을 위한 트레이닝 시 근수축 속도를 다르게 적용하여 신경계 적응을 해야한다(Enoka, 2015). 신경 적응은 또한 활성 운동단위의 수를 증가시킨다. 최대 근력과 파워는 속근섬유 동원 및 사용 속도를 증가시키는 유일한 트레이닝 방법이다.

근력 운동의
생체역학적 효율성에 관한 선택된 의견들

우리는 수년간 스포츠 트레이닝에 참여하면서 일부 코치가 근력 트레이닝이 운동능력을 향상시키는 역할과 이점에 대해 최소한의 이해를 갖고 있다는 결론을 내렸다. 운동 선택에 대해서도 마찬가지다. 다음과 같은 방법과 연습에 대한 개요가 있다.

- 고무줄(튜빙, 밴드)은 1954년 루마니아에서 트레이닝에 처음 사용되었다. 그 당시 고무줄은 조정, 카약 및 카누에서 근육 지구력을 향상시키는 데 사용되었다. 1980년대 후반부터 고무줄은 북미 대륙에서도 처음에는 피트니스 트레이닝에, 몇 년 후에는 스포츠 트레이닝에 사용되기 시작했다. 그러나 이 고무줄의 생산자는 자신의 역할과 이점을 다시 한번 잘못 이해했다. 고무줄은 힘 향상에도 사용되는 것으로 제안되었다. 이것은 운동 장비와 트레이닝에서의 이점을 잘못 이해했다. 고무줄이 늘어나면서 저항이 증가한다는 단순한 이유 때문에 힘의 향상에 도움이 되지 않는다. 저항에 힘을 가할 때마다 움직임이 느려지고, 가동 범위를 통해 가속하거나 폭발적인 움직임을 수행할 수 없다. 그렇기 때문에 그러한 운동은 힘의 발전으로 이어지지 않는다. 또한 최소한 어깨 부위에서 하는 운동의 경우 어깨 인대에 무리를 주어 부상을 입을 수 있다.

- 메디신 볼은 힘을 키우는 데 가장 효과적인 도구 중 하나다. 메디신 볼 트레이닝에 가장 잘 적응하려면 처음에는 볼의 무게를 점진적으로 늘린다. 그런 다음 경기 단계에 가까워짐에 따라 공의 무게를 점진적으로 줄여야 한다. 무게를 낮추면 공에 더 빠르게 힘을 가할 수 있으며, 이는 강력한 던지기를 할 수 있고 궁극적으로 비거리를 증가시킨다. 왜 이 공을 메디신 볼이라고 하는지 아는가? 1800년 중반에 중부 유럽의 의료 클리닉에서 재활 목적으로 사용되었기 때문이다.

- 도약은 먼저 발목과 무릎을 구부림으로써 시작되며, 그 다음에는 무게중심을 높이기 위해 다리와 팔을 위로 움직이며 실제 점프가 이어진다.

- 피겨 스케이팅에서 도약을 위한 근력 트레이닝은 잘못 수행되는 경향이 있다. 스케이터가 도약의 힘을 높이면 약간 더 높이 점프할 수 있으며, 결과적으로 원하는 회전을 수행할 시간이 더 길어진다.

- 스케이팅 기술을 사용하는 노르딕 스키 선수들에게는 근력 운동이 더 중요하다. 다리와 팔 동작(다리와 팔로 밀 때)을 보면 더 나은 근력 트레이닝 프로그램이 필요하다는

것을 알 수 있다.

- 아이스하키의 파워 스케이팅은 몸통의 낮은 위치가 필요하다. 그러나 이 낮은 체간 위치는 허리(요추)와 추간근이 강하지 않으면 제대로 유지될 수 없다. 이러한 근육의 근력을 향상시키기 위해 저항에 대한 몸통 신전 또는 회전을 사용한다.
- 스키에서는 회전하는 슬라롬 경기에서 원심력이 발생한다. 이 힘은 선수가 경사면에 구심력을 가하기 위해 아래쪽 스키에 하중을 가할 수 없는 경우 경쟁력이 없다고 보면 된다. 강한 다리, 즉 최대근력은 스키어의 경쟁력을 높이는 데 도움이 된다.
- 최대근력은 선수에게 중력을 극복하고 착지 충격을 흡수하여 많은 유형의 점프 중에 도움이 된다. 프리스타일 스노보드, 스키점프, 배구 스파이크, 농구 등에서는 신장성 수축 근력도 트레이닝해야 한다. 그러나 대부분 운동선수는 신장성 근력을 트레이닝하지 않는다.
- 최대근력은 대부분 스포츠에서 폭발적이고 강력한 출발에 필수다. 출발대에 가해지는 힘은 선수의 최대 힘에 따라 달라지며, 보통 포스 플레이트에서 측정한 285 및 375파운드(130 및 170kg)된다. 이것은 스피드 스케이팅, 봅슬레이 등과 같은 다른 스포츠의 출발에도 유효하다.
- 최대근력은 많은 스포츠에서 출발 후 가속에도 똑같이 중요하다. 가속하는 동안 선수는 중력을 극복하고 몸을 앞으로 움직이기 위해 높은 힘을 가해야 하기 때문이다.
- 권투에서 펀치의 속도는 선수의 힘에 달려 있다. 추가 체중 증가에 대한 두려움으로 인해 최대근력을 꺼릴 수도 있다. 그러나 복서가 50~70%의 부하가 있는 운동으로 매우 빠르게 수행하면 체중 증가 없이 더 빨라진다.
- 아이네아스와 그의 노 젓는 사람을 기억하는가? 조정, 카약, 카누, 수영에서 속도를 높이려면 최대근력을 트레이닝해야 한다. 반면에 반복적으로 힘을 가하는 능력을 키우고 싶다면 근지구력 트레이닝법을 사용해야 한다.
- 한 발로 실시하는 원레그 스쿼트가 두발로 실시하는 투 레그 스쿼트보다 나은지에 대한 지속적인 논쟁이 있다. 사람들은 최대근력을 개선하기 위한 가장 중요한 요소를 잊어버리는 경향이 있다. 바로 작용하는 속근(FT) 근섬유를 동원하는 능력이다. 부하가 높을수록 더 많은 FT 섬유를 모집할 수 있는 능력이 높아진다. 저자가 근전도 검사에서 수집한 데이터에 따르면 투 레그 스쿼트에서 가장 높은 전기 활동이 기록되었다(전기 활동 수준은 특정 근육의 활동에 대한 자극 수준을 나타냄). 동시에 투 레그 스쿼트는 더 나은 균형을 보장하고, 결과적으로 선수는 더 무거운 것을 들어 올릴 수 있다.

- 일부 생리학자는 근력 발달에 필수적인 것은 긴장 상태에 있는 시간 또는 수축이 지속되는 시간이라는 생각을 장려한다. 이것은 보디빌더의 근육 크기를 늘리는 좋은 방법이지만, 스포츠 종목별 운동 선수에게는 권장되지 않는다. 스포츠를 위한 근력 트레이닝에서 결정된 것을 기억하라. 속도, 폭발성 및 빠른 방향 전환이다. 긴장 상태의 시간은 속도와 힘에 도움이 되지 않는다.

- 많은 피겨 스케이팅 선수들이 점프에서 착지할 때 넘어지는 이유를 생각해본 적 있는가? 대답은 간단하다. 착지 시 착지 충격을 흡수하기 위해 좋은 신장성 근력이 필요하다는 것은 말할 것도 없고, 처음부터 다리 힘이 좋지 않아서다. 피겨 스케이팅 선수가 점프의 가장 높은 지점에 도달한 후 몸은 빙판을 향해 아래쪽으로 가속된다. 이러한 가속은 트레이닝이 제대로 되지 않은 운동선수에게 문제가 된다. 특히 점프 후에 또 다른 점프를 해야 할 경우에는 더욱 그렇다. 다시 점프할 수 있으려면 선수는 반발력, 즉 착지하고 즉시 다시 점프할 수 있는 능력도 트레이닝해야 한다.

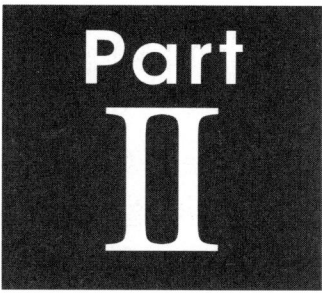

계획, 주기화, 프로그램 설계

> 트레이닝에서, 어떤 것도 우연히 일어나지 않는다.
> 그것은 계획에 의해서 일어난다.
> 성공하고 싶은가? 계획을 세워라!

2부 소개

계획은 책상에서, 운동장에서, 체육관에서, 수영장에서 열심히 땀 흘리는 운동선수들과 함께 보내는 수천 시간 동안 이루어진다. 시간을 부지런히 사용하여 최고의 성과에 도달할 수 있도록 운동선수의 트레이닝을 계획하고 주기화하지 않는 한 운동 경기에서는 어떤 것도 가능하지 않다.

주기화, 계획 및 프로그래밍이라는 용어는 종종 동의어인 것처럼 사용되지만 그렇지 않다. 계획-주기화는 두 가지 기본 개념, 즉 신체 운동능력의 주기화와 단기 및 장기 계획을 통합하며, 두 가지 모두 성공의 결정 요인이다.

신체 운동능력, 근력, 속도 및 지구력의 주기화는 연중 주요 대회 기간 동안 최고의 성능에 도달하기 위해 운동능력의 스포츠별 조합을 최고 수준으로 개발하는 것을 촉진하며, 신체 운동능력의 주기화는 다음과 같은 전제를 기반으로 한다.

- 스포츠 기량의 향상은 스포츠 특정 기술의 정교함을 희생하지 않으면서 운동선수의 생리적 잠재력을 최고 수준으로 끌어올릴 수 있는 능력이 필요하다.
- 신체 구조와 기능의 긍정적인 변화인 형태적, 기능적 적응이 나타나려면 시간이 필요하다.
- 신체 운동능력의 발달과 기술 및 전술적 요소의 향상을 위해서는 트레이닝의 강도와 양이 이전의 적응 수준 이상으로 운동선수의 잠재력을 향상시키는 점진적인 접근이 필요하다.
- 트레이닝 변수의 조작과 적절한 계획 방법론의 사용은 최고의 성과를 촉진한다.
- 운동선수는 장기간 동안 최고의 기량을 유지할 수 없다.

연간 계획의 주기화는 트레이닝 계획을 이해하는 기초로 트레이닝 프로그램을 간단하고 관리하기 쉬운 단계로 나누는 것을 의미한다. 연간 계획의 주기화는 다음과 같은 이유로 유리하다.

- 특정 트레이닝 단계를 계획하는 범위는 최고의 수행력을 촉진하는 뛰어난 적응에 도달하도록 하는 것이다.
- 합리적인 트레이닝 구조를 설계하는 데 도움이 된다.
- 각 트레이닝 단계에서 사용할 수 있는 시간에 대한 인식을 향상시킨다.
- 적절한 시기에 기술적, 전술적, 신체적, 영양 계획과 심리적 기술을 통합하여 선수의 경기력 향상으로 이어지도록 한다.
- 피로 관리를 용이하게 하여 코치가 훈련부하를 증가시키는 기간과 감소시키는 기간을 합리적으로 번갈아 계획하는 데 도움을 주어(회복과 교대 트레이닝) 적응을 최대화한다. 이 합리적인 계획은 코치가 잔여 피로의 축적을 피하고 결과적으로 과도한 트레이닝을 방지하는 데 도움이 된다.

계획이란 장기계획, 연차계획, 전체시즌, 주단위 트레이닝 등 특정 계획도구를 통해 트레이닝과정을 위한 구조물을 만드는 것을 의미하는 반면, 프로그래밍은 사용할 트레이닝방법, 트레이닝수단 등 실제 트레이닝내용을 해당 도구에 채우는 과정이다.

따라서 코치로서 당신은 심리학자이자 영양사일뿐만 아니라 주기화자, 계획자, 트레이닝 프로그래머이기도 한다.

선수들과 함께 하는 많은 임무에도 불구하고 우리는 당신이 하고 있는 일과 직면한 도전을 사랑하지만 이러한 노력 후에 제공되는 보상도 즐기고 있다고 확신한다.

계획-주기화: 용어 설명

주기화: 트레이닝 이론 및 방법론(Bompa and Buzzichelli, 2018)에서 자세히 살펴보았듯이 트레이닝 계획은 새로운 창작물이 아니다. 단순한 형태로는 그리스 올림픽(기원전 776년~서기 393년) 이후로 존재했지만, 트레이닝 계획의 정교함은 1936년 베를린 올림픽을 위한 독일에서의 Leonid Matveyev 및 기타 동유럽 전문가들의 작업으로 절정에 이르렀다. Matveyev의 저서(The Problem of Periodization of Sport Training, 1965)는 1952년 올림픽에 출전한 러시아 선수들의 트레이닝 계획과 일기를 분석한 반면, Tudor Bompa는 이미 같은 기간 동안 트레이닝의 주기화를 Mihaela Penes(1964년 도쿄 올림픽 창던지기 금메달리스트)와 함께 적용하고 있었다. 1960년대 초 그의 연구는 근력의 주기화라는 그의 개념이 되는 결과를 낳았으며, 주기화의 인기는 Bompa의 인기 작품 초판(Bompa 1983) 이후 특히 북미에서 극적으로 증가했다.

Tudor Bompa가 사용하는 용어는 그리스 작가 Flavius Philostratus(AD 170~245), 로마의 의사 Claudius Galenus(AD 129~217), 베를린 올림픽을 위한 독일 선수들의 트레이닝 계획을 설계한 독일 전문가들의 독창적인 연구에 기반을 두고 있다.

- 4년마다, 4년 또는 올림픽 트레이닝 계획
- 연간 계획, 더 작은 교육 단계로 나누어진 1년 동안의 교육 계획
- 전체 트레이닝주기(약 4주)
- 주간 트레이닝주기, 4~7일의 트레이닝 단계, 보통 1주일
- 교육 단위 또는 교육 세션.

그림 II.1은 트레이닝에 사용되는 신체 운동능력의 계획 유형과 주기화를 보여준다.

주기화	연간 주기화 계획	1개 주기
		2개 주기
		3개 주기
		다 주기
	운동능력의 주기화	순차적
		동시적

그림 II.1 연간계획의 주기화와 운동능력의 주기화 구조

그림 II.1에 설명된 계획 목록에 9장에서 간략하게 논의된 장기 트레이닝 계획도 추가해야한다. 이 책의 5장에서는 이러한 계획을 세우는 방법과 다양한 실제 사례를 설명한다. 최근에 이론 용어와 트레이닝 방법론에서 사용되는 의미론을 비판적으로 분석하려는 의도는 우리와 관련된 적이 없다.

그러나 각 과학은 지식의 본문에 특정 개념을 정의하는 용어를 가지고 있기 때문에, 일부 저자들이 제안한 하이브리드 용어의 침입은 어느 정도의 설명이 필요하다.

1990년대 이후 트레이닝 이론과 방법론에 가짜 용어를 도입하는 것은 그 이론에서 지식의 본문에 새로운 정보가 추가되지 않았기 때문에 정당화되지 않는다. 사실, 최근에 제안된 몇몇 용어들은 대부분 의미론, 과학적 실체가 없는 가짜 용어들이다. 동시대의 용어에 대한 간략한 분석은 그 주제에 대한 추가적인 조명을 제공할 수 있다.

- 주기화. Leonid Mateveyev가 역사에서 이 용어를 사용할 때, 그는 그 시대의 어휘의 일부가 아닌 새로운 것을 언급하고 있었다. 또한 그 주제에 대한 많은 서면 정보도 없었다. 더 나은 시간관리를 위해 연간 계획은 교육단계의 기간으로 그는 이 계획 개념을 주기화라고 하였다. 일부 저자들은 Matveyev의 주기화 모델을 고전적인 주기화로 본다. 그러나 진정한 고전적 계획은 Flavius Philostratus(AD 170-245)가 실제로 제안한 것으로 보며, 1963년 베를린 올림픽에 사용된 트레이닝계획을 고안한 독일 전문가가 실제로 제안한것으로 보아야 한다.
- 연간 계획은 고대 올림픽(Galen이 언급한 올림픽 년)이후로 존재하였다. 그러나 1800년대 후반에서 1900년대 초반의 최고 코치들은 그것에 대해 알고 있었고 간단한 연간 계획과 연례 계획의 세분화를 소규모 교육단계로 사용했다. 다시 말해 Matveyev's의 연구는 이 주제에 대해 많은 새로운 정보를 가져다주지 않는다. 그러나 그는 주기화라는 용어를 사용한 최초의 저자였다.
- Matveyev는 연간계획을 정의하기 위해 매크로사이클(macrocycle)이라는 용어를 제안했다.
- 마이크로사이클(microcycle, matveyev가 주간 트레이닝 계획을 위해 제안한 용어)은 고대 올림픽 이후 Philostratus가 언급한 4일 주기인 테트라 시스템(tetra system)으로 존재해 왔다.

선택된 교육 용어의 오류는 다음과 같다.

- 블록 트레이닝(block training). 전통적인 용어 교육 단계를 사용하는 대신 일부 저자는 새로운 것을 가져온 것처럼 블록 트레이닝이라는 용어를 채택했다. 트레이닝 단계와 블록 트레이닝(block training)의 차이점은 무엇인가? 또한 블록(block)이라는 용어는 종종 트레이닝 단계 또는 대주기(macrocycle)를 나타내기 위해 잘못 사용된다.
- 선형 주기화. 일부 저자는 시합 단계에서 최고의 성능을 이끌어 내고 촉진하기 위한 트레이닝 단계인 전통적인 주기화를 언급하기 위해 이 용어를 도입했다. 그런데 왜 이미 전통적인 것으로 인식되고 있는 것을 선형이라고 부를 필요가 있을까? 게다가, 연간계획은 선형 형식을 가지고 있다!
- 파동형 주기화는 주기화 단계가 구성되는 방식에 대한 기반과 논리없이 일부 저자가 제안한 혼합용어이다. 사실 이 용어는 Bompa의 무게부하 곡선(Bompa 1993) 개념에서 왔으며 마이크로사이클(microcycle) 내에서 트레이닝 단위 간 부하 교대에 대한 잘못된 해석이다. 스포츠 트레이닝에 익숙하지 않고 독창적인 의도를 가진 누군가가 아마도 주기화 계획의 용어를 확대하기 위해 용어를 조작했을 것이다.
- 신체 운동능력의 진자형태의 발달과 복잡형태의 발달은 원래 출처에서 잘못된 용어이다(Bompa 1993). 진자형태의 발달의 원래 용어는 향상된 파워(power) 발달을 가져온 근력 트레이닝(최대근력과 파워 트레이닝을 교대로)의 교차였다. 사실 진자 형태의 발달은 정확히 다양한 형태의 근력 트레이닝의 교대였다. 복잡형태의 발달은 복잡한 트레이닝을 말하며, 이는 최대근력과 파워(power)가 동시에 트레이닝되는 근력 트레이닝단계를 나타내며 주로 시합 전 단계에서 수행된다. 원래 (Bompa 1993 및 1999) 이 방법은 최대트레이닝 또는 최대 폭발성 트레이닝이라고 불렸다.
- 트레이닝의 주기화 내에서 순차적 통합과 동시 통합은 또한 많은 저자와 실무자들 사이에 혼란을 가져왔다. 이 두 가지 계획은 상호 배타적인 것처럼 완전히 부정확하게 제시되지만, 그렇지 않다.
- 순차적 주기화는 특정 신체 운동능력이 특정 순서로 개발된다는 것을 제안한다. 이는 사실이다. 예를 들어, 근력 주기화의 연간계획을 생각해보자(그림 2.2). 해부학적 적응(AA), 최대근력(MxS), 파워(P)는 생리학적으로 정당화된 특정 서열(신경근 전략)을 따른다. 그러나 모든 스포츠는 논리적이고 생리적인 이유로 동시 주기화 모델을 따른다.

| 근력의 주기화 | 해부학적 적응 | 최대근력/파워 | 최대근력/파워의 유지 | 시합 |

그림 II.2 근력의 순차적 주기화에 대한 간단한 예

생체 운동능력의 주기화	근력	해부학적 적응	최대근력	• 파워 • 민첩성 • 최대근력 유지
	스피드	템포 (200~400m 반복, 최대 속도의 50%~60%)	최대 가속, 최대 스피드	• 스타트 • 최대스피드
	지구력	유산소성 지구력(스포츠 특이적 비율)		• 유산소성 지구력 • 발달 (스포츠-특이적 지구력, 스피드-지구력)

그림 II.3 생체 운동능력의 동시적 주기화 및 통합에 대한 예시의 도식화

- 동시적 주기화. 대부분의 다른 스포츠에서 지배적인 능력의 주기화를 설계할 때, 생리적 적응의 이유와 선택된 스포츠에서 지배적인 능력을 개발하는 방법론을 위해 코치는 동시주기화 모델(그림 II.3) 또는 선택된 스포츠의 지배적인 운동능력의 동시통합을 따라야 한다.

각 능력을 별개로, 수평적으로, 특히 근력의 주기화를 채택한다면, 이것은 선형 주기화와 비슷하다. 그러나 동시에 주기화할 수 있는 2~3가지 신체 운동능력이 있는 대다수의 스포츠의 경우 이 과정은 독립적으로 수행되지 않고 동시에 수행되어야 한다. 동시에 수행되는 주기화 계획은 시합 일정과 신체 운동능력이 원하는 적응 기준에 도달하는 기간에 의해 결정된다.

소수의 저자가 순차적 주기화의 사용만을 권고했지만, 이러한 유형의 주기화는 절대적으로 받아들여질 수 없다. 생리학적으로나 단계적으로 한 단계에서 근력 트레이닝을 실시한 뒤 지구력 트레이닝을 실시하고 다시 근력 트레이닝으로 돌아갈 수는 없다. 1년 중 원하는 시간에 최고의 능력을 발휘하지 못하는 것은 부적절하고 생리학적 및 방법론적인 오류이다. 근력의 적응과 향상, 특히 지구력을 트레이닝하는 동안 파워 트레이닝의 신경근육 전략을 어떻게 되는가? 이전 능력의 트레이닝 효과를 어떻게 유지하나? 그렇게 함으로써 당신의 근력의 초기 적응 증후군, 트레이닝 효과 및 운동선수의 개선에 미치는 영향을 줄인다.

그렇기 때문에 대다수의 스포츠는 선택된 스포츠, 특히 팀 스포츠에서 지배적으로 사용되는 능력의 주기화를 통합하는 동시 주기화를 사용해야 하는데, 이 기간 동안 준비 단계는 일부 개별 스포츠보다 훨씬 짧은 경우가 많다.

트레이닝 변인 설계

코치와 운동선수는 성공적인 트레이닝 프로그램을 만들기 위해 주로 운동의 양과 강도 등 여러 가지 트레이닝 변수를 설계한다. 경기 일정과 트레이닝 목표에 따라 운동량, 강도, 빈도를 변화시킬 수 있다. 운동량과 강도에는 부하가 포함되는데 이는 일반적으로 1회 반복 최대 중량(1RM), 반복 횟수, 세트 수, 수행 속도, 세트 사이의 휴식 시간이 있다. 이러한 트레이닝의 변인을 적절한 목적에 알맞게 설계하여 최적의 효과를 볼 수 있다.

트레이닝 프로그램에는 체력 트레이닝과 스포츠 기술 트레이닝이 포함되어야 한다. 원칙적으로 준비 기간을 3~6개월로 설정하는 연간 트레이닝 프로그램의 초기 부분에는 스포츠 종목별 기술의 연습량을 감소시키고 체력향상을 위한 트레이닝에 더 집중해야 한다.

하지만 시합 시즌이 다가오면서 높은 체력훈련 강도가 부담이 되므로 운동량을 감소시켜 스포츠 종목별 기술 프로그램에 집중해야 한다.

스포츠 트레이닝의 주기화

운동량

운동량은 매 트레이닝 세션, 마이크로사이클 또는 매크로사이클 동안의 트레이닝 내용을 기록하거나 트레이닝 세션당 수행된 총 세트 수나 반복 횟수, 마이크로사이클당 또는 연간 단위로 기록해야 한다. 트레이너, 코치 및 선수는 향후 훈련량을 계획하는 데 도움이 될 수 있도록 들어 올린 톤수(총 중량) 혹은 세션, 트레이닝 단계별로 수행된 세트를 기록해야 한다.

운동량은 스포츠 종목별 요구되는 체력 수준, 운동선수의 근력 트레이닝 경력, 트레이닝의 목적에 따라 달라진다. 예를 들어, 근지구력을 향상시키려는 운동선수들은 많은 반복 횟수 때문에 많은 양의 트레이닝을 소화한다. 반면, 최대 강도 트레이닝은 총 반복 횟수가 적고 휴식 간격이 길기 때문에 높은 부하에도 불구하고 들어 올리는 총무게가 낮아진다. 중간 정도의 운동량은 부하가 낮은 수준에서 보통으로 순발력이 필요한 선수들에게 적당하다.

전체적인 훈련량은 경기력 향상에 매우 중요하다. 지름길은 없다. 좋은 경기력을 위해서는 주간 트레이닝 빈도가 높아지고 훈련량은 결국 더 많아질 것이다. 늘어나는 훈련량에 적

역도 선수들은 지속적으로 더 높은 트레이닝 하중을 견디는 능력을 통해 역도 종목의 요건을 충족할 수 있다.

응함에 따라 빠른 회복과 더 높은 수준의 신경적응을 경험하게 될 것이다. 이러한 운동능력 증가는 향후 훈련 단계에서의 적응이 빨라져서 결국 경기력 향상으로 이어질 수 있다.

연간 근력트레이닝 계획에서 볼 수 있듯이, 최상의 상태에 도달한 선수들의 주요 자극 요인은 운동 강도다. 운동능력은 시간이 지남에 따라 향상되므로 트레이닝 빈도를 높여 훈련량을 증가시키려면 우선 트레이닝 단위당 운동량을 낮추는 것이 필요하다. 이러한 운동량 감소는 마이크로사이클의 총 운동량을 더 많은 트레이닝 빈도로 나누어 수행할 수 있다. 일주일간의 운동량을 동일하게 유지하면서 트레이닝 빈도를 증가시키면 회복량이 높아져 운동능력이 강화되어 결국 더 큰 적응이 가능해진다(Bompa & Haff, 2009).

1회 운동량은 필요에 따라 나누어 증가시킬 수 있다. 예를 들어, 트레이닝을 마이크로사이클 당 3-4회로 증가시키기 위하여 처음 출발점은 각각 8톤(마이크로사이클당 총 무게 24톤)의 근력 트레이닝 세션을 갖는 마이크로사이클이라고 가정한다. 이 상황에서의 잘못된 방법과 정확한 방법이 있다.

- 잘못된 방법: 8톤의 트레이닝 단위를 추가함으로써 마이크로사이클의 총량을 24톤에서 32톤으로 갑자기 증가시킨다(25% 증가).
- 정확한 방법: 총 24톤을 새로운 총 4개의 트레이닝 단위로 나눈다. 마이크로사이클 총량은 24톤으로 변동이 없지만, 1회 분량은 각각 6톤(25% 감소)으로 줄어 평균 강도가 높아지고 회복력도 좋아진다. 필요한 경우 나중에 세션당 볼륨을 늘릴 수 있다.

근력 운동량은 선수의 생물학적 특성, 스포츠 종목별 특수성, 그리고 해당 스포츠 종목에서 요구하는 힘의 중요성에 따라 달라진다. 평상시 근력운동으로 단련된 선수들은 더 많은 운동량을 견딜 수 있지만, 그 자체를 위해 운동량을 늘려서는 안 된다. 종목의 특성상 근력이 추가적으로 요구되는 경우 운동량을 증가시켜야 하지만 스포츠 종목의 기술 훈련을 간과해서는 안된다.

근력 트레이닝은 스포츠 기술과 조화를 이루어야 하므로 최소한의 효과적인 운동량을 고려해야 한다. 원칙적으로 일반적인 준비과정 동안 근력 트레이닝 운동량은 특정 기능에 일시적으로 영향을 미치는 것과 같을 수 있다. 구체적인 준비과정에서 스포츠-특이적 운동능력의 상승과 구체적인 기능 사이에 상관관계가 있어야 한다. 그리고 시합기에서 스포츠-특이적 트레이닝은 유지 및 개선 그리고 스포츠 기술을 최고조에 달하도록 해야 한다.

급격한 운동량의 증가는 오히려 피로 유발, 비경제적 근력운동, 그리고 부상을 초래할

스포츠 트레이닝의 주기화

수 있다. 이러한 문제점을 예방하기 위하여 부하 증가를 모니터링하는 적절한 방법을 사용하여 발전적인 계획을 구현함으로써 예방할 수 있다. 여기에는 몇 가지 규칙이 있다.

- 한 세션은 75분을 초과해서는 안 된다. 다만 휴식 간격이 긴 최대근력 세션 또는 근지구력 운동선수를 위한 긴 세션인 경우 제외.
- 해부학적 적응 세션의 운동량은 총 16~32세트로 구성한다. 근비대 세션은 16~24세트(1시간 이내), 최대근력 세션은 16~24세트, 순발력 세션은 10~16세트, 파워지구력과 근지구력 세션은 4~12세트.
- 일단 세트의 운동량이 결정되면 매크로사이클 내에서 50% 이상 변화하지 않아야 한다. 예를 들어, 첫 번째 마이크로 사이클에서는 세션당 2세트, 두 번째 및 세 번째 마이크로사이클에서는 세션당 3세트, 네 번째 마이크로사이클에서는 2세트.

총 운동량은 주로 스포츠 종목별 힘의 필요성에 따라 달라진다. 예를 들어, 국제 수준의 역도선수들은 트레이닝 세션당 30톤 정도를 수행하며, 매년 4만톤의 운동량을 수행한다. 총 운동량은 종목에 따라 다양하다(표 6.1 참조). 순발력과 스피드를 요구하는 스포츠는 복싱보다 훨씬 더 많은 운동량을 필요로 한다. 노 젓기, 카누와 같이 근지구력 활동이 지배적인 스포츠에서 연간 운동량은 3~6배 더 높을 수 있다.

표 6.1 근력 트레이닝의 연간 운동량 권고지침

스포츠	단계별 마이크로사이클 볼륨			연간 운동량	
	준비기 (Preparatory)	시합기 (Competitive)	전환기 (Transition)	최소	최대
투포환	24-40	8-12	4-6	900	1,450
미식축구	30-40	10-12	6	900	1,400
야구, 크리켓	20-30	8-10	2-4	850	1,250
다운힐 스키	18-36	6-10	2-4	700	1,250
멀리뛰기, 삼단뛰기	20-30	8-10	2	800	1,200
조정	30-40	10-12	4	900	1,200
카약, 카누	20-40	10-12	4	900	1,200
레슬링	20-30	10	4	800	1,200
수영	20	8-10	2-4	700	1,200

(계속)

표 6.1 (계속)

스포츠	단계별 마이크로사이클 볼륨			연간 운동량	
	준비기 (Preparatory)	시합기 (Competitive)	전환기 (Transition)	최소	최대
높이뛰기	16–28	8–10	2–4	620	1,000
트라이애슬론	16–20	8–10	2–4	600	1,000
사이클	16–22	8–10	2–4	600	950
아이스하키	15–25	6–8	2–4	600	950
스피드 스케이팅	14–26	4–6	2–4	500	930
라크로스	14–22	4–8	2–4	500	900
농구	12–24	4–6	2	450	850
투창	12–24	4	2	450	800
배구	12–20	4	2	450	600
단거리달리기	10–18	4	2	400	600
체조	10–16	4	4	380	600
럭비	10–20	4–6	4	320	600
스쿼시	8–12	4	4	350	550
피겨스케이팅	8–12	2–4	2	350	550
테니스	8–12	2–4	2	350	550
복싱, 무술	8–14	3	1	380	500
골프	4–6	2	1	250	300

운동강도

운동강도는 들어 올리는 무게의 비율 또는 1회 반복 최대중량(1RM)으로 표현한다. 1RM은 트레이닝에 사용되는 신경자극의 강도를 나타내는 지표로 중추신경계(CNS)가 어느 정도 작용하느냐에 따라 결정된다. 강도는 부하, 반복속도 그리고 세트 간 휴식시간에 따라 달라진다. 1RM의 강도(%1RM)로 표현되는 운동부하는 들어 올린 무게를 의미한다. 강도 트레이닝은 표 6.2에 제시된 강도 영역과 부하를 사용한다.

최대초과 무게는 자신의 최대 강도(1RM)를 초과한다. 대부분의 경우 신장성 또는 등척성(관절 움직임이 없는 최대 근수축) 방법을 적용하여 1RM의 100~120%의 하중을 사용할 수 있다. 최대초과 부하는 고강도 체력 트레이닝 경험이 있는 일부 선수에게만 적용해야 한다. 이러한 무게는 제한된 시간 동안 넙다리네갈래근이나 햄스트링 같은 신장성 부하가 높

스포츠 트레이닝의 주기화

표 6.2 근력 트레이닝의 강도와 부하

가볍게	무게	%1RM	근수축 형태	방법	적응
1	최대초과	>105	신장성 또는 등척성	최대근력	근육 내 협응
2	최대	90–100	신장성–단축성		
3	무겁게	85–90	신장성–단축성	최대 근력과 파워 (높은 부하)	
4		80–85	신장성–단축성		
5	보통	70–80	신장성–단축성		근육 간 협응
6		50–70	신장성–단축성	파워 (낮은 부하)	
7	가볍게	30–50	신장성–단축성		

은 일부 근육에만 적용해야 한다. 대부분의 선수들은 1RM의 100% 이하의 무게로 제한되어야 한다.

최대 부하는 1RM의 90~100%, 고부하는 80~90%, 중부하는 50~80%, 저부하는 30~50%의 범위에 있다. 강도의 영역에 따라 서로 다른 근신경 적응이 나타나므로 목적에 맞은 올바른 선택이 중요하다(2장 참조). 90% 이상의 강도는 추가적인 근신경 적응에도 불구하고 테스토스테론 감소 효과(Hakkinen & Pakarinen, 1993; Izquierdo et al., 2006)가 있으므로 단축성 실패 지점의 경험을 최소화해야 한다.

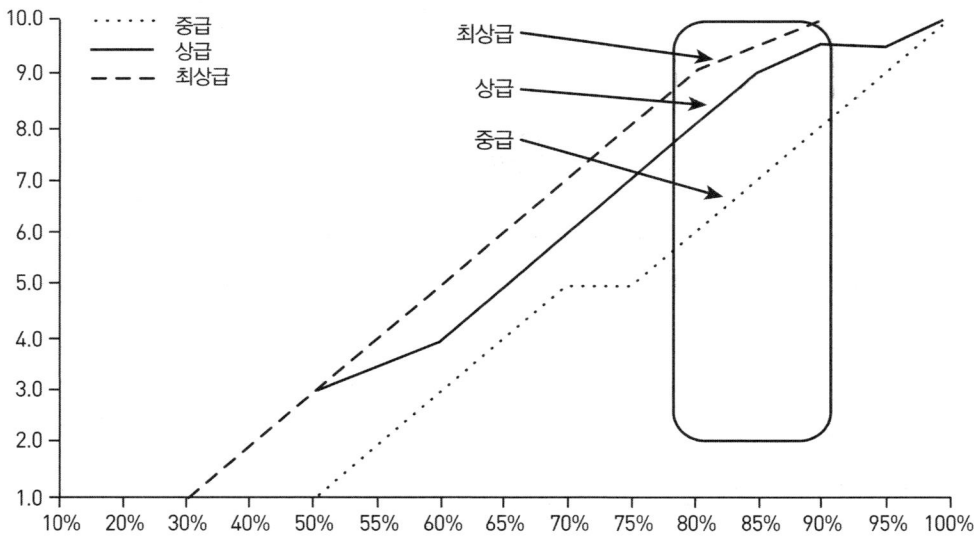

그림 6.1 선수 수준에 따른 1RM 및 RPE의 비율

Reprinted by permission from P. Evangelista, "La Programmazione Della Forza — Criteri di Scelta e Analisi Degli Schemi di Allenamento," a workshop for the Tudor Bompa Institute Italia, May 23, 2010.

매크로 사이클이 끝날 때 3주 또는 4주마다 1RM을 테스트하는 것은 보통 90~100%의 강도 범위의 장점을 얻기에 충분하다. 수년 동안 근력 트레이닝 연구자들은 종종 근력 증가를 위한 필수 조건으로 단축성 수축의 실패를 사용하는 것을 지지해왔다. 실제로 모든 운동 수행력을 향상시키는 신경근 적응[최대 근비대 효과 제외(Burd et al., 2010)]은 모두 단축성 수축의 실패 없이 발생하며 근력이 증가할수록(신경근 효율성의 증가) 최대 부하에 덜 노출된다(그림 6.3).

부하는 향상시키고자 하는 근력의 형태와 관련이 있어야 하며, 더 중요한 것은 근력과 스피드가 혼합되거나 근지구력과 혼합되어 발생하는 스포츠 고유의 조합과 관련이 있어야 한다. 이러한 근력의 형태별 단련에 사용할 부하에 대한 일반적인 지침은 표 6.3을 참조하라. 모든 트레이닝 단계에서 부하가 동일하지는 않다.

오히려 주기화는 각 트레이닝 단계의 목표에 따라 부하를 변화시킨다. 표와 같이 운동부하의 범위는 1RM의 30~100% 이상이며, 해당 강도는 표의 두 번째 행에 표시된다. 아래 행은 스포츠별 조합과 각 행에 대해 제안된 부하를 나타낸다.

주기화는 스포츠 종목에 필요한 운동수행력에 대한 적절한 계획을 통합한다. 예를 들어, 중거리 주자를 위한 트레이닝은 적용되는 훈련 거리, 주당 빈도, 근력 트레이닝에서 수행되는 운동량(예: 세트 및 반복횟수)으로 구성한다. 선수가 한 세션에서 더 많은 반복 횟수와 세트를 수행할수록 운동량은 더 증가한다. 운동량과 강도는 매우 밀접하게 연관되어 있으며, 트레이닝의 양과 질을 나타낸다. 어느 하나가 다른 것보다 더 중요하지 않으며, 두 가지 요소 모두 원하는 효과를 극대화하는 방향으로 전략적으로 설계되어야 한다.

대부분의 신체 시스템과 마찬가지로, 총 운동량과 적응 수준 사이에 용량반응(Dose response)이 존재한다. 초보 체력 트레이너나 운동선수는 처음에는 한두 세트와 같이 적은 운동량으로 효과를 볼 수 있지만, 결국 적응하기 위해서는 더 큰 자극을 필요로 한다. 따라서 선수들이 원하는 생리학적 효과에 따라 여러 세트(6~8세트 등) 또는 50회 이상의 반복을 위해 스쿼트를 수행하는 것은 놀라운 일이 아니다. 스포츠 세계에서 사용되는 강도의 개념은 훈련에 사용되는 부하의 비율을 나타낸다. 즉, 훈련의 강도를 증가시키는 진정한 방법은 부하를 늘리는 것이다.

예를 들어, 선수가 1RM의 90%에서 리프트의 첫 세트에 대해 두 번의 반복을 수행한 다음, 4분간 휴식한 후 동일한 부하에서 세 번의 반복을 완료하여 실패한다고 가정해보자. 선수는 1세트에서 2세트 까지 강도를 높이지 않았다. 이와 같은 경우, 근육에 가해지는 스트레스와 함께 운동량은 증가했지만 부하는 90%로 유지되어 강도는 변하지 않았다.

스포츠 트레이닝의 주기화

표 6.3 부하와 다른 유형의 관계 및 강도 조합

1RM의 %	>105	100	90	80	70	60	50	40	30
강도	초최대	최대	고	중			저		
근력의 형태				파워(고부하)		파워(저부하)			
	최대근력					근지구력			
스포츠-특이적 강도 조합 — 착지 및 반응 파워	■	■	■						
투구력			■	■	■				
도약력			■	■	■				
출발력			■	■	■				
감속력				■	■	■			
가속력				■	■	■			
파워 지구력					■	■	■		
단기간 근지구력						■	■	■	
중기간 근지구력							■	■	■
장기간 근지구력								■	■

트레이너와 코치는 세트가 진행됨에 따라 발생하는 근육의 느낌과 운동의 강도를 연관 짓지 않도록 주의해야 한다. 일반적으로 선수가 수행하는 세트가 많을수록 반복횟수는 줄어들게 되고 그 반대의 경우도 마찬가지이다. 예를 들어, 최대근력 단계에서 선수는 1RM의 70~80%까지 부하를 증가시켜 3회씩 6세트를 수행할 수 있으나 근비대 단계에서는 1RM의 65% 부하로 10회씩 3세트만 수행할 수 있다.

선수들의 트레이닝 프로그램은 항상 개별화되어야 하고, 코치와 트레이너는 피로의 징후를 찾아야 한다. 스포츠 현장에서 훈련의 가장 큰 문제 중 하나는 양(Quantity)에 비해 질(Quality)이 희생된다는 것이다. 계획은 트레이닝 프로그램 설계를 위한 지침으로만 사용되어야 하며 절대적이어선 안된다. 대신, 세션 별 진행 상황과 차질을 기록하고 트레이닝프로그램을 수정하는데 활용해야 한다. 트레이너는 선수가 특정 부하에 대해 권장된 반복횟수를 수행할 수 없거나 원하는 반복횟수를 폭발적이고 적절한 기술로 수행할 수 없는 시점을 주시해야 한다. 이러한 판단은 특히 트레이닝의 최대근력 단계에서 중요한데 이 단계의 주요 목표는 신경계 적응을 달성하는 것이다.

운동 개수

효과적인 트레이닝 프로그램의 핵심은 적절한 운동 개수 선택이지만 이러한 결정이 그리 쉽지만은 않다. 일부 지도자들은 욕심을 부려 더 많은 근육을 운동시키기 위하여 과도한 운동 개수를 고집한 결과 선수는 과부하로 인한 피로가 누적된다. 운동의 개수와 종류는 선수의 연령과 경기력 그리고 트레이닝 수준에 따라 신중하게 선택해야 한다.

나이와 경기력 수준

주니어나 초급 선수를 위한 트레이닝 프로그램의 주요 목표 중 하나는 탄탄한 해부학적·생리학적 토대를 개발하는 것이다. 체력 트레이닝을 위해 지도자는 주요 근육 그룹을 다루는 많은 운동(9~12개)을 선택해야 한다. 이러한 프로그램은 선수의 나이와 높은 성적을 얻기 위한 기대 연령에 따라 1~3년 정도 지속될 수 있다.

반면, 상급 선수들의 주요 트레이닝 목표는 가능한 한 최고 수준의 성적을 내는 것이다. 특히, 시합 단계에서 그들의 근력 트레이닝 프로그램은 스포츠-특이적이어야 하며, 관련 주동근을 훈련하기 위한 몇 가지 운동(2~4개)만 포함되어야 한다.

원칙적으로, 사지의 힘보다 먼저 몸통(코어) 근력을 기른다.

스포츠 요구

엘리트 선수들을 위한 근력 트레이닝은 선택된 스포츠의 특정한 요구를 충족시키고 그 스포츠에서 지배적인 주요 근육을 다루어야 한다. 예를 들어, 엘리트 높이뛰기 선수는 주요 근육을 적절히 강화하기 위해 3~4가지 운동만 수행하면 될 수 있다. 반면, 레슬링 선수나 미식축구 선수 또는 다양한 면(Multi-plane)의 동작이 사용되는 스포츠 선수는 4~6가지의 운동을 수행해야 할 수도 있다. 그리고 모든 단거리 선수들은 무릎을 편 자세에서의 엉덩관절 폄 운동(햄스트링), 무릎을 굽힌 자세에서의 엉덩관절 폄 운동(볼기근), 무릎 폄 운동(넙다리네갈래근), 발목의 발바닥쪽 굽힘 운동(종아리 근육)을 각각 한 가지씩 해야 한다. 이처럼 스포츠에서 사용되는 주동근이 많을수록 더 많은 가지 수의 운동이 필요하지만 다관절 운동을 적절히 활용하면 운동 개수를 낮출 수 있다.

트레이닝 단계

전환기 이후에는 새로운 연간 계획으로 향후 트레이닝 프로그램을 준비 해야한다. 일반적인 근력트레이닝 프로그램에서는 준비 단계 초기에 해부학적 적응이 바람직하다. 프로그램에 대부분의 근육 그룹을 포함하려면 스포츠 특성에 관계 없이 운동 가지 수가 많아야 한다(9~12개).

트레이닝 프로그램이 진행됨에 따라 운동 개수는 줄어들게 되어 시합 단계에는 스포츠 종목에 필수적이고 구체적인 운동 2~5가지만 수행한다. 예를 들어, 미식축구, 하키, 농구 및 배구 선수는 준비 단계에서 8~9가지 운동을 수행하지만 리그 시즌에는 3~4가지의 운동만 수행한다. 이처럼 트레이너는 운동 개수를 선택적으로 활용함으로써 트레이닝의 효율성을 높이고 선수들의 전반적인 피로를 낮출 수 있다.

근력트레이닝은 기술 및 전술 훈련에 추가하여 수행한다. 요컨대, 트레이닝에 사용하는 부하와 트레이닝 세션당 운동 개수 사이에는 역관계가 존재한다. 운동 개수의 감소는 운동선수가 특정 스포츠 종목에 대한 트레이닝을 하고 있다는 것을 나타낸다. 운동 종목의 수가 줄어들수록 운동 당 세트 수가 늘어나며 이러한 방식을 통하여 근육의 힘과 경기력을 위한 파워를 최적화하기 위해 특정 주동근에 더 많은 운동량이 할당된다. 일단 시합 시즌이 시작되면 점진적 적응보다는 생리적 적응 상태를 유지할 수 있게 적은 개수의 운동과 적정 수준의 세트 수를 통해 운동량을 조절한다.

일부 스포츠(축구, 육상, 사이클링 등)에서는 상체가 최소한으로 관여하지만 다수의 근력 프로그램은 상체를 위한 운동을 강조한다. 또한 보디빌딩 이론의 영향을 받은 대다수의 트레이너들은 운동선수들에게 무리한 운동을 권장하는 경향이 있다. 훈련하는 운동의 개수가 많은 선수는 실제로 목표로 하는 주요 근육을 대상으로 운동할 때 세트 수를 줄일 수밖에 없다. 이러한 접근 방식은 운동량이 너무 높아서 피로해지거나, 주동근의 트레이닝 적응이 낮아서 효과가 매우 떨어진다.

고강도의 높은 적응트레이닝과 그에 따른 경기력 향상을 원한다면 스포츠 특이적으로 선택된 운동에 더 많은 세트를 수행해야 한다. 지도자는 마이크로사이클 동안 기초 운동에 필요한 세트를 많은 세션에 걸쳐 분산시킬 수도 있지만 단 몇 번의 세션에 집중시킬 수 있다. 첫 번째 선택의 경우 선수가 짧은 세션을 수행하고 더 많은 보조 운동을 포함할 수 있도록 하는 반면, 두 번째 선택은 더 긴 시간의 세션이 필요하며 보조 운동은 감소될 것이다.

운동의 순서

운동의 순서를 결정하기 위해 첫 번째로 고려해야 할 요인은 운동의 복잡성이다. 복합관절 운동(일반적으로 특정 스포츠 동작과 유사한 운동동작의 주요 근육을 대상으로 하는 운동)은 신경계가 피로하지 않은 상태에서 먼저 수행되어야 한다. 따라서 운동의 순서를 선택할 때, 지도자는 스포츠의 기술을 수행하는 데 관여하는 주요 근육을 고려해야 하며 운동의 복잡성의 순서에 따라 운동을 배치해야 한다.

스포츠를 위한 근력 트레이닝은 보디빌딩의 방법론으로부터 많은 영향을 받았다. 예를 들어, 근력 트레이닝 일부 교재에는 소근육을 먼저 운동시키고 그 다음에 대근육을 운동시킬 것을 제안한다. 그러나 이러한 접근 방식은 소근육을 피로하게 하고, 이로 인해 선수들은 대근육을 효과적으로 트레이닝시킬 수 없게 된다. 대근육 그룹은 스포츠의 주요 근육이며, 주요 근육들은 피로하지 않은 상태에서 트레이닝하는 것이 매우 중요하다.

보디빌딩계에서 많이 사용되는 또 다른 트레이닝 방법은 사전탈진법이다. 이 방법은 복합관절 운동(스쿼트)을 수행하기 전에 단순관절 운동(레그 익스텐션)으로 주요 근육을 지치게 하는 것이다. 이것은 보디빌더들에게 유용할 수 있지만, 연구들은 스포츠에서의 유용성에 대해 의문을 제기한다(Augustsson et al., 2003).

그러므로 트레이너는 근비대 트레이닝의 단계에서도 이 방법을 피해야 한다. 그 대신, 스포츠를 위한 근력 트레이닝 프로그램의 주요 운동은 주동근들이 함께 움직이는 복합관절 운동이어야 한다. 단순관절 운동은 해부학적 적응과 같이 초기 준비 단계에서 사용될 수 있지만, 점차적으로 제외시켜야 한다. 스포츠를 위한 트레이닝은 운동선수의 미적 매력을 향

스포츠 트레이닝의 주기화

표 6.4 운동 순서 배열의 비교

순서	운동	세트	횟수	휴식 간격 (분)	순서	운동	세트	횟수	휴식 간격 (분)
1	스쿼트	4	3	3	↓	스쿼트	4	3	1.5
2	벤치프레스	4	3	3	↓	벤치 프레스	4	3	1.5
3	레그 컬	4	3	3	↓	레그 컬	4	3	1.5
4	랫 풀다운	4	3	3	↓	렛 풀다운	4	3	1.5
5	스탠딩 카프 레이즈	3	6	2	↓	스탠딩 카프 레이즈	3	6	1.5
6	케이블 어덕션	3	6	2	↓	케이블 얻거션	3	6	1.5
7	웨이티드 싯업	3	6	2	↓	웨이티드 싯업	3	6	2
세션 시간		65분			세션 시간		45분		
동일한 운동 세트 사이의 휴식		2-3분			동일한 운동 세트 사이의 휴식		14분		

상시키는 것이 아니라 근력, 파워, 지구력을 최적화하는 것이다.

특정 스포츠 종목과 유사한 기술을 근력 트레이닝에서 모방하는 것은 그 종목을 수행하는 데 큰 도움이 될 수 있다. 예를 들어, 배구 선수가 스파이크와 블로킹을 하는 동작은 하프 스쿼트와 발끝 들어 올리기(toe raise)와 유사하기 때문에 적합하다. 따라서 관련된 근육의 사슬은 점프와 동일한 순서로 작용한다. 이처럼 운동선수는 소근육과 대근육의 우선순위 보다 스포츠 특유의 동작을 모방하고 이때 작용하는 근육군들을 훈련하는 것이 중요하다.

지도자가 운동의 순서를 선택하는 두 가지 방법은 수평 순서와 수직 순서이다(그림 6.4).

- 첫 번째 방법: 수평 순서. 첫 번째 운동의 모든 세트를 수행한 후 다음 운동으로 넘어가는 방법이다. 휴식 시간이 충분하지 못하면 한 가지 운동의 모든 세트를 수행할 때까지 큰 국소피로를 유발할 수 있다. 결과적으로 파워나 최대근력보다는 근비대를 유발할 수 있으며, 휴식 시간이 긴 최대근력 트레이닝의 경우 전체 트레이닝시간이 길어질 수 있다.

- 두 번째 방법: 수직 순서 또는 근력 서킷. 일일 프로그램 표에 나열된 순서로 운동을 수행하며, 첫 번째 운동을 다시 시작할 때쯤에는 관련 근육이 거의 회복된 상태가 된다. 회복율을 높이기 위해 길항근 그룹이나 상체와 하체를 번갈아가며 시행할 수 있

다. 전신의 모든 부위를 운동할 경우 권장되며 하지 밀기 동작, 상지 밀기 동작, 하지 당기기 동작, 상지 당기기 동작 등으로 활용할 수 있다.

반복 횟수와 템포

수행 속도(템포)는 근력운동에서 부하의 중요한 요인이지만, 아직까지 정확하게 이해하는 데 어려움이 있다. 예를 들어, 1RM의 85%가 넘는 부하를 천천히 들어 올리는 것은 보디빌딩을 위한 운동을 할 때 당연하다고 생각할 수 있지만 반드시 그렇지는 않다. 폭발적인 파워가 요구되는 종목의 선수는 1RM의 95% 무게까지 빠르게 들어올릴 수 있어 무거운 부하에서도 높은 수준의 파워를 발휘할 수 있다.

이것은 신경계를 훈련시켜 최단시간 내에 모든 운동단위를 활성화하도록 만드는 것인데 근육 간 협응 훈련(폭발적으로 중간 및 무거운 무게 들어올리기)에서 근육 내 협응 훈련(최대무게를 폭발적으로 들어올리거나 노력하기)을 통해 달성할 수 있다(Behm and Sale 1993). 표 6.5와 표 2.2 참고.

최대근력(1RM의 70~100%) 향상을 위한 반복 횟수는 매우 적으며(1~5회) 순발력 향상(1RM의 50~80%)의 경우 반복 횟수는 중간(1~10회, 동적으로 수행) 수준이다. 근지구력은 적게는 10~30회, 중간 지속시간의 근지구력은 30~60회, 긴 지속시간의 근지구력은

표 6.5 최대근력단계 및 파워단계에서 사용되는 강도 및 반복

	% 1RM	MxS-II	MxS-I	Power
근육 내 협응	100	1		
	95	1-2		
	90	1-3		
	85	3-5		
근육 간 협응	80		3-5	
	75		3-5	
	70		3-5	1-2
	65			1-3
	60			3-5
	55			3-5
	50			3-5

스포츠 트레이닝의 주기화

최대 200회까지 높은 반복횟수를 필요로 한다. 20회의 반복 횟수가 근지구력을 향상시키는 데 적합하다고 생각하는 지도자들은 여기서 제안하는 많은 반복 횟수에 놀랄 수도 있다. 그러나 20회의 반복 횟수는 조정, 카약, 카누, 장거리 수영, 크로스컨트리 스키 등 중·장시간의 근지구력이 필요한 스포츠 종목의 경기력에 큰 도움이 되지 않는다.

근력운동에서 속도는 매우 중요한 요소다. 근력운동의 최대 효과를 위해 적어도 단축성 수축 단계에서의 수행 속도는 빠르고 폭발적이어야 한다. 수행 속도의 핵심은 저항에 대항하는 힘을 가하는 방법이다. 예를 들어 미식축구, 던지기 선수, 스프린터가 무거운 짐(1RM의 90% 이상)을 들어 올릴 때 동작이 느려 보일 수 있지만, 저항에 대한 힘은 최대한 빠르게 가해진다. 이와 같은 방법으로 동작을 수행하지 않는다면 신경계는 저항에 대응할 때 필요한 모든 높은 빈도의 운동단위를 동원하지 않는다. 오직 빠르고 강력한 힘을 적용하는 것이 근섬유를 빠르고 자발적으로 동원시키는 데 도움이 될 것이다. 최근 연구에서 6주간 단축성 수축 시 의도된 최대 속도와 그 속도의 50%에서 트레이닝했을 때 모든 부하에서 빠른 속도의 근수축이 느린 속도과 비교하여 최대근력이 2배 증가했음을 입증했다(Gonzalez-Badillo et al., 2014).

이러한 이유로, 근수축 속도는 근력운동에서 매우 중요한 역할을 하기 때문에 폭발적인 근력을 얻기 위해선 높은 중량으로 인해 바벨의 움직임을 빠르게 움직일 수 없더라도 근수축을 빠르게 하는데 집중해야 한다. 또한 무거운 하중(1RM의 70% 이상)에서 수행되는 빠른 수축 속도가 속근섬유를 신속하게 동원하는데 기여하여 최대근력과 파워를 향상시킨다. 훈련 단계에 대한 적정 수행속도는 표 6.6에 표시되어 있다.

단축성 수축 시 운동 가동범위 내에서 보통 속도를 유지하여 운동하는 것은 대사 스트레스와 근력을 증가시키고 근비대에 도움이 된다. 보통 속도에서는 주어진 장력을 유지하며 더 많은 운동제어와 반복 횟수를 수행하기 때문에 해부학적 적응 단계에서 사용될 수 있다. 신장성 수축은 3~4초 정도, 신장성 수축에서 단축성 수축으로의 전환을 위해 1초 동안 정지한 다음 단축성 수축으로 2초를 수행한다. 특히 스포츠 동작의 대부분은 단축성 수축이 필요하기 때문에 빠르고, 폭발적인 단축성 수축을 해야 한다.

수축 속도는 최대근력, 파워, 파워지구력 그리고 근지구력 단계에서 가능한 한 빨라야 한다. 최대근력 단계에서는 3~4초의 신장성 수축에 이어 폭발적인 단축성 수축을 수행해야 한다. 신장성 수축에서 단축성 수축으로의 전환은 이 단계에서 조작될 수 있다. 단축성 수축 강도를 최대화하는 최선의 방법은 단축성 수축 전 1~2초 동안 일시 중지함으로써 신장성 수축 단계에서 반사 또는 탄성을 제거하는 것이다. 이러한 방법은 최대근력 운동 단계의 초기 단계에서 사용해야 한다.

예를 들어, 벤치 프레스를 할 때 팔을 뻗으면 단축성 수축이 형성되고, 바벨을 가슴 높이로 되돌리고 가슴 근육을 스트레칭하면 신장성 수축이 형성된다. 한편, 신장성 수축이 빠르게 실행될 경우 뒤따르는 단축성 수축의 힘을 증가시켜 '근육 신장 반사'라고 하는 것을 유도할 수 있다. 이를 이용한 플라이오메트릭 트레이닝은 빠르고 폭발적인 단축성 수축을 통해 주요 근육의 생리학적 특성을 높여 스포츠 능력을 향상시킨다.

운동선수가 가슴으로 빠르게 바를 내리면 근육의 신경 메커니즘이 고조되고, 힘줄에 탄성 에너지가 저장돼 단축성 수축에 사용된다. 따라서 신장성 수축 이후 잠시 정지하고 바의 상향 운동을 신장성 수축의 긍정적인 영향 없이 순수 단축성 수축으로 만들면 순수 단축성 수축력을 증가시킬 수 있다. 이 방식은 선수가 치팅 동작을 하거나 무게를 반동시키는 것을 방지함으로써 운동범위가 일정한 운동이 가능하다. 가능하여 근육 내 협응동작을 개선시킨다.

이 방법은 선수가 고원 현상을 극복하는 데 사용될 수 있다. 지도자는 단축성 수축력의 최대화 또는 스포츠 특유의 신경근 패턴(주로 신장성-단축성)의 모방 중 어느 것에 집중할 것인지 결정해야 한다. 결국 최대근력 단계에서는 전자에서 후자로 전환되어야 한다.

템포는 설정된 지속시간과 직결된다. 이것은 반복당 장력이 가해지는 시간을 나타내며, 세트의 반복 횟수를 곱하면 세트 지속시간이 결정된다. 각 트레이닝 단계마다 추구하는 훈

표 6.6 트레이닝 단계별 수행 속도

트레이닝 목표	운동 수행 속도	
	신장성 국면	단축성 국면
AA	느리게	느리거나 빠르게
Hyp	느리게	빠르게
MxS	느리게	빠르게
P	빠르게	빠르게
PE	빠르게	빠르게
MES	빠르게	빠르게
MEM	중간	중간/빠르게
MEL	중간	중간

키: AA = 해부학적 적응, Hyp. = 비대, MEL = 근육 지구력, MEM = 근육 지구력, MES = 근육 지구력, MxS = 최대 강도, P = 파워, PE = 파워 지구력

* 밀기 운동

표 6.7 세트 지속시간 및 트레이닝 효과

세트 지속시간	트레이닝 효과
2~12초	근비대의 이득(상대근력)과 파워 향상 없는 근력 증가
15~25초	근비대가 동반된(절대근력) 근력향상
30~60초	근비대
15~30초(세트)	파워 지구력
30~120초(세트)	단기 근지구력
2~8분(세트)	중기 근지구력
8분 이상	장기 근지구력

련 효과에 따라 반복을 수행하는 이상적인 방법이 있다. 이 특이성은 에너지 시스템과 설정 기간에도 적용된다. 다양한 세트 기간에 대한 트레이닝 효과는 표 6.7에 제시되어 있다.

세트 수

세트는 운동 당 반복횟수와 휴식 간격을 말하며 운동의 가지 수와 강도에 따라 달라진다. 운동 개수가 늘어날수록 운동 당 세트 수는 줄어드는데 그렇지 않으면 운동량이 너무 많아지기 때문이다. 또한 세트당 반복 횟수와 운동당 세트 수 사이에는 역의 관계가 있다. 예를 들어, 조정 선수, 카누 선수, 또는 크로스컨트리 스키 선수가 장기간의 근지구력을 향상시키려 하는 경우 핵심 요소는 세트당 반복 횟수다. 반복 횟수가 많기 때문에 이 선수들은 3세트 이상을 수행하기가 어렵다.

　세트 수는 선수의 능력, 잠재력, 근육 그룹의 수, 그리고 트레이닝 단계에 따라 달라진다. 예를 들어, 높이뛰기 선수나 다이빙 선수는 각각 4~6세트씩 3~5가지 운동을 사용할 수 있다. 운동 개수가 많을수록 더 적은 수의 세트가 필요하게 되며, 이는 주동근 적응에 있어 문제점을 가져올 수 있다. 다리, 상반신, 팔의 여러 근육 그룹을 포함하는 8가지 운동으로 훈련하는 가상의 높이뛰기 선수를 생각해보자. 각각의 운동이나 근육 그룹에 대해 선수는 880파운드(약 400kg)의 일을 수행한다. 선수는 4세트만 할 수 있기 때문에 근육군당 총 운동량은 3,520파운드(약 1,600kg)다. 그러나 운동 개수를 4개로 줄이면 근육군 1개당 총 7,040파운드(약 3,200kg)에 총 8세트를 할 수 있다. 따라서 운동선수는 운동 총수를 줄이고 세트 수를 늘림으로써 주요 근육군에 대한 총운동량을 두 배로 늘릴 수 있다.

운동 세션당 수행되는 세트 수도 훈련 단계에 따라 다르다. 준비기(프리시즌) 단계, 특히 해부학적 적응 단계 동안 대부분의 근육 그룹은 적은 수의 세트로 많은 운동을 한다. 그러나 시합 단계가 다가올수록 트레이닝은 더 구체적이게 되고 운동의 개수는 줄어드는 반면, 세트 수는 증가한다. 마지막으로 경기 단계(시즌)에는 운동의 목적이 일정 수준의 근력이나 근력의 조합을 유지하는 것이라면 세트 수를 포함한 모든 것이 감소하여 선수는 주로 스포츠 종목의 특수성에 따라 기술과 전술훈련에 집중해야 한다.

시합 시즌이 매우 긴 스포츠팀 선수는 누적된 피로와 회복 그리고 운동으로 인한 부정적인 영향의 가능성을 줄이기 위해 운동당 몇 세트(2, 3 또는 최대 4세트)만 수행한다.

반면에 개인 스포츠에서 잘 트레이닝된 선수는 3세트, 6세트 심지어 8세트를 수행할 수 있다. 많은 세트를 수행하는 것은 분명히 좋은 결과를 가져올 것이다. 주요 근육을 위한 기초 운동을 많이 수행할수록 운동량이 현저하게 증가하여 높은 근력 향상을 보이고, 결국 경기력에 좋은 영향을 미칠 것이다.

휴식시간

근력운동을 위한 에너지는 매우 중요하다. 트레이닝 중 주어진 부하와 운동 시간에 따라 그에 맞는 에너지 시스템이 활용된다. 고강도 근력운동을 하는 동안 에너지 저장고는 부담을 가질 수 있으며, 심지어 완전히 소진될 수도 있다. 따라서 다음 세트를 수행하기 전에 고갈된 연료를 보충하기 위해 반드시 휴식을 취해야 한다.

사실 세트나 트레이닝 세션 사이의 휴식 시간은 운동 자체만큼이나 중요하다. 세트 간에 허용되는 휴식 시간은 다음 세트 이전에 회복할 수 있는 에너지의 양을 결정한다. 따라서 트레이닝 중 불필요한 생리학적·심리적 스트레스를 피하기 위해서는 휴식 시간의 세심한 계획이 중요하다.

휴식 시간의 지속시간은 향상시키고자 하는 근력의 유형, 부하, 템포, 기간, 운동하는 근육의 수, 컨디셔닝 정도 등 몇 가지 요인에 따라 달라진다. 근육이 크고 무거운 선수는 가벼운 운동선수에 비해 회복 속도가 느린 경향이 있기 때문에 운동선수의 체중도 고려해야 한다.

세트 간 휴식 시간

휴식 시간은 트레이닝에서 사용하는 부하와 발달시키고자 하는 근력의 형태에 따라 중요한 영향을 미친다(표 6.8 참조).

표 6.8 세트 간 휴식 시간에 대한 권장사항

트레이닝 강도	부하	%1RM	휴식시간(분)
1	최고	>105	4-8
2	최대	90-100	3-6
3	고	85-90	3-5
4		80-85	
5	중	70-80	2-3
6		50-70	
7	저	30-50	0.5-2

휴식 시간 동안 고에너지 화합물인 아데노신삼인산(ATP)과 크레아틴 인산염(CP)은 휴식시간에 비례하여 보충된다. 휴식시간이 제대로 주어지면 크레아틴 인산염은 완전 또는 거의 완전히 회복될 수 있고, 젖산은 더 느리게 축적되기 때문에 운동 내내 높은 운동량을 유지할 수 있다. 휴식 간격이 1분보다 짧으면 젖산 농도가 높아지고, 30초보다 짧으면 젖산 수치가 높아 트레이닝을 잘 받은 선수들도 참기 어려울 정도다. 반면에 적절한 휴식 간격은 축적을 감소시키고 근육에서 젖산을 쉽게 제거한다.

일부 스포츠는 선수들이 젖산 제거를 하지 않을 것을 요구한다. 예를 들면 단거리 달리기, 수영, 조정, 카누, 일부 팀 스포츠, 권투, 레슬링 등이 있다. 이러한 스포츠에서 선수들을 위한 근력 트레이닝은 다음 요소들을 고려해야 한다.

- 30초 동안 휴식을 취하면 ATP-CP의 약 50%가 회복된다.
- 근육의 에너지 기질을 복원하고 높은 출력을 활성화하기 위해서는 15~20회의 반복 횟수 동안 1분간의 휴식시간을 제공하는 것은 불충분하다.
- 최대근력 운동 시 축적된 피로와 그에 따른 휴식시간이 너무 짧으면 운동 신경 세포의 방출 속도가 줄어들어 속도가 감소한다. 이 효과는 3분 휴식시간(Bigland-Ritchie et al., 1983) 후에는 발생하지 않는다. 사실, 3분 이상의 휴식시간은 거의 완전한

트레이닝 변인 설계

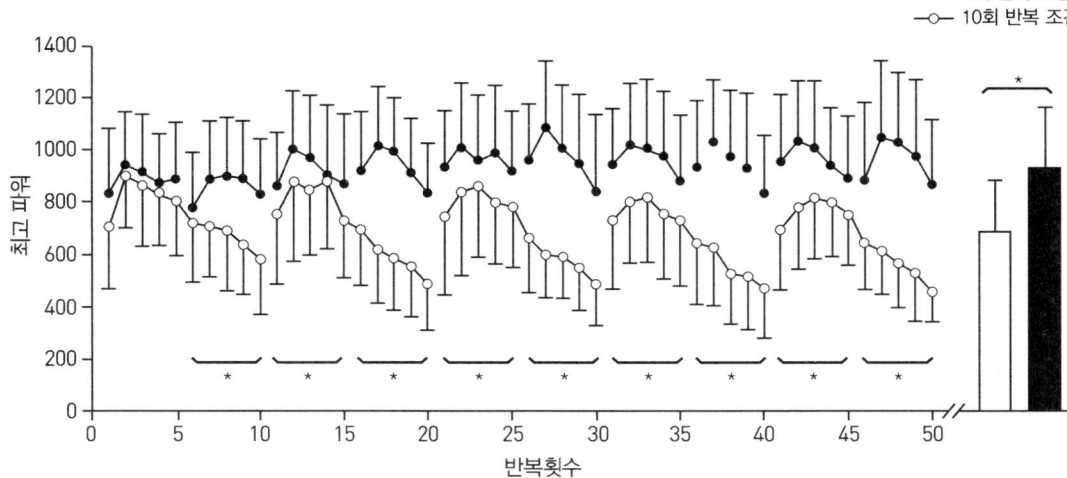

그림 6.2 실패지점까지 반복한 10회 반복 5세트 조건과 실패를 경험하지 않은 5회 반복 10세트 조건의 최고 파워 비교

Reprinted from E.M. Gorostiaga, I. Navarro-Amézqueta, J.A.L. Calbet, et al., "Energy Metabolism During Repeated Sets of Leg Press Exercise Leading to Failure or Not," *PLoS ONE* 7, no. 7 (2012): e40621. Distributed under the terms of the Creative Commons Attribution License.

표 6.9 실패에 대한 10명 중 5명 중 실패에 대한 5명 중 10명 중 실패에 대한 대사 반응

	10회 반복 조건			5회 반복 조건		
	운동 전	1세트 이후	마지막 세트 이후	운동 전	1세트 이후	마지막 세트 이후
ATP	6.46 ± 0.56	6.42 ± 0.57	4.90 ± 0.39	6.58 ± 0.35	6.19 ± 0.59	6.09 ± 0.41
ADP	0.86 ± 0.03	0.91 ± 0.10	0.92 ± 0.11	0.86 ± 0.04	0.89 ± 0.08	0.87 ± 0.08
AMP	0.07 ± 0.04	0.09 ± 0.03	0.09 ± 0.04	0.08 ± 0.04	0.08 ± 0.03	0.08 ± 0.03
TAN	7.37 ± 0.59	7.42 ± 0.67	5.91 ± 0.44	7.52 ± 0.36	7.16 ± 0.66	7.04 ± 0.49
IMP	0.01 ± 0.00	0.08 ± 0.11	0.87 ± 0.69	0.01 ± 0.00	0.01 ± 0.00	0.01 ± 0.02
PCr	21.0 ± 8.86	7.75 ± 5.53	3.15 ± 2.88	19.5 ± 4.06	11.68 ± 7.82	14.47 ± 7.24
Cr	8.93 ± 4.96	25.45 ± 3.80	22.90 ± 6.89	8.40 ± 3.25	16.97 ± 6.33	15.57 ± 5.01
PCr + Cr	29.91 ± 5.19	34.55 ± 6.23	26.06 ± 8.44	27.90 ± 3.65	30.56 ± 6.19	30.15 ± 8.46
La	1.70 ± 1.18	17.20 ± 3.50	25.01 ± 8.09	2.02 ± 1.05	7.10 ± 2.54	5.80 ± 4.62
Energy change	0.933 ± 0.006	0.927 ± 0.004	0.909 ± 0.014	0.932 ± 0.007	0.927 ± 0.006	0.928 ± 0.006

키: ATP = 아데노신삼인산, ADP = 아데노신이인산, AMP = 아데노신일인산, TAN = 토탈 아데닌 뉴클레오티드, IMP = 이노신일인산, PCr = 포스포크레틴, Cr = 크레아틴, La = 젖산염

Reprinted from E.M. Gorostiaga, I. Navarro-Amézqueta, J.A.L. Calbet, et al., "Energy Metabolism During Repeated Sets of Leg Press Exercise Leading to Failure or Not," *PLoS ONE* 7, no. 7 (2012): e40621. Distributed under the terms of the Creative Commons Attribution License.

ATP-CP 복원이 가능하다.
- 휴식시간(3분 이상)이 길수록 햄스트링 근력이 향상된다(Pincivero, Lephart, & Karunakara, 1997).
- 단축성 실패지점을 경험하는 세트는 단축성 실패지점을 경험하지 않는 세트보다 회복 시간이 훨씬 더 많이 소요된다. 예를 들어, 1RM의 70%(15% 완충) 무게로 5회 반복하는 세트를 수행하는 데 1~2분의 회복 시간이 필요할 것이다. 하지만 실패지점까지 반복 횟수 12~15회를 수행한다면 회복 시간은 5분 이상이 걸릴 수 있다(그림 6.2 참조). 실패지점을 경험한 이후 후 4분간의 휴식 시간은 근육 내에서 젖산을 제거하거나 글리코겐 같은 에너지 요구량을 보충하기에는 불충분하다.
- 또한 파워 출력과 대사적 측면은 다음 두 가지 선택에 따라 다르게 나타난다. 동일한 무게를 이용하여 단축성 실패를 경험하고 10회 반복 5세트를 수행한 경우와 단축성 실패를 경험하지 않고 5회 반복 10세트를 수행한 경우다(Gorostiaga et al. 2012). 단축성 실패를 경험하지 않은 경우 평균 파워 출력이 높았고, 마지막 세트 이후 높은 ATP 수준(6 vs. 4.9 mmol), 높은 PC 수준(14.5 vs 3.1 mmol), 낮은 젖산 수준(5.8 vs. 25 mmol)을 보였다(그림 6.2와 표 6.9 참조).

세트 간 휴식 시간에 따라 ATP-PC의 보충되는 정도는 달라진다. 즉, 휴식 시간이 짧을수록 ATP-PC가 복원되지 않고, 결과적으로 다음 세트에 사용할 수 있는 에너지가 줄어든다. 따라서 세트 간의 부적절한 휴식 시간의 결과 중 하나는 젖산 시스템에 대한 의존도가 증가한다는 것이다. 휴식 시간이 너무 짧으면 젖산 시스템은 후속 세트에 필요한 대부분 에너지를 제공하게 되어 파워 출력 감소와 활동근의 젖산 축적을 초래하고 통증과 피로가 유발되어 비효율적인 트레이닝이 된다.

따라서 근비대나 젖산 내성을 위한 트레이닝이 아니라면 파워 출력을 유지하고 과도한 젖산 축적을 예방하기 위해서는 긴 휴식 간격이 필요하다.

부적절한 휴식 시간의 두 번째 결과는 국소 근육과 중추신경계의 피로다. 대부분의 연구 결과는 피로의 원인과 부위를 다음과 같이 설명한다.

- **운동 뉴런**. 신경계는 운동 뉴런을 통해 근육 섬유에 자극을 전달한다. 신경자극은 특정 주파수를 가지고 있다. 신경 자극의 빈도가 높을수록 근육 수축이 강해져서 무거운 무게를 들어 올리거나 전력 질주를 할 수 있다. 신경 자극의 방출 빈도는 피로의

영향을 크게 받는다. 특히, 피로가 증가함에 따라 신경자극의 방출 빈도가 낮아져 근수축력이 감소한다(Ranieri & Di Lazzaro, 2012; Taylor, Todd, & Gandevia, 2006). 따라서 최대근력 단계에서 중추신경계 회복을 위해서는 더 긴 휴식 시간(최대 8분)이 필요하다.

- ***신경근 접합부***. 근신경 접합부는 신경 자극을 근육으로 전달하는 근섬유의 신경 부착이다. 이 부위의 피로는 주로 신경 말단에서 화학전달물질(즉, 신경전달물질)의 방출 증가로 인해 발생한다(Tesch, 1980). 선수가 세트를 수행한 후 2~3분 간격으로 휴식을 취하면 신경의 전기적 특성은 일반적으로 정상 수준으로 돌아온다. 그러나 최대 부하를 사용한 최대근력 트레이닝이나 스피드 또는 스피드 지구력 트레이닝 같은 강력한 수축을 수행한 후 충분한 회복을 위해서는 5분 이상의 휴식 시간이 필요하다.

- ***수축기전***. 근육의 수축기전(액틴과 미오신)도 피로와 운동수행력 저하를 초래할 수 있다. 특히, 고강도로 반복되는 근수축으로 인해 산성화된 근육은 최고 장력(근육이 최대한 수축하는 능력)을 감소시키고 근육의 신경자극 반응에 영향을 미친다(Fox, Bowes, & Foss, 1989; Sahlin, 1986). 또한 수축하는 근육은 장기간(30분 이상) 운동 중에 발생하는 근 글리코겐 고갈에 의해 피로해진다(Conlee, 1987; Karlsson & Saltin, 1971; Sahlin, 1986). 간 글리코겐을 포함한 다른 에너지원은 운동 중 근육의 에너지 요구량을 완전히 감당할 수 없다.

중추신경계는 국소 근육 피로의 영향을 받을 수 있으며 이것은 주로 단축성 실패가 발생한 세트의 결과이다. 트레이닝 동안 근육 내부에서는 운동을 수행할 수 있는 능력에 영향을 미치는 화학적 장애가 발생한다(Bigland-Ritchie et al., 1983; Hennig & Lomo, 1987). 이러한 화학적 교란의 영향이 중추신경계로 신호를 보내면 뇌는 신체를 보호하기 위해 약한 신경자극을 활동근에 전달하여 운동능력을 감소시킨다.

근력 트레이닝 빈도

근력 트레이닝 세션 사이의 휴식 간격의 기간과 빈도는 컨디션과 회복 능력, 트레이닝 단계, 트레이닝에 사용되는 에너지원에 따라 다르다. 컨디션이 좋은 선수는 항상 더 빨리 회복한다. 특히 선수들은 트레이닝이 시합기로 진행됨에 따라 최고의 신체적 잠재력에 도달해야 한다. 일반적으로 근력트레이닝은 기술 또는 전술 훈련 후에 이루어지며 기술 및 근력트레이닝 중에 동일한 에너지 시스템과 연료(예: 글리코겐)를 사용하는 경우 글리코겐의 완전한

스포츠 트레이닝의 주기화

복원을 위해 48시간이 필요하기 때문에 다음 트레이닝은 이틀 후에 계획해야 한다(Fox, Bowes, & Foss, 1989; Piehl, 1974; Stone et al. 2007). 탄수화물이 풍부한 식단도 글리코겐 수치를 이틀 이내에 정상으로 만들지 못한다.

준비기 때와 같이 근력 운동만 수행한다면 글리코겐은 더 빠르게 회복할 수 있다(5시간 내에 55%, 24시간 내에 거의 100%). 빠르게 회복할 수 있다는 것은 근력운동의 빈도를 증가시킬 수 있다는 것을 의미한다. 단축성 수축 시 실패를 경험하지 않는 여러 세트의 낮은 반복 횟수 후 적절한 휴식 시간을 제공한다면 주로 관련된 에너지 시스템이 무산소성 ATP-PC 시스템이기 때문에 글리코겐 복원은 문제가 되지 않는다.

근력트레이닝 세션의 계획도 근육 단백질의 회복에 필요한 시간을 고려해야 한다. 트레이닝되지 않은 사람이 단축성 수축과 신장성 수축 작용의 조합을 포함하는 저항 트레이닝 프로그램에 참여하며 운동 후 48시간까지 근섬유 파괴(단백질 파괴)가 지속된다(Gibala et al., 1995; Bompa and Haff 2009). 하지만 근육 단백질 합성의 증가가 분해보다 크기 때문에 근력 운동 세션 후 탄수화물과 단백질을 섭취함으로써 단백질 합성 및 근섬유 재건을 증가시킬 수 있다. 근육 단백질 회복 현상은 트레이닝된 선수가 더 빨리 일어날 수 있다.

마지막으로, 근력운동 세션을 계획할 때 고려해야 할 가장 중요한 요인은 신경계 피로일 것이다. 연속적으로 고강도 운동을 계획하는 것은 신경 회복을 위한 시간이 충분하지 않다. 예를 들어, 월요일에는 최대근력 트레이닝을 하고 화요일에는 플라이메트릭 트레이닝을 한다면 두 세션 모두 유사한 신경 경로를 이용하기 때문에 두 세션 사이의 회복 시간이 불충분하며, 매우 적은 운동량을 하지 않는 한 부상이나 과도한 트레이닝의 징후가 나타날 수 있다.

따라서 스포츠과학 연구에서는 근력이나 유산소 트레이닝 후의 회복은 운동의 강도가 유사하거나 더 공격적인 트레이닝 세션에 참여하기 전에 신체 시스템이 재생되고 자극에 적응할 시간을 허용하기에 충분해야 한다고 강하게 주장한다. 트레이닝 영역에서 회복은 트레이닝에 적용되는 자극만큼 중요한 역할을 한다. 근력, 파워, 지구력 또는 근육 크기의 증가를 위해서는 에너지가 복원되고, 신경계가 회복되어야 하며, 순 단백질 균형(합성-분해)이 긍정적으로 유지되어야 한다.

인산염의 복원

아데노신 삼인산(ATP)는 신체의 에너지원이며, 크레아틴 인산은 ATP 대사의 결과인 ADP에서 새로운 ATP를 생성하는데 사용된다. 인산염이나 글리코겐 같은 인체의 에너지 기질은 바벨을 들거나 고도의 대사 활동을 함으로써 서서히 발생하는 피로 때문에 감소한다. 신체는 인산염과 글리코겐의 복원을 통해 운동 전의 상태(또는 그 이상)로 에너지 공급을 회복하고 보충한다.

표 6.10과 같이 ATP-CP는 휴식 중 초기 30초에 50%, 3~5분 안에 100% 회복된다. 이는 무거운 중량을 4~8회 들어올리거나 50m 스프린트와 같은 고강도 트레이닝의 세트 사이 3~5분의 휴식이 필요한 이유이다.

표 6.10 ATP-CP의 시간별 회복율

시간(분)	회복율(%)
0.5	50
1	75
1.5	87.5
2	93.7
2.5	96.8
3	98.3
3.5	99
4	99.4
4.5	99.8
5	100

예를 들어, 50m 스프린트 트레이닝 중 반복 사이의 휴식 시간이 불충분한 경우(예: 1~2분) 체내 젖산 축적이 증가하여 스피드 트레이닝에서 젖산내성 트레이닝으로 전환된다(Janssen, 2001).

적절한 인산염의 회복 없이 바로 세트를 시작한다면 세트 전체 또는 세트 간 파워를 유지할 수 없게 된다. 따라서 트레이닝의 최대 근력 단계에서 하나의 근육 그룹으로 더 많은 세트를 수행하기 전에 3~5분 동안 휴식을 취해야 한다. 매우 높은 강도와 실패에 가까운 운동을 할때 최대한의 회복을 위해 수직 트레이닝 방법을 활용할 수 있다. 즉, 1회의 세트 후에 몇 개의 다른 부위의 운동을 순차적으로 수행하며 두 번째 세트의 첫 번째 운동으로 돌아가기 전에 편성된 운동들을 모두 한 세트씩 완료함으로써 근육이 인산염을 회복하는데 충분한 시간을 제공한다.

휴식 시간 동안의 활동

고강도 간헐적(젖산) 운동 사이에 회복할 경우 스트레칭이나 수동적 휴식보다 $\dot{V}O_{2max}$의 약 20%의 강도에서 유산소적 회복 운동은 후속 운동의 수행 능력에 긍정적 영향을 준다(Dorado, Sanchis-Moysi, & Calbet, 2004, 2004). 세트 사이의 빠른 회복을 촉진하기 위해서는 이완 운동(예: 다리, 팔, 어깨 흔들기)이나 가벼운 마사지를 수행하여 회복 속도를 높일 수 있다. 또한 피로하지 않은 근육을 가볍게 수축하는 활동은 주요 근육의 빠른 회복을 촉진할 수 있다(Asmussen & Mazin, 1978).

정적 스트레칭은 근력과 파워를 향상시키기 위한 트레이닝 시 파워 출력을 급격히 억제할 수 있기 때문에 수행하지 않는 것이 좋다(Power et al., 2004; Cramer et al., 2005; Nelson et al., 2005; Yamaguchi et al., 2006; Samuel et al., 2008; La Torre et al., 2010). 정적 스트레칭은 트레이닝 세션의 정리 운동 시 수행하는데, 미오신과 액틴이 겹치는 영역을 인위적으로 늘려주는 것이 목적이다. 근육은 해부학적 길이에 빨리 도달할수록 회복 및 재생과정이 더 빨리 시작되므로 트레이닝 중에 축적된 대사 산물을 더 쉽게 제거할 수 있다.

근력 트레이닝 부하 패턴

가장 인기 있는 근력 운동 패턴 중 하나는 피라미드다. 그림 6.3에 표시된 구조는 부하가 점진적으로 높아지는 반면 반복횟수는 비례하여 감소한다. 피라미드를 사용하는 생리학적 이점은 신경계가 점진적으로 더 높은 긴장에 대비하도록 준비하여 기술을 안정화하고 억제 메커니즘을 낮추는 것이다. 최고 수준의 근력 적응을 위해 어떤 세트에서도 단축성 실패지점을 피해야 하며, 피라미드의 첫 번째 세트에서 마지막 세트까지 무게 부하 범위는 10~15%를 사용해야 한다. 15%보다 큰 범위는 최적의 근력 증가에 도움이 되지 않는다.

또 다른 패턴인 이중 피라미드는 두 개의 피라미드로 이루어져 있는데, 그중 하나는 다른 하나의 피라미드 위에 거꾸로 놓여 있다. 첫 번째 피라미드에서는 반복 횟수가 바닥에서 위쪽으로 감소하다가 두 번째 피라미드에서는 다시 증가한다. 반대로, 부하는 반복 횟수가 감소하면 증가했다가 부하가 다시 증가하면 반복 횟수는 낮아진다(그림 6.4 참조).

이중 피라미드에는 장점이 있지만, 몇 가지 주의가 필요하다. 이 방법을 지지하는 다수는 모든 세트에서 단축성 실패에 도달하기를 권장한다. 하지만 최종 세트가 수행될 때까지 중추신경계와 관련 근육 모두 탈진될 수 있으며, 큰 효과를 얻지 못할 것이다.

반대로 피로가 속근섬유의 동원을 방해하기 때문에 이 부하 패턴의 마지막 세트는 근력이나 파워 발달 보다는 근비대를 초래한다. 특히 파워의 증가는 피로하지 않은 상태일 때만 얻을 수 있으며, 일반적으로 워밍업 직후 세션이 시작될 때 발생한다. 그러나 동일한 훈련 세션에서 최대근력과 근비대 훈련이 모두 계획된 경우(절대 근력 방법), 이중 피라미드는 속근섬유의 긴장시간을 최대화 할 수 있다.

기울어진 피라미드(Bompa 1993)는 피라미드의 개선된 형태로 볼 수 있다(그림 6.5 참조). 이 접근 방식에서 부하는 마지막 세트를 제외하고 세션 내내 지속적으로 증가한다(예:

트레이닝 변인 설계

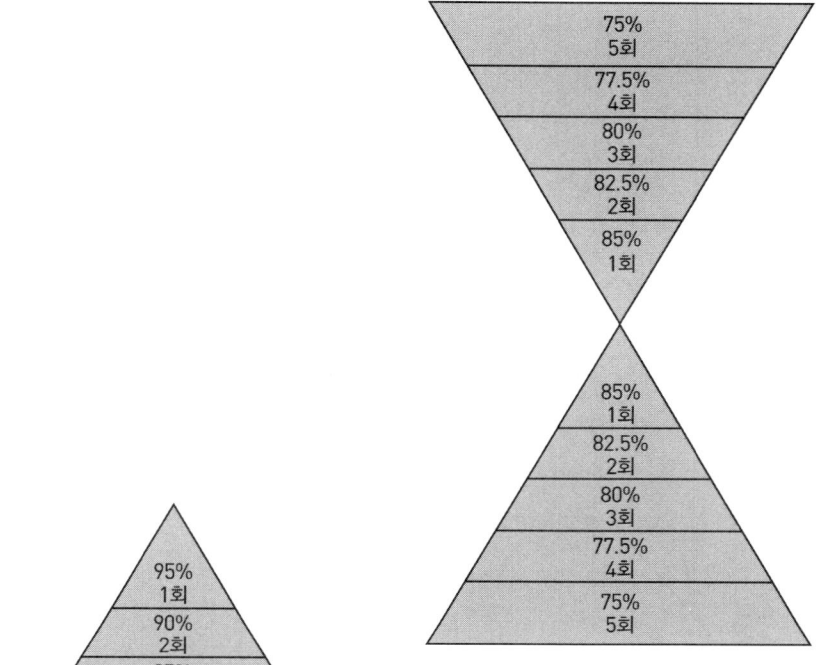

그림 6.3 피라미드 부하 패턴

그림 6.4 이중 피라미드 부하 패턴. 시간 경과에 따라 진행하는 경우 동일한 세트와 반복횟수를 유지하며 강도를 최대 근력 단계에 걸쳐 마이크로사이클마다 1RM의 2.5%씩 강도를 증가시킬 수 있다.

80%, 85%, 90%, 95% 및 80%). 마지막 세트(즉, 백오프 세트)에서 부하를 낮추고 실패할 때까지 운동하는 것은 고강도, 저반복 세트가 상대적인 근력만을 자극할 때 근비대를 유지하는 것으로 입증되었다(Goto et al., 2004). 이 방법은 연간 계획의 근력 유지 단계에서 사용할 수 있다.

근력 향상을 최대화 하기 위한 최상의 부하 패턴 중 하나는 평평한 피라미드(그림 6.6 참조)로 높은 부하에서 많은 반복횟수를 수행할 수 있기 때문에 속근섬유의 비대를 유도할 수 있다. 예를 들면 1RM의 50%로 워밍업 세트로 시작한 다음 60%, 70%, 75%의 중간 세트로 수행하고, 이후에 진행되는 전체 부하를 80%로 고정한다. 평평한 피라미드의 생리학적 이점은 단 하나의 강도의 부하를 사용하여 신체를 여러 강도로 혼동하지 않고 최대근력에 대한 신경근 적응이 이루어진다는 것이다.

반면에 전통적인 피라미드에서는 부하가 70~100%까지 다양하게 적용된다. 부하량은 크게 보통, 무거움, 최대로 나누어 구분한다. 최대근력 증가에 필요한 부하는 70~100%이

스포츠 트레이닝의 주기화

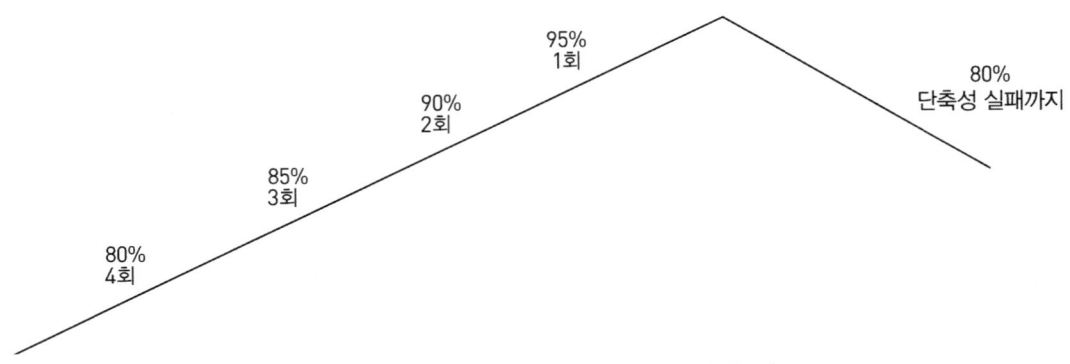

그림 6.5 기울어진 피라미드 부하 패턴

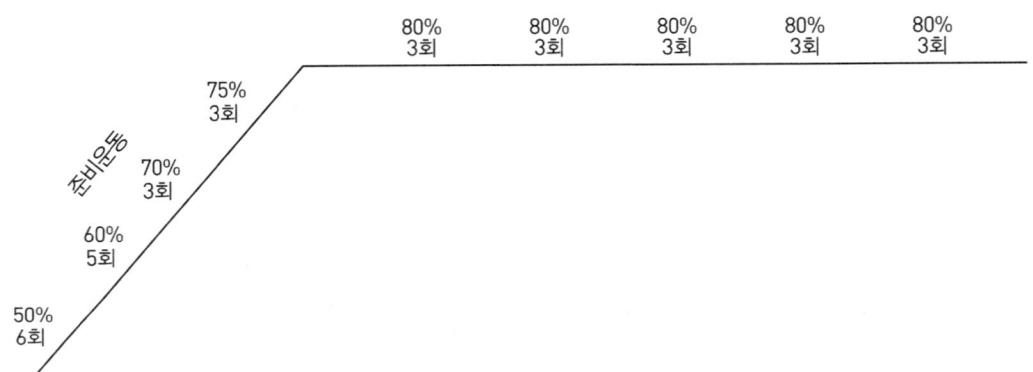

그림 6.6 평평한 피라미드 부하 패턴

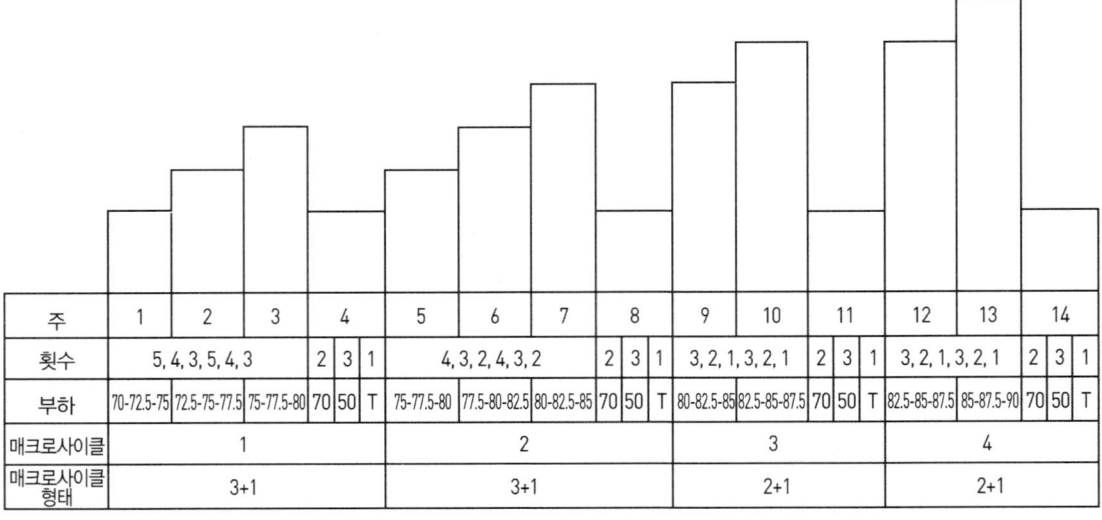

주	1	2	3	4			5	6	7	8			9	10	11			12	13	14		
횟수	5, 4, 3, 5, 4, 3			2	3	1	4, 3, 2, 4, 3, 2			2	3	1	3, 2, 1, 3, 2, 1			2	3	1	3, 2, 1, 3, 2, 1		2	3	1
부하	70-72.5-75	72.5-75-77.5	75-77.5-80	70	50	T	75-77.5-80	77.5-80-82.5	80-82.5-85	70	50	T	80-82.5-85	82.5-85-87.5	70	50	T	82.5-85-87.5	85-87.5-90	70	50	T
매크로사이클	1						2						3						4				
매크로사이클 형태	3+1						3+1						2+1						2+1				

그림 6.7 파도형 부하 패턴은 중급 및 상급 파워 선수에게 적합하다. 매크로 사이클 전반에 걸쳐 세 가지 반복 체계를 가진 14주 훈련 진행의 예.

지만, 각 강도의 범위(70~80%, 80~90%, 90~100%)에서 다른 신경근 적응을 유도하므로 세밀한 수행이 필요하다.

사실, 각 강도 영역에서 수행된 운동량은 주요 신경근 적응을 결정한다. 따라서 70~100%의 부하를 사용하는 전통적인 피라미드는 파워와 최대근력 모두에서 효과를 얻을 수 있으며, 이것이 선수에게 일반적으로 이익이 될 수 있지만 다른 영역에서는 그렇지 않을 수 있다.

부하가 특정 매크로사이클에서 신경근 적응에 필요한 강도 범위(근육 간 협응 70~80%, 근육 내 협응 80~90%)가 유지되는 한 피라미드 내 강도 변화가 가능하며 필요하기도 하다.

중급 및 고급자 선수의 근력 향상을 최대화하려고 할 때 파도형 부하는 훌륭한 패턴이 될 수 있다. 실제 적용은 피라미드보다 조금 더 복잡하기 때문에 초급자에게는 파도형 부하 패턴을 사용하지 않고 초급 이후 운동 발달의 후반에서 진행한다(14주 진행에 대해서는 그림 6.7 참조). 파도형 부하는 일반적으로 3개의 운동 세트로 구성된 2개 파도를 포함하며, 반복횟수는 감소하고 부하는 점진적으로 증가한다. 첫 번째 파도에 사용된 동일한 부하 및 반복 횟수 패턴이 다음 파도에서도 반복된다.

파도형 부하의 생리학적 이점은 후자의 파도가 전자의 고강도 세트에 의해 전위되어 동일한 1RM 비율로 파워 출력을 증가시킨다.

또한 파워 운동선수는 다른 부하 패턴에서 발생하는 것처럼 저반복 세트 전에 더 많은 세트를 모두 수행할 필요가 없기 때문에 고강도 세트를 위한 체력을 유지할 수 있다.

파도형 부하의 일부 지지자들은 두 번째 파도의 부하를 증가시켜 첫 번째 파도의 신경 강화를 활용하는 것을 제안하고 있다.

이 접근법을 사용하여 근력과 근비대 향상을 볼 수 있지만, 주 단위(마이크로사이클)로 진행하여 근력과 파워를 증가시키고 특정 스포츠 활동을 위해 에너지를 남겨두는 것이 좋다.

트레이닝 프로그램 설계

모든 훈련 프로그램은 훈련 목표의 달성여부를 평가하기 위해 계획, 설계 및 측정 과정을 거쳐야 한다. 아래 단계는 프로그램을 설계하고 선수의 발달 수준을 평가하는 과정의 혼란을 줄인다.

스포츠 트레이닝의 주기화

스포츠 경기력 모델 분석

생체 운동능력의 기여도를 분석하고 트레이닝의 구체적 특성을 결정한다.

지구력

1. 전문서적을 활용하여 스포츠 활동에 대한 에너지 시스템의 기여도를 결정한다(팀 또는 선수의 경기 수준에서).
    - 무산소성 비젖산(ATP-CP)
    - 무산소성 젖산(LA)
    - 유산소(O_2)
2. 연속적 운동과 간헐적 운동의 평가
3. 지구력 트레이닝 프로그램 전반에 걸쳐 사용할 운동 강도 범위를 결정한다.
4. 각 매크로 사이클에서 사용하는 트레이닝 방법을 선택한다.

스피드

1. 스프린트 또는 빠른 동작의 횟수, 강도 및 지속시간을 평가한다.
2. 비젖산 스피드(가속, 최대 스피드), 젖산 단기적 스피드(반복 스프린트 능력), 젖산 장기적 스피드(스피드 지구력) 등 스피드 특성간 차이점과 기여도를 고려한다. 대조적으로, 젖산 단기적 스피드는 6초 미만의 스프린트가 불완전 회복으로 반복되는 젖산 능력의 표현이며, 짧은 휴식에도 인산염을 회복하기 위한 유산소성 대사가 크게 사용되기도 한다.
3. 스프린트 또는 빠른 동작 사이의 유형(능동 또는 수동) 및 회복 기간을 평가한다.
4. 속도가 선형으로 표현되는지 비선형으로 표현되는지 평가한다.
5. 매크로 사이클에서 사용할 방법과 트레이닝 수단의 진행을 선택한다.

근력

1. 근력의 형태를 선택한다. 근력, 근지구력 또는 단기적 근지구력, 중기적 근지구력, 장기적 근지구력 중 선택된 근력으로의 전환이나 증가는 전체 주기화의 궁극적인 목표가 될 것이다. 지구성 근력의 경우, 트레이닝에 의한 형태적 적응을 위해 신경 적응보다 더 긴 시간 트레이닝 자극에 노출되어야 한다.
2. 선수의 특성(운동 발달 단계 및 근력 트레이닝 경험)과 도입 단계에서 사용할 수 있

는 시간을 기준으로 해부학적 적응 기간의 적절한 기간을 결정한다.
3. 운동선수의 특성과 스포츠 경기에 특성을 고려하여 근비대에 기간을 시행할 것인지 여부를 결정한다.
4. 트레이닝에 사용할 운동 종목을 선택한다. 근력과 컨디셔닝 코치는 스포츠의 특수성과 선수의 필요사항 및 트레이닝 단계에 따라 트레이닝을 선택해야 한다. 운동기술은 스포츠 종목의 특정 기술에 따라 요구되는 근육그룹으로 수행된다. 따라서 지도자는 우선 주요 근육 그룹을 판단한 후 적합한 근력 운동을 선택해야 한다. 동시에 선수의 배경과 장점과 단점에 따른 요구사항을 고려해야 한다. 사슬의 가장 약한 고리가 항상 먼저 끊어지듯이 가장 약한 근육을 강화하기 위해 보강 운동(부속 운동이라고도 함)을 선택해야 한다. 트레이닝 종목의 선택 또한 단계마다 다르다. 일반적으로 해부학적 적응 단계에서 대부분의 근육 그룹은 다양한 기본 운동을 실시한다. 시합기가 다가옴에 따라 트레이닝은 더욱 구체화되며, 주요 근육 그룹을 선택한다. 따라서, 코치는 운동 및 부하를 결정하기위해 스포츠 움직임을 분석해야하며, 다음 요인을 고려해야 한다.
   - 움직임이 발생하는 운동면(시상면, 관상면, 횡단면)
   - 스포츠 특이적 동작의 운동범위 내에서 다양한 각도로 표현되는 힘(스포츠 특이적 근력이 요구되는 특정 각도 영역)
   - 움직임을 생성하는 근육 그룹(즉, 특정 근력의 발달에 가장 큰 영향을 받아야 하는 주요근육그룹)
   - 근수축 형태(단축성, 신장성, 등척성)
5. 각 매크로사이클에서 사용할 방법과 훈련 수단의 진행률을 선택한다.

스포츠 트레이닝의 전통 분석

스포츠종목의 트레이닝 분석은 과학적인 접근방법으로 방안을 찾아야 한다. 최신 지식과 실무경험을 모두 갖추게 된다면 경험적 방법보다 더 이상적인 방법을 찾을 수 있다.

선수 분석

현재 트레이닝 상태를 결정하려면 신체적 운동능력 혹은 발달 정도를 테스트해야 한다. 이것은 트레이닝 프로그램에 사용할 수 있는 방법과 연관되어 있다. 테스트 결과와 선수의 경쟁력 수준을 고려하여 매년 각 단계에서 신체적 운동능력에 대한 트레이닝 부하 진행 및 수

스포츠 트레이닝의 주기화

행 목표를 설정한다.

　우선, 선수의 근력 트레이닝 수준을 결정한다. 최대근력은 선수가 한 번의 반복으로 들어 올릴 수 있는 최대 부하(1RM)다. 최대근력 또는 파워 프로그램을 설계하기 전에 코치는 각 선수의 주요 운동의 최대근력을 알아야한다. 선수의 개인 데이터는 트레이닝 수준이 지속적으로 변화하기 때문에 트레이닝의 특정 주기, 보통 매크로 사이클에만 유효하다. 1RM 테스트는 근력 트레이닝 경험이 있는 선수만 가능하며, 평상시 1RM의 70% 이상의 부하에 대한 운동을 수행한 후에 실시해야 한다. 특히 초보자에게 중요하다. 또한 스포츠에 가장 중요한 관절 주변의 근력을 테스트하고(3~8RM의 최대하 체중 사용), 연초에 스포츠 종목별 근력을 테스트하여 개선상황을 모니터링하여 트레이닝 프로그램 적응과정에 대한 정보를 얻어야 한다.

　위의 모든 단계를 통해 운동발달 수준과 운동능력 정도를 명확하게 파악할 수 있다. 이 정보를 사용하여 운동의 형태 및 운동의 개수, 부하 패턴, %1RM, 반복 횟수 및 매크로 사이클 프로그램에 실시할 세트 수를 결정할 수 있다. 그러나 매크로 사이클마다 동일한 프로그램을 적용하면 안 된다. 트레이닝은 점진적으로 증가해야 더 많은 운동량에 적응할 수 있고,

1회 반복 최댓값(1RM) 테스트

일부 코치는 1RM 테스트가 100%의 근력을 발현시키기 때문에 부상의 위험이 있다고 믿고 있다. 하지만 트레이닝을 받은 선수들이 3~4주에 한 번씩 100%씩 들어 올리는 것은 위험하지 않다. 대부분 부상은 테스트가 아닌 트레이닝이나 경기 중에 발생한다. 때때로 선수의 몸은 스포츠 활동 중에 몸무게의 최대 5배까지 힘을 받게 되므로 최대근력을 점검해보는 것은 안전에 큰 문제가 되지 않는다. 또한 선수가 이전 부하 마이크로사이클의 피로에서 회복되었을 때, 부하감소 마이크로사이클이 끝날 때 테스트를 수행한다는 점을 고려한다. 그러나 1RM에 대한 테스트는 스쿼트(150kg에서 1RM 예상)에 대해 여기에 제시된 것과 같이 철저하고 점진적인 워밍업을 수행해야 한다.

- 1세트: 20kg × 10회, 30초 휴식, 1RM의 13%
- 2세트: 60kg × 4회, 60초 휴식, 1RM의 40%
- 3세트: 80kg × 2회, 90초 휴식, 1RM의 53%
- 4세트: 100kg × 2회, 2분 휴식, 1RM의 67%
- 5세트: 120kg × 1회, 2분 휴식, 1RM의 80%
- 6세트: 130kg × 1회, 3분 휴식, 1RM의 87%
- 7세트: 140kg × 1회, 4분 휴식, 1RM의 93%
- 8세트: 145kg × 1회, 5분 휴식, 1RM의 97%
- 9세트: 150kg × 1회, 6분 휴식, 1RM의 100%

바로 근력의 증가로 이어진다. 코치는 최대근력이 향상되고 새로운 부하가 근력 증가와 관련이 있는지 확인하기 위해 새로운 매크로사이클 전에 1RM을 다시 결정하기 위해 테스트해야 한다.

또한 트레이닝 과정 전반에 걸쳐 스포츠 종목별 운동 형태를 파악하기 위해 하나 이상의 파워 혹은 컨디셔닝 테스트를 사용할 수도 있다.

정보 기록을 효과적으로 수행하는 방법은 부하, 반복 횟수 및 세트 수를 표현하는 프로그램 차트의 표기법을 이해하는 것이다. 부하는 1RM의 백분율로 기록하며, 선수들은 특히 각 매크로사이클이 끝날 때 준비단계에서 테스트해야 한다. 선수의 1RM을 알면 코치는 각 단계의 트레이닝 목표에 따라 트레이닝에 사용할 비율을 선택할 수 있다. 부하, 반복 횟수 및 세트 수는 다음과 같이 표시된다.

$$\frac{\text{Load}}{\text{no. of reps}} \text{sets}$$

$$\frac{80}{10} \, 4$$

분자(예: 80)는 부하를 1RM의 백분율로 나타내고, 분모(예: 10)는 반복 횟수를 나타내며, 곱하기(예: 4)는 세트 수를 나타낸다. 부하를 1RM의 백분율로 표현하는 것의 장점은 축구팀과 같이 그룹의 선수들과 운동할 때 코치가 각 선수의 수행 부하를 계산할 필요가 없다

근력 트레이닝 프로그램의 간략한 작성 예시

모든 근력 트레이닝 프로그램은 트레이닝 일지에 기록되어야 한다. 표 6.11은 근력 트레이닝 프로그램의 예다. 첫 번째 열에는 운동이 순차적으로 나열된다. 두 번째 열은 부하, 반복 횟수 및 세트 수를 지정한다. 마지막 열은 각 세트 후 휴식 시간을 나타낸다.

표 6.11 근력 트레이닝 프로그램 형식의 예시

운동	부하/반복 × 세트 (부하는 %1RM)	휴식 시간 (분)
1. 스쿼트	80/4 × 4	3
2. 벤치 프레스	85/3 × 4	3
3. 데드 리프트	70/3 × 4	2
4. 랫 풀 다운	60/5 × 3	3
5. 업도미널 크런치	Body weight/15 × 3	2

는 것이다. 오히려 각 운동 선수는 자신의 개인 1RM을 계산의 기준으로 사용하며, 이는 선수마다 다름에 따라 개별화가 적용되어있다.

운동 처방

전신에 분포된 656개의 근육은 매우 다양한 움직임을 수행할 수 있다. 모든 운동기술과 행동은 근수축의 결과로 이루어진다. 따라서 기술이나 신체적인 성과를 향상시키기 원한다면 동작을 수행하는 근육인 주요 근육군을 트레이닝하는 데 집중해야 한다.

트레이닝하고자 하는 근육 그룹을 운동 처방하는 과정은 단계별 고려사항에 근거해야 한다. 해부학적 적응 단계 동안 대부분의 근육 그룹(주동근 및 길항근)을 발달시켜 다가오는 트레이닝에 대비하여 기초를 구축해야 한다. 시합기에 가까워지면 운동은 매우 전문화되고 주요 움직임을 위한 특별한 운동처방이 이루어진다(표 6.12 참조. 별표는 각 연습 그룹에 대한 상대적 볼륨을 나타낸다).

운동 프로그램 계획은 역도나 보디빌딩 동작이나 움직임보다는 근육의 움직임이 만들어지는 과정을 이해하는 것이어야 한다. 특히 준비단계 후반부터는 특정 종목의 선수가 특수성의 원칙을 따르는 것이 좋다. 특정 스포츠나 기술을 수행하는 데 사용되는 주요 움직임과 주변 근육을 포함하여 트레이닝해야 한다는 것을 의미한다.

지도자는 보디빌딩과 다른 스포츠의 차이점을 이해하지 못한 채 선수들의 운동을 보디빌딩에 의지하는 경향이 있다. 둘의 차이점은 트레이닝이 특정 트레이닝 목표를 달성하는 방법을 결정하기 위해 사용되는 방법 유형(개별적 또는 복합적)에 있다. 보디빌더들은 근육의 선명도를 높이기 위해 운동한다. 근육의 개별적인 작용과 움직임을 분석한 다음, 근육의 크기 개발을 위해 각 근육을 분리하여 트레이닝시킨다.

표 6.12 운동프로그램 연간 주기화 계획

운동 형태	해부학적 적응	MxS (이른 준비기)	MxS (후기 준비기)	특이적 근력으로의 변환
단방향	*****	***	***	**
양방향	***	*****	*****	*****
전체 관절 운동 범위	*****	****	***	**
특이적 관절 운동 범위	–	–	****	*****

별표는 각 운동에 할당된 상대적 양을 나타냄

그러나 스포츠에서는 복합적인 방법을 사용해야 한다. 왜냐하면 그것은 개인의 근육뿐만 아니라 운동기술을 수행하는 데 필요한 관절의 모든 근육을 포함하기 때문이다. 또한 운동은 필요한 기술을 수행하는 데 사용되는 것과 유사한 순서로 근육과 관절을 포함해야 한다. 예를 들어, 단거리 경주에 관련된 근육을 트레이닝시키려면 선수들은 레그 익스텐션보다 스쿼트, 런지, 스텝업 등을 사용해야 한다.

운동선수와 코치는 근력 트레이닝 프로그램의 성공을 근육의 양(근비대)에 따라 평가한다. 하지만 미식축구 라인맨, 투포환, 헤비급 권투선수와 레슬링 선수들 같은 예외적인 것 외에도 근육 크기의 지속적인 증가는 대부분의 운동선수에게 바람직한 효과는 아니다. 파워 및 스피드 스포츠 - 빠르고 폭발적인 액션이 있는 스포츠(예: 야구, 축구, 하키, 대부분의 육상 경기, 배구) - 는 신경계의 트레이닝이 필요하며, 여기에는 많은 파워 운동과 중간에서 높은 부하(1RM의 70%이상)를 이용하여 실시되는 운동으로써 신경적응이 이루어진다(Enoka, 1996; Sale, 1986; Schmidbleicher, 1992). 대부분 스포츠에서 근력 트레이닝을 통한 신경 적응은 근육량을 증가시키지 않고 근력과 수축 속도를 증가시키는 것을 의미한다. 즉, 상대적인 근력과 파워를 증가시킨다.

트레이닝 방법과 운동을 신중하게 선택함으로써 더 높은 신경 적응을 달성한다. 연구자와 코치들은 무엇이 근력 트레이닝의 특수성을 나타내는지에 대해 비슷한 견해를 가지고 있다. 이러한 견해는 다음과 같이 요약할 수 있다.

- 근력 트레이닝 방법은 스포츠에서 사용되는 수축 속도에 따라 달라져야 한다(Coyle et al., 1991; Kanehisa & Miyashita, 1983). 이 요건은 준비기의 후반부터 시합기 단계를 거쳐 코치가 수축 속도와 그에 따라 파워 수준을 구체적으로 높이는 방법을 선택해야 함을 의미한다.
- 트레이닝 방법 및 운동은 의도된 이동 방향으로 수축력을 증가시켜야 한다. 주어진 스포츠의 기술적 행위를 수행하는 데 사용되는 근육에 맞춰 운동을 선택해야 한다. 따라서 보디빌딩은 특히 준비기와 시합기 전반에 걸쳐 시간을 낭비한다.
- 트레이닝 방법은 주요 근육의 근활성도를 증가시키는 것이다. 이러한 이유로 선택된 연습은 스포츠 특성에 맞아야 하며, 주요 근육을 포함해야 한다.
- 트레이닝 방법은 운동신경 세포의 방출 속도를 증가시키거나(Hortobagyi et al., 1996) 근육을 자극하여 파워와 고속으로 운동을 수행해야 한다. 운동 뉴런은 근육에 신호를 전달하여 자극 및 각성시킨다. 트레이닝 방법과 운동이 구체적일수록 신경계는

빠르고 강력한 운동에 적응한다.
- 부하가 높고 근수축 속도가 빨라짐에 따라 운동단위의 동원과 발화율은 증가한다(De Luca et al., 1982). 최대근력과 파워를 향상시키는 유일한 방법은 속근섬유의 동원과 운동단위 발화율을 높이는 트레이닝 외에는 없다.
- 운동 동작은 스포츠에서 사용되는 신경 경로를 따라 수행되어야 한다(Hakkinen, 1989). 좀 더 구체적으로 관련 스포츠 기술을 수행하는 동안 발생하는 동일한 활성화 순서로 근수축이 수행되도록 운동을 선택해야 한다. 운동이 실제적인 동작으로 시뮬레이션되지 않거나 특정 기술에 국한되지 않는 경우 운동으로의 전환과 경기력이 감소한다.
- 근력운동의 특수성으로 인한 신경 적응은 자발적 운동단위의 수를 증가시킨다. 이 기능은 일반적인 운동에서 특수운동으로 전환된다. 최대근력운동 및 파워 트레이닝 같은 트레이닝 기법은 더 많은 운동단위를 활성화시킨다. 이러한 결과 향상된 근수축 속도와 힘으로 스포츠 고유의 기술을 수행할 수 있다.

Microcycle
마이크로사이클의 주간 계획

성공적인 근력 트레이닝 프로그램은 장기 계획의 일부로, 연간 계획의 특정 부분에만 시행되어서는 안 되며, 근력 발달이 아닌 운동 수행력 향상을 위한 프로그램으로 구성되어야 한다. 근력트레이닝이 적절히 수행되어야 선수를 부상으로부터 보호하고, 피로의 발생을 지연시키며, 최적의 스포츠 경기 수행에 필요한 높은 수준의 파워를 발생시킬 수 있다. 효과적인 근력 훈련을 위해서는 특정 트레이닝 단계의 목표를 충족시키면서 전체 계획과도 일치해야 한다.

트레이닝 프로그램은 운동 수행력을 향상시키기 위한 체계적이고 과학적인 계획이기 때문에 구체적으로 설계되어야 하며, 주기화 원리에 입각해야 한다. 또한 단기적 또는 장기적 트레이닝 프로그램은 지도자의 방법론적 지식을 반영해야 하며, 경기력뿐만 아니라 선수의 경험과 과거력 및 신체적 잠재력을 고려해야 한다.

효과적인 트레이닝 프로그램을 계획하는 것은 선수의 신체적 적응과 운동 수행력의 향상이 조화를 이루도록 간결하고 객관적이며 유연해야 한다. 트레이닝 계획에 관한 이론적

스포츠 트레이닝의 주기화

배경은 매우 복잡하지만, 이 교재는 근력트레이닝과 관련있는 내용을 위주로 논할 것이다. 자세한 내용은 주기화: 트레이닝의 이론과 방법론(Periodization: Theory and Methodology of Training)에서 확인할 수 있다. 이 장에서는 1회 트레이닝 일정 계획과 단기 계획의 구성을 다루고, 다음 장에서는 근력의 주기화를 위한 연간 계획을 다룬다. 특정 스포츠에 대한 자세한 정보는 8장의 '스포츠 주기화 모델'부분을 참고하도록 한다.

트레이닝 일정 계획

1회 트레이닝 일정에 있어 프로그램을 계획하는 것은 매우 중요한 기술이며, 보다 효과적인 프로그램 운영과 체계를 위한 1회 트레이닝 일정은 네 가지로 구성할 수 있다. 선수는 원활한 주요 트레이닝을 받을 수 있도록 도입과 준비운동을 거치고, 정리 운동을 하며 정상적인 생리적 상태로 돌아온다.

체온 증가는 다가올 운동을 위해 생리적 시스템을 활성하는 데 도움이 된다.

도입
1회 트레이닝 일정의 도입 부분은 지도자나 트레이너가 선수에게 당일 트레이닝 목표와 달성 방법 및 세부적인 계획을 소개하고 프로그램과 관련하여 필요한 조언을 해주는 과정이다.

준비운동
준비운동의 본질적인 목적은 선수들이 프로그램을 따라갈 수 있도록 준비하는 것이다. 준비운동 중에는 체온이 상승하는데, 이것이 운동 수행을 촉진하는 주요 요인 중 하나다. 준비운동은 중추신경계(CNS)의 활동을 자극하여 신체의 모든 시스템을 조절하고, 신경 자극의 보다 빠른 전달을 통해 운동 반응을 가속화한다. 또한 운동계의 생체역학 수행을 향상시키고, 근육이 만들어낼 수 있는 수축 속도와 최대 파워를 증가시키며 협응력을 향상시킨다. 뿐만 아니라 체온의 상승은 근육, 인대 및 건(tendons) 등 다른 조직의 온도를 높이고 유연하게 하여 인대 염좌나 건과 근육의 긴장을 예방하거나 감소시킨다. 준비된 근육 조직은 건과 뼈의 결합이 손상을 입기 전에 더욱 빠르게 스트레칭에 적응할 수 있다.

　　근력트레이닝을 위한 준비운동은 일반적인 준비운동과 전문적인 준비운동으로 나눌 수 있다. 먼저, 일반적인 준비운동(5~10분)은 혈류량을 증가시키는 가벼운 달리기, 자전거 및 계단 오르기 같은 운동과 체온을 높이기 위한 유연성 체조와 스트레칭으로 구성된다. 이는 계획된 프로그램을 위한 근육과 건의 준비상태를 만든다. 또한 준비운동 시에 선수들은 수행될 트레이닝을 시각화(visualizing)하고, 트레이닝의 긴장감에 대한 동기화를 통해 정신적 준비를 해야 한다. 근력트레이닝을 위한 전문적인 준비운동은 수행할 운동에 대한 짧은 이행 과정으로, 예를 들어 스피드 트레이닝 일정(3~5분)에 필요한 준비운동보다 짧다. 이는 사용되는 장비를 당일 계획된 부하까지 점증적으로 부하(load)를 증가시켜 여러 세트로 수행한다면, 효과적인 준비운동이 될 것이다(고반복 세트를 위해서는 준비운동 세트 수가 감소하고, 저반복의 고강도 세트를 위해서는 준비운동 세트가 증가하는 것을 의미한다).

본 운동
1회 트레이닝 일정에서 본 운동은 근력 트레이닝을 포함하여 실제적인 훈련 목표 달성을 위한 통합적 훈련 프로그램이 주가 된다. 대부분의 스포츠에서 기술적, 전술적 운동이 훈련의 주요 목표이며 근력 발달은 차우선순위다. 준비운동 후에는 우선적으로 기술적, 전술적 트레이닝을 수행하고 이어서 근력 트레이닝을 실시한다. 주어진 날에 수행되는 본 운동의 종류는 트레이닝 단계와 목표에 따라 달라진다. 표 7.1은 다양한 1회 트레이닝 일정에 따른 순

스포츠 트레이닝의 주기화

표 7.1 트레이닝 일정의 순서 선택 예시

일정 1	일정 2	일정 3	일정 4
1. 준비운동 2. 인원질 시스템(Alactic) 기술 트레이닝 3. 스피드 4. 최대근력/파워	1. 준비운동 2. 해당작용(Lactic) 기술 및 전술 훈련 3. 파워 지구력	1. 준비운동 2. 유산소(Aerobic) 전술 훈련 3. 근지구력	1. 준비운동 2. 인원질 시스템(Alactic) 전술 훈련 3. 파워

서배열의 예시이다.

트레이닝 프로그램은 과학적 원리를 기반으로 하며, 기본 지침은 각각의 스포츠 종목에서 주로 사용되는 에너지시스템으로 결정된다. 1회 트레이닝 일정과 마이크로사이클 계획에 대한 특수한 조합을 논의할 때 지도자와 선수는 다음의 사항을 유념해야 한다.

- 짧은 시간(10초 미만)의 폭발적인 활동(힘)이 특징인 스포츠에서 순발력(power)은 근력에 매우 중요한 요소다. 해당 스포츠 종목으로는 육상 종목의 단거리(100m), 높이뛰기, 던지기, 사이클에서의 순간 질주, 스키 점프, 프리스타일 스키, 다이빙, 야구에서의 피칭과 배팅, 미식축구에서의 던지기, 팀 스포츠에서의 순간적인 방향 전환이나 점핑, 복싱, 레슬링, 무도에서의 빠른 사지 움직임 등이 있다.
- 순간적인 방향 전환, 점프, 짧은 휴식 간격과 함께 배치되는 빠른 동작으로 특징지어지는 스피드-지구력(해당작용 속도, 15~50초) 활동은 파워 지구력(power endurance) 또는 단기 근지구력(muscle endurance short)에 의존하는 경향이 있다. 해당 스포츠 종목으로는 50m/100m 수영, 200m/400m 육상, 500m 스피드 스케이팅, 피겨 스케이팅, 테니스 그리고 이 외에 팀 스포츠를 들 수 있다.
- 모든 유형의 저항(중력, 지상, 물, 눈, 얼음 등)에 대해 수행되는 장시간의 활동은 주로 근지구력에 의존한다. 스포츠 종목으로는 조정, 100m 이상의 수영, 카약, 카누, 크로스컨트리 스키 그리고 팀, 전투, 라켓 스포츠의 특정 요소가 포함된다. 따라서 지도자들은 해당 스포츠를 면밀히 분석하여 선수들의 파워, 최대 스피드, 스피드 지구력, 근지구력 등과 같은 서로 다른 에너지시스템에 우선순위를 정해야 한다.

정리운동

준비운동이 일상적인 생리적 상태에서 고강도 트레이닝으로 전환되는 역할을 하는 반면, 정리운동은 반대 효과로서 신체의 모든 기능을 안정 시 상태로 회복시킨다. 따라서 선수들은 마지막 운동이 끝난 직후 샤워를 하는 대신에 10~20분 정도의 정리운동을 수행하여 오랜 트레이닝에 따른 긴장으로부터 빠른 회복과 기능의 재생(활동)을 촉진해야 한다.

특히 집중적인 트레이닝의 결과, 선수들은 다량의 젖산(lactic acid)이 축적되어 근육이 지치고 긴장되며 경직된다. 이러한 피로를 극복하고 회복을 촉진하기 위해서는 이완과 스트레칭 운동이 수행되어야 한다. 구체적인 방법으로, 트레이닝이 끝나면 땀이 날 수 있는 지속적인 저강도 유산소 운동을 5~10분 정도 수행한 후에 스트레칭을 5~10분 정도 수행한다. 이는 근육세포에서 순환계로 전달되는 경로를 통해 일반적인 회복을 하게 하고 신진대사물의 제거가 개선되어 체온, 심박수 및 혈압이 낮아진다.

또한 정리운동은 코티졸(cortisol)의 수치를 낮추는데, 그렇지 않을 경우 야간 휴식에 지장을 주고 트레이닝 후 최대 24시간까지 높은 수치를 유지하여 회복과 트레이닝 적응을 지연시키고 카테콜아민(catecholamin), 특히 아드레날린과 노르아드레날린을 낮춘다. 정리운동은 또한 선수의 정서적 긴장을 줄여주기 때문에 정신적인 수준에서도 회복을 돕는다. 마지막으로, 스트레칭은 근육이 해부학적 길이로 돌아가게 하고 최대 24시간이 걸릴 수 있는 관절운동범위를 회복시킨다.

정리운동이 피로를 소멸시키기 시작했으면 에너지 기질을 복원시켜 회복과 트레이닝 적응에 속도를 내는 것이 기본이다. 실제로 회복 및 적응 속도는 트레이닝 유형, 선수의 트레이닝 수준, 트레이닝 종료 시 체내(내적) 부하 및 영양 중재에 따라 달라진다(Bompa and Buzzichelli 2018).

1회 트레이닝 일정 지침

대부분 스포츠는 기술적·전술적 트레이닝뿐만 아니라 최대 스피드(maximum speed), 스피드 지구력(speed endurance) 및 유산소 지구력(aerobic endurance) 등과 같은 다양한 에너지시스템을 반드시 반영해야 한다. 그렇다면 어떻게 트레이닝 일정을 구성해야만 높은 수준의 피로를 발생시키지 않으면서 다른 요소들의 개선을 방해하지 않을까? 이러한 문제는 두 가지 방법 중 하나로 해결할 수 있다. (1) 1회 트레이닝 일정의 한 가지 에너지시스템만 사용하도록 계획하거나 (2) 선수가 해당 스포츠의 지배적인 에너지시스템을 활용할 수 있도

무산소 인원질 시스템의 트레이닝 반영 지침

1. 준비운동
2. 단기간 기술 트레이닝(3~6초)
3. 최대 속도 및 민첩성 트레이닝(2~6초)
4. 최대 근력 트레이닝
5. 파워 트레이닝

이 지침의 활동 순서는 선수의 생리적·정신적 요구에 기초하여 설정되었다. 트레이닝은 신경계 집중력과 정신적 집중력, 그리고 맑은 정신 즉 기술과 스피드 또는 두 가지 모두 필요한 활동에 초점을 맞춰야 한다. 최대근력과 파워의 증가는 최대 속도의 스프린트(sprints)가 선행될 때 더욱 효과적인 것으로 밝혀졌기 때문에 최대근력 전에 최대 스피드 트레이닝을 수행해야 한다.

이러한 특별한 트레이닝 지침은 미식축구, 축구, 야구, 소프트볼, 크리켓 등의 팀 스포츠, 육상의 단거리, 점프, 던지기, 다이빙, 라켓 스포츠, 무술 등의 접촉성 스포츠뿐만 아니라 무산소 인원질 시스템이 지배적인 다른 스포츠에도 적용된다. 근력트레이닝에는 두 가지 트레이닝 선택(options)이 있지만, 트레이닝 단계에 따라 한 가지 유형만 사용할 것을 제안한다. 하지만 두 가지 모두 사용할 수도 있다.

이 지침에서 근력트레이닝 일정의 지속시간은 스포츠에서 근력의 중요성과 트레이닝 단계에 따라 달라진다. 준비 단계 동안 근력트레이닝 일정은 45~75분까지 지속될 수 있다. 경쟁 단계에서의 근력트레이닝 일정은 20~40분이며, 준비 단계에서 얻은 근력을 유지하는 데 중점을 둔다. 근력트레이닝에 더 많은 시간(60~90분)이 필요한 육상의 던지기 선수, 미식축구의 라인맨, 헤비급 레슬링 선수는 이 지침의 기본 규정에서 예외로 한다.

무산소 해당작용 시스템의 트레이닝 반영 지침

1. 준비운동

2. 중기간의 기술 및 전술 훈련(10~60초)
3. 장기간의 스피드 지구력 및 민첩성 트레이닝(15~50초) 또는 짧은 휴식 간격을 가진 짧은 반복(3~10초)
4. 단기간의 파워 지구력 및 근지구력을 위한 트레이닝

이 지침은 무산소 해당작용 시스템이 요구되는 모든 스포츠(10~60초간의 폭발적 움직임) 종목에 해당한다. 장기적이지만 집중적인 트레이닝 형태의 전술 훈련 후에는 근력트레이닝의 조합이 이어질 수 있으며, 근력트레이닝에서 단기간의 파워 지구력 또는 근지구력은 일정 수준의 젖산 지구력이 사용된다. 팀, 라켓, 접촉 스포츠, 무술, 50~100m 수영, 육상, 사이클 및 200~800m 육상경기 같은 무산소 젖산 에너지시스템을 사용하는 대부분 스포츠에서 이 지침을 주당 1~2회 적용하는 것이 선수들에게 유용하다.

무산소 해당작용 및 유산소 시스템의 트레이닝 반영 지침

1. 준비운동
2. 장기간의 기술 및 전술 훈련(1.5~8분)
3. 중기간의 근지구력을 위한 트레이닝

유산소 지구력은 무산소 해당작용 시스템과 유산소 시스템을 모두 포함하는 중간 지속시간의 근지구력을 포함한다. 유산소 시스템 트레이닝은 일반적으로 지속시간이 길며, 무산소 시스템에 적응하지 않고 유산소 시스템을 엄격하게 트레이닝시키는 데 전념한다. 앞에서 설명한 지침은 중간 지속시간(1.5~8분)의 전술 훈련과 중간 지속시간의 근지구력을 결합하는데 두 가지 모두 무산소 해당작용 시스템에 부담을 주지만, 선수의 유산소 지구력 또는 피로 시작을 지연시킬 수 있는 능력을 결합한다. 이 지침은 팀, 라켓, 접촉 스포츠 및 무술 종목에 대한 트레이닝 일정에 적합하며, 시합이나 경기 마지막 부분에 파워를 유지하는 데 도움이 된다.

유산소 시스템의 트레이닝 반영 지침

1. 준비운동
2. 유산소 지구력 트레이닝
3. 장시간의 근지구력을 위한 트레이닝(8분 이상)

스포츠 트레이닝의 주기화

이전의 지침은 스포츠에서 가장 효과적으로 경기력을 발휘하기 위해서는 유산소 지구력의 발달이 중요하다고 했다. 장거리 달리기, 철인 3종 경기(triathlon), 로드 사이클링, 크로스컨트리 스키, 조정, 카누, 카약, 산악자전거 및 마라톤 등과 같은 스포츠에서 발생하는 피로(fatigue)가 유산소 트레이닝의 목표를 달성하는 선수의 능력에 영향을 미칠 수 있으므로 트레이닝 일정이 끝날 때 근지구력 트레이닝을 수행해야 한다.

피로 상태에서 파워와 민첩성 발달을 위한 트레이닝 지침

1. 준비운동
2. 유산소 시스템에 기반한 기술 및 전술 훈련(1.5~8분)
3. 파워 및 민첩성 트레이닝

경기 결과는 주로 마지막 순간에 결정된다. 경기가 끝날 때 선수들이 더 높은 수준의 파워와 민첩성을 발휘하여 높은 수준의 성과를 거두기 위해서는 그러한 조건에서 트레이닝할 필요가 있다. 이러한 능력을 향상시킬 수 있는 가장 효율적인 방법은 경기에서 직면하게 될 상황과 유사한 피로 조건에서 선수를 트레이닝시키는 것이다. 이 목표를 달성하기 위해 우선 신진대사 조절(운동강도 3 또는 4)을 통해 선수를 피로하게 한 후 20~30분간 고강도 파워와 민첩성 트레이닝을 실시해야 한다. 이러한 트레이닝은 모든 트레이닝 프로그램에 적용될 수 있다. 특히 라켓 스포츠, 격투기, 권투, 레슬링을 위한 트레이닝 방법으로 20~30분 동안 근지구력 트레이닝을 하고, 그 후에 고강도의 파워 트레이닝 및 민첩성 트레이닝을 하는 것이다. 이 지침은 팀, 라켓, 접촉 스포츠, 투기와 같이 경기의 마지막이 강조되는 종목에 대한 트레이닝에 적합하다.

마이크로사이클 계획

주간 트레이닝 프로그램은 마이크로사이클 계획에서 가장 중요하다. 연간 계획 전반에 걸쳐 마이크로사이클의 특성과 역학은 트레이닝 단계, 트레이닝 목표 및 선수가 직면하는 생리적·심리적 요구에 따라 변할 수 있다. 반면에 매크로사이클(macrocycle)은 2~6주 또는 마이크로사이클로 구성된 트레이닝 계획이며, 단계별 트레이닝 목표에 따라 구조와 기간이 달라진다.

부하의 증가

매크로사이클 전반에 걸쳐 근력트레이닝의 부하는 주기 유형과 트레이닝 단계에 따라 증가한다. 각 매크로사이클 내의 트레이닝은 단계 유형의 진행을 따른다. 운동 강도의 측면에서도 마이크로사이클는 트레이닝 중 부하가 점진적으로 증가한다는 원칙을 따른다. 표 7.2 a~c에 설명된 바와 같이, 부하는 처음 세 주기 동안에는 점진적으로 증가하다가 네 번째 주기에서는 에너지 회수 및 회복을 촉진하기 위해 감소시키고 다른 매크로사이클이 시작되기 전에 최대근력 검사가 수행된다. 이 지침에 기초하여 제안된 부하의 증가는 4장에서 설명한 표기법 체계를 사용하여 표에 제시되어 있다. 표 7.2 a~c의 트레이닝 부하 중 분자는 1RM의 백분율로 나타내고, 분모는 반복 횟수를 나타내며, 곱하는 수는 세트 수를 나타낸다. 다음은 실제적인 부하의 증가 방법의 가능한 세 가지 지침이다.

- 표 7.2a에서 훈련량은 동일하게 유지하고, 강도가 점진적으로 증가하며, 네 번째(unloading) 마이크로사이클 종료 시 1RM 검사를 수행하기 위해 세트와 반복 횟수가 감소한다.
- 표 7.2b에서 세트 양은 동일하게 유지되고, 반복 횟수는 감소하며, 강도는 증가하고, 네 번째 마이크로사이클 종료 시 1RM 검사가 수행된다.

표 7.2a 매크로사이클: 훈련량은 동일하게 유지되고, 주요 트레이닝 세트의 강도는 매주 2.5%씩 증가*

트레이닝 부하	$\frac{70}{6}_1 \frac{75}{4}_1 \frac{80}{3}_3$	$\frac{70}{6}_1 \frac{75}{4}_1 \frac{82}{3}_3$	$\frac{70}{6}_1 \frac{75}{4}_1 \frac{84}{3}_3$	1일 $\frac{70}{2}_4$	2일 $\frac{50}{3}_3 \frac{80}{1}_1$	3일 1RM 검사
마이크로사이클	1	2	3	\multicolumn{3}{c}{4(무부하)}

* 각 마이크로사이클에서 제시된 부하는 트레이닝 목표에 따라 주 2~4회 반복할 수 있는 하루 훈련량을 말한다.

표 7.2b 매크로사이클: 평균 강도*가 매주 5%씩 증가하는 동안 트레이닝량은 감소**

트레이닝 부하	$\frac{70}{6}_1 \frac{75}{4}_1 \frac{80}{3}_3$	$\frac{75}{5}_1 \frac{80}{3}_1 \frac{85}{2}_3$	$\frac{80}{3}_1 \frac{85}{2}_1 \frac{90}{1}_3$	1일 $\frac{70}{2}_4$	2일 $\frac{50}{3}_3 \frac{80}{1}_1$	3일 1RM 검사
마이크로사이클	1	2	3	\multicolumn{3}{c}{4}

* 평균 강도 = [(운동 강도 1 × 반복 횟수 × 세트 수) + (운동 강도 2 × 반복 횟수 × 세트 수) + (운동 강도 3 × 반복 횟수 × 세트 수)]/총 반복 횟수. 표 7.2b 경우: [(70 × 6 × 1) + (75 × 4 × 1) + (80 × 3 × 3)]/(6+4+9) = 75.8%; [(75 × 5 × 1) + (80 × 3 × 1) + (85 × 2 × 3 ×)]/(5+3+6) = 80.3%; [(80 × 3 × 1) + (85 × 2 × 1) + (90 × 1 × 3)]/(3+2+3) = 85%.

** 각 마이크로사이클에서 제시된 부하는 트레이닝 목표에 따라 주 1~2회 반복할 수 있는 하루 훈련량을 말한다.

스포츠 트레이닝의 주기화

표 7.2c 매크로사이클: 주요 트레이닝 세트의 양은 매주 1세트씩 증가*

트레이닝 부하	$\frac{70_1}{6} \frac{75_1}{4} \frac{80_3}{3}$	$\frac{70_1}{6} \frac{75_1}{4} \frac{80_4}{3}$	$\frac{70_1}{6} \frac{75_1}{4} \frac{80_5}{3}$	1일 $\frac{70_4}{2}$	2일 $\frac{50_3}{3} \frac{80_1}{1}$	3일 1RM 검사
마이크로사이클	1	2	3	4 (무부하)		

*각 마이크로사이클에서 제시된 부하는 트레이닝 목표에 따라 주 1~2회 반복할 수 있는 하루 훈련량을 말한다.

- 표 7.2c에서는 트레이닝량(세트)이 증가하며, 강도와 반복 횟수는 동일하게 유지된다.

위에서 제시한 바와 같이, 트레이닝 중 총부하는 점진적으로 증가하며, 마이크로사이클 3에서 가장 높은 부하가 발생한다. 마이크로사이클에서 그 다음 마이크로사이클로 트레이닝 부하를 증가시키기 위해 지도자는 세 가지 유형을 생각할 수 있다. 첫째, 마이크로사이클마다 반복 횟수를 줄이면서 부하를 늘리거나(표 7.2a), 둘째, 마이크로사이클 1에서 마이크로사이클 3으로 부하를 증가시켜 반복 횟수를 줄이거나(표 7.2b), 셋째, 주요 트레이닝 세트의 수를 늘리는 (표 7.2c) 것이다.

지도자는 다양하게 분류된 선수들의 요구에 적절한 선택을 할 수 있다. 예를 들어, 어린

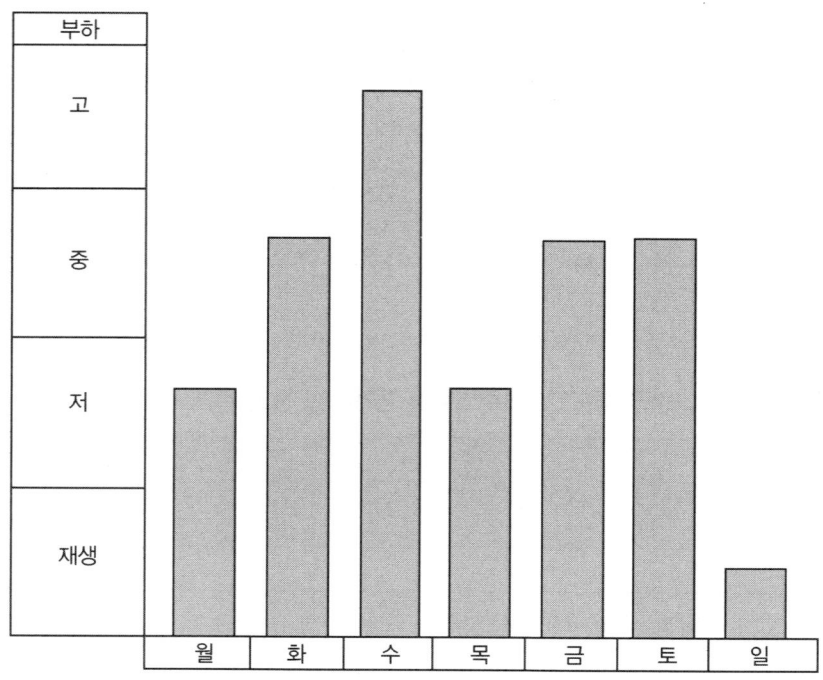

그림 7.1 한 번의 고부하 및 몇 번의 중/저 부하의 낮은 훈련량 마이크로사이클(일요일은 휴식일)

마이크로사이클의 주간 계획

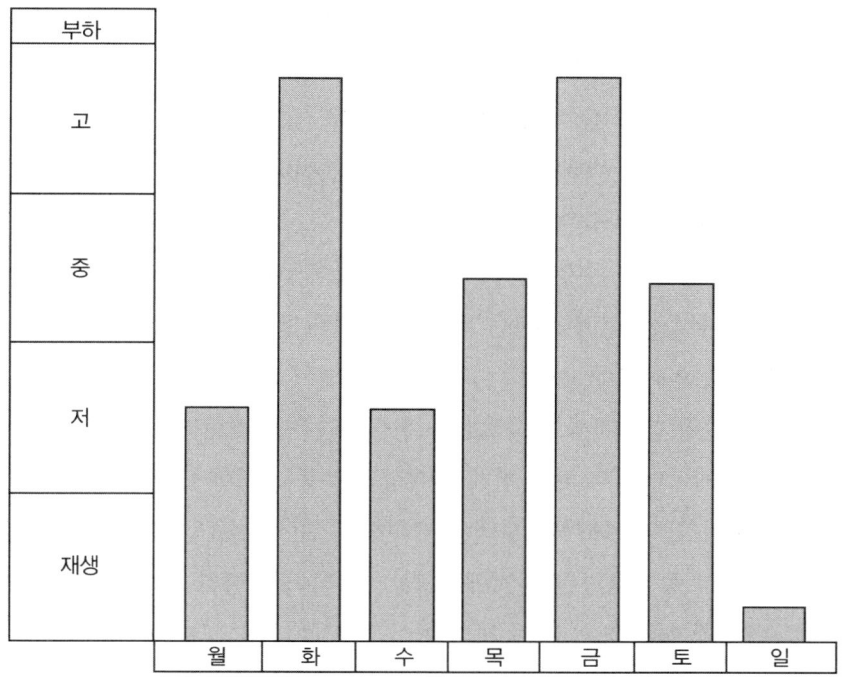

그림 7.2　중강도 마이크로사이클

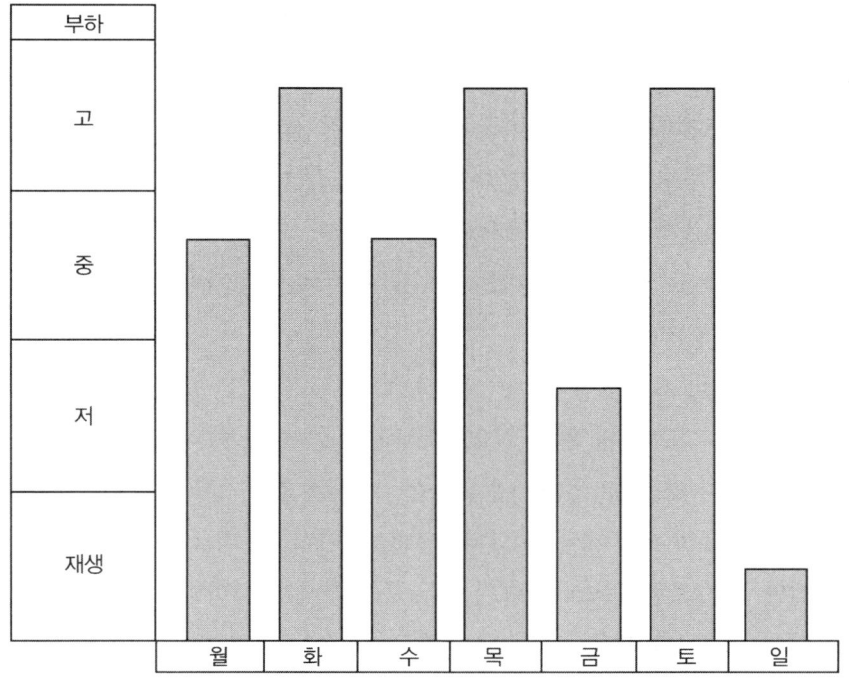

그림 7.3　세 번의 고강도 트레이닝의 높은 훈련량 마이크로사이클

스포츠 트레이닝의 주기화

선수들은 1회 트레이닝에 많은 세트 수를 수행하여 운동량을 유지하기에는 부담스러울 수 있다. 어린 선수들의 근골격계 발달을 위해서는 뼈와 근육 부착지(힘줄)의 적응력을 높일 수 있는 근력트레이닝으로 운동 횟수를 증가시켜야 한다. 하지만 어린 선수들이 많은 운동 횟수와 많은 세트 수를 동시에 수행하는 것은 어려울 것이다. 따라서 세트 수를 줄이고 운동 횟수를 증가시키는 것이 바람직하다.

마이크로사이클 4는 앞서 수행한 마이크로사이클 3으로 인해 발생한 피로를 줄이고, 에너지 저장량을 보충하며, 심리적 이완을 촉진하기 위해 훈련량은 낮추고 여유 반복 횟수를 증가시키는 회복 주를 의미한다.

다시 말하자면, 운동경기에서 기술훈련과 전술훈련은 근력트레이닝보다 중요하다. 결과적으로, 주당 근력트레이닝의 부하는 전체 훈련량과 운동 강도에 비추어 계산되어야 한다.

마이크로사이클당 근력트레이닝 선택을 계획하기 전에 주당 총 트레이닝 또한 트레이닝 중 부하가 점진적으로 증가한다는 원칙에 따라 계획되어야 한다. 그림 7.1~7.3은 앞에서 언급한 각 기존 단계에 대해 제시된 세 개의 마이크로사이클을 보여준다.

마이크로사이클당 근력트레이닝 일정 횟수

마이크로사이클당 근력트레이닝 일정 수는 선수 분류, 종목별 근력의 중요성, 트레이닝 단계 등의 요인에 따라 달라진다.

선수 분류

어린 선수들의 근력트레이닝은 점진적으로 도입되어야 한다. 기술적 또는 전술적 수행에 대한 마이크로사이클당 1~2회의 짧은 근력트레이닝 일정을 계획할 수 있다. 이러한 트레이닝을 2~4년 정도의 기간에 걸쳐 점진적으로 증가시키며, 3~4개의 트레이닝 일정으로 늘릴 수 있다. 국내 또는 국제 경기에 참가하는 선수들은 주로 준비 단계에서 매주 3~4회의 근력트레이닝을 계획하기도 한다.

스포츠 (종목별) 근력의 중요성

근력트레이닝은 해당 스포츠의 관련 기술, 지배적인 능력 및 에너지시스템 요건에 따라 스포츠 종목별 중요성이 다를 수 있다. 예를 들어, 마라톤 같은 유산소 지구력이 지배적인 스포츠에서 근력은 중요성이 낮아질 수 있다. 반면에, 미식축구와 육상에서 던지기 경기 같은 파워가 지배적인 스포츠 종목에서 근력은 매우 중요한 역할을 한다. 전자의 경우, 주당 1~2회의 근력트레이닝으로 충분할 수 있으나, 후자의 경우는 특히 준비 단계에서 마이크로사이클당 최소 3회 이상의 근력트레이닝을 실시해야 한다.

트레이닝 단계

근력트레이닝 일정의 횟수는 트레이닝 단계에 따라 달라진다. 종목마다 준비 단계에서는 단주기 당 2~4회, 시합 단계에서는 1~3회 트레이닝 일정을 수행해야 한다.

주 4회 근력트레이닝을 하는 선수들은 연속적으로 트레이닝을 수행해야 한다. 이러한 상황에서 지도자는 두 가지 유형이 있다. (1) 매 일정에서 동일한 근육군을 트레이닝하지만, 운동 강도를 번갈아 수행하는 것(하루는 최대근력, 다음 날은 파워) 또는 (2) 상체와 하체 운동을 분할하여 더 빠른 회복을 달성하는 것이다. 첫 번째 유형의 경우, 동일한 근육을 하루(24시간)에 2회 트레이닝 일정 또는 3일(96시간) 이내에 4회 트레이닝 일정을 수행함에 따라 트레이닝 일정 사이에 동원된 근육이 회복되기가 매우 어렵기 때문에 모든 종목에 적용될 수는 없으며, 기술적·전략적 훈련에 부가적으로 실시해야 한다.

스포츠에서 근력트레이닝은 기술훈련과 전술훈련 외에 수행된다. 최대의 효과와 가장 경제적인 에너지 사용을 위해 근력트레이닝은 종목에서 사용되는 주요 동작의 발달을 위한 근력트레이닝이 선택되어야 한다. 근력트레이닝의 효과를 증대시키기 위해 해부학적 적응 단계 후에 주요 동작이 아닌 종목에 대해서는 근력트레이닝의 양을 감소시켜야 한다. 그럼으로써 선수가 더 많은 세트를 수행할 수 있게 되고, 주요 동작을 효과적으로 사용할 수 있게 된다. 그 결과, 필요한 근육에 더 많은 근력과 파워가 발달하게 될 것이다. 그러나 팀 스포츠, 접촉성 스포츠, 투기 같은 다중면(multiplanar; 즉, 여러 움직임의 평면에서의 활동) 스포츠에서는 특별히 고려해야 하며, 횡단면에서 더 큰 힘의 요구를 다루기 위해 많은 운동 횟수가 적용되어야 한다.

근력의 형태와 에너지시스템의 회복

일부 학자들은 근력트레이닝에서 몇 가지 제안 사항으로 "하루에 수행하기 쉽게" 계획되어야 한다고 주장했다. 하지만 이것은 생리적인 관점에서 더욱 복잡한 해석이 요구된다. 대부분의 스포츠 종목의 경우는 스피드, 근력 및 지구력을 위한 트레이닝을 필요로 한다. 각각 사용된 운동능력들은 특정 에너지시스템을 사용하고, 이에 따라 회복률 및 에너지의 회복 효과 또한 각각 다르다.

글리코겐의 완전한 회복은 5분간의 휴식 후에 시작되지만, 회복이 완료되기까지 하루에 수행되는 운동별 트레이닝과 근력트레이닝 유형에 따라 최대 48시간까지 걸릴 수 있다. 실제로 글리코겐은 간헐적 활동 후 24시간 이내에, 지속적인 고강도 운동 후에는 48시간 이내

스포츠 트레이닝의 주기화

에 탄수화물의 적절한 식이 섭취를 통해 완전히 회복될 수 있다(Hermansen and Vaage 1977; Stone et al. 2007). 지속적인 고강도 운동 후에는 약 48시간이 걸리지만, 근력트레이닝 같은 간헐적인 활동 후에는 회복까지 약 24시간이 걸린다(Fox 1989; Bompa and Haff 2009). 중추신경계(CNS)를 자극하는 고강도 근력트레이닝 또는 스피드트레이닝 일정 후에는 신경 시스템 복구에 48시간이 소요될 수 있다. 또한, 100m 달리기나 파워리프팅(power lifting) 경기와 같이 CNS에 많은 스트레를 주는 최대 강도의 운동 후 동일한 수준의 수행력을 위해서는 선수에게 최대 7일의 회복 기간이 필요할 수 있는데, 이는 관련된 모든 생리적 시스템의 완전한 재생까지 걸리는 시간이기 때문이다.

기질 회복에 걸리는 시간은 트레이닝 중 발생하는 근섬유 손상 정도뿐만 아니라 식이의 질과 섭취 시기에 큰 영향을 받는다(Bompa and Haff 2009). 저강도 유산소 활동에서 회복률은 훨씬 빠르며, 약 8시간 정도면 회복된다. 에너지 저장의 빠른 회복과 신경계 복구는 가벼운 정리운동(유산소)으로 촉진될 수 있으며, 이때의 강도는 낮아(저강도)야 한다. 이러한 회복 훈트레이닝은 쉽기 때문에 일주일 중 가장 힘든 날이나 경기가 끝난 후에 계획할 수 있다.

트레이닝 일정의 가장 큰 효과는 일정 중에 트레이닝되는 주요 에너지시스템에 영향을 미치며, 다른 두 가지 에너지시스템은 낮은 영향을 받는다. 이는 트레이닝된 에너지시스템이 다른 에너지시스템보다 더 많은 회복 시간을 필요로 한다는 것을 의미한다. 예를 들어, 일주일에 무산소 시스템을 먼저 트레이닝하면 다음 날 유산소 시스템을 트레이닝하고, 그다음 날 다른 무산소 시스템(첫 일정에 트레이닝되지 않은 것)을 트레이닝시키며, 마지막으로 다시 첫 번째 무산소 시스템을 트레이닝시키는 것이 가능하다. 또한 유산소 시스템을 먼저 트레이닝하고 무산소 비젖산 시스템이 이어질 수도 있다. 무산소 비젖산 시스템은 무산소 젖산 시스템보다 유산소 시스템의 동원율이 낮은데, 이는 전자가 후자보다 산소 부족을 적게 유발하기 때문이다.

특히 파워와 스피드 스포츠에서 마이크로사이클 계획은 무산소 시스템과 유산소 시스템을 교대로 수행하는 에너지시스템의 사용을 제안한다. 다음은 스포츠 및 트레이닝 단계에 따른 세 가지 유형이다.

- 비젖산-유산소-젖산-유산소-비젖산-유산소-휴식
- 비젖산-유산소-젖산-유산소-비젖산-젖산-휴식
- 비젖산-젖산-유산소-비젖산-젖산-유산소-휴식

유산소 지구력이 필요한 스포츠는 에너지시스템 전환 측면에서 트레이닝 선택이 매우 제한적이기 때문에 유산소 시스템을 다양한 강도로 매일 트레이닝해야 한다(예: 무산소 역치 속도, 시합 속도 미만, 시합 속도보다 약간 높은, 회복 속도 등).

월요일, 수요일, 금요일에는 고강도 트레이닝을, 화요일과 목요일에는 가벼운 트레이닝을 계획했다고 가정해보자. 고강도 트레이닝 요일은 48시간의 회복 시간이 필요하며, 다음 고강도 트레이닝 사이에는 저강도 트레이닝이 포함되어야 한다. 이는 다음 고강도 트레이닝 전에 글리코겐을 완전히 보충할 수 있고, CNS도 회복할 수 있기 때문이다. 그러나 이러한 계획은 수정될 수 있지만, 만약 지도자가 저강도 트레이닝을 수행해야 하는데도 고강도의 트레이닝 수행을 권하면 선수는 고강도 트레이닝 요일뿐만 아니라 저강도 트레이닝 요일에서도 무산소 에너지시스템을 동원하게 되어 글리코겐 저장 및 신경계 회복을 방해하게 되고, 그 결과 근력트레이닝이 회복에 걸림돌이 된다. 이와 같이 에너지 소비와 신경계 회복의 비율은 매우 복잡하며, 잘못된 트레이닝의 적용은 선수에게 피로를 축적시키거나 심지어는 탈진 상태를 초래할 수 있다. 피로의 누적이나 탈진으로 인한 오버트레이닝(overtraining)은 선수로 하여금 중도에 그만두게 하는 요인이 될 것이다.

이러한 이유로 근력트레이닝은 기술 및 전술 훈련 또는 스피드 및 파워 트레이닝과 짝을 이루어 무산소 트레이닝과 같은 날에 계획해야 한다. 즉, 선수의 글리코겐 저장과 신경계에 부담을 주지만 전반적인 트레이닝 프로그램은 48시간 후에 예정된 다음 고강도 트레이닝 전까지 회복과 재생에 지장을 주지 않는다. 마이크로사이클을 구성하기 위한 지침으로서 표 7.3은 에너지시스템별로 그룹화된 활동을 보여주며, 3일 동안 트레이닝할 수 있다. 또한 이러한 배열순서는 두 가지 이점을 제공한다. (1) 근신경계의 높은 부하의 근력트레이닝을 수행할 수 있도록 48시간의 회복 시간을 제공하고 (2) 특정 트레이닝 일정을 위해 선수의 주관적 및 객관적 상태에 따라 근력트레이닝의 훈련량과 강도를 조절할 수 있게 된다.

마이크로사이클의 트레이닝 순서를 결정하는 것 외에 트레이닝 일정 내의 트레이닝 방법의 순서도 고려해야 한다. 실제로, 특정 트레이닝의 목표는 선수의 잔여 피로(residual

표 7.3 주요 에너지시스템에 따른 트레이닝 방법 분류(Ergogenesis)

무산소 비젖산	무산소 젖산	유산소
1. 기술 훈련(1~10초)	1. 기술훈련(10~60초)	1. 장시간 기술 훈련(>60초)
2. 전술 훈련(5~10초)	2. 전술훈련(10~60초)	2. 중장기 전술 훈련(>60초)
3. 가속 및 최대 스피드	3. 스피드 지구력(10~60초)	3. 유산소 지구력
4. 최대근력 및 파워	4. 파워 지구력, 단기 근지구력	4. 중기 및 장기 근지구력

스포츠 트레이닝의 주기화

표 7.4 트레이닝 목표 및 피로 상태

선수의 잔여 피로	트레이닝 목표*
없음(피로하지 않음)	기술, 전술(학습), 가속, 최대 스피드, 파워
낮음	기술, 전술, 가속, 스피드 지구력, 최대근력, 파워, 파워 지구력
중간	특이적 지구력, 유산소 파워, 단기 및 중기 근지구력
높음(피로 상태)	유산소 능력, 특정 조건에서 기술 및 전술적 개선, 장기 근지구력

* 최소한의 잔여 피로 상태에서 트레이닝이 필요한 경우 트레이닝 목표는 저강도 트레이닝 요일 이후에 트레이닝해야 하며, 트레이닝 일정의 순서에 따라 가장 먼저 배치해야 한다.

fatigue) 수준이 특정 생체 운동능력의 발달, 유지 또는 개선에 적합한 경우에만 달성될 수 있다. 표 7.4는 특정 생체 운동능력을 트레이닝시키기 위한 허용 가능한 잔여 피로 수준을 보여준다.

다음 표는 다른 운동 활동과 지배적인 에너지시스템과 관련된 근력트레이닝 프로그램의 예다. 표 7.5는 에너지시스템이 교대로 사용되는 개별 스피드 및 파워 스포츠(육상경기에서의 단거리 달리기와 점프)를 위한 마이크로사이클 계획을 제공한다. 근력트레이닝은 다른 유형의 활동이 동일한 에너지시스템에 부담을 주는 날에 지속적으로 계획된다. 예를 들어, 무산소 비젖산 시스템에 부담을 주는 스피드 트레이닝을 수행한 후에 파워 트레이닝이 이어진다. 그뿐만 아니라 무산소 운동 요일(월, 목)에 이어 유산소 운동이 템포 달리기(tempo running)의 형태(최대 스피드의 60%, 8~20회/100-200m)로 일어난다.

표 7.5 스피드와 파워가 지배적인 스포츠를 위한 에너지시스템의 교대

월요일	화요일	수요일	목요일	금요일	토요일	일요일
무산소 비젖산 기술훈련	스피드 파워 지구력	템포 달리기 전술훈련	무산소 비젖산 기술훈련	스피드 지구력 파워 지구력	템포 달리기 전술훈련	

표 7.6은 조정, 카약, 카누, 사이클, 철인 3종 경기, 크로스컨트리 스키, 400m 이상의 수영 같은 유산소 지구력이 지배적인 스포츠에서 에너지시스템과 근력이 어떻게 교대로 사용되는지를 보여준다. 유산소 지구력 트레이닝을 수행할 때, 제안된 근력트레이닝의 유형은 근지구력이다. 무산소성 트레이닝을 계획하면(화요일) 뒤이어 파워 지구력 트레이닝을 하게 되는데, 이것은 같은 시스템이기 때문이다(무산소성 젖산).

표 7.6 유산소 지구력이 지배적인 스포츠를 위한 에너지시스템의 교대

월요일	화요일	수요일	목요일	금요일	토요일	일요일
유산소 지구력	무산소 젖산 지구력 파워 지구력	유산소 지구력 회복	복합 트레이닝 파워 지구력	유산소 지구력 근지구력	유산소 지구력 회복	

표 7.7 고도의 복합 스포츠를 위한 에너지시스템 교대

월요일	화요일	수요일	목요일	금요일	토요일	일요일
무산소 비젖산 기술훈련 최대근력	무산소 젖산 전술훈련 파워 지구력 근지구력	유산소 기술 또는 전술훈련 회복	무산소 비젖산 기술 또는 전술훈련 스피드 최대근력	무산소 젖산 기술 또는 전술훈련 스피드 지구력 파워 지구력 또는 근지구력	기술 또는 전술훈련 유산소 회복	───

　이틀간의 트레이닝이 지나면(월요일, 화요일) 이전에 고갈되었던 글리코겐을 보충하기 위해 저강도 유산소 운동이 이어진다. 동일한 방법이 두 번째 주기에 사용될 수 있다.

　표 7.7은 매우 복잡한 트레이닝이 필요한 스포츠의 경우(기술적/전술적/신체적), 에너지시스템과 근력트레이닝을 교대로 사용해야 한다. 예를 들면 팀 스포츠, 무술, 라켓 스포츠 같은 종목을 위해 제시한 모든 활동은 동일한 에너지시스템을 이용한다. 제안된 트레이닝 활동 중 3개 정도를 계획할 수 있으며, 이는 근력트레이닝의 경우 최대근력 또는 파워 중에 하나를 선택하는 것을 의미할 수 있다.

　화요일에는 무산소성 젖산 요일을 계획할 수 있다(전술적/특이적 지구력 트레이닝). 근력트레이닝 프로그램은 동일한 에너지시스템을 활용하기 위해 파워 지구력이나 근지구력을 발달시키는 활동으로 구성되어야 한다. 수요일은 상대적으로 힘이 적게 드는 기술적·전술적 훈련을 수행하는 보상일이다. 나머지 3일간의 트레이닝 동안 동일한 패턴을 사용할 수 있다 (비젖산-젖산-유산소).

　시합 단계에서 근력트레이닝을 유지하는 데 사용되는 트레이닝 방법은 경기 일정에 따라 엄격하게 달라지며, 세 가지로 제안된다. 한 주에 한 경기, 한 주에 두 경기, 혹은 한 주에 한 번의 토너먼트.

　표 7.8은 연속적인 주말에 두 번의 시합이 이루어질 때 계획해야 하는 활용 유형을 제시한 내용이다. 일반적인 시합 일정은 스포츠 종목마다 다르기 때문에 각 트레이닝 일정에 대해 요일을 지정하는 대신 트레이닝 일정에 번호를 부여했다. 시합 다음 날은 회복과 재생,

스포츠 트레이닝의 주기화

표 7.8 두 번의 시합 사이에 있는 마이크로사이클 계획을 위한 트레이닝 프로그램

요일	1	2	3	4	5	6	7	8
활동 유형	시합	회복 및 재생을 위한 휴식	장시간의 기술 및 전술 훈련	기술 및 전술훈련 무산소 비젖산 트레이닝 최대근력 또는 파워	기술 또는 전술 훈련 맞춤 전술 (model) 훈련	기술 또는 전술 훈련 스피드 또는 민첩성 파워 트레이닝	맞춤 전술 훈련	시합
부하 양식	높음	없음	낮음-중간	높음	중간-높음	중간	낮음	높음

에너지시스템 피로 제거, 다음날 트레이닝 재개 준비 등을 위한 것이다.

다른 마이크로사이클에서와 마찬가지로, 제안된 트레이닝 프로그램은 대체해야 하는 생리학적 필요성을 고려하므로 대부분 하루에 하나의 에너지시스템에 집중한다. 최대근력 트레이닝은 무산소성 비젖산 시스템을 사용하고 근력 유지의 범위를 갖는 날에 계획된다. 제안된 최대근력 트레이닝은 시간이 짧으며, 선수가 트레이닝하는 스포츠에 특화된 선택적 운동을 수행한다. 트레이닝 부하는 저강도, 중강도, 고강도 일정으로 세분화해야 한다. 트레이닝 일정을 계획하는 것은 선수가 트레이닝 및 시합과 관련된 부담이나 스트레스를 더 잘 관리하는 데 도움이 된다. 트레이닝을 다시 시작하기 전에 트레이닝, 무부하, 시합 및 회복 사이의 대체가 필요하다는 점을 유의해야 한다.

표 7.9 세 번의 시합 사이에 있는 마이크로사이클 계획을 위한 트레이닝 프로그램

요일	1	2	3	4	5	6	7	8
활동 유형	시합	회복 및 재생을 위한 휴식	기술 또는 전술 훈련	시합	회복 및 재생	기술 또는 전술 훈련 스피드 최대근력	전술 훈련 맞춤 전술 훈련	시합
부하 양식	높음	없음	낮음-중간	높음	중간-높음	중간	낮음	높음

표 7.9는 일주일에 세 번의 시합이 있는 마이크로사이클의 경우를 보여준다. 이러한 상황은 팀이 정규 리그와 컵대회를 동시에 치르는 팀 스포츠에서 공통적으로 나타나거나 선수권대회 자체가 일주일에 두 경기를 요구하는 경우에 해당한다. 이러한 조건에서는 근력 유지가 약간 다르다(하루는 최대근력, 다른 하루는 파워나 파워 지구력 혹은 근지구력). 경기

후 5일째 되는 날에는 마사지, 스트레칭, 사우나, 저강도 트레이닝 등 회복과 재생을 자극할 수 있는 활동을 권장한다. 이러한 활동을 가장 잘 수용하기 위해 5일차 트레이닝은 오전에는 회복과 재생, 오후에는 짧은 저강도 기술 및 전술 훈련의 두 부분으로 나눌 수 있다. 경기 전날에는 선수들이 다음 날 경기에서 수행할 활동과 유사한 맞춤 전술훈련을 실시한다.

표 7.10 주말 토너먼트를 위한 마이크로사이클 근력트레이닝 프로그램

요일	월요일	화요일	수요일	목요일	금요일	토요일	일요일
활동 유형	회복 및 재생	장시간의 기술 및 전술 훈련	기술 및 전술 무산소 비젖산 스피드 및 민첩성 최대근력	기술 및 전술 훈련 맞춤 전술훈련	시합	시합	시합
부하 양식	없음	중간	낮음에서 높음	낮음	높음	높음	높음

표 7.10은 주말 토너먼트(예: 금, 토, 일)를 수행하는 스포츠의 마이크로사이클을 보여준다. 이러한 토너먼트는 몇 주 간격으로 수행되거나 몇 주 연속으로(예: 고등학교와 대학교 대회) 반복될 수 있기 때문에 동일한 구조를 일주일 이상 사용할 수 있다. 지도자들은 선수들의 구체적인 컨디션과 피로도 분류는 물론 여행, 일일 트레이닝 편성 가능성 등 다른 요인들에 따라 마이크로사이클을 바꾸고 싶어 할 것이다.

목요일에 지도자는 선수들이 대회 기간에 사용할 전략을 모델링하는 맞춤 전술훈련을 구성해야 한다. 토너먼트 기간에 짧은 트레이닝을 수행할 시간이 있는 경우 오전에는 매우 낮은 강도의 운동을 할 수 있는데, 이는 선수들이 오후나 저녁에 있을 경기에서 사용될 전략을 오전에 연습하기 위함이다.

마이크로사이클과 매크로사이클의 통합

마이크로사이클은 독단적인 형태가 아니라 더 큰 매크로사이클로 신중하게 통합되어야 하며, 이러한 통합은 항상 이루어져야 한다.

다양한 유형의 마이크로사이클을 매크로사이클로 통합하는 것은 트레이닝 단계, 선수 분류, 선수의 근력훈련 배경 및 매크로사이클의 유형에 따라 달라진다. 준비 단계에는 계단형 매크로사이클(step macrocycle)과 유지형 매크로사이클(flat macrocycle)의 두 가지

스포츠 트레이닝의 주기화

유형이 사용된다. 계단형 부하(step loading)는 발달 중인 매크로사이클에서 유용하며, 부하를 점진적으로 증가시키는 계단형 부하는 낮은 스트레스를 받기 때문에 준비 단계의 초기에 보다 잘 적용된다. 계단형 매크로사이클은 선발급 수준과 중간급 선수와 마라톤 선수에게는 1년 내내 사용하는 것이 바람직하지만, 파워 스포츠의 상급의 선수에게는 초기의 일반적인 준비 단계로는 적절하지 않을 수 있다.

유지형 매크로사이클은 선수들을 더 높은 수준의 훈련량, 운동 강도 또는 두 가지 모두를 적용시켜 선수의 적응 수준을 높이게 한다. 유지형 매크로사이클은 다양한 트레이닝 배경을 가진 상급 선수나 트레이닝이 매우 강렬하거나 세부적이어서 무부하가 더 자주 필요한 매크로사이클을 위해 권장된다. 결론적으로, 계단형 부하에서 일반적으로 사용되는 3+1 대신에 유지형 부하(flat loading)에 2+1 구조를 사용하는 것이 좋다.

그림 7.4에서 볼 수 있듯이 필요한 트레이닝은 각 단계의 높이로 나타난다. 문자 L은 부하 마이크로사이클을 나타내고, 문자 U는 각 매크로사이클의 끝에 회복 목적으로 배치되는 무부하 마이크로사이클을 나타낸다. 시합 단계에서 마이크로사이클-매크로사이클로의 통합은 경기 일정에 따라 직접적으로 달라진다. 즉, 스포츠 종목에 따라 일정이 달라지기 때문에 매크로사이클의 구조도 달라질 수 있다. 예를 들어, 개별 스포츠의 시합 단계를 고려해보자. 표 7.11에 표시된 매크로사이클은 정상적인 트레이닝을 재개하기 전에 피로를 제거하기 위한 경기 후 회복 및 재생 마이크로사이클로 구성된다. 이 마이크로사이클은 두 개의 발

마이크로사이클	L(부하)	L(부하)	L(부하)	U(무부하)	L(부하)	L(부하)	U(무부하)	L(부하)	L(부하)	U(무부하)
매크로사이클 유형	계단형				유지형			유지형		
트레이닝 단계	준비 단계									

그림 7.4 준비단계 내의 계단식 및 평평한 매크로사이클

표 7.11 개별 스포츠의 시합 단계에 대한 매크로사이클의 구조

마이크로사이클 유형	시합 후 회복과 재생	발달 중	발달 중	시합 전 정점	시합
마이크로사이클당 근력 트레이닝 일정의 횟수	1~2 (마이크로사이클의 끝)	2-4	2-4	1 (마이크로사이클의 초기)	

달 마이크로사이클로 이어지며, 특정 생체 운동능력을 더욱 향상시키거나 유지하기 위해 선수를 트레이닝시키는 데 사용된다. 또한 시합 정점에 도달하기 위해 훈련량을 급격하게 줄인 반면(최대 60% 감축), 운동 강도는 약간만 줄이는 시합 전 정점 마이크로사이클이 이어진다.

일반적으로 근력트레이닝은 예정된 시합이 끝날 때 운동 수행력이 정점에 도달할 수 있도록 선수의 능력에 트레이닝 중단(Detraining)이 영향을 미치지 않도록 발달 마이크로사이클 동안 수행될 수 있다.

매크로사이클의 구조는 팀 스포츠마다 다르며, 주마다 때때로 두 번씩 경기할 상황이 발생한다. 결과적으로, 근력트레이닝은 그림 7.1~7.3까지 제시된 마이크로사이클에 따라 수행되어야 한다. 팀 스포츠는 경기 수가 많기 때문에 근력트레이닝 프로그램의 범위는 준비단계에서 이루어진 특정 근력을 얻은 것을 유지해야 한다. 이는 트레이닝 중단을 피할 수 있으며, 높은 수준의 특정한 근력을 유지함으로써 얻게 되는 생리적 이점 때문에 선수들의 운동능력 수준은 시합 시즌 내내 지속된다.

연간 계획

매년 실시되는 연간트레이닝 계획은 단기적 목표를 위한 주간 훈련 주기화(microcycle)만큼이나 장기적 목표를 성취하는 데 중요한 도구다. 운동선수의 운동 잠재력 향상을 극대화하기 위해서는 조직적이고 잘 구성된 연간트레이닝 계획이 필요하다. 연간트레이닝이 효과적이려면 주기화의 개념을 기반으로 하고, 그 트레이닝원칙을 지도지침으로 삼아야 한다. 트레이닝의 주요 목표 중 하나는 운동선수가 해당 연도의 주요 경기(대회)에서 최고의 수행능력(성적)에 도달하는 것이다. 이러한 높은 수준의 성과를 달성하려면 전체 트레이닝 프로그램을 적절하게 주기화하고 계획하여 기술과 운동능력의 개발이 1년 내내 논리적으로 그리고 체계적으로 진행되어야 한다.

    주기화는 두 가지 기본 구성요소로 이루어진다. 첫 번째 구성요소인 연간 계획의 주기화는 1년 내내 다양한 트레이닝단계를 다룬다. 두 번째 요소인 생체 운동능력의 주기화는 운동선수의 운동 잠재력을 높이기 위한 생체 운동능력 트레이닝의 개발을 다룬다. 특히, 근력 향상을 위한 주기화는 특정 스포츠의 요구를 충족시키는 효과를 극대화하는 근력트레이닝을 구성한다.

스포츠 트레이닝의 주기화

연간 계획의 주기화

주기화의 첫 번째 구성요소는 연간 계획을 더 짧고 관리하기 쉬운 트레이닝 단계로 세분화하는 것이다. 세분화된 연간 계획은 트레이닝 조직을 강화하고, 코치(지도자)는 체계적인 프로그램을 수행할 수 있다. 대부분 스포츠에서 연간트레이닝 주기는 비시즌, 시즌, 시즌 후의 세 가지 주요 단계로 나뉘며, 각 트레이닝 단계는 주기(cycle)로 더욱 세분화된다.

각 트레이닝단계의 지속시간은 경기 일정뿐만 아니라 기술 향상과 우세한 생체 운동능력을 개발하는 데 필요한 시간에 따라 크게 달라진다. 비시즌 단계에서 코치의 주된 목표는 선수들의 생리적 기반(기초)을 개발하는 것이다. 시즌 단계에서는 경쟁에 필요한 구체적인 특정 구성요소의 완성을 위해 노력한다.

그림 8.1은 연간 계획이 트레이닝의 단계(phase)와 주기(cycle)로 구분한 것을 나타낸다. 이 특정한 계획은 단지 하나의 경쟁단계를 갖고 있으므로 선수들은 1년 동안 단 한 번만 최고점을 갱신해야 한다. 이러한 계획을 단일 주기 또는 단일 최고점 연간계획(monocycle or single-peak annual plan)이라고 한다. 물론 모든 스포츠가 하나의 경쟁단계만 갖고 있진 않다. 예를 들어, 육상 경기, 수영 및 기타 여러 실내 및 실외 시즌 스포츠는 선수가 최고점을 갱신해야 하는 두 가지 주요 대회가 있다. 이런 유형의 계획은 2중 주기 또는 2중-최고점 연간계획(bi-cycle or double-peak annual plan)이라고 한다(그림 8.2). 반면, 국제적인 수준에서 경쟁하는 수준급 선수들의 경우에는 1년에 최대 세 번까지 최고점을 갱신해야 한다. 개인 스포츠 선수들과 세계선수권대회나 올림픽을 준비하는 선수들은 겨울 선

연간 계획					
훈련단계	비시즌		시즌		시즌후
세부단계	일반 준비	특별 준비	시합 전	시합	시즌 후
매크로사이클					
마이크로사이클					

그림 8.1 단일 주기(단일 최고점) 주기화

연간 계획

연간 계획					
비시즌(I)	시합 시즌(I)	전환(I)	비시즌(II)	시합시즌(II)	전환(II)

그림 8.2 2중주기(bi-cycle) 주기화

수권대회, 여름 선수권대회(일반적으로 국가대표 선발 경쟁)를 위해 최고점을 갱신해야 한다. 이러한 경우에는 3주기 연간계획(tri-cyclical annual plan)이라고 한다.

근력의 주기화

코치(지도자)는 주어진 트레이닝 시간이나 단계에서 어떤 트레이닝이나 기술을 수행할지 결정하는 것보다 어떤 종류의 생리적 반응이나 트레이닝 적응을 통해 가장 큰 개선이 나타날지를 결정함에 더 관심을 가져야 한다. 일단 첫 번째 결정을 내리면, 코치는 자신이 원하는 신체적 발달을 위해 필요한 적절한 운동유형(강도, 기간, 빈도, 형태 등)을 선택하는 것이 더욱 수월할 것이다.

이러한 중요한 생리적 요인을 고려해야 최고의 트레이닝 적응을 만들어낼 수 있고, 궁극적으로 생리적 능력증가와 경기력 향상에 효율적인 접근방법을 선택할 수 있다. 이러한 혁신적인 접근은 주기화로 촉진된다. 1장에서 다루는 스포츠를 위한 체력트레이닝의 목적은 최대근력을 개발하는 것이 아니라 각각의 스포츠 특성에 필요한 파워, 파워 지구력 또는 근지구력을 최대화하는 것이다. 이 장에서는 스포츠 목표를 달성하기 위한 최선의 방식은 특정한 트레이닝 단계 순서를 가진 근력의 주기화 적용을 보여준다.

그림 8.3에서 설명한 바와 같이 근력의 주기화는 특정 근력트레이닝 목표를 가진 7단계를 포함한다. 트레이닝단계는 일반적으로 한 단계가 어디에서 시작하고, 어디에서 끝나는지 수직 막대로 구분하듯 나누어진다. 하지만 체력트레이닝의 경우 그림(표)에서 보여주는 것처럼 한 단계에서 다음 단계로 급격하게 변화되지는 않는다. 반대로, 한 종류의 근력에서 다

준비				경쟁		전환
해부학적 적응	필요한 경우 근비대	최대근력	특이적 근력(파워, 파워지구력, 근력으로의 전환, 장시간 지구력, 중시간 지구력, 단시간 지구력)	최대근력 및 특이적 근력 유지	근력 트레이닝 중지	보강 및 회복 트레이닝

그림 8.3 모노사이클(단일 최고점)에 대한 근력의 주기화

른 종류의 근력(예: 최대근력에서 파워로)으로 더 부드럽게 전환할 수 있다.

1단계: 해부학적 적응

근력의 주기화는 세계적으로 매우 인기가 있으며, 많은 트레이닝 전문가와 학자들이 이같이 매우 효율적인 근력트레이닝의 개념에 대해 논의하고 연구하고 있다. 그러나 독창성을 주장하려는 시도에서 일부 저자들은 근비대 트레이닝으로 시작하는 근력트레이닝 계획의 주기화를 제안한다. 이것은 보디빌딩에서 적용이 가능할 수 있겠지만, 체력트레이닝에서는 확실히 받아들여질 수 없다. 근비대 또는 근육 크기는 육상 종목에서의 일부 던지기와 미식축구에서의 일부 포지션을 제외하고는 높은 운동수행력을 요구하는 운동경기(시합)의 핵심적인 요인이 아니다.

반대로, 체급 스포츠(체급이 있는 종목)와 농구, 축구, 수영 같은 대부분 스포츠 선수들은 비기능적 근비대를 극도로 꺼린다. 또한 근육의 비대를 극대화하기 위해 운동선수는 각 세트를 지칠 때까지 수행해야 하는데, 이는 종목 트레이닝에 부정적인 영향을 미치거나 심지어 부상을 일으킬 수 있는 높은 수준의 불편함을 초래할 수 있다. 이러한 이유로 근력 주기화의 원래 모델은 해부학적 적응 단계로부터 시작된다.

시즌 후에는 일반적으로 근력트레이닝을 거의 하지 않는데, 이때 무거운 부하에 대한 해부학적 적응을 목표로 하는 근력 프로그램을 시작하는 것이 과학적으로 타당한 방법이다. 이 단계의 주요 목표는 대부분의 근육 그룹과 이후에 이어지는 길고 격렬한 트레이닝단계를 견디기 위한 근육, 인대, 힘줄 및 관절을 단련시키는 것이다. 근력트레이닝 프로그램은 팔과 다리에만 집중해서는 안되며 복부 근육, 허리 아래 및 척추 근육 같은 코어 근육(Core Muscles)을 강화하는 데도 중점을 맞추어야 한다. 특히, 이러한 근육들은 착지와 낙하 등 많은 기술과 운동을 수행하는 동안 몸통이 다리와 팔을 지지하고 충격을 완화하기 위해 함께 작용한다. 해부학적 적응의 또 다른 목표는 신체 각 관절을 둘러싼 주동근과 길항근 사이의 힘의 균형을 맞추는 것이며, 신체의 좌.우측(양면), 특히 다리, 어깨, 팔의 균형, 그리고 안정화 근육을 강화하는 것이다.

근력 트레이닝의 양은 근육의 기능 간 균형을 이루어야 한다(그림 8.4). 다시 말해, 관절 주위에 있는 주동근과 길항근 사이의 관계다. 그렇지 않으면 자세 불균형과 부상이 발생할 수 있다.

어떤 경우에는 주동근과 길항근 사이의 균형 잡힌 발달이 불가능하다. 그 이유는 일부 주동근은 다른 근육에 비해 크고 강하기 때문이다.

연간 계획

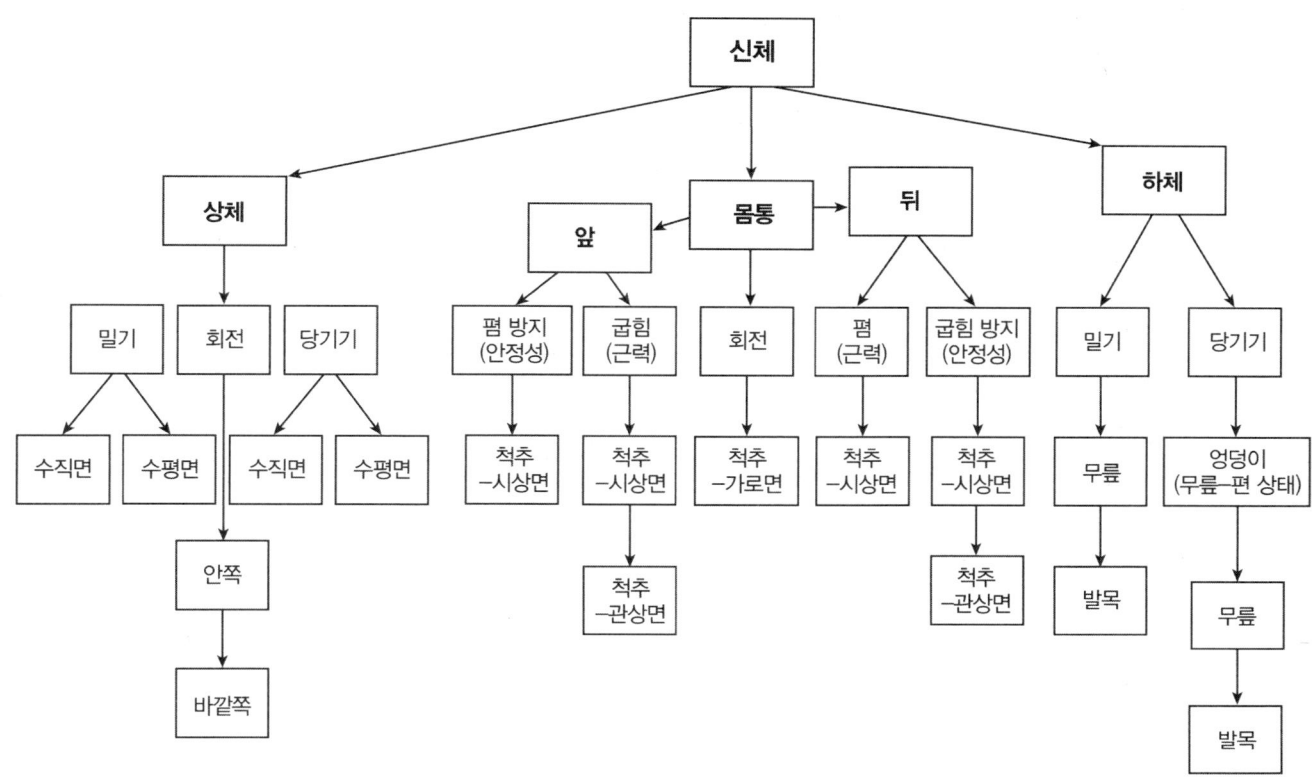

그림 8.4 관절 주변의 주동근과 길항근에 근육 균형을 이루는 한 가지 방법은 동일한 운동량(volume)을 사용하는 것이다.

예를 들어, 무릎폄근(Quadriceps: 넙다리네갈래근)은 무릎굽힘근(Hamstring: 뒤넙다리근)보다 강하다. 발목 관절의 발바닥쪽굽힘근(Gastrocnemius: 장딴지근)과 발등쪽굽힘근(Tibialis anterior: 앞정강근)도 마찬가지다. 무릎폄근과 발목 발바닥쪽굽힘근은 트레이닝에 많이 사용되며, 이는 달리기와 점프 같은 동작이 대부분 스포츠에서 많이 사용되기 때문이다. 그러나 현장의 전문가들은 주동근과 길항근의 비율을 인지하고 트레이닝을 통해 유지하려고 노력해야 한다. 만일 이러한 부분을 소홀히 하고 스포츠 기술에서 사용되는 주요 주동근만을 끊임없이 트레이닝한다면 불균형이 발생한다. 주요 주동근의 근력 발현 시 신경 억제와 부상(예: 야구에서 회전근개 부상)으로 인한 운동수행력의 저하와 감소를 초래할 가능성이 있다.

전환기 및 해부학적 적응 단계는 경쟁에 대한 부담이 없는 트레이닝 주기에서 실시되며, 주기 중 한 번에 이루어지기 때문에 길항근의 균형 잡힌 발달에 이상적이다. 주동근과 길항근의 비율에 대한 정보는 거의 없다. 특히, 스포츠의 전형적인 높은 속도의 사지 운동에 대

스포츠 트레이닝의 주기화

표 8.1 느린 단축성 수축 시 등속성 운동에 대한 주동근과 길항근의 근력 비율

관절	근력 트레이닝	비율
발목	발등쪽굽힘(앞정강근)과 발바닥쪽굽힘(장딴지근, 가자미근)	1:3
발목	가쪽번짐(종아리근)과 안쪽번짐(앞정강근)	1:1
무릎	굽힘(넙다리뒤근육)과 폄(넙다리네갈래근)	2:3
엉덩이	굽힘(엉덩허리근, 넙다리곧은근, 넙다리근막긴장근, 넙다리빗근)과 폄(척주 세움근, 큰엉덩근, 넙다리뒤근육)	1:1
어깨	폄(등세모근, 뒤어깨세모근)과 굽힘(앞어깨세모근)	3:2
어깨	바깥돌림(가시위근, 가시아래근, 작은원근)과 안쪽돌림(어깨밑근, 넓은등근, 큰가슴근, 큰원근)	2:3
팔꿈치	폄(위팔세갈래근)과 굽힘(위팔두갈래근)	1:1
허리	폄(배곧은근)과 굽힘(척주세움근)	1:1

Reprinted by permission from D. Wathen, "Muscle Balance." In *Essentials of Strength Training and Conditioning*, edited for the National Strength and Conditioning Association by T.R. Baechle (Champaign, IL: Human Kinetics, 1994), 425.

한 정보도 마찬가지다. 표 8.1은 낮은 등속성 운동의 주동근과 길항근의 근력비율을 제공하며, 이 정보는 적어도 해부학적 적응 및 전환 단계에서 주동근과 길항근의 근력 비율을 유지하기 위한 지침으로만 사용되어야 한다.

해부학적 적응 단계의 목표는 전부는 아니더라도 대부분의 근육군을 다각적인 프로그램에 포함시키는 것이다. 이러한 프로그램은 선수가 무리하지 않고 편안하게 수행할 수 있는 많은 수의 운동 종목(9~12가지)이 포함되어야 한다. 기억해야 할 점은 활동적이고 격렬한 근력트레이닝은 근육의 부착물(힘줄)과 관절(인대)의 근력보다 근육의 근력이 항상 더 빠르게 발달하게 된다는 것이다. 따라서 이 같은 프로그램을 너무 일찍 적용하면 조직 손상(부상)이 발생할 수 있다.

또한 큰 근육 그룹이 약하면 작은 근육이 작업의 긴장(장력)을 부담해야 한다. 결과적으로, 작은 근육 그룹이 더 빨리 다칠 수 있으며, 충분히 트레이닝되지 않은 근육은 착지조절과 충격흡수 및 다른 동작을 수행 시 신속하게 신체의 균형을 잡을 수 있는 힘이 부족하여 발생한다(착지 기술의 부족이 아님). 다른 부상은 불충분하게 트레이닝된 근육이 착지를 통제하고, 충격을 흡수하며, 다른 행동을 위해 빠르게 몸의 균형을 맞추는 상황에서 발생한다. 이는 근력의 견고한 기초가 깔린 상태에서 최대근력 단계 직후 저강도 점프를 이용해 2~3주간의 해부학적 적응을 거치고, 단계적으로 플라이오메트릭 트레이닝(plyometric training)이 도입되는 이유다.

해부학적 적응 단계의 지속시간은 준비단계의 기간, 근력트레이닝에서 선수의 배경, 주

어진 스포츠에서 근력의 중요성(기여도)에 따라 달라진다. 물론, 준비단계가 길면 해부학적 적응에 더 많은 시간을 할애할 수 있다. 체력트레이닝 경험이 적은 선수들은 훨씬 더 긴 해부학적 적응단계를 필요로 한다. 이 단계는 트레이닝 강도에 대한 점진적인 적응을 촉진하고, 다음 단계에서 무거운 강도를 견딜 수 있는 근육 조직 및 근육의 적응 능력을 향상시킨다.

어린 선수나 초보 선수들은 8~10주간의 해부학적 적응 트레이닝 기간이 필요하다. 이와는 대조적으로, 4~6년의 체력트레이닝을 받은 숙련된 선수들은 이 기간이 2~3주를 넘지 않아도 된다. 실질적으로, 이 선수들에게 더 긴 해부학적 적응 단계는 추가적인 트레이닝 효과를 제공하지 못할 가능성이 있다.

2단계: 근비대

어떤 스포츠에서는 근육의 크기 증가가 매우 중요한 요소이다. 그러나 본문에서 언급했듯이 보디빌딩에서 매우 인기 있는 근비대 트레이닝은 스포츠 세계에서 과용되고 있다. 스포츠를 위한 근력트레이닝에 적용될 때, 근비대 트레이닝은 점진적으로 무거운 부하를 사용하여 신체를 적응시킴으로써 최대근력 단계를 위한 주요한 기초과정으로 사용할 수 있다. 근육 크기를 늘려야 하는 운동선수(예: 포환던지기 선수, 레슬링, 복싱, 격투기 헤비급 선수, 럭비 스크럼 선수)의 경우 2가지 접근 방식을 사용할 수 있다.

이 단계에서 선수들은 근비대 I과 II의 두 가지 다른 접근법을 사용할 수 있다. 근비대 I은 근육 크기와 근력의 뚜렷한 증가가 필요한 운동선수에게 자주 사용된다. 15RM과 10RM 사이 부하를 사용하며, 세트 사이에 약간의 휴식(최대 60~90초)을 적용한다. 이 단계에서 휴식-일시정지(rest-pause) 및 드롭세트(drop set)와 같은 보디빌딩 기술을 이용하여 근육 내 장력 및 단백질 합성을 증가시키려는 경우에는 8~5RM 부하를 사용한다. 이러한 기술은 세트 당 총 긴장(운동) 시간을 더 늘릴 수 있다.

근비대 II는 최대근력 단계 이후 수행될 힘든 운동에 대비하여 빠른 수축 특성의 속근섬유를 준비시키는 과정으로, 근비대와 최대근력 사이의 보다 혼합된 종류의 수행을 포함한다. 근비대 II는 신경 및 구조적 적응을 유도하여 절대근력을 증가시킨다. 이 단계는 비교적 긴 휴식 간격(120~180초)으로 8~5RM까지의 부하를 사용한다.

근비대 I 및 II 모두 트레이닝에 요구되는 운동시간과 부하는 선수의 연령, 신체 발달 및 근력트레이닝 수준에 의해 결정된다. 근비대 단계가 끝나면, 첫 번째 최대근력 매크로사이클(macrocycle)의 트레이닝 비율을 계획하기 위해 최대근력측정(1RM test)이 수행된다.

3단계: 최대근력

이 단계의 주요 목표는 가능한 한 최고 수준의 근력을 향상시키는 것이다. 이 단계의 훈련에서는 무거운 부하를 사용해야만 목표를 달성할 수 있으며, 1회 최대반복(1RM)의 70~95% 또는 90~100%까지의 부하를 적용할 수 있다.

이 장에서는 더 나은 트레이닝의 진행을 위해 최대근력 단계를 I과 II 두 가지로 뚜렷하게 나누었다.

- 최대근력 I은 주로 근육 간 협응에 작용하며, 하나 또는 두 개의 3+1 매크로사이클 (macrocycle)로 구성되고, 주요 근력운동의 부하는 1RM의 70~80% 사이다.
- 최대근력 II는 1RM 80~90%의 무거운 부하를 갖는 2+1 구조를 통해 주로 근육 내 조정을 트레이닝하는 것을 목표로 한다(그림 8.5).

이러한 유형의 근력트레이닝 계획은 국가(대표) 수준의 대회 선수에게 제안된다. 다른 예는 국가 이상, 즉 국제 수준 대회 선수에게 제안된다(그림 8.6~8.7). 이 단계의 기간은 대략 1~3개월이며, 선택한 스포츠 경기와 선수의 필요에 따라 달라진다. 미식축구 선수는 3개월 이상의 긴 단계가 필요할 수 있지만, 아이스하키 선수는 이러한 유형의 근력을 개발하는데 단 1~2개월 정도만 필요할 수 있다. 부하는 3주 중주기로 증가할 수 있으며, 보통 1주 마이크로사이클당 5%까지 진행한다. 최대근력의 근육 간 협응 유형에 대한 매크로사이클은

주	1	2	3	4	5	6	7
매크로사이클	2				3		
매크로사이클의 형태	3+1				2+1		
목적	최대 근력(근육 간 협응)				최대 근력(근육 내 협응)		

주별 부하: 1주-75%, 2주-77.5%, 3주-80%, 4주-70%/50%/T, 5주-85%, 6주-90%, 7주-70%/50%/T

그림 8.5 부하제거(un-loading: 정상 트레이닝 부하의 절대적 또는 상대적인 감소) 단계가 새로운 1RM을 측정하는 범위를 갖는 7주 최대근력 단계(3+1 및 2+1 구성)의 부하 진행 제안 / 국가(대표) 수준의 선수에게는 3+1 구성을 제안

※ T = 최대근력측정(1-RM test)

주	1	2	3	4	5	6	7	8
매크로사이클	1				2			
매크로사이클의 형태	3+1				3+1			
목적	최대 근력(근육 간 협응)				최대 근력(근육 내 협응)			

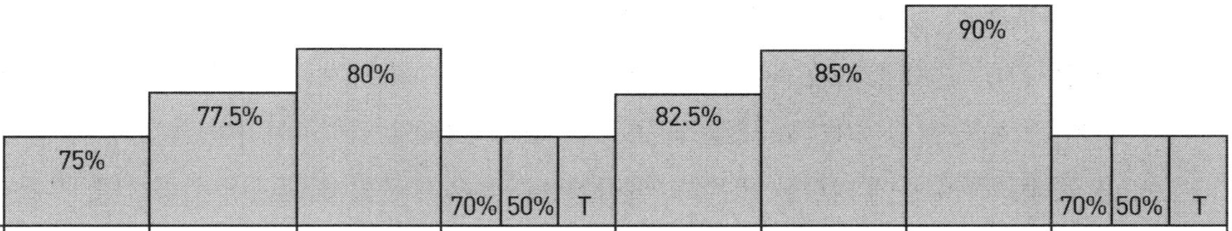

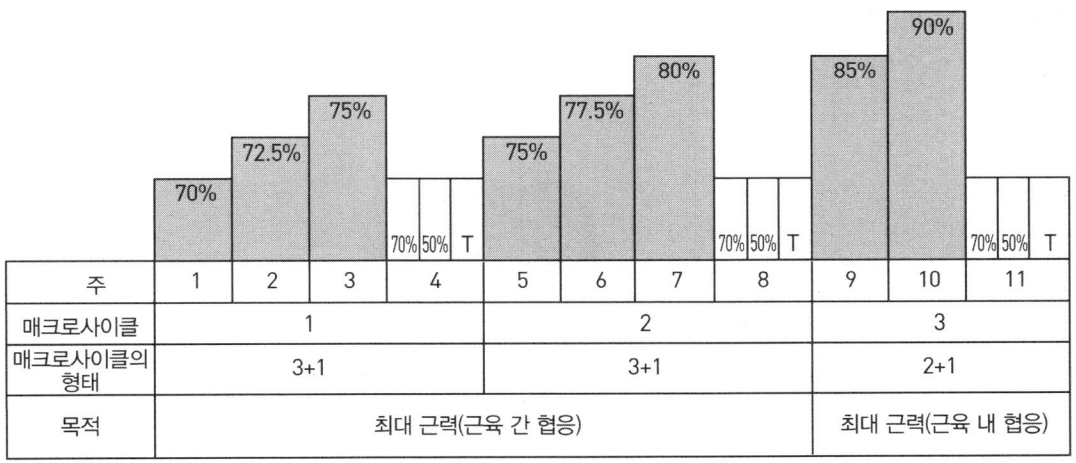

그림 8.6 8주간의 높은 트레이닝이 요구되는 최대근력 단계에 대한 부하 진행 제안 / 낮은 단계 마이크로사이클(microcycle)의 마지막 일(1단계) 동안 새로운 1RM 측정이 계획되어 있음.

핵심: T = 최대근력측정(1–RM test)

주	1	2	3	4	5	6	7	8	9	10	11
매크로사이클	1				2				3		
매크로사이클의 형태	3+1				3+1				2+1		
목적	최대 근력(근육 간 협응)								최대 근력(근육 내 협응)		

그림 8.7 높은 트레이닝 요구/무거운 부하에 대해 잘 적응한 운동선수를 위한 3–매크로사이클(11주) 최대근력 단계에 대한 부하 진행 제안.

핵심: T = 최대근력측정(1–RM test)

1RM의 80%까지 부하를 사용하는 반면, 최대근력의 근육 내 협응 유형에 대한 매크로사이클은 평균 강도가 높으므로 대부분 80% 이상의 부하를 사용한다.

이 단계는 반복 수가 낮고, 세트 수가 많은 것이 특징이며, 이 단계의 지속기간은 선수가 단일 주기 또는 모노사이클(monocycle) 또는 2 중 주기 연간 계획을 따르는지에 따라 달라진다. 분명한 이유로, 젊은 운동선수는 부하가 낮은(근육 간 협응 트레이닝 시에 해당) 최대근력 단계가 짧을 수 있다.

스포츠 트레이닝의 주기화

대부분 스포츠는 파워(예: 육상에서의 점프, 던지기 등), 파워 지구력(예: 육상에서의 전력 달리기), 근지구력(예: 800~1,500m 수영), 또는 세 가지 모두(예: 조정, 카누, 레슬링, 투기 스포츠, 무술, 그리고 몇몇 팀 스포츠 등)를 필요로 한다. 이러한 특정 근력의 각 유형은 최대근력 수준에 영향을 받는다. 예를 들어, 높은 수준의 최대근력이 없다면, 운동선수는 높은 수준의 파워를 발휘할 수 없다. 파워는 근력과 속도의 산물이므로 최대근력을 향상시킨 후 파워로 전환하는 것이 일반적이다.

4단계: 특정 근력으로의 전환

이 단계의 주요 목적은 최대근력의 이점을 경쟁력 있는 스포츠별 근력 조합으로 전환하는 것이다. 선택한 스포츠와 경기의 특성에 따라 최대근력은 파워, 파워 지구력, 또는 단기적, 중기적, 장기적 형태의 근지구력으로 전환해야 한다. 운동선수들은 운동유형에 맞는 적절한 트레이닝 방법(예를 들어, 스피드 트레이닝)을 적용하여 점차 최대근력을 파워로 전환해야 한다.

특정 근력으로의 전환 단계는 선수가 자신의 이점을 수행하는 데 도움이 된다.

이 단계를 진행하며 스포츠와 운동선수에게 필요한 특정 근력에 따라 일정 수준의 최대근력을 유지해야 한다(일반적으로, 스포츠 특정 범위와 완전한 동작 범위를 모두 사용해야 한다). 그렇지 않으면(신경근 특성을 감소시킴) 시즌단계(시합단계)가 끝날 무렵에는 근력이 감소할 수 있다. 이것은 분명히 미식축구, 축구, 야구 등의 프로선수들에게 해당하며, 이 스포츠들은 각각 긴 시즌을 가지고 있기 때문이다.

파워나 근지구력이 우세한 스포츠 종목의 경우, 적절한 트레이닝 방법이 을 사용해야 한다. 파워와 근지구력을 모두 필요로 하는 종목의 경우, 트레이닝 시간과 방법은 이 두 가지 능력 사이에서 최적의 비율을 적절하게 반영해야 한다. 예를 들어, 레슬링 선수의 경우 이 두 가지 비율은 거의 같아야 하고, 500m 종목의 스피드 스케이팅 선수는 파워 지구력이 지배적이어야 하며, 카누 선수에게는 근지구력이 우세해야 한다. 팀 스포츠, 무술, 레슬링, 권투 등 대부분의 근력이 우세한 스포츠에서 코치는 전환단계에서 민첩성과 빠른 반응 및 움직임 시간을 개발하도록 유도하는 운동과 파워 트레이닝을 결합해야한다. 이러한 유형의 접근방식만이 선수들이 경기의 요구사항에 대비할 수 있게 해준다.

전환단계의 기간은 향상해야 할 능력에 따라 다르며, 파워로의 전환은 4~8주간의 특정 파워 트레이닝을 통해 달성할 수 있다. 반면에 근지구력으로의 전환은 생리 및 해부학적 적응이 훨씬 오래 걸리기 때문에 6~9주가 필요하다.

5단계: 유지

많은 스포츠에서는 시합 시즌이 시작될 때 근력트레이닝을 없애는 것을 전통처럼 여긴다. 그러나 경쟁단계에서 체력트레이닝을 유지하지 못하는 선수들은 다음과 같은 반향을 가지고 트레이닝 중단(Detraining) 효과를 경험한다.

- 근육섬유는 트레이닝 전 크기로 감소하여 근력과 파워의 손실을 초래한다(Thorstensson, 1977; Staron, Hagerman, & Hikida 1981; McMaster et al., 2013).
- 근력의 감소는 운동단위의 동원 감소에 기인한다. 운동선수는 이전과 동일한 수의 운동단위를 자발적으로 활성화하지 못하며, 이로 인해 발생할 수 있는 근력의 양이 감소하게 된다(Edgerton, 1976; Hainaut & Duchateau, 1989; Houmard, 1991; Kraemer & Ratamess, 2005).
- 힘의 생성 속도는 발화 속도에 따라 달라지므로 파워는 감소하게 된다.

- 트레이닝 중단(Detraining)은 4주 후에 명백하게 나타나며, 이때 선수들은 전환 단계가 끝날 때처럼 근력과 파워를 필요로 하는 기술을 능숙하게 수행할 수 없게 된다 (Bompa, 1993; Kraemer & Ratamess, 2005).

이 단계에서 근력트레이닝의 주요 목표는 이전 단계에서 달성된 수준을 유지하는 것이다. 다시 말해, 이 단계에서 실시되는 프로그램은 선택된 스포츠에 요구되는 특정 근력의 유지다. 이러한 요구사항은 최대근력과 특정 근력 사이의 트레이닝 비율에 반영되어야 한다. 예를 들어, 투포환 선수는 최대근력 트레이닝 2세션과 파워트레이닝 2세션을 실시할 수 있지만, 높이뛰기 선수는 최대근력 트레이닝 1세션과 파워트레이닝을 위한 2세션을 실시할 수 있다. 마찬가지로, 100m 수영선수는 최대근력 트레이닝 세션, 파워트레이닝 세션, 그리고 짧은 시간의 근지구력 트레이닝 세션을 계획할 수 있지만 1,500m 수영선수는 긴 시간의 근지구력을 완벽히 하기 위한 프로그램을 계획할 수 있다.

팀 스포츠의 경우, 트레이닝의 비율은 특정 스포츠에서 근력의 역할에 따라 계산되어야 하며, 포지션 별로도 계산되어야 한다. 예를 들어, 투수는 회전근개(rotator cuff muscles) 부상을 방지하기 위해 보강 운동을 수행하면서 최대근력과 파워를 이전 단계와 비슷한 수준으로 유지해야 한다. 마찬가지로, 미식축구에서는 라인맨과 와이드 리시버, 그리고 축구에서는 스위퍼, 미드필더, 포워드 간 근력의 역할에 따른 트레이닝의 구분이 이루어져야 한다. 라인맨과 와이드 리시버는 최대근력과 파워트레이닝에 동일한 시간을 투자해야하지만, 1RM의 비율은 다르게 적용된다(라인맨은 특정 활동 시 힘의 적용 속도가 더 낮음). 축구 선수들은 불완전한 휴식과 함께 많은 파워 동작을 반복할 수 있는 짧은 파워 및 파워 지구력을 유지해야 한다.

선수의 경기력 수준과 기술 수행에서의 근력의 기여도에 따라 필요한 근력을 유지하는데 주 1~4 회의 세션이 필요하다. 연구에 따르면, 준비기간 중 성취된 대부분의 근력과 파워 능력의 유지를 위해서는 매주 최소 한번의 근력 유지 세션이 필요하다(Graves et al., 1988; Wilmore & Costill, 2004; Rnennestad et al., 2011)고 보고했다. 근력 유지를 위한 트레이닝 시간의 할당은 준비단계보다 유지단계가 훨씬 더 짧다.

6단계: 트레이닝중단

시즌의 중요 시합이 가까워질수록 운동선수의 에너지시스템 대부분은 주요 스포츠 특이적 체력 또는 혼합된 체력으로 방향이 정해져야 다시 말해, 중단단계의 목적은 선수의 에너지를 보존하고 스포츠 특이적 체력을 최대화하는 것이다. 그러므로 체력트레이닝 프로그램은 본대회까지 최소 3~14일 전에 종료해야 하며, 정확한 타이밍은 여러 요인에 따라 달라진다.

- ***선수의 성별***. 남성보다 근력 증가가 수월하지 않은 여성 선수의 경우에는 보통 3일 전까지 근력트레이닝을 유지해야 한다.
- ***선택된 스포츠***. 1~2주의 더 긴 중단단계는 속근(Type IIx)의 오버슈팅[overshooting: 강력한(고강도) 트레이닝 후 나타나는 속근 유전자의 발현이 억제되는 일시적인 현상(switch off)]으로 인해 비젖산 시스템(alactic)의 속도 성능이 향상될 수 있다. 무산소성 스포츠만큼 힘이 중요하지 않은 지구력 스포츠의 경우, 시즌 주요 대회 2주 전에 체력트레이닝이 끝날 수 있다.
- ***체형***. 무거운(중량급) 선수는 적응력과 잔류 피로를 더 오래 유지하는 경향이 있으므로 가벼운(경량급) 선수보다 체력트레이닝을 더 일찍 마쳐야 한다.

7단계: 보상

전통적으로, 연간계획의 마지막 단계는 부적절하게 '오프시즌(off-season)'이라고 불려왔다. 한 연간계획에서 다른 계획으로의 전환을 나타낸다. 이 단계의 주요 목표는 훈련동안 생긴 피로를 제거하고(트레이닝 빈도 감소를 통해) 트레이닝의 양과 강도를 모두 줄임으로써 소모된 에너지 저장소를 보충하는 것이다. 트레이닝과 시즌 기간 동안 대부분 선수는 정신적 에너지를 고갈시키는 수많은 심리적·사회적 스트레스 요인에 노출된다. 선수들은 과도기 동안 다양한 신체적·사회적 활동에 참여함으로써 심리적으로 긴장을 풀 수 있다.

두 개의 연간계획 사이 전환단계는 2주이상 지속되어서는 안되며, 대개는 1주일만 지속된다. 반면에, 연간계획 끝에서의 전환단계는 운동선수의 수준에 따라 4~8주 사이에 지속될 수 있다. 초보자는 적응 수준이 안정적이지 못하기 때문에 전환단계는 짧아야 하며, 일반적으로 경쟁단계는 프로선수에 비해 짧다. 무리하게 긴 단계는 대부분의 트레이닝 이득, 특히 근력의 손실 같은 트레이닝 중단(Detraining) 효과를 초래한다. 반면 올림픽 스포츠의 선수들은 4년마다 열리는 올림픽 주기가 끝날 때 최대 8주간의 전환기를 가질 수 있다. 비시즌에 근력 트레이닝을 소홀히 하는 트레이닝 중단은 다음 시즌의 경기력 향상을 늦어지게 할 수 있다

운동선수들과 지도자(코치)들은 근력을 증가시키는 것은 어렵고, 근력의 손실은 상대적

트레이닝 중단(DETRAINING)

적절한 무게 또는 트레이닝의 강도가 지속적으로 실시되는 경우에만 근력을 개선하거나 유지할 수 있다. 근력트레이닝이 감소하거나 중단되면 경쟁 또는 긴 전환 단계에서 종종 발생하는 것처럼 근육세포 및 신체 조직에서 생물학적 교란이 발생한다. 이러한 교란은 운동선수의 생리적 안녕감과 운동능력을 현저히 감소시키는 결과를 가져오게 된다(Fry, Morton, & Keast, 1991; Kuipers & Keizer, 1988; McMaster et al., 2013).

트레이닝이 감소하게 되면, 운동선수들은 '트레이닝 증후군'으로부터 취약해질 수 있다(Israel, 1972). 근력 손실의 심각성은 트레이닝 시간에 따라 달라지며, 마이오신(Myosin) 단백질 함량을 포함하여 많은 유기 및 세포 적응을 통한 이점이 저하될 수 있다.

트레이닝이 계획대로 진행되면 신체는 손상된 조직을 만들고 수리하는데 단백질을 사용한다. 그러나 신체가 사용되지 않을 때, 그것은 더 이상 필요하지 않기 때문에 단백질을 촉매하거나 분해하기 시작한다(Edgerton, 1976; Appell, 1990; Mujika & Padilla, 2000). 단백질 분해 과정이 계속됨에 따라 훈련 중에 얻은 이득 중 일부는 역전된다. 강도 증가에 중요한 테스토스테론 수치도 트레이닝중단 결과 감소하는 것으로 나타났는데, 이는 다시 단백질 합성량을 감소시킬 수 있다(Houmard, 1991; Kraemer & Ratamess, 2005).

트레이닝에서의 완전한 절제(금욕)는 두통, 불면증, 탈진감, 긴장 증가, 기분 교란 증가, 식욕 부진, 심리적 우울증 같은 심리적 장애에서 발생하는 것을 포함한 다양한 증상과 관련이 있다. 운동선수는 이러한 증상 중 1개 또는 2개 이상의 조합을 일으킬 수 있다. 이 증상들은 모두 테스토스테론과 운동 후 행복감의 주된 요인인 신경 내분비 화합물인 베타엔도르핀의 낮은 수준과 관련이 있다(Houmard 1991, Petibois and Deleris, 2003).

트레이닝 증상은 병적인 것이 아니며 트레이닝이 재개되면 곧 역전될 수 있다. 그러나 장기간 트레이닝을 중단하면 운동선수들은 한동안 증상을 보일 수 있다. 이 패턴은 인체와 그 시스템이 비활동 상태에 적응할 수 없음을 나타낸다. 이러한 증상(잠복기)이 나타나는 데 필요한 시간은 운동선수마다 다르지만, 일반적으로 2~3주간의 활동이 없는 후에 나타나며 심각성 또한 다양하다.

스피드와 파워 우위 스포츠에 참여하는 선수들의 코치들은 근육이 힘이나 파워 트레이닝 활동으로 자극받지 않을 때 근육 섬유 동원이 중단된다는 사실을 알아야 한다(Wilmore & Costill, 2004). 이러한 혼란은 기능의 악화를 초래한다(Wilmore & Costill, 2004). Wilmore와 Costill(2004)은 12주간의 근력트레이닝 중단으로 12주간의 프로그램에서 얻은 힘이 68% 감소했다고 보고했다. 이것은 일부 선수들, 특히 스피드와 파워가 우세한 스포츠 선수들에게는 상당한 손실을 의미한다. 이와는 대조적으로, 일주일에 적어도 한 번의 근력트레이닝을 계속 수행한 피실험자들은 12주간의 트레이닝에서 얻은 모든 힘을 유지했다.

근육 섬유 단면적의 감소는 몇 주간의 활동이 없어진 후에 상당히 명백하게 나타난다. 가장 빠른 근육 위축 속도, 특히 수축성 단백질의 저하는 처음 2주 동안 일어나고, 이러한 변화는 세포 아나볼릭(단백질 합성) 경로 억제의 결과이며, 근육의 낮은 글리코겐 함량, 특히 단백질 분해에서 비롯된다(Kandarian & Jackman, 2006; Zhang et al., 2007). 또한, 힘줄의 인장강도는 콜라겐 섬유의 위축으로 인해 감소하며, 인대의 총 콜라겐 질량도 감소한다(Kannus et al., 1992).

지근섬유는 보통 힘을 생산하는 능력을 잃는 첫 번째 섬유다. 속근섬유는 일반적으로 비활동성의 영

(계속)

트레이닝 중단(Detraining) (계속)

향을 가장 적게 받는다. 실제로 젖산 트레이닝 시 속근의 빠른 해당적 섬유(더 정확히는 Myosin heavy chain)는 Type IIa(Andersen et al., 2005)의 빠른 해당 산화적 섬유의 특성을 가지고 있다(Andersen et al., 2005). 그러나 트레이닝량이 크게 줄면 이전의 수준으로 빠르게 돌아간다. 그렇다고 해서 속근섬유에서 위축이 발생하지 않는다는 것은 아니며, 단지 지근섬유보다 조금 더 오래 걸릴 뿐이다.

주기화를 통한 초기 속근섬유의 증가 이후 트레이닝중단으로 인한 근육 단백질의 붕괴와 신경 적응의 상실은 근육 수축의 힘 능력을 감소시키기 때문에 속도는 더 긴 트레이닝중단에 영향을 받는다. 이는 운동단위의 감소로 인해 파워 손실이 더욱 뚜렷해진다. 근육 섬유에 대한 신경 자극의 감소는 근육을 수축시키고 더 느린 속도로 이완시킨다. 이러한 자극의 강도와 빈도가 감소하면, 일련의 반복 수축 동안 모집된 총 운동단위 수도 감소할 수 있다(Edgerton, 1976; Hainaut & Duchateau, 1989; Houmard, 1991; Mujika & Padilla, 2000).

트레이닝 중단(Detraining)은 또한 유산소 능력이 우세한 스포츠에 영향을 미친다. Coyle & Colleagues(1991)는 84일간의 트레이닝중단은 해당 효소(glycolytic enzyme) 활동에 영향을 미치지 않았지만, 산화 효소(oxidative enzyme)의 활성은 60% 감소시킨다고 보고했다. 이 결과는 유산소 능력과 유산소 능력 모두 4주간의 트레이닝중단으로 인해 적어도 근육 글리코겐이 최대 40%까지 감소함을 의미하는 것이며, 무산소성 성능은 유산소성 성능보다 더 오래 유지될 수 있음을 나타낸다(Wilmore & Costill, 2004).

으로 쉽다는 것을 기억해야 한다. 전환단계에서 근력트레이닝을 전혀 하지 않는 선수는 근육 크기 감소와 상당한 파워의 손실을 경험할 수 있다(Wilmore & Costill, 2004; Mujika & Padille, 2000). 힘과 속도는 상호의존적이므로 이 선수들에게는 속도 요인도 감소하게 된다. 일부 저자들은 근육을 사용하지 않는 것이 근섬유의 방출 빈도와 동원 형태를 감소시킨다고 주장한다. 따라서 근력과 파워의 손실은 많은 운동단위가 활성화되지 않은 결과일 수 있다.

전환 단계 중 신체 활동량이 50~60%로 감소하지만, 운동선수들은 근력트레이닝 유지에 노력할 수 있는 시간을 찾아야 한다. 구체적으로, 스포츠 특정 기술 수행에 반드시 관여하지 않을 수 있는 길항근, 안정화근 및 기타 근육에 대해 운동을 실시하는 것이 유익할 수 있다. 마찬가지로, 보상 운동은 신체 일부나 측면 사이에 불균형이 발생할 수 있는 스포츠[예: 투구, 던지기, 양궁, 축구(상체를 더 많이 사용), 사이클링]에 대해 계획되어야 한다.

근력모형의
주기화에 따른 변화

이 장 앞부분에서 제시한 근력 주기화는 기본적인 개념을 설명(그림 8.3)하는 데 도움이 되었지만, 모든 상황과 스포츠의 모델이 될 수는 없다. 각 개인 또는 그룹 운동선수들은 트레이닝 배경, 성별, 그리고 선택된 스포츠나 대회의 구체적인 특성에 기초한 구체적인 계획과 프로그램을 필요로 한다. 이 절에서는 근력 주기화의 변화를 설명하고, 특정 스포츠 및 이벤트에 대한 특정 주기화 모델의 후속 실제 사례에 대한 설명을 제공한다.

몇몇 스포츠와 팀 스포츠에서의 일부 포지션은 근력과 많은 근육량을 필요로 한다. 예를 들어, 육상 경기에서 던지기 선수, 미식축구에서 라인맨, 그리고 헤비급 레슬링 선수들과 권투선수들은 많은 근육과 파워가 있는 것이 유리하다. 이 선수들은 근비대를 일으키기 위해 계획된 긴 트레이닝단계를 가진 특별한 주기화 모델을 따라야 한다. 근비대가 먼저 발생하면 힘의 전위를 더 빠르게 증가시키는 것으로 보이며, 특히 최대근력과 파워의 발달 단계가 뒤따를 경우, 속근섬유의 활성화와 발화 속도를 자극하는 것으로 알려져 있다.

Prep.			Comp.		T
AA	Hyp.	MxS	Conv. to P	Maint.: P, MxS	Compens.

그림 8.8 근비대가 필요한 운동선수를 위한 주기화 모델

Key: AA = 해부학적 적응, comp. = 시합기, compens. = 보상, conv. = 전환, Hyp. = 근비대, maint. = 유지, MxS = 최대 근력, P = 파워, prep. = 준비기, T = 이행기

Prep.								Comp.	T
3 AA	7 Hyp.	6 MxS	3 Hyp.	3 MxS	3 Hyp.	3 MxS	4 Conv. to P	16 Maint.: P, MxS	4 Compens.

그림 8.9 근비대 및 최대근력 발달을 위한 주기화의 변화

Key: AA = 해부학적 적응, comp. = 시합기, compens. = 보상, conv. = 전환, Hyp. = 근비대, maint. = 유지, MxS = 최대 근력, P = 파워, prep. = 준비기, T = 이행기

Prep.							Comp.	T
7 AA	6 MxS	3 P	6 MxS	3 P	3 MxS	4 P	16 Maint.: P, MxS	4 Compens.

그림 8.10 근력훈련이 강조되고 빈번한 교대를 필요로 하는 고급 파워 운동선수를 위한 주기화 모델

Key: AA = 해부학적 적응, comp. = 시합기, compens. = 보상, maint. = 유지, MxS = 최대 근력, P = 파워, prep. = 준비기, T = 이행기

그림 8.8은 중량급선수들과 파워가 우세한 선수들을 위한 주기화 모델을 보여준다. 전통적인 해부학적 적응단계는 적어도 6주간의 근비대 단계가 적용되며, 그다음 최대근력 트레이닝과 파워로의 전환단계가 이어진다. 이 선수들은 유지단계 동안 최대근력과 파워를 유지하는 데 시간을 할애해야 하며, 이전 단계에서 얻은 근비대도 유지하도록 해야 한다. 연간 계획은 전환단계에서의 특정한 보상 트레이닝으로 마무리된다.

파워 스포츠의 준비단계는 매우 길 수 있으므로(예: 미국과 캐나다 대학 미식축구) 지도자(코치)는 훨씬 더 많은 근육량을 만드는 기간을 결정할 수 있다. 이를 위해 근비대 단계가 최대근력 단계와 번갈아 나타나는 또 다른 모델을 따를 수 있다(그림 8.9). 그림 8.10의 각 단계 위의 숫자와 다음 표 중 일부는 몇 주 동안 해당 단계의 지속 기간을 나타낸다.

그림 8.10은 준비단계가 더 길고 최대근력과 파워 매크로사이클 사이의 교대가 있는 주기화를 보여준다. 더 긴 준비단계는 여름 스포츠 또는 겨울과 초봄에 열리는 스포츠를 가정한다. 서로 다른 능력[H(근비대), MxS(최대근력)] 그리고 P(파워) 간의 교대는 지속적으로 더 높은 파워 향상으로 이어지며, 1년 중 몇 가지 집중적인 경기가 특징인 스포츠(예: 라켓 및 투기 스포츠)에서 나타난다. 이는 최대근력 단계가 길어지면 특정 스포츠 기술에 해가 될 수 있다는 것을 의미한다(Bompa, 1993).

또한, 다양한 수축 속도로 근육을 트레이닝하면, 파워의 상승이 더 빠르다(Bührle, 1985; Bührle & Schmidtbleicher, 1981; Bompa, 1993; McMaster et al., 2013). 파워와 최대근력 트레이닝 모두 속근섬유를 트레이닝시킨다. 또한, 최대근력 트레이닝은 높은 수준의 힘을 나타내는 운동단위 동원 형태를 증가시키며, 파워트레이닝은 근수축의 수행 빈도(활동전위) 또는 속도를 증가시킨다. 숏 퍼터, 포환던지기, 창던지기, 해머던지기 등의 운동수행 능력을 본 사람은 누구나 그 힘과 속도 특성을 이해할 수 있다. 최대근력과 파워를 번갈아 가며 사용하는 매크로사이클은 더 발전된 개발 단계에서 육상 단거리와 높이뛰기 선수와 같이 파워가 우세한 선수들에게도 사용될 수 있다.

동일한 운동 방법과 부하 형태를 두 달 이상 유지하게 될 경우, 특히 근력 트레이닝이 숙련된 운동선수들은 운동단위의 동원 형태가 표준화되어 결과적으로 정체기(Plateau)를 겪게 된다. 이 시점에서는 어떤 과감한 개선도 기대할 수 없다. 따라서 보디빌딩 방법은 속도와 파워가 우세한 스포츠에서 해당 스포츠에서 추구하는 목적을 이루지 못할 수 있다. 이러한 현실적인 이유로 이 장의 그림 중 몇 개의 수치가 최대근력 및 파워 매크로사이클의 순서를 제안하는 이유를 설명한다.

스포츠 트레이닝의 주기화

또한, 최대근력의 저하는 시합단계 동안 선수가 원하는 수준의 파워 또는 근지구력을 유지하는 능력에 영향을 미치므로 최대근력 단계의 중요성을 과소평가해서는 안 된다. 운동선수들이 1년에 두 번 최고점을 갱신해야 하는 스포츠(예: 수영과 육상)에서는 2중주기를 이용한 연간계획이 최적이다. 그림 8.11은 2중주기(Bi-cycle) 연도별 계획에 대한 근력트레이닝의 주기화를 제시한다. 3개의 경쟁단계를 가진 스포츠의 경우, 선수들은 1년에 3번의 정점을 달성해야 한다.

그 예로는 레슬링, 복싱, 수영 국제경기와 육상 경기, 겨울시즌, 전국선수권대회나 선발전으로 끝나는 초여름 시즌, 세계선수권대회나 올림픽으로 끝나는 늦여름시즌이 있다. 이러한 스포츠에 대한 연간 계획을 '3중주기'라 하며, 이 계획의 주기화 모델은 그림 8.12에 제시된다.

10월	11월	12월	1월	2월	3월	4월	5월	6월	7월	8월	9월
Prep. I			Comp. I			T	Prep. II		Comp. II		T
AA	MxS		Conv. to P	Maint.		AA	MxS	Conv. to P	Maint.		Compens.

그림 8.11 2중주기[2중-최고점(Double-peak)] 연간 계획의 주기화 모델

Key: AA = 해부학적 적응, comp. = 시합기, compens. = 보상, conv. = 전환, maint. = 유지, MxS = 최대 근력, P = 파워, PE = 파워 지구력, prep. = 준비기, T = 이행기

	10월	11월	12월	1월	2월	3월	4월	5월	6월	7월	8월	9월
	Prep. I				Comp. I	T	Prep. II	Comp. II			Prep. III	Comp. III	T
근력의 주기화	3	9		4	6	1	6	4	6	1	2	3	3
	AA	MxS		Conv. to P	Maint.: P and MxS	AA	MxS	Conv. to PE	Maint.: PE and MxS	AA	MxS, PE	Maint.: PE and MxS	Compens.

그림 8.12 3중주기 연간 계획의 주기화 모델

Key: AA = 해부학적 적응, comp. = 시합기, compens. = 보상, conv. = 전환, maint. = 유지, MxS = 최대 근력, P = 파워, PE = 파워 지구력, prep. = 준비기, T = 이행기

12월	1월	2월	3월	4월	5월	6월	7월	8월	9월	10월	11월
Prep.				T	Prep. II		Comp.			T	
AA	MxS		Conv. to P	AA	MxS		Conv. to P	Maint.: P, MxS		Compens.	

그림 8.13 2중주기(2중-최고점) 주기화

Key: AA = 해부학적 적응, comp. = 시합기, compens. = 보상, conv. = 전환, maint. = 유지, MxS = 최대 근력, P = 파워, prep. = 준비기, T = 이행기

소프트볼, 미식축구, 트랙 사이클링 같은 긴 준비단계를 가진 스포츠의 경우, 그림 8.13은 4월말 인위적인 최고점과 가을 동안 실제 최고점(예: 축구 시즌의 경우)이라는 2개의 최고점을 가진 주기화 옵션을 보여주고 있다. 이 모델은 선수들의 최대근력과 파워의 향상을 원하는 축구 지도자(코치)의 요청으로 개발되었다. 이 모델은 축구와 단거리 사이클링 종목 선수들에게 매우 성공적이었으며, 모든 선수는 그들의 최대근력과 파워를 역대 최고 수준으로 증가시켰다. 전형적인 단일 주기(단일 최고점) 스포츠에 대한 이 새로운 접근방법은 다음과 같은 이유에 기반을 두고 있다.

- 다양하지 않은 운동 방법과 무거운 부하를 이용한 매우 긴 준비단계는 너무 많은 스트레스를 발생시키므로 이를 통한 생리학적 이득은 부족한 것으로 간주되었다.
- 2중 최고점(2중주기) 주기화는 최대근력 트레이닝을 위한 2단계와 파워트레이닝을 위한 2단계를 각각 계획하는 이점을 제공한다. 미식축구 라인맨들은 최대근력 단계 이전에 근비대 트레이닝을 실시하는 약간 다른 접근방식을 따랐다. 지도자(코치)가 기대하는 이점은 다음과 같이 실현되었다. 전체 근육량의 증가, 최대 힘의 증가, 그리고 그의 선수들이 달성한 최고 수준의 파워.

스포츠의 주기화 모델

이 책을 실용적이고 쉽게 적용할 수 있도록 근력을 위한 몇 가지 스포츠별 주기화 모델이 포함되어 있으며, 각 주기화 모델에는 해당 스포츠의 생리학적 특성을 나타내는 다섯 가지 요소도 포함되어 있다.

- 우세한 에너지시스템들
- 각 에너지 시스템들이 최종 수행력에 기여하는 비율(Ergogenesis)
- 주요 에너지 기질들
- 경기력에 대한 제한요소들
- 근력트레이닝의 목표

근력트레이닝은 스포츠 특성과 관련된 에너지시스템들과 연결되어야 한다. 그렇게 하면, 근력트레이닝 목표를 비교적 쉽게 결정할 수 있다. 예를 들어, 무산소성 비젖산 시스템

스포츠 트레이닝의 주기화

이 우세한 스포츠의 경우, 경기력의 요소는 파워다.

반면에 무산소성 젖산 시스템이나 유산소 시스템이 우세한 스포츠는 항상 근지구력의 요소를 필요로 한다. 이러한 방법은 지도자(코치)가 선수들을 생리적으로 더 잘 트레이닝시키고, 그 결과 그들의 경기력을 향상시킬 수 있다. 예를 들어, 보디빌딩 트레이닝 방법을 적용한다면 파워 증가를 절대로 기대해서는 안 된다. "경기력에 대한 제한요소"라는 문구는 그러한 요소가 가능한 한 높은 수준에서 개발되지 않는 한, 원하는 성과를 달성할 수 없다는 것을 의미한다. 운동선수에게 요구되는 스포츠 특이적 근력 조합이 더 구체적으로 요구된다.

이러한 모델을 개발할 때는 각 선수의 경쟁 수준과 목표뿐만 아니라 구체적인 대회(경기) 일정을 알아야 한다. 예를 들어, 육상 및 수영과 같은 스포츠의 경우, 주기화 모델은 겨울과 여름의 주요 대회(경기)를 중심으로 설계된다.

스포츠 파인더

미식축구: 라인맨	209
미식축구: 와이드 리시버, 수비 백, 테일백(후위)	210
야구, 소프트볼, 크리켓	211
농구	212
복싱	214
카누와 카약: 500m, 1,000m	215
카누와 카약: 장거리	216
사이클링: 도로경주	217
피겨스케이팅	218
골프	219
하키	220
장거리 마라톤	221
장거리 스프린팅과 중거리 달리기	222
무술	223
라켓 스포츠: 테니스, 라켓볼, 스쿼시 및 배드민턴	224
조정	226
럭비	227

스키: 알파인	228
스키: 크로스컨트리 및 바이애슬론	229
축구	230
스프린팅	232
수영: 장거리	233
수영: 짧은 거리 마스터 선수	234
수영: 스프린트(전력)	235
던지기 경기: 숏퍼트, 원반, 해머 및 창 던지기	236
트라이애슬론	237
배구	238
워터 폴로	239
레슬링	240

미식축구: 라인맨

라인맨은 경기가 시작됨과 동시에 폭발적으로 반응할 수 있어야 하며, 상대방과 대등한 근력을 가져야 한다. 근비대 단계는 많은 근육량 형성을 위해 포함되어야 한다. 대학 라인맨의 주기화 모델의 예시는 그림 8.14를 참조하라. 엘리트 라인맨의 주기화 모델의 예시는 그림 8.15를 참조하라.

- 우세한 에너지시스템: 무산소성 비젖산 시스템, 무산소성 젖산 시스템
- 에너지 생성 비율: 비젖산(70%), 젖산(30%)
- 주요 에너지질: 크레아틴 인산, 글리코겐
- 주요 체력요인(제한요소): 출발력, 최대근력
- 트레이닝 목표: 최대근력, 근비대, 파워

스포츠 트레이닝의 주기화

주기화	3월	4월	5월	6월	7월	8월	9월	10월	11월	12월	1월	2월
	Prep.						Comp.				T	
근력	3 AA	6 Hyp.		9 MxS		6 Conv. to P	18 Maint.: MxS, P				6 Compens.	
에너지 시스템	젖산 용량, 비젖산 파워	비젖산 파워, 젖산 용량		비젖산 파워, 단기간 젖산 파워							유산소 파워, 비젖산 파워	

그림 8.14 대학 미식축구 라인맨의 주기화 모델

Key: AA = 해부학적 적응, cap. = 용량, comp. = 시합기, compens. = 보상, conv. = 전환, hyp. = 근비대, maint. = 유지, MxS = 최대 근력, P = 파워, prep. = 준비기, T = 이행기

주기화	4월	5월	6월	7월	8월	9월	10월	11월	12월	1월	2월	3월
	Prep.					Comp.					T	
근력	2 AA	8 Hyp.			6 MxS	4 Conv. to P	22 Maint.: MxS, P				6 Compens.	
에너지 시스템	젖산 용량, 비젖산 파워				비젖산 파워, 단기간 젖산 파워						유산소 파워, 비젖산 파워	

그림 8.15 엘리트 미식축구 라인맨의 주기화 모델

Key: AA = 해부학적 적응, cap. = 용량, comp. = 시합기, compens. = 보상, conv. = 전환, hyp. = 근비대, maint. = 유지, MxS = 최대 근력, P = 파워, prep. = 준비기, T = 이행기

미식축구: 와이드리시버, 디펜스 백, 테일백(후위)

라인맨과는 달리 많은 근육량(근비대)보다는 스피드와 민첩성이 요구된다. 대학팀의 주기화 모델의 예시는 그림 8.16을 참조하라. 프로팀의 주기화 모델의 예시는 그림 8.17을 참조하라.

- 우세한 에너지시스템: 무산소성 비젖산 시스템, 무산소성 젖산 시스템
- 에너지 생성 비율: 비젖산(60%), 젖산(30%), 유산소(10%)
- 주요 에너지 기질: 크레아틴 인산, 글리코겐
- 주요 체력요인(제한요소): 가속력, 반응력, 출발력
- 트레이닝 목표: 파워, 최대근력

연간 계획

주기화	3월	4월	5월	6월	7월	8월	9월	10월	11월	12월	1월	2월
	Prep.						Comp.					T
근력	4 AA	4 MxS	3 P	3 MxS	3 P	3 MxS	4 P	18 Maint.: P, MxS				6 Compens.
에너지 시스템	O_2 P, lactic cap., alactic P	Lactic cap., alactic P, O_2 P		Lactic P, alactic P, O_2 P		Alactic P, lactic P						O_2 P, alactic P

그림 8.16 대학 미식축구 와이드리시버, 수비백, 테일백의 주기화 모델

Key: AA = 해부학적 적응, cap. = 용량, comp. = 시합기, compens. = 보상, maint. = 유지, MxS = 최대 근력, O_2 = 유산소성, P = 파워, prep. = 준비기, T = 이행기

주기화	4월	5월	6월	7월	8월	9월	10월	11월	12월	1월	2월	3월
	Prep.						Comp.				T	
근력	2 AA	3 MxS	3 P	3 MxS	3 P	3 Conv. to P	22 Maint.: P				6 Compens.	
에너지 시스템	O_2 P, lactic cap., alactic P	Lactic cap., alactic P, O_2 P	Lactic P, alactic P, O_2 power			Alactic P, lactic P					O_2 P, alactic P	

그림 8.17 프로 미식축구 와이드리시버, 수비백, 테일백의 주기화 모델

Key: AA = 해부학적 적응, cap. = 용량, comp. = 시합기, compens. = 보상, conv. = 전환, maint. = 유지, MxS = 최대 근력, O_2 = 유산소성, P = 파워, prep. = 준비기, T = 이행기

야구, 소프트볼, 크리켓

이 세 가지 스포츠의 우세한 능력은 타격과 투구, 반응 그리고 높은 가속도이며, 이는 특정트레이닝에 의해 발휘되는 파워다. 특히, 프로야구에서 긴 준비단계에서 트레이닝에 대한 제한은 준비시간을 감소시킬 수 있으며, 오랜 시합 일정은 피로나 부상을 초래할 수 있다. 파워와 가속력은 가장 많은 수의 속근섬유를 동원하는 능력에 크게 좌우되므로 최대근력은 선수들의 성공에 매우 중요한 요소다. 파워와 최대근력을 유지하는 것은 시즌 동안 선수들의 성공적인 수행에 도움이 된다. 엘리트 야구팀의 주기화 모델의 예시는 그림 8.18을 참조하라. 아마추어 야구, 소프트볼, 크리켓팀의 주기화 모델 예시는 그림 8.19를 참조하라.

스포츠 트레이닝의 주기화

- 우세한 에너지시스템: 무산소성 비젖산 시스템
- 에너지 생성 비율: 비젖산(95%), 젖산(5%)
- 주요 에너지 기질: 크레아틴 인산
- 주요 체력요인(제한요소): 투구력, 가속력, 반응력
- 트레이닝 목표: 최대근력, 파워

주기화	12월	1월	2월	3월	4월	5월	6월	7월	8월	9월	10월	11월
	Prep.				Precomp.	Comp.					T	
근력	4 AA	9 MxS			6 Conv. to P	23 Maint.: power, MxS					6 Compens.	
에너지 시스템	O_2 P, lactic cap.	Alactic P, lactic P short									O_2 compens.	

그림 8.18 엘리트 야구팀의 주기화 모델

대사 트레이닝은 템포 트레이닝과 종목 특이적 전술 트레이닝의 누적 효과를 나타낸다. 제안된 에너지 시스템 트레이닝 순서는 각 트레이닝 단계에 대한 우선순위를 의미한다. 시합기가 매우 길기 때문에 근력의 저하가 발생할 수 있다. 따라서 선수는 파워와 최대근력을 유지해야 한다.

Key: AA = 해부학적 적응, cap. = 용량, comp. = 시합기, compens. = 보상, conv. = 전환, maint. = 유지, MxS = 최대 근력, O_2 = 유산소성, P = 파워, prep. = 준비기, T = 이행기

주기화	11월	12월	1월	2월	3월	4월	5월	6월	7월	8월	9월	10월
	Prep.							Comp.				T
근력	4 AA	4 MxS	4 P	4 MxS	4 P	4 MxS	4 P	16 Maint.: P, MxS				4 Compens.
에너지 시스템	O_2 P, lactic cap.	Alactic P, lactic P short										O_2 compens

그림 8.19 아마추어 야구와 소프트볼팀의 주기화 모델

Key: AA = 해부학적 적응, cap. = 용량, comp. = 시합기, compens. = 보상, maint. = 유지, MxS = 최대 근력, O_2 = 유산소성, P = 파워, prep. = 준비기, T = 이행기

농구

농구선수에게는 강하고, 민첩하며, 빠른 가속과 감속 및 방향을 제어하는 능력이 요구된다. 적절한 근력과 파워 트레이닝은 농구선수가 고된 시즌을 대비하는 데 도움을 준다. 대학농구팀의 주기화 모델의 예시는 그림 8.20을 참조하라. 엘리트 농구팀의 주기화 모델의 예시는 그림 8.21을 참조하라.

연간 계획

- 우세한 에너지시스템: 무산소성 비젖산 시스템, 무산소성 젖산 시스템, 유산소 시스템
- 에너지 생성 비율: 비젖산(60%), 젖산(20%), 유산소(20%)
- 주요 에너지 기질: 크레아틴 인산, 글리코겐
- 주요 체력요인(제한요소): 도약력, 가속력, 파워-지구력
- 트레이닝 목표: 최대근력, 파워, 파워-지구력

주기화	7월	8월	9월	10월	11월	12월	1월	2월	3월	4월	5월	6월
	Prep.					Comp.						T
근력	4 AA	8 MxS			8 Conv. to P		22 Maint.: P, MxS					6 Compens.
에너지 시스템	O_2 P, lactic cap., alactic P	Lactic cap., alactic P, O_2 P			Lactic P short, alactic P, O_2 P							O_2 compens.

그림 8.20 대학 농구팀의 주기화 모델

Key: AA = 해부학적 적응, cap. = 용량, comp. = 시합기, compens. = 보상, conv. = 전환, maint. = 유지, MxS = 최대 근력, O_2 = 유산소성, P = 파워, prep. = 준비기, T = 이행기

주기화	8월	9월	10월	11월	12월	1월	2월	3월	4월	5월	6월	7월
	Prep.					Comp.						T
근력	3 AA	7 MxS			6 Conv. to P		26 Maint.: P, MxS					6 Compens.
에너지 시스템	O_2 P, lactic cap., alactic P	Lactic cap., alactic P, O_2 P			Lactic P short, alactic P, O_2 P							O_2 compens.

그림 8.21 엘리트 농구팀의 주기화 모델

유산소성 트레이닝(O_2)은 해부학적 적응 단계 동안 템포 러닝과 다른 트레이닝 단계 동안 유산소성 트레이닝을 위한 특정 트레이닝의 누적 효과를 나타낸다(2-5분간 멈추지 않고). 제안된 에너지 시스템 트레이닝 순서는 또한 각 트레이닝 단계에 대한 우선 순위를 의미한다.

Key: AA = 해부학적 적응, cap. = 용량, comp. = 시합기, compens. = 보상, conv. = 전환, maint. = 유지, MxS = 최대 근력, O_2 = 유산소성, P = 파워, prep. = 준비기, T = 이행기

스포츠 트레이닝의 주기화

복싱

복싱선수는 시합하는 동안 상대방의 공격에 빠르고 강력하게 반응하고 공격할 수 있어야 한다. 복싱은 유·무산소성 에너지를 모두 필요로 하는 스포츠다. 주기화 모델의 예시는 그림 8.22를 참조하라.

- 우세한 에너지시스템: 무산소성 젖산시스템, 유산소시스템
- 에너지 생성 비율: 비젖산(10%), 젖산(40%), 유산소(50%)
- 주요 에너지 기질: 크레아틴 인산, 글루코겐
- 주요 체력요인(제한요소): 파워-지구력, 반응력, 중기성 근지구력
- 트레이닝 목표: 파워-지구력, 최대근력, 중기성 근지구력

	9월	10월	11월	12월	1월	2월	3월	4월	5월	6월	7월	8월
주기화	Prep. I		Specific prep. I	Match	T	Prep. II	Specific prep. II	Match	T	Prep. III	Specific prep. III		Match	T
근력	3 AA	6 MxS, P	3 Conv. to MEM	2 Maint.: MEM, MxS	2 AA	4 MxS, P	4 Conv. to MEM	4 Maint.: MEM, MxS	1 AA	3 MxS, P	4 Conv. to MEM	8 Maint.: MEM, MxS	Compens.
에너지 시스템	O_2 cap.	O_2 P, alactic P, lactic cap.	Lactic cap., O_2 P, alactic P		O_2 cap.	O_2 P, alactic P, lactic cap.	Lactic cap., O_2 P, alactic P		O_2 cap.	O_2 P, alactic P, lactic cap.	Lactic cap., O_2 P, alactic P		O_2 compens.

그림 8.22 복싱 주기화 모델

최대 근력 트레이닝의 3단계 중 2단계는 1RM의 70~80%, 3단계는 80~90%로 실시한다. 중량급의 경우 2단계와 3단계는 1RM의 80~90%의 부하를 사용한다. 유산소성(O_2) 트레이닝에는 2~5분 동안 휴식없이 수행되는 특정 복싱 트레이닝이 포함되어야 한다. 제안된 에너지 시스템 트레이닝 순서는 각 트레이닝 단계에 대한 우선 순위를 의미한다.

Key: AA = 해부학적 적응, cap. = 용량, compens. = 보상, conv. = 전환, maint. = 유지, MEM = 중기적 근지구력, MxS = 최대 근력, O_2 = 유산소성, P = 파워, prep. = 준비기, T = 이행기

카누 / 카약: 500M와 1,000M

플랫워터(flatwater: 물결이 없는 경기장) 단거리 경기는 스피드와 특정 지구력이 가장 중요한 종목이다. 결승전까지 빠르게 도달하기 위해 선수는 물살의 저항에 대항하여 노(paddle)를 빠르게 저어야 한다. 주기화 모델의 예시는 그림 8.23을 참조하라.

- 우세한 에너지시스템: 유산소 시스템, 무산소성 젖산 시스템, 무산소성 비젖산 시스템
- 에너지 생성 비율: 500m – 비젖산(16%), 젖산(22%), 유산소(62%)
  1000m – 비젖산(8%), 젖산(10%), 유산소(82%)
- 주요 에너지 기질: 크레아틴인산, 글리코겐
- 주요 체력요인(제한요소): 근지구력, 파워–지구력, 출발력
- 트레이닝 목표: 파워–지구력, 최대근력, 근지구력, 단시간과 중간 정도 시간의 근지구력

주기화	10월	11월	12월	1월	2월	3월	4월	5월	6월	7월	8월	9월
	Prep.							Comp.				T
근력	4 AA	6 MxS	4 PE	6 MxS		3 MES	3 MxS	6 Conv. to MEM	12 Maint.: MEM, MxS			4 Compens.
에너지 시스템	O₂ cap.	O₂ cap., O₂ P, lactic cap.	O₂ P, O₂ cap., alactic P, lactic cap.	O₂ P, lactic cap., alactic P, O₂ cap.		O₂ P, lactic P, alactic P, O₂ cap.						O₂ cap.

그림 8.23 카누와 카약의 주기화 모델(500m, 1,000m)

제안된 에너지 시스템 트레이닝 순서는 각 트레이닝 단계에 대한 교육의 우선 순위를 의미한다.

Key: AA = 해부학적 적응, cap. = 용량, comp. = 시합기, compens. = 보상, conv. = 전환, maint. = 유지, MxS = 최대 근력, MEM = 중기간 근지구력, MES = 단기간 근지구력, O₂ = 유산소성, P = 파워, prep. = 준비기, T = 이행기

스포츠 트레이닝의 주기화

카누 / 카약: 장거리

마라톤 경기는 단거리와 달리 장기간의 근지구력이 필요하다. 또한, 선수는 오랜 시간 경기를 견딜 수 있는 우수한 유산소성 에너지시스템을 가지고 있어야 한다. 주기화 모델의 예시는 그림 8.24를 참조하라.

- 우세한 에너지시스템: 유산소 시스템
- 에너지 생성 비율: 젖산(5%), 유산소(95%)
- 주요 에너지 기질: 글리코겐, 유리지방산
- 주요 체력요인(제한요소): 장시간의 근지구력
- 트레이닝 목표: 장시간 근지구력, 파워-지구력, 최대근력

주기화	11월	12월	1월	2월	3월	4월	5월	6월	7월	8월	9월	10월
	Prep.						Comp.					T
근력	6 AA	6 MxS		4 MEM	4 MxS		12 Conv. to MEL		12 Maint.: MEL, MxS			4 Compens.
에너지 시스템	O_2 cap.	O_2 cap., O_2 P			O_2 P, O_2 cap., lactic cap.							O_2 cap.

그림 8.24　카누와 카약의 주기화 모델(장거리)

Key: AA = 해부학적 적응, cap. = 용량, comp. = 시합기, compens. = 보상, conv. = 전환, maint. = 유지, MEL = 장기 근지구력, MEM = 중기 근지구력, MxS = 최대 근력, O_2 = 유산소성, P = 파워, prep. = 준비기, T = 이행기

사이클링: 도로경주

도로경주는 에어로빅 시스템을 압도적으로 사용한다. 사이클링 선수들이 혐기성 에너지시스템에 의존하게 되는 유일한 때는 가파른 오르막길과 경주가 끝날 때뿐이다. 장거리 사이클링 선수는 페달, 환경 및 지형의 저항에 대해 스피드와 힘을 유지하고, 분당 일정한 회전을 발생시켜 경쟁할 수 있는 준비를 해야 한다. 표본 주기화 모델은 그림 8.25를 참조하라.

- 우세한 에너지시스템: 유산소성
- 에너지 생성 비율: 젖산(5%), 유산소(95%)
- 주요 에너지 기질: 글리코겐, 유리 지방산
- 주요 체력요인(제한요소): 긴 근지구력, 파워지구력
- 트레이닝 목표: 긴 근지구력, 파워지구력, 최대근력

주기화	11월	12월	1월	2월	3월	4월	5월	6월	7월	8월	9월	10월
	Prep.						Comp.				T	
근력	4 AA	6 MxS		6 MEL		3 MxS	9 Conv. to MEL		14 Maint.: MEL, PE, MxS			6 Compens.
에너지 시스템	O_2 cap.			O_2 P, O_2 cap., lactic cap.								O_2 cap.

그림 8.25 도로경주의 주기화 모델

Key: AA = 해부학적 적응, cap. = 용량, comp. = 시합기, compens. = 보상, conv. = 전환, maint. = 유지, MEL = 장기 근지구력, MxS = 최대 근력, O_2 = 유산소성, PE = 파워 지구력, prep. = 준비기, T = 이행기

스포츠 트레이닝의 주기화

피겨스케이팅

피겨스케이팅 선수는 필요한 점프동작을 완전하게 수행하기 위해 강한 도약(단축성)과 착지(신장성)의 근력이 개발되어야 한다. 특히, 긴(시간) 프로그램의 경우 이를 수행하기 위한 강한 무산소 및 유산소성 에너지시스템이 필요하다. 주기화 모델의 예시는 그림 8.26을 참조하라.

- 우세한 에너지시스템: 무산소성 젖산 시스템, 유산소 시스템
- 에너지 생성 비율: 비젖산(40%), 젖산(40%), 유산소(20%)
- 주요 에너지 기질: 크레아틴 인산, 글리코겐
- 주요 체력요인(제한요소): 도약력, 착지력, 반응력, 파워-지구력
- 트레이닝 목표: 파워, 파워-지구력, 최대근력

주기화	5월	6월	7월	8월	9월	10월	11월	12월	1월	2월	3월	4월
	Prep.							Comp.				T
근력	8 AA		4 MxS	4 P	4 MxS	4 P	4 MxS	4 PE	10 Maint.: P, PE, MxS			6 Compens.
에너지 시스템	O_2 cap., O_2 P			Lactic cap., O_2 P		Lactic P, O_2 P, alactic P		Lactic P, alactic P, O_2 P				Alternative activities

그림 8.26 피겨스케이팅 주기화 모델

유산소성 트레이닝(O_2)은 특정 드릴, 라인 및 반복을 수행하여 달성한다. 제안된 에너지 시스템 트레이닝 순서는 각 트레이닝단계에 대한 우선 순위를 의미한다.

Key: AA = 해부학적 적응, cap. = 용량, comp. = 시합기, compens. = 보상, maint. = 유지, MxS = 최대 근력, O_2 = 유산소성, P = 파워, prep. = 준비기, T = 이행기

연간 계획

골프

인기스포츠인 골프에서의 가장 중요한 요소는 티에서 공을 치는 골퍼의 파워와 그린에서의 정확한 퍼팅이다. 좋은 유산소성 지구력은 모든 선수가 피로에 대처하는 데 도움이 되며, 특히 마지막 홀에서 집중력과 효율성을 향상시키는 중요한 요인이기도 하다. 주기화 모델의 예시는 그림 8.27을 참조하라.

- 우세한 에너지시스템: 무산소성 비젖산 시스템
- 에너지 생성 비율: 무산소성 비젖산(100%)
- 주요 에너지 기질: 크레아틴 인산
- 주요 체력요인(제한요소): 파워, 정신적 집중력, 유산소성 지구력
- 트레이닝 목표: 파워, 최대근력

주기화	10월	11월	12월	1월	2월	3월	4월	5월	6월	7월	8월	9월
	Prep.						Comp.					T
근력	6 AA	5 MxS	1 T	8 MxS, P		2 T	4 Conv. to P	18 Maint.: P, MxS				4 Compens.
에너지 시스템	O_2 cap.			O_2 P								O_2 cap.

그림 8.27 골프 주기화 모델

Key: AA = 해부학적 적응, cap. = 용량, comp. = 시합기, compens. = 보상, conv = 전환, maint. = 유지, MxS = 최대 근력, O_2 = 유산소성, P = 파워, prep. = 준비기, T = 이행기

스포츠 트레이닝의 주기화

하키

이 스포츠에서 중요한 요소는 가속과 빠른 방향 전환 능력이다. 트레이닝은 기술을 정교하게 다듬고, 파워와 유·무산소성 지구력 개발에 초점을 맞춰야 한다. 주기화 모델의 예시는 그림 8.28을 참조하라.

- 우세한 에너지시스템: 무산소성 비젖산 시스템, 유산소 시스템
- 에너지 생성 비율: 비젖산(10%), 젖산(40%), 유산소(50%)
- 주요 에너지 기질: 크레아틴 인산, 글리코겐
- 주요 체력요인(제한요소): 가속력, 감속력, 파워–지구력
- 트레이닝 목표: 최대근력, 파워, 파워–지구력

주기화	6월	7월	8월	9월	10월	11월	12월	1월	2월	3월	4월	5월
	Prep.				Comp.						T	
근력	4 AA	6 MxS	3 P	3 MxS	4 Conv. to PE	22 Maint.: P, PE, MxS					6 Compens.	
에너지 시스템	O_2 cap., O_2 P, alactic P	Lactic cap., O_2 P, alactic P			Alactic and lactic P short, O_2 P						O_2 cap.	

그림 8.28 아이스하키의 주기화 모델

Key: AA = 해부학적 적응, cap. = 용량, comp. = 시합기, compens. = 보상, conv. = 전환, maint. = 유지, MxS = 최대 근력, O_2 = 유산소성, P = 파워, PE = 파워 지구력, prep. = 준비기, T = 이행기

연간 계획

마라톤

높은 유산소성 능력은 장거리 달리기 선수들의 필수적인 신체적 특성이다. 사실상 장거리 경기를 하는 동안 안정적이고 빠른 스피드를 유지하는 것이 필요하다. 글리코겐과 지방산은 경기 중 에너지를 생산하는 데 사용되는 연료다. 표본 주기화 모델은 그림 8.29를 참조하라.

- 우세한 에너지시스템: 유산소성
- 에너지 생성 비율: 10,000m – 젖산(3%), 유산소(97%)
  마라톤 – 유산소(100%)
- 주요 에너지 기질: 글리코겐, 자유 지방산
- 주요 체력요인(제한요소): 긴 근지구력
- 트레이닝 목표: 긴 근지구력(모두), 파워지구력(10,000m)

주기화	10월	11월	12월	1월	2월	3월	4월	5월	6월	7월	8월	9월
	Prep.							Comp.			T	
근력	8 AA		6 MxS, P		6 MEM, MxS, PE		8 Conv. to MEL	14 Maint.: MEL, MxS, PE			6 Compens.	
에너지 시스템	O_2 cap.				O_2 cap., O_2 P			O_2 cap., O_2 P, lactic cap.			Alternative activities	

그림 8.29 장거리 및 마라톤 주기화 모델

MxS 〈 80% of 1RM

Key: AA = 해부학적 적응, cap. = 용량, comp. = 시합기, compens. = 보상, conv. = 전환, maint. = 유지, MEL = 장기 근지구력, MEM = 중기 근지구력, MxS = 최대 근력, O_2 = 유산소성, P = power, PE = 파워 지구력, prep. = 준비기, T = 전환기

스포츠 트레이닝의 주기화

장거리 및 중거리 달리기

장거리와 중거리 선수들은 경기 중에 많은 양의 젖산을 견딜 수 있는 달리기 선수들이다. 우수한 선수는 달리기 속도의 변화에 빠르게 반응할 수 있는 능력을 필요로 한다. 따라서 이러한 선수들은 유산소 파워뿐만 아니라 젖산 수용량과 젖산에 견딜 수 있는 능력 모두를 필요로 하게 된다. 표본 주기화 모형은 그림 8.30을 참조하라.

- 우세한 에너지시스템: 무산소성 젖산, 유산소성
- 에너지 생성 비율: 400m – 비젖산(12%), 젖산(50%), 유산소(38%)
  800m – 비젖산(6%), 젖산(33%), 유산소(61%)
  1,500m – 비젖산(2%), 젖산(18%), 유산소(80%)
- 주요 에너지 기질: 크레아틴 인산염, 글리코겐
- 주요 체력요인(제한요소): 출발력(400m); 가속력(400m); 짧은 근지구력(400m, 800m 엘리트 수준); 중간 근지구력(800m, 1,500m)
- 트레이닝 목표: 최대근력(모두); 파워 근지구력(400m); 짧은 근지구력(400m, 800m), 중간 근지구력(800m, 1,500m)

주기화	10월	11월	12월	1월	2월	3월	4월	5월	6월	7월	8월	9월
	Prep. I			Comp. I		T	Prep. II		Comp. II			T
근력	3 AA	6 MxS	5 Conv. to ME	6 Maint.: ME, MxS		1 AA	6 MxS	6 Conv. to ME	15 Maint.: ME, MxS			4 Compens.
에너지 시스템	O_2 P		Lactic cap., O_2 P, lactic P, alactic P			O_2 P		Lactic cap., O_2 P, lactic P, alactic P				O_2

그림 8.30 장거리 및 중거리 달리기의 주기화 모델

제안된 에너지 시스템 트레이닝 순서는 각 트레이닝 단계에 대한 우선 순위를 의미한다.

Key: AA = 해부학적 적응, cap. = 용량, comp. = 시합기, compens. = 보상, conv. = 전환, maint. = 유지, ME = 근지구력, MxS = 최대 근력, O_2 = 유산소성, P = 파워, prep. = 준비기, T = 이행기

연간 계획

무술

무술가는 세 가지 에너지시스템 모두에서 발생하는 에너지를 기반으로 한 유연성, 힘, 민첩성 그리고 빠른 반사력을 필요로 한다. 많은 지구력을 필요로 하지 않는 무술의 주기화 모델의 예시는 그림 8.31를 참조하고, 많은 지구력을 필요로 하는 무술의 주기화 모델의 예시는 그림 8.32를 참조하라.

- 우세한 에너지시스템: 무산소성 비젖산 시스템, 무산소성 젖산 시스템, 유산소 시스템
- 에너지 생성 비율: 비젖산(50%), 젖산(30%), 유산소(20%)
- 주요 에너지 기질: 크레아틴 인산, 글리코겐
- 주요 체력요인(제한요소): 파워-지구력, 반응력, 단기성 근지구력
- 트레이닝 목표: 최대근력, 파워-지구력, 단기성 근지구력

주기화	6월	7월	8월	9월	10월	11월	12월	1월	2월	3월	4월	5월
	Prep. I						Comp. I	T	Prep. II		Comp. II	T
근력	4 AA	12 MxS			8 Conv. to P		4 Maint.: P, MxS	2 AA	6 MxS	4 Conv. to P	4 Maint.: P, MxS	4 Compens.
에너지 시스템	O_2 cap.	O_2 P, lactic cap., alactic P			Alactic P, lactic P, O_2 P			O_2 cap.	O_2 P, lactic cap., alactic P	Alactic P, lactic P, O_2 P		Alternative activities

그림 8.31 많은 지구력을 필요로 하지 않는 무술의 주기화 모델

유산소성(O_2) 트레이닝은 특정 드릴을 통해 수행할 수 있다. 제안된 에너지 시스템 트레이닝 순서는 각 트레이닝 단계에 대한 우선 순위를 의미한다.
Key: AA = 해부학적 적응, cap. = 용량, comp. = 시합기, compens. = 보상, conv. = 전환, maint. = 유지, MxS = 최대 근력, O_2 = 유산소성, P = 파워, prep. = 준비기, T = 이행기

223

스포츠 트레이닝의 주기화

주기화	6월	7월	8월	9월	10월	11월	12월	1월	2월	3월	4월	5월
주기화	Prep. I						Comp. I	T	Prep. II		Comp. II	T
근력	4 AA	8 MxS		4 P	3 MxS	6 Conv. to MEM	3 Maint.: MEM MxS	1 AA	7 MxS	4 Conv. to MEM	3 Maint.: MEM MxS	5 Compens.
에너지 시스템	O_2 cap.	O_2 P., lactic cap., alactic P			O_2 P., alactic P, lactic P			O_2 cap.	O_2 P., lactic cap., alactic P	O_2 P., alactic P, lactic P		대체 활동

그림 8.32 많은 지구력을 필요로 하는 무술의 주기화 모델

유산소성(O_2) 트레이닝은 특정 드릴을 통해 수행할 수 있다. 제안된 에너지 시스템 트레이닝 순서는 각 트레이닝 단계에 대한 우선 순위를 의미한다.

Key: AA = 해부학적 적응, cap. = 용량, comp. = 시합기, compens. = 보상, conv. = 전환, maint. = 유지, MEM = 중기 근지구력, MxS = 최대 근력, O_2 = 유산소성, P = 파워, prep. = 준비기, T = 전환기

라켓스포츠: 테니스, 라켓볼, 스쿼시 그리고 배드민턴

라켓스포츠는 반응시간, 빠르고 정확한 방향 전환으로 성공 여부가 결정되는 빠르고 반사적인 플레이를 위주로 한 스포츠다. 아마추어 테니스 선수의 주기화 모델의 예시는 그림 8.33을 참조하고, 프로선수의 주기화 모델의 예시는 그림 8.34를 참조하며, 라켓볼, 스쿼시, 배드민턴 선수의 주기화 모델의 예시는 그림 8.35을 참조하라.

- 우세한 에너지시스템: 비젖산 시스템, 유산소 시스템, 무산소성 젖산 시스템
- 에너지 생성 비율: 테니스 – 비젖산(50%), 젖산(20%), 유산소(30%)
  스쿼시 – 비젖산(40%), 젖산(20%), 유산소(40%)
  배드민턴 – 비젖산(60%), 젖산(20%), 유산소(20%)
- 주요 에너지 기질: 크레아틴 인산, 글리코겐
- 주요 체력요인(제한요소): 파워, 반응력, 파워-지구력
- 트레이닝 목표: 파워, 파워-지구력, 최대근력

연간 계획

주기화	10월	11월	12월	1월	2월	3월	4월	5월	6월	7월	8월	9월
	Prep.					Comp.					T	
근력	6 AA		8 MxS, P			6 Conv. to PE	20 Maint.: P, PE, MxS				8 Compens.	
에너지 시스템	O_2 P, lactic cap.		Lactic cap., alactic P, O_2 P			Alactic P, lactic P short, O_2 P					O_2 compens.	

그림 8.33 아마추어 테니스 선수의 주기화 모델

Key: AA = 해부학적 적응, cap. = 용량, comp. = 시합기, compens. = 보상, conv. = 전환, maint. = 유지, MxS = 최대 근력, O_2 = 유산소성, P = power, PE = 파워 지구력, prep. = 준비기, T = 이행기

주기화	1	2	3	4	5	6	7	8	9	10	11	12
	Prep. I		Comp. I		T	Prep. II	Comp. II		T	Prep. IV	Comp. IV	T
근력	4 AA	6 MxS, PE	4 Maint.: PE, MxS	2 AA	4 MxS, PE	4 Maint.: PE, MxS	2 AA	4 MxS, PE	4 Maint.: PE, MxS	2 AA	4 MxS, PE	4 Maint.: PE, MxS	4 Compens.
에너지 시스템	O_2 P, lactic cap.	Lactic cap., alactic P, O_2 P	Alactic P, lactic P short, O_2 P	O_2 P, lactic cap.	Lactic cap., alactic P, O_2 P	Alactic P, lactic P short, O_2 P	O_2 P, lactic cap.	Lactic capacity, alactic P, O_2 P	Alactic P, lactic P short, O_2 P	O_2 P, lactic cap.	Lactic cap., alactic P, O_2 P	Alactic P, lactic P short, O_2 P	O_2 cap.

그림 8.34 프로 테니스 선수의 주기화 모델

이 모델은 4개의 주요 토너먼트가 있는 프로그램을 가정한다. 주요 토너먼트의 날짜는 다양하기 때문에 한 해의 달은 이름이 아닌 번호로 지정된다. 유산소성(O_2) 트레이닝은 쉬지 않고(3~5분) 수행되는 더 긴 지속시간의 특정 트레이닝을 의미한다. 제안된 에너지 시스템 트레이닝 순서는 각 트레이닝 단계에 대한 우선 순위를 의미한다.

Key: AA = 해부학적 적응, cap. = 용량, comp. = 시합기, compens. = 보상, maint. = 유지, MxS = 최대 근력, O_2 = 유산소성, P = 파워, prep. = 준비기, T = 이행기

주기화	1	2	3	4	5	6	7	8	9	10	11	12
	Prep. I			Comp. I	T	Prep. II	Comp. II	T	Prep. III		Comp. III	T
근력	3 AA	6 MxS	3 PE	4 Maint.: P, MxS	2 AA	6 MxS 4 PE	4 Maint.: PE, MxS	2 AA	3 MxS	3 PE	4 Maint.: PE, MxS	8 Compens.
에너지 시스템	O_2 P, lactic cap.	Lactic cap., alactic P, O_2 P	Alactic P, lactic P short, O_2 P		O_2 P, lactic cap.	Lactic cap., alactic P, O_2 P	Alactic P, lactic P short, O_2 P	O_2 P, lactic cap.	Lactic cap., alactic P, O_2 P		Alactic P, lactic P short, O_2 P	O_2 compens.

그림 8.35 라켓볼, 스쿼시, 배드민턴의 주기화 모델

경기 날짜는 지리적 지역에 따라 다르기 때문에 월은 이름이 아닌 번호로 표시된다. 이 모델은 3-주기이다. 에너지 시스템 트레이닝의 순서는 우선 순위를 나타낸다.

Key: AA = 해부학적 적응, cap. = 용량, comp. = 시합기, compens. = 보상, maint. = 유지, MxS = 최대 근력, O_2 = 유산소성, P = 파워, prep. = 준비기, T = 이행기

스포츠 트레이닝의 주기화

조정

조정은 유산소성 지구력과 물살에 대응하여 강하게 노 젓는 기술이 필요하다. 출발력과 근지구력 또한 발달해야 한다. 주기화 모델의 예시는 그림 8.36을 참조하라.

- 우세한 에너지시스템: 무산소성 젖산 시스템, 유산소 시스템
- 에너지 생성 비율: 비젖산(10%), 젖산(15%), 유산소(75%)
- 주요 에너지 기질: 크레아틴 인산, 글리코겐
- 주요 체력요인(제한소요): 중기성과 단기성 근지구력, 출발력
- 트레이닝 목표: 중기성 근지구력, 단기성 근지구력, 최대근력

주기화	9월	10월	11월	12월	1월	2월	3월	4월	5월	6월	7월	8월
	Prep.							Comp.				T
근력	6 AA	6 MxS		4 MES	4 MxS	4 MEM	4 MxS	6 MEM	10 Maint.: MEM, MES, MxS			4 Compens.
에너지 시스템	O_2 cap.	O_2 cap., O_2 P		O_2 P, lactic cap., alactic P, O_2 cap.	O_2 P, lactic cap., alactic P, O_2 cap.			O_2 P, lactic cap., alactic P, lactic P, O_2 cap.				

그림 8.36 조정 주기화 모델

제안된 에너지 시스템 트레이닝 순서는 각 트레이닝 단계에 대한 우선 순위를 의미한다.

Key: AA = 해부학적 적응, cap. = 용량, comp. = 시합기, compens. = 보상, maint. = 유지, MEM = 중기 근지구력, MES = 단기 근지구력, MxS = 최대 근력, O_2 = 유산소성, P = 파워, prep. = 준비기, T = 이행기

연간 계획

럭비

럭비는 높은 에너지, 힘 그리고 복잡한 기술을 리듬감 있게 수행하는 스포츠다. 아마추어 럭비팀의 주기화 모델의 예시는 그림 8.37를 참조하고, 프로 럭비팀의 주기화 모델의 예시는 그림 8.38을 참조하라.

- 우세한 에너지시스템: 무산소성 비젖산 시스템, 무산소성 젖산 시스템, 유산소 시스템
- 에너지 생성 비율: 비젖산(10%), 젖산(30%), 유산소(60%)
- 주요 에너지 기질: 크레아틴 인산, 글리코겐
- 주요 체력요인(제한요소): 파워, 파워-지구력, 가속력
- 트레이닝 목표: 파워, 최대근력

주기화	9월	10월	11월	12월	1월	2월	3월	4월	5월	6월	7월	8월
	Prep.						Comp.				T	
근력	4 AA	12 MxS			8 Conv. to P		16 Maint.: P, MxS				8 Compens.	
에너지 시스템	O_2 cap., O_2 P	O_2 P, alactic P, lactic P short, O_2 compens.			Alactic P, lactic P short, O_2 P, O_2 compens.						O_2 cap.	

그림 8.37 아마추어 럭비팀의 주기화 모델

O2 트레이닝은 주로 긴 지속시간(3~5분 쉬지 않고)의 특정 전술 트레이닝을 수행하는 것을 말한다. 제안된 에너지 시스템 트레이닝 순서는 각 트레이닝 단계에 대한 우선 순위를 의미한다.

Key: AA = 해부학적 적응, cap. = 용량, comp. = 시합기, compens. = 보상, conv. = 전환, maint. = 유지, MxS = 최대 근력, O_2 = 유산소성, P = 파워, prep. = 준비기, T = 이행기

주기화	7월	8월	9월	10월	11월	12월	1월	2월	3월	4월	5월	6월
	Prep.			Comp.							T	
근력	3 AA	9 MxS		4 Conv. to P	26 Maint.: P, MxS						6 Compens.	
에너지 시스템	O_2 cap., O_2 P	O_2 P, alactic P, lactic P short, O_2 compens.		Alactic P, lactic P short, O_2 P, O_2 compens.							O_2 cap.	

그림 8.38 프로 럭비팀의 주기화 모델

Key: AA = 해부학적 적응, cap. = 용량, comp. = 시합기, compens. = 보상, conv. = 전환, maint. = 유지, MxS = 최대 근력, O_2 = 유산소성, P = 파워, prep. = 준비기, T = 이행기

스포츠 트레이닝의 주기화

스키: 알파인

알파인 스키 선수는 코스 기문을 재빠르게 통과할 수 있어야 한다. 최대근력의 발달은 파워와 함께 교대로 장시간의 준비 기간을 통해 발달시켜야 한다. 주기화 모델의 예시는 그림 8.39를 참조하라.

- 우세한 에너지시스템: 무산소성 젖산 시스템, 무산소성 비젖산 시스템
- 에너지 생성 비율: 비젖산(10%), 젖산(40%), 유산소(50%)
- 주요 에너지 기질: 크레아틴 인산, 글리코겐
- 주요 체력요인(제한요소): 반응력, 파워-지구력
- 트레이닝 목표: 최대근력, 파워-지구력, 단기성 근지구력

주기화	5월	6월	7월	8월	9월	10월	11월	12월	1월	2월	3월	4월
	Prep.						Comp.					T
근력	4 AA	4 MxS	4 PE	4 MxS	4 PE	4 MxS	6 Conv. to MES	14 Maint.: MES, MxS, PE				4 Compens.
에너지 시스템	O_2 cap.	O_2 P, lactic cap.	Lactic P, lactic cap., O_2 P									Alternative activities

그림 8.39 알파인 스키 주기화 모델

유산소 트레이닝(O_2)은 더 오래 지속되는 특정 트레이닝의 누적 효과일 수 있다.

Key: AA = 해부학적 적응, cap. = 용량, comp. = 시합기, compens. = 보상, conv. = 전환, maint. = 유지, MxS = 최대 근력, O_2 = 유산소성, P = 파워, prep. = 준비기, T = 이행기

스키: 크로스컨트리 바이애슬론

크로스컨트리 경기는 강한 유산소성 지구력을 필요로 한다. 최대근력은 준비단계의 막바지에 다다르면서 근지구력으로 전환되므로 스키선수가 장거리 경기를 견딜 수 있는 준비를 하게 된다. 주기화 모델의 예시는 그림 8.40을 참조하라.

- 우세한 에너지시스템: 유산소 시스템
- 에너지 생성 비율: 젖산(5%), 유산소(95%)
- 주요 에너지 기질: 글리코겐, 유리지방산
- 주요 체력요인(제한요소): 장기성 근지구력
- 트레이닝 목표: 장기성 근지구력, 파워-지구력, 최대근력

주기화	5월	6월	7월	8월	9월	10월	11월	12월	1월	2월	3월	4월
	Prep.								Comp.			T
근력	4 AA	8 MxS		6 MEL	3 MxS	11 Conv. to MEL			12 Maint.: MEL			4 Compens.
에너지 시스템	O_2 cap.	O_2 cap., O_2 P		O_2 cap., O_2 P, lactic cap.								O_2 cap.

그림 8.40 크로스컨트리와 바이애슬론 스키 주기화 모델

제안된 에너지 시스템 트레이닝 순서는 또한 각 트레이닝 단계에 대한 우선 순위를 의미한다.

Key: AA = 해부학적 적응, cap. = 용량, comp. = 시합기, compens. = 보상, conv. = 전환, maint. = 유지, MEL = 장기 근지구력, MxS = 최대 근력, O_2 = 유산소성, P = 파워, prep. = 준비기, T = 이행기

스포츠 트레이닝의 주기화

축구

세계에서 가장 인기 있는 스포츠는 뛰어난 기술과 신체능력을 요구하는 경기다. 경기의 승부는 힘, 스피드, 민첩함, 그리고 특정한 지구력에 의해 결정된다. 아마추어 미국축구팀 주기화 모델의 예시는 그림 8.41을 참조하고, 미국 프로축구팀 주기화 모델의 예시는 그림 8.42을 참조하고, 아마추어 축구팀 유럽시즌 주기화 모델의 예시는 그림 8.43를 참조하고, 프로축구팀 유럽시즌 주기화 모델의 예시는 그림 8.44을 참조하고, 프로축구 유럽시즌 골키퍼 주기화 모델의 예시는 그림 8.45를 참조하라.

- 우세한 에너지시스템: 유산소 시스템, 무산소성 젖산 시스템, 무산소성 비젖산 시스템
- 에너지 생성 비율: 비젖산(2%), 젖산(23%), 유산소(75%)

주기화	10월	11월	12월	1월	2월	3월	4월	5월	6월	7월	8월	9월
	Prep.						Comp.				T	
근력	4 AA	8 MxS		4 P, MxS	2 T	6 Conv. to P	16 Maint.: P, MxS				8 Compens.	
에너지 시스템	O_2 cap., O_2 P	O_2 P, alactic P		O_2 P, alactic P, lactic P short	O_2 P	Alactic P, lactic P short, O_2 P					Compens.	

그림 8.41 아마추어 축구팀의 주기화 모델

에너지 시스템은 템포 트레이닝, 인터벌 트레이닝 또는 반복 트레이닝을 통해 트레이닝할 수 있을 뿐만 아니라 특정 트레이닝 및 약식 경기(short-sided matches)를 통해서도 트레이닝할 수 있다. 제안된 에너지 시스템 트레이닝 순서는 또한 각 트레이닝 단계에 대한 우선순위를 의미한다.

Key: AA = 해부학적 적응, cap. = 용량, comp. = 시합기, compens. = 보상, conv. = 전환, maint. = 유지, MxS = 최대 근력, O_2 = 유산소성, P = 파워, prep. = 준비기, T = 이행기

주기화	8월	9월	10월	11월	12월	1월	2월	3월	4월	5월	6월	7월
	Prep.		Comp. I			T	Comp. II				T	
근력	2 AA	6 MxS, P	12 Maint.: P, MxS			2 T	20 Maint.: P, MxS				6 Compens.	
에너지 시스템	O_2 cap., O_2 P	O_2 P, alactic P, lactic P short, O_2 compens.	Alactic P, lactic P short, O_2 P, O_2 compens.			O_2 P	Alactic P, lactic P short, O_2 P, O_2 compens.				O_2 cap.	

그림 8.42 프로축구팀의 주기화 모델

Key: AA = 해부학적 적응, cap. = 용량, comp. = 시합기, compens. = 보상, maint. = 유지, MxS = 최대 근력, O_2 = 유산소성, P = 파워, prep. = 준비기, T = 이행기

연간 계획

- 주요 에너지 기질: 크레아틴 인산, 글리코겐
- 주요 체력요인(제한요소): 파워, 출발력, 단기성 파워지구력, 가속력, 감속력, 반응력
- 훈련 목표: 파워, 최대근력

주기화	8월		9월	10월	11월	12월	1월	2월	3월	4월	5월	6월	7월
	Prep. I			Comp. I		T	Prep. II	Comp. II				T	
근력	2 AA	4 MxS, P		13 Maint.: P, MxS,		1 Cess.	3 MxS, P	19 Maint.: P, MxS				10 Compens.	
에너지 시스템	O_2 cap., O_2 P	O_2 P, alactic P, lactic P short, O_2 compens.		Alactic P, lactic P short, O_2 P, O_2 compens.		Cess.	Alactic P, lactic P short, O_2 P, O_2 compens.					Games, O_2 cap.	

그림 8.43 아마추어 축구팀의 주기화 모델(유럽시즌)

Key: AA = 해부학적 적응, cap. = 용량, cess. = 중단, comp. = 시합기, compens. = 보상, maint. = 유지, MxS = 최대 근력, O_2 = 유산소성, P = 파워, prep. = 준비기, T = 이행기

주기화	7월		8월	9월	10월	11월	12월	1월	2월	3월	4월	5월	6월
	Prep. I			Comp. I			T	Prep. II	Comp. II				T
근력	2 AA	6 MxS, P		15 Maint.: P, MxS			1 Cess.	3 MxS, P	19 Maint.: P, MxS				6 Compens.
에너지 시스템	O_2 cap., O_2 P	O_2 P, alactic P, lactic P short, O_2 compens.		Alactic P, lactic P short, O_2 P, O_2 compens.			Cess.	Alactic P, lactic P short, O_2 P, O_2 compens.					O_2 cap.

그림 8.44 프로축구팀의 주기화 모델(유럽시즌)

Key: AA = 해부학적 적응, cap. = 용량, cess. = 중단, comp. = 시합기, compens. = 보상, maint. = 유지, MxS = 최대 근력, O_2 = 유산소성, P = 파워, prep. = 준비기, T = 이행기

주기화	7월	8월	9월	10월	11월	12월	1월	2월	3월	4월	5월	6월
	Prep. I		Comp. I		T	Prep. II	Comp. II				T	
근력	2 AA	6 MxS, P	15 Maint.: P, MxS		1 Cess.	3 MxS, P	19 Maint.: P, MxS				6 Compens.	
에너지 시스템	Alactic P, O_2 compens.				Cess.	Alactic P, O_2 compens.					Games, O_2 cap.	

그림 8.45 축구 골키퍼의 주기화 모델(유럽시즌)

Key: AA = 해부학적 적응, cap. = 용량, cess. = 중단, comp. = 시합기, compens. = 보상, maint. = 유지, MxS = 최대 근력, O_2 = 유산소성, P = 파워, prep. = 준비기, T = 이행기

스포츠 트레이닝의 주기화

스프린팅

단거리 선수는 길고 힘 있는 잦은 보폭을 필요로 한다. 남자선수 또는 여자선수의 속도는 각 단계에서의 매우 짧은 지면 접촉 동안 가해지는 힘의 양과 직접적인 상관관계가 있다(200ms 중 최대속도에서 80ms)[1Millisecond=1/1.000sec]. 60m 단거리 경기에서는 최대한 빨리 움직여야 하기 때문에 근지구력은 가속(도)보다 중요하지 않다. 그러나 100m와 200m 경기의 경우에는 속도 지구력(젖산 시스템을 이용한 파워 능력)이 기본이다. 사실, 그것은 스프린터 상위선수(엘리트 선수)와 하위선수(엘리트 선수)의 차이를 만든다. 스프린터의 표본 주기화 모델은 그림 8.46을 참조하라.

- 우세한 에너지시스템: 60m – 무산소성 비젖산 / 100m와 200m – 무산소성 젖산
- 에너지 생성 비율: 60m – 80% 비젖산, 20% 젖산
  100m – 53% 비젖산, 44% 젖산, 3% 유산소
  200m –26% 비젖산, 45% 젖산, 29% 유산소
- 주요 에너지 기질: 60m – 크레아틴 인산
  100m 및 200m – 크레아틴 인산 및 글리코겐
- 주요 체력요인(제한요소): 60m – 가속력
  100m, 200m – 파워지구력
  모두 – 출발력, 반응력
- 트레이닝 목표: 60m – 파워 / 100m 및 200m – 파워지구력 / 모두 – 최대근력

주기화	10월	11월	12월	1월	2월	3월	4월	5월	6월	7월	8월	9월
	Prep. I			Comp. I		T	Prep. II		Comp. II	T	Prep. III	Comp. III	T
근력	3 AA	9 MxS		4 Conv. to P	4 Maint.: P and MxS	1 AA	6 MxS	5 Conv. to PE	6 Maint.: PE and MxS	1 AA	3 MxS, PE	4 Maint.: PE and MxS	4 Compens.
에너지 시스템	O₂ P	Lactic cap., alactic P, and O₂ P		Alactic and lactic P		Alactic P and lactic cap.	Alactic and lactic P		Alactic P and lactic cap.	Alactic P and lactic cap.	Alactic and lactic P	Games play

그림 8.46 스프린터 주기화 모델

스프린터를 위한 유산소성(O2) 트레이닝은 템포 트레이닝의 누적 효과를 나타낸다(600미터, 400미터, 200미터 반복).

Key: AA = 해부학적 적응, cap. = 용량, comp. = 시합기, compens. = 보상, conv. = 전환, maint. = 유지, MxS = 최대 근력, O₂ = 유산소성, P = 파워, PE = 파워 지구력, prep. = 준비기, T = 이행기

연간 계획

장거리 수영

장거리 수영선수들은 근지구력을 위해 트레이닝해야 한다. 장거리 경기는 유산소 에너지시스템에 부담을 주고, 적절한 근지구력 트레이닝은 수영선수의 지구력을 강화시킨다. 표본 주기화 모델은 그림 8.47을 참조하라. 이 모델은 두 가지 경쟁단계를 가정하며, 하나는 1월에 시작하고 다른 하나는 늦은 봄에 시작한다.

- 우세한 에너지시스템: 유산소성
- 에너지 생성 비율: 10% 젖산, 90% 유산소
- 주요 에너지 기질: 글리코겐, 유리 지방산
- 주요 체력요인(제한요소): 긴 근지구력
- 트레이닝 목표: 중간 근지구력, 긴 근지구력

주기화	9월	10월	11월	12월	1월	2월	3월	4월	5월	6월	7월	8월
	Prep. I				Comp. I		T	Prep. II		Comp. II		T
근력	4 AA	4 MxS	4 MEM	4 MxS	4 Conv. to MEL	4 Maint.: MEL, MxS	1 AA	4 MxS	4 Conv. to MEL	8 Maint.: MEL, MxS		4 Compens.
에너지 시스템	O₂ cap.	O₂ cap., O₂ P	O₂ P, O₂ cap.	O₂ P, lactic cap., O₂ cap.			O₂ cap., O₂ P	O₂ P, O₂ cap.	O₂ P, lactic cap., O₂ cap.			O₂ compens.

그림 8.47 국가대표급 장거리 수영선수 주기화

Key: AA = 해부학적 적응, cap. = 용량, comp. = 시합기, compens. = 보상, conv. = 전환, maint. = 유지, MEL = 장기 근지구력, MEM = 중기 근지구력, MxS = 최대 근력, O₂ = 유산소성, P = 파워, prep. = 준비기, T = 이행기

스포츠 트레이닝의 주기화

마스터 선수의 단거리 수영

마스터 운동선수의 주된 트레이닝 요인은 파워다. 파워와 최대근력을 모두 개발하기 위해서는 긴 준비단계가 필요하다. 마스터 수영선수를 위한 주기화 모델의 표본은 그림 8.48을 참조하라. 이 주기화 모델은 5~8월 말까지 단 하나의 경쟁단계를 가정한다.

- 우세한 에너지시스템: 무산소성 젖산, 무산소성 비젖산, 유산소성
- 에너지 생성 비율: 50m – 18% 비젖산, 45% 젖산, 37% 유산소
  100m – 15% 비젖산, 25% 젖산, 60% 유산소
- 주요 에너지 기질: 크레아틴 인산염, 글리코겐
- 주요 체력요인(제한요소): 파워(모두), 파워지구력(50m), 짧은 근지구력(100m)
- 트레이닝 목표: 최대근력(모두), 파워지구력(50m), 짧은 근지구력(100m)

주기화	10월	11월	12월		1월	2월	3월	4월	5월	6월	7월	8월	9월
	Prep.								Comp.			Transition	
근력	8 AA		3 MxS	3 P	3 MxS	3 P	3 MxS	5 Conv. to PE	12 Maint.: PE, MxS			8 Compens.	
에너지 시스템	O_2 cap., O_2 P		O_2 P, O_2 cap.		Lactic cap., O_2 P	Lactic P, O_2 P, lactic cap., alactic P			Lactic P, alactic P, O_2 P			O_2 cap.	

그림 8.48 마스터 선수(단거리) 수영선수의 주기화 모델

Key: AA = 해부학적 적응, cap. = 용량, comp. = 시합기, compens. = 보상, conv. = 전환, maint. = 유지, MxS = 최대 근력, O_2 = 유산소성, P = 파워, PE = 파워 지구력, prep. = 준비기

스프린트 수영

스프린트 수영선수들은 주로 젖산 시스템을 사용한다. 그들은 오랜 시간 동안 물속에서의 효율적인 이동을 위해 팔과 다리를 이용하여 빠르고 강력한 동작(스트로크)을 생성해야 한다. 표본 주기화 모델은 국가순위에 위치한 스프린터의 2중주기를 나타내는 그림 8.49를 참조하라.

- 우세한 에너지시스템: 무산소성 젖산, 유산소성, 무산소성 비젖산
- 에너지 생성 비율: 50m – 20% 비젖산, 50% 젖산, 30% 유산소
  100m – 19% 비젖산, 26% 젖산, 55% 유산소
- 주요 에너지 기질: 크레아틴 인산염, 글리코겐
- 주요 체력요인(제한요소): 파워(모두), 파워지구력(50m), 짧은 근지구력(100m)
- 트레이닝 목표: 최대근력(모두), 파워 지구력(50m), 짧은 근지구력(100m)

주기화	9월	10월	11월	12월	1월	2월	3월	4월	5월	6월	7월	8월
	Prep. I				Comp. I	T	Prep. II		Comp. II			T
근력	4 AA	8 MxS		4 Conv. to specific str.	8 Maint.: specific str., MxS	2 AA	6 MxS		4 Conv. to specific str.	7 Maint.: specific str., MxS		5 Compens.
에너지 시스템	O_2 cap.	Lactic cap., O_2 P	Lactic P, O_2 P, lactic cap., alactic P	Lactic P, alactic P, O_2 compens.		O_2 P, lactic cap.	Lactic P, O_2 P, lactic cap., alactic P		Lactic P, alactic P, O_2 compens.			O_2 cap.

그림 8.49 수영 국가대표급 스프린터의 주기화 모델(2중주기)

제안된 에너지 시스템 트레이닝 순서는 각 단계의 우선 순위를 나타낸다.

Key: AA = 해부학적 적응, cap. = 용량, comp. = 시합기, compens. = 보상, conv. = 전환, maint. = 유지, MxS = 최대 근력, O_2 = 유산소성, P = 파워, prep. = 준비기, specific str. = 특이적 근력, T = 이행기

스포츠 트레이닝의 주기화

던지기 경기: 투포환, 원반, 해머, 그리고 투창

육상종목에서 던지기 경기를 위한 트레이닝(최대근력의 향상에 기초함)은 큰 파워와 비대(특히, 투포환과 원반의 경우 어느 정도)를 필요로 한다. 특히, 운동 동작(가동)범위와 최대 투구력을 통해 가속도를 발생시키기 위해서는 다리, 몸통, 팔에 높은 수준의 근력이 필요하다. 던지기 경기를 위한 표본 주기화 모델은 그림 8.50을 참조하라.

- 우세한 에너지시스템: 무산소성 비젖산
- 에너지 생성 비율: 95% 비젖산, 5% 젖산
- 주요 에너지 기질: 크레아틴 인산
- 주요 체력요인(제한요소): 던지기 파워
- 트레이닝 목표: 최대근력, 파워

주기화	10월	11월	12월	1월	2월	3월	4월	5월	6월	7월	8월	9월
	Prep. I			Comp. I			T	Prep. II		Comp. II		T
근력	3 AA	3 Hyp.	6 MxS, hyp.	4 Conv. to P	8 Maint.: MxS, hyp., P		1 AA	3 Hyp.	4 MxS, hyp.	2 Conv. to P	10 Maint.: MxS, P	3 Compens.
에너지 시스템	Lactic and alactic cap.			Alactic P and cap.			Alactic P	Alactic P and cap.				Games play

그림 8.50 던지기 경기의 주기화 모델

근비대 트레이닝은 AA를 따르고 최대 근력 마이크로사이클 동안 유지되어야 하지만 최대 근력 세트 3개당 근비대 세트 1개 비율로 유지해야 한다(이 경우 백-오프 세트 방법을 사용할 수 있다).

Key: AA = 해부학적 적응, cap. = 용량, comp. = 시합기, compens. = 보상, conv. = 전환, hyp. = 근비대, maint. = 유지, MxS = 최대 근력, P = 파워, prep. = 준비기, T = 이행기

연간 계획

트라이애슬론(철인 3종경기)

트라이애슬론(철인 3종경기)은 세 가지 운동기술에 능숙해야 하며, 신체적·심리적 인내력에 대한 큰 도전을 제시한다. 철인 3종경기에서 성공하기 위해 가장 중요한 것은 연료 공급원인 자유 지방산을 사용하는 신체의 효율이다. 표본 주기화 모형은 그림 8.51을 참조하라.

- 우세한 에너지시스템: 유산소성
- 에너지 생성 비율: 5% 젖산, 95% 유산소성
- 주요 에너지 기질: 글리코겐, 유리 지방산
- 주요 체력요인(제한요소): 긴 근지구력
- 트레이닝 목표: 긴 근지구력, 최대근력

주기화	10월	11월	12월	1월	2월	3월	4월	5월	6월	7월	8월	9월
	Prep.						Comp.					T
근력	4 AA	8 MxS		12 Conv. to MEL			20 Maint.: MEL, MxS					4 Compens.
에너지 시스템	O_2 cap.	O_2 cap., O_2 P		O_2 P, O_2 cap., lactic cap.								O_2 cap.

그림 8.51 트라이애슬론(철인 3종경기) 주기화 모델

제안된 에너지 시스템 트레이닝 순서는 각 트레이닝 단계에 대한 우선 순위를 의미한다.

Key: AA = 해부학적 적응, cap. = 용량, comp. = 시합기, compens. = 보상, conv. = 전환, maint. = 유지, MEL = 장기 근지구력, MxS = 최대 근력, O_2 = 유산소성, prep. = 준비기, T = 이행기

스포츠 트레이닝의 주기화

배구

배구 선수들은 스파이크, 블로킹, 혹은 다이브 리시브를 하기 위해 지면으로부터 빠르게 반응하고 폭발적으로 점프하는 능력을 갖추어야 한다. 최대근력, 파워 그리고 특수한 지구력을 가지고 오랜 시합 기간을 통해 파워와 자신감을 선수들에게 심어주는 것이 필요하다. 미국대학 배구 주기화 모델의 예시는 그림 8.52를 참조하고, 유럽시즌의 주기화 모델의 예시는 그림 8.53을 참조하라.

- 우세한 에너지시스템: 무산소성 비젖산 시스템, 무산소성 젖산 시스템
- 에너지 생성 비율: 비젖산(70%), 젖산(20%), 유산소(10%)
- 주요 에너지 기질: 크레아틴 인산, 글리코겐
- 주요 체력요인(제한요소): 반응력, 도약력, 파워
- 트레이닝 목표: 파워, 최대근력

주기화	6월	7월	8월	9월	10월	11월	12월	1월	2월	3월	4월	5월
	Prep.					Comp.					T	
근력	4 AA	6 MxS	4 P	3 MxS	3 P	20 Maint.: MxS, P					8 Compens.	
에너지 시스템	O₂ P, alactic P, lactic P short	Alactic P, lactic P short									Alternative activities (e.g., beach volleyball)	

그림 8.52 배구 주기화 모델(미국시즌)

제안된 에너지 시스템 트레이닝 순서는 각 트레이닝 단계에 대한 우선 순위를 의미한다.

Key: AA = 해부학적 적응, comp. = 시합기, compens. = 보상, maint. = 유지, MxS = 최대 근력, O₂ = 유산소성, P = 파워, prep. = 준비기, T = 이행기

주기화	8월	9월	10월	11월	12월	1월	2월	3월	4월	5월	6월	7월
	Prep.				Comp.	T	Comp			T		
근력	2 AA	4 MxS	4 Conv. to P	8 Maint.: MxS, P		2 AA	18 Maint.: MxS, P			10 Compens.		
에너지 시스템	O₂ P, alactic P, lactic P short	Alactic P, lactic P short								Alternative activities (e.g., beach volleyball)		

그림 8.53 배구 주기화 모델(유럽시즌)

제안된 에너지 시스템 트레이닝 순서는 각 트레이닝 단계에 대한 우선 순위를 의미한다.

Key: AA = 해부학적 적응, comp. = 시합기, compens. = 보상, conv. = 전환, maint. = 유지, MxS = 최대 근력, O₂ = 유산소성, P = 파워, prep. = 준비기, T = 이행기

수구

수구는 강한 슈팅력과 빠른 가속력을 요구하는 종목이다. 이를 위해 유산소 시스템을 이용한 높은 에너지소비가 필요하다. 패스와 슈팅의 정확도는 장시간의 트레이닝을 통해 배워야 하는 필수적 기술들이다. 주기화 모델의 예시는 그림 8.54를 참조하라.

- 우세한 에너지시스템: 무산소성 젖산 시스템, 유산소 시스템
- 에너지 생성 비율: 비젖산(10%), 젖산(30%), 유산소(60%)
- 주요 에너지 기질: 글리코겐
- 주요 체력요인(제한요소): 중기성 근지구력, 파워-지구력, 가속력, 슈팅력
- 트레이닝 목표: 중기성 근지구력, 파워-지구력, 최대근력

주기화	8월	9월	10월	11월	12월	1월	2월	3월	4월	5월	6월	7월
	Prep.							Comp.			T	
근력	4 AA	8 MxS		6 PE	4 MxS	6 Conv. to MEM		12 Maint.: MEM, MxS, PE			8 Compens.	
에너지 시스템	O_2 cap., O_2 P	O_2 P, lactic cap., alactic P, O_2 cap.			O_2 P, lactic P, alactic P, O_2 cap.			O_2 P, lactic cap., alactic P			O_2 cap.	

그림 8.54 국내리그 수구팀의 주기화 모델

유산소성 트레이닝은 긴 시간(2-4분)의 전술 트레이닝을 사용하는 것을 의미한다.

Key: AA = 해부학적 적응, cap. = 용량, comp. = 시합기, compens. = 보상, conv. = 전환, maint. = 유지, MEM = 중기 근지구력, MxS = 최대 근력, O_2 = 유산소성, P = 파워, PE = 파워 지구력, prep. = 준비기, T = 이행기

스포츠 트레이닝의 주기화

레슬링

레슬링 선수의 성공은 운동기술과 전략기술과 함께 파워, 파워-지구력, 유연성으로 결정된다. 주기화 모델의 예시는 그림 8.55를 참조하라.

- 우세한 에너지시스템: 무산소성 비젖산시스템, 무산소성 젖산시스템, 유산소시스템
- 에너지 생성 비율: 비젖산(30%), 젖산(30%), 유산소(40%)
- 주요 에너지 기질: 크레아틴 인산, 글루코겐
- 주요 체력요인(제한요소): 파워, 파워-지구력, 유연성
- 트레이닝 목표: 파워, 파워-지구력, 최대근력, 단기성 근지구력

주기화	1	2	3	4	5	6	7	8	9	10	11	12
	Prep. I			Comp. I		T	Prep. II		Comp. II		T	
근력	4 AA	8 MxS, P, PE		8 Maint.: P, PE, MxS		2 Compens.	4 AA	6 MxS, P, MES	10 Maint.: P, MES, MxS		6 Compens.	
에너지 시스템	O_2 cap.	O_2 P, lactic cap., alactic P		O_2 P, alactic P, lactic P		O_2 cap.	O_2 cap.	O_2 P, lactic cap., alactic P	O_2 P, alactic P, lactic P		O_2 compens.	

그림 8.55 레슬링의 주기화 모델

국내 대회와 국제대회에 초점을 맞춘 주기이며, 유산소 트레이닝은 더 긴 기간의 스포츠 특성을 반영하여 달성할 수 있습니다(2-3분).

AA= 해부학적 적응, cap. = capacity, comp.= 시합, compens=보상, maint= 유지, MES= 단기 근지구력, MxS= 최대근력, O_2 = 유산소, P= 파워, PE= 파워지구력, Prep=준비, T= 전환

트레이닝단계별 부하 패턴 주기화

트레이닝의 부하 패턴은 표준적이거나 정해져 있지는 않다. 스포츠나 수행능력 수준에 따라 달라지는 것처럼 특정 트레이닝단계에서 추구하는 근력 유형에 따라 변경된다. 이 개념을 더 쉽게 이해하고 적용할 수 있도록 그림 8.56부터 그림 8.62에서는 여러 스포츠에서 이 개념이 어떻게 적용되는지를 보여준다. 이 예시는 아마추어 야구, 소프트볼 또는 크리켓의 모노 사이클(Mono cycle)(그림 8.56), 대학 농구(그림 8.57), 미국 대학 축구 라인맨(그림 8.58), 카누와 같은 지구력 위주의 스포츠(그림 8.59), 육상 단거리(그림 8.60), 스프린트 및 장거리 수영(그림 8.61 및 8.62)에 대한 트레이닝 단계별 부하 패턴의 역학을 설명합니다.

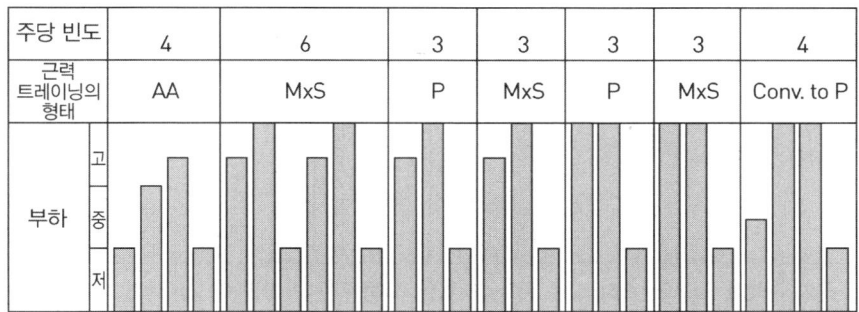

그림 8.56 아마추어 야구의 근력 트레이닝단계에 대한 부하패턴의 변형. 소프트볼 또는 크리켓팀 전력 개발 수준을 최대화하기 위해 마지막 세 매크로사이클 두 개의 인접한 고부하와 재생 사이클(저부하) 수반

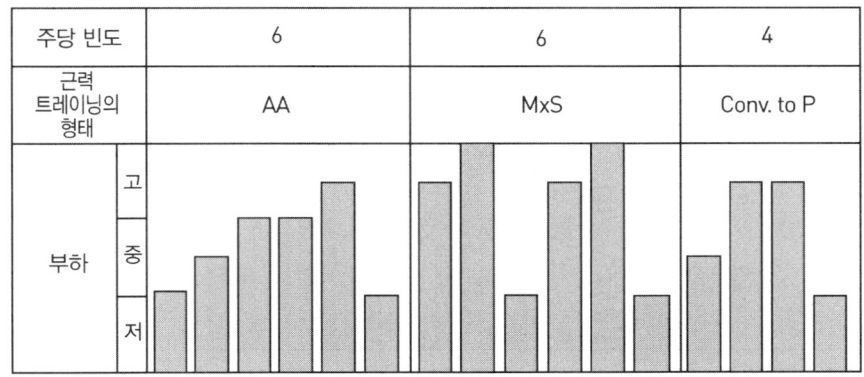

그림 8.57 준비하는 대학 농구팀을 위한 제안된 로딩 패턴 단계는 7월 초부터 10월 말까지 수행되어야 한다.

스포츠 트레이닝의 주기화

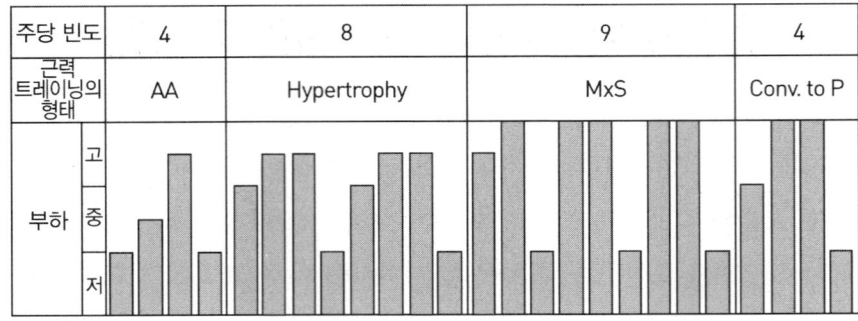

그림 8.58 미식축구에서 강도의 주기화를 위한 하중 패턴의 변화 라인맨, 비슷한 접근방식을 육상 및 트랙에서 던지는 사람이나 헤비급 레슬러에게 사용할 수 있다.

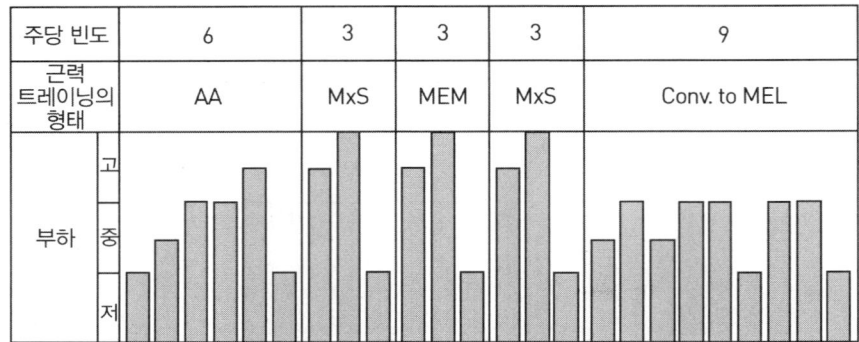

그림 8.59 근지구력이 요구되는 마라톤, 카누를 위한 하중 패턴의 변형이 긴 것이 지배적인 능력이다. 사이클링, 노르딕 스키, 철인 3종경기, 카누

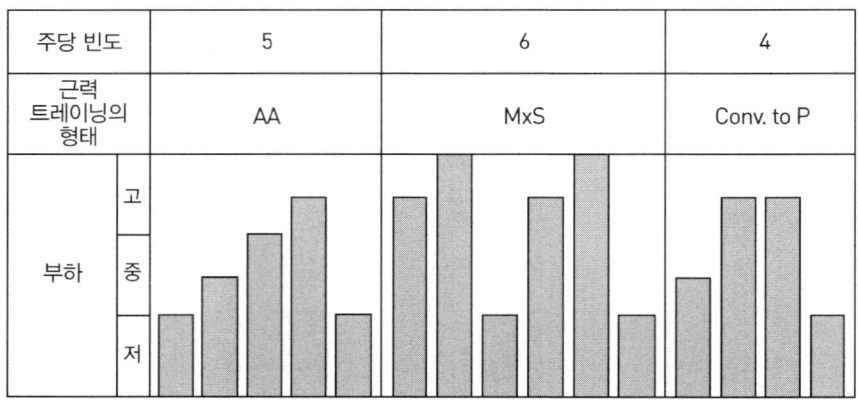

그림 8.60 전력 질주에 대한 사이클 연간 계획의 첫 번째 부분에 대한 부하 패턴의 변형. 육상

연간 계획

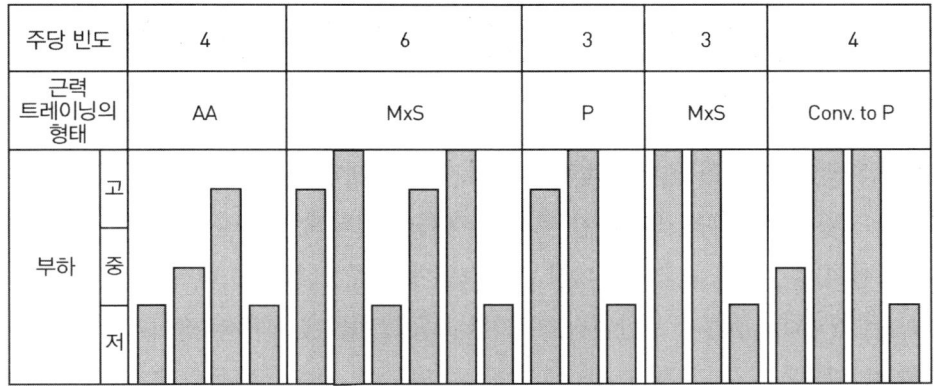

그림 8.61 수영에서 단거리 선수를 위한 부하 패턴의 변형(자전거 연간 첫 번째 부분 계획). 2주 동안 부하가 크기 때문에 마지막 2단계에 대한 교육 수요가 높다.

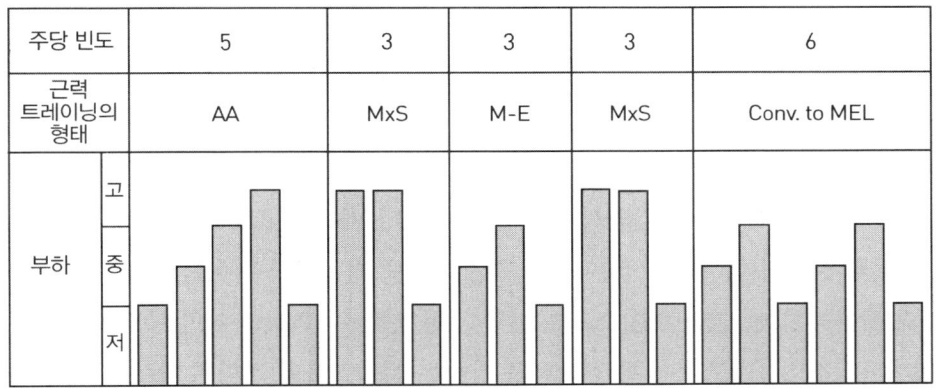

그림 8.62 장거리 수영 경기를 위한 다양한 로딩 패턴. 최대강도의 하중은 1RM의 80%를 초과하지 않아야 한다. 마찬가지로 근지구력에 대한 부하가 낮지만(30~40%), 반복 횟수가 매우 높다.

차트는 특정 트레이닝 단계에 계획된 주 수, 해당 단계에서 원하는 트레이닝 유형, 부하 패턴(높음, 중간 또는 낮음)을 (위에서 아래로) 나타낸다. 선택한 스포츠가 예시에서 다루지 않더라도 개념을 이해하면 자신의 사례에 적용할 수 있습니다. 또한 예시가 매우 다양하기 때문에 연관성을 통해 적용할 수 있다.

스포츠 트레이닝의 주기화

힘과 시간 곡선에 대한 주기화 효과

2장에서는 힘의 시간 곡선을 분석하고, 이 곡선이 나타내는 다양한 힘의 구성요소를 표현하였다. 또한 다양한 부하가 신경근육계 적응에 어떤 영향을 미치는지와 운동선수가 최단 시간 내 가장 많은 양의 힘을 발휘하기 위해 신경계를 어떻게 트레이닝해야 하는지 설명하였다. 보디빌딩의 영향으로 근력트레이닝 프로그램에는 종종 피로에 대해 수행되는 고도의 반복트레이닝(12~15reps)이 포함된다. 이러한 프로그램들은 수축의 속도가 아니라 주로 근육의 크기를 발달시킨다. 그림 8.63 에서 볼 수 있듯이, 스포츠에서의 힘의 적용은 매우 빠르게 수행(100ms~200ms 사이)된다. 이러한 빠른 힘 적용의 가장 높은 개발을 자극하는 유일한 유형의 힘은 최대근력 트레이닝과 파워 훈련을 순차적으로 적용(Bompa, 1993; Verkhoshansky, 1997)하는 것이다.

    트레이닝이 변형된 보디빌딩 운동을 사용하는 경우에는 그 반대의 경우도 마찬가지이다. 이 경우, 세트 당 반복횟수는 최대 근력과 파워 트레이닝보다 많으므로, 힘을 적용하는 시간은 더 오래 걸린다(>250ms 이상). 따라서, 대부분의 스포츠의 요구사항에 적합하지 않다. 스포츠에서 힘의 적용은 일반적으로 매우 빠르기 때문에 스포츠용 근력 트레이닝의 주된 목적은 최대 근력 및 파워 트레이닝을 순차적으로 적용하여 힘 시간 곡선을 왼쪽으로 이동시키거나 가능한 한 일반적인 스포츠별 힘 적용 시간(<200ms 미만)에 가깝게 하는 것이다(그림 8.64 참조). 스포츠에 특정한 힘을 가하는 시점으로의 전환은 빠르게 이루어지지 않는다. 실제로 힘을 주기화하는 가장 큰 목적은 특이적 근력단계 트레이닝을 사용하여 힘-시간 곡선을 왼쪽으로 이동시키는 것이다. 이러한 이유는 중요한 시합 전에 실행 시간을 감소시키기 위해서다. 이것은 선수가 빠른 힘의 적용을 필요로 할 때, 그리고 힘을 얻음으로써 이득을 취할 때 나타난다. 앞에서 설명했듯이, 힘의 주기화의 각 트레이닝단계는 특정 목표에 중점을 둔다. 선수 둘 다 서로 다른 각도에서 커브가 트레이닝에서 어떻게 영향을 받는지 볼 수 있다.

    그림 8.65는 근비대 단계가 포함되었을 때 근력의 주기화를 보여준다. 분명히 몇몇 스포츠에서 선수들은 이 모델을 사용하지만, 많은 다른 스포츠에서는 연간계획에서 근비대를 배제한다.

    그림 8.65에서 볼 수 있듯이, 해부학적 적응단계에서 수행되는 프로그램의 유형은 힘-시간 곡선에 거의 영향을 미치지 않는다. 기껏해야 오른쪽으로 약간 이동할 것이다(예: 실행 시간을 증가시킨다). 일반적으로, 근비대 트레이닝 방법은 곡선을 오른쪽으로 이동시킨다.

연간 계획

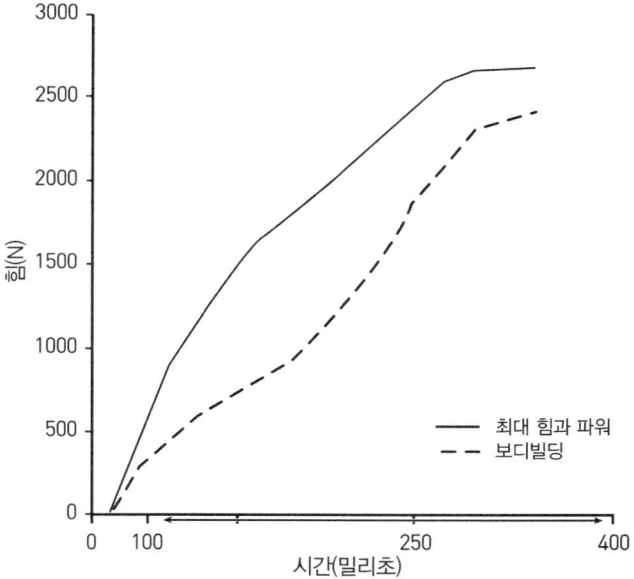

그림 8.63 두 개의 웨이트 트레이닝 프로그램의 힘-시간 곡선

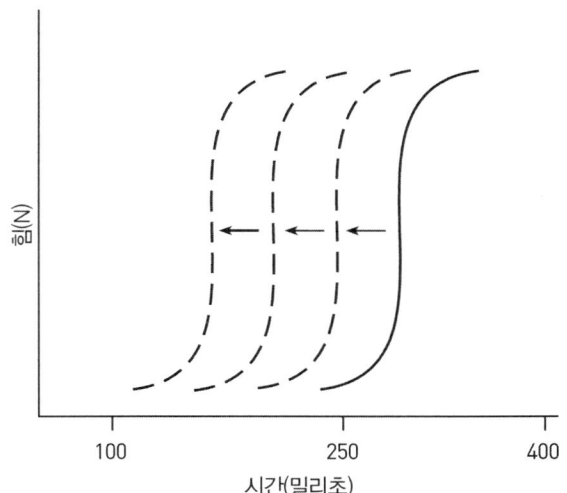

그림 8.64 근력운동의 목적은 힘-시간 간 곡선을 왼쪽으로, 가장 빠른 수축 시간으로 이동하는 것이다.

스포츠 트레이닝의 주기화

준비				시합
해부학적 적응	근비대	최대근력	파워로의 전환	유지
(곡선)	(곡선 →)	(곡선 → ←)	(곡선 ←)	(곡선 ←)
100 250 400	100 250 400	100 250 400	100 250	100 250
변경없음	오른쪽으로 이동	왼쪽 또는 오른쪽으로 이동	왼쪽으로 이동	왼쪽 이동을 유지

그림 8.65 힘-시간 곡선에 대한 각 단계 트레이닝 특성의 영향

그 이유로 각 세트는 기진맥진해질 때까지 수행하게 되고, 그래서 랩(rep)이 지날수록 힘의 방출이 약해진다. 그러므로 근육 크기가 증가했다고 해서 힘의 빠른 적용으로 변환되지는 않는다.

최대근력 구간에서 무거운 부하를 사용하는 것은 일반 그리고 특정 일에 대한 비율에 따라 폭발성과 최대근력 운동의 총량이 증가할 수도, 증가하지 않을 수도 있다. 만약 일반 준비구간에서 최대강도 단계가 떨어지고, 많은 양의 강도 트레이닝이 프로그램화되어 운동 능력의 향상을 우선시한다면 힘-시간 곡선이 오른쪽으로 이동한다. 반면에, 만약 특정 준비구간에 최대강도 단계가 떨어지고, 많은 고강도 특정 트레이닝이 수행되었을 경우 최대강도 트레이닝이 더 적게 인정될 것이고, 힘-시간 곡선이 왼쪽으로 이동한다.

최대 힘을 파워 구간으로 변환하는 동안에 곡선은 틀림없이 왼쪽으로 이동할 것이다. 이러한 근력 트레이닝은 유지 단계에서 계속해서 이루어지고, 곡선은 왼쪽에서 머물러 있을 것이다.

높은 수준의 힘 또는 폭발력은 경쟁구간 시작 전에는 기대할 수 없다. 근력은 오직 전환 단계의 실행 구간에 관한 결과로 최대화된다. 그러므로 근비대 단계와 최대 근력단계 동안에는 높은 수준의 파워를 기대할 수 없다. 파워의 증가가 매년 예상할 수 있는 경우 최대 근력을 얻는 것은 필수다. 왜냐하면 힘은 최대강도의 함수이기 때문이다. 근력의 주기화는 근육의 인내력과 파워 발달을 위한 최상의 성공의 길을 제공할 것이다.

팀 스포츠 장기계획

어린 선수들의 트레이닝방법은 오랜 관심사이다. 일부 클럽에서는 이를 관찰하고 기록하는 것이 큰 관심사이다. 어린 선수들을 위한 트레이닝 프로그램을 설계할 때 성장과 발달속도를 간과하는 경향이 있다. 장기계획이 필요하다고 인식되지만, 이를 수행하는 경우는 거의 없다.

이 장에서는 팀 스포츠에 참여하는 어린이를 위한 장기적인 트레이닝 진행에 대한 개요를 제공하고자 한다.

그림 9.1은 청소년 팀 스포츠 선수들을 위한 장기 트레이닝 계획을 보여준다. 왜냐하면 팀 스포츠에서 훈련에 대한 대부분의 수가 관찰되기 때문이다. 주니어 선수들은 개인 스포츠가 팀 스포츠보다 조금 더 나은 진행상태를 보인다.

종종 주니어 선수들이 농구, 배구, 아이스하키 경기에 참여하면서 최고의 프로선수들처럼 따라하는 경우가 많다. 때로는 심리적, 생리적으로 발달하지 않은 아이들이 주말 경기 동안 하루에 두세번의 경기를 하기도 한다. 어린 선수들은 많은 경기에서 신체적·정서적·심리

스포츠 트레이닝의 주기화

연령 그룹 선수들과 함께 트레이닝을 진행하는 코치들은 선수들의 발전 단계와 트레이닝 요건에 대한 심층적인 지식을 갖춰야 한다.

적 스트레스에 노출되고 있다. 그렇기 때문에 그림 9.1과 그림 9.2에서 제시한 진행 과정을 어린이 트레이닝에 관련된 모든 관계자들이 고려해야 한다.

그림 9.1에서 추진된 개념은 두 가지 기본 단계에 따라 달라진다.

1. 아이를 참여자로 만들어라.
2. 참여자를 운동선수로 만들어라.

첫 번째 단계에서 아이를 참여자로 만드는 트레이닝 범위는 아이를 게임의 기술적인 기초에 입문시키는 것을 포함한다. 아이들이 편안하게 놀고 기초 기술을 배울 수 있도록 가벼운 공, 낮은 골대와 네트 그리고 더 작은 필드를 사용한다. 아이들은 간단한 기술적 요소를 배워야 한다. 가르침에는 항상 많은 관용과 인내가 필요하다는 것을 기억해야 한다. 아이들이 스포츠의 기초 기술을 배우는 시기이며, 많은 실수를 하기 마련이다. 주요 기술의 기본 요소를 더 잘 습득할수록 결국 기술적 기교와 완성 단계에 더 쉽게 도달할 수 있을 것이다.

나이	트레이닝 범위
12세 이하	• 기술 입문, 다양한 놀이와 게임을 통한 재미 및 외부활동 게임 • 간단한 전술 • 재미를 위한 게임 • 스트레스가 없는 토너먼트
15세 이하	• 아이를 선수로 만들어라. • 볼 컨트롤, 드리블, 패스 및 슈팅 같은 게임은 기술적 기초를 강조하라. • 특히 이 단계가 끝날 무렵, 공격과 수비 모두에서 핵심 기술력을 발휘하여 선수가 편안함을 느낄 수 있도록 한다. • 공격과 수비 모두에서 게임 전술의 필수 요소를 가르친다. • 유연성, 가벼운 도구를 이용한 해부학적 적응(AA), 그리고 자신의 체중을 이용한 트레이닝 등 신체 트레이닝의 기초를 가르친다. • 더 가벼운 도구와 낮은 부하의 기구로 트레이닝하여 인대 및 힘줄의 점진적 적응 및 강화 촉진
17세 이하	• 선수에서 최고의 선수로 전환 • 게임의 모든 기술을 완벽하게 활용하라. • 정밀한 패스 및 슈팅 개선 • 게임의 복잡한 전술 요소(공격과 방어)를 개선한다. • 체력 트레이닝의 기반을 구축한다(예: 다른 트레이닝 장비 및 부하로 AA). • 선수들은 무거운 부하가 사용되는 다음 트레이닝 단계를 위해 준비한다. • 주로 발목과 무릎의 인대와 힘줄을 강화한다.
19세 이하	• 피로한 조건에서 게임의 모든 기술/전술을 완벽하게 구현하라. • 게임에 필요한 모든 신체 능력을 향상시킨다. • 파워, 민첩성, 최대 스피드를 향상시킨다. • 선택한 스포츠와 관련된 모든 운동능력(예: 순발력, 파워 및 저항)을 증가시킨다.
21세 이하	• 선수를 운동선수로 만들어라. • 피로/고갈 상태에서 게임의 모든 기술 및 기교의 완벽성을 강조한다. • 최대 근력(MxS)를 향상시킨다. • 파워, 속도, 민첩성 및 특이적 지구력을 최대화하라. • 완벽한 운동능력: 선택한 스포츠에서 우세한 능력 • 팀 스포츠가 최고의 선수들에 의해 진행될 때 그 경기는 달라 보인다는 점을 이해해야 한다.

그림 9.1 팀 스포츠 선수들을 위한 장기 트레이닝 계획

두 번째 단계에서는 참여한 아이를 운동선수로 만들기 위해 기술 및 전술이 완벽하게 도달하는 것을 목표로 한다. 높은 수준의 운동능력에 도달하는 최고의 운동선수가 될 수 있도록 도와야 한다. 빠르고, 강력하고, 저항력이 있고, 기술 및 전술 효율성에 영향을 미치지 않고 피로를 효과적으로 견딜 수 있어야 하며, 경기 상황, 피로, 지친 상황에서의 패스와 슈팅의 정확성을 강조한다.

그림 9.2는 아이를 최고의 운동선수로 만드는데 필수적인 모든 신체적 특성과 능력을 개발하는 진행 방법을 보여준다. 높은 수준의 운동능력이 달성되어야 하는 시기다. 특정 훈련 세션을 통하여 스피드, 근력, 파워 및 민첩성을 향상시킨다.

스포츠 트레이닝의 주기화

그림 9.1에서 제시한 것처럼 훈련 일정을 잘 계획하여 진행하지 않는다면 당신의 트레이닝은 체계적이지 못하고 혼란스러운 추측 게임에 불과할 것이다.

트레이닝단계	기술 개시		아이를 선수로 만들어라		전환: 어린 선수에서 운동선수로 전환				선수를 운동선수로 만들어라		
능력/나이	6–8	9–10	11–12	13–14	15	16	17	18	19–20	21–23	>24
유연성	In	→	De	→	Mx	→	→	→	P	→	→
근력: • AA <50% • OBW			In In	→ →	→ →	→ →	→ →				
AA 50–60					In	De	→	→	→	→	→
MxS: • 60%–70% • 80%–90%						In	→	De In	→ De	Mx	P
파워: • MB <3 kg • MB >3 kg • 플라이오메트릭 • 파워 지구력				In	De In	→ → →	→ → De In	Mx De → De	→ Mx Mx →	P → P Mx	→ P → P
민첩성: • 인산염 • 당분해 • 산화			In	→	→ In	→ →	De De In	→ → De	Mx Mx Mx	P P P	→ → →
스피드: • 인산염 • 당분해 • 산화			In	→	→ In	De →	Mx De In	→ → De	→ Mx De	P P	→ →
지구력 • 짧은 시간: 1~2분 • 중간: 3~5분					In	→ In	De De	→ →	Mx Mx	P P	→ →

그림 9.2 아이를 최고의 선수로 변화시키는데 필요한 모든 능력을 위한 장기 트레이닝 프로그램

Key: AA = 해부학적 적응, In = 개시, De = 개발;
MB = 메디신 볼, Mx = 최대화, p = 완벽함;
→ = 이전 상자에서 제안된 트레이닝 유형을 반복한다. OBW = 자신의 체중 운동;
% = 1RM의 백분율, 이는 해당 단계에서 운동선수의 최대 능력인 100%를 나타낸다.
< = 제안된 하중 또는 중량 이하;
> = 제안된 하중 또는 중량 이상

선수들의 발전 단계에 따라 다음과 같은 용어를 사용한다.

- 시작(In): 전반적인 유연성, 가벼운 무게의 AA(해부학적 적응) 및 기타 유형의 근력 관련 도구(메디신 볼, 덤벨 등)을 이용한 스트레스 없는 트레이닝을 한다.
- 개발(De): 선택한 게임에서 더 높은 수준의 신체 능력을 개발해야 한다.
- 최대화(Mx): 특정 능력의 높은 수준의 신체적 발달에 도달한다.
- 완벽(P): 선수와 경기의 요구에 가장 높은 수준의 신체적 정교함과 잠재력에 도달하라.

> 연령과 트레이닝 유형에 대한 구체적인 제안을 적용할 때 지침으로 사용하도록 권장하라. 그렇다면 하면 해부학적 스트레스를 피할 수 있고 부상을 예방할 수 있을 것이다.

그림 9.2의 상단에는 장기 트레이닝 프로그램의 주요 트레이닝 단계와 6~24세 이상까지의 연령을 보여준다. 다음으로 각 운동능력의 발달에 대해 자세히 설명한다.

유연성 트레이닝

이 단계에서 신체의 모든 관절이 비교적으로 부드럽게 움직이기 때문에 어릴 때부터 단순하고 전반적인 유연성 운동을 시작할 수 있다. 전반적인 유연성은 주로 스포츠에서 사용되는 신체의 주요 관절인 발목, 무릎, 엉덩이 및 어깨를 가리킨다. 이 나이에 근육은 딱딱하지 않아서 스트레칭을 하는 것이 원활하다. 팀 스포츠를 하는 운동선수의 경우, 신체의 많은 움직임이 발목에서 시작되므로 발목 유연성을 향상시키는 것이 필수이다. 발목이 경직되면 많은 움직임에 제한이 될 것이다. 유연성 트레이닝은 스트레스를 받거나 주는 환경을 조성하지 않고 부드럽고 여유있게 이완시켜야 한다. 아이들은 그런 환경을 즐길 것이다. 유연성 트레이닝은 비교적 쉽고 간단한 트레이닝 방법이기 때문에 복잡하게 진행하지 않아야 한다. 주요 관절에 대한 구체적인 운동을 배우고 준비운동 시간이 끝날 때마다 반복한다.

근력 트레이닝

모든 근력 트레이닝 프로그램은 부상을 예방하기 위한 트레이닝의 필수 요소이기 때문에 준수해야 한다. 장기간의 진행과 적응, 좋은 기술, 적절한 운동 선택이 중요하다. 연령대별 운동 횟수는 다음과 같이 고려해야 한다.

- 15세 선수: 신체의 각부위에 근력 트레이닝의 기초를 만들기 위한 많은 횟수의 운동 진행한다.(12~15회)
- 17세 선수: 신체와 다리의 핵심 부위에 중점을 두고 신체의 주요 근육그룹을 다루는 중간 횟수의 운동(8~12회)
- 19세 이상: 운동 횟수가 적지만(6~8회), 세트 수와 총 반복 횟수가 많으며, 대부분 선택된 스포츠의 주요 움직임에 초점을 둔다.

해부학적 적응

- 12세 선수의 경우 가벼운 메디신 볼을 사용하는 게임을 통해 간단한 근력 트레이닝을 시작할 수 있다. 게임을 반복하는 동안 아이들은 메디신 볼을 들고, 굴리고, 던질 수 있다(오버헤드, 측면, 다리 사이, 뒤로). 또한, 매우 가벼운 무게(5~10lb[2~5kg])의 덤벨과 수행하기 쉽고 간단한 자신의 체중 운동(OBW) 인 풀업, 팔굽혀펴기, 복부 운동, 허리와 다리 운동을 할 수 있다.
- 15세 선수의 경우 간단한 도구와 근력 트레이닝 장비를 사용할 수도 있지만, 아이들을 과도한 무게와 스트레스가 많은 반복과 세트에 노출시키지 말아야 한다. 이 나이에는 근육, 인대, 힘줄의 적응이 트레이닝의 범위가 되어야 하는 해부학적 적응(AA) 트레이닝이 적용될 수 있다. 부상예방을 위해 강도를 낮추는 것은 트레이닝의 중요한 목표가 되어야 한다. 이를 위해 다음과 같은 저부하 운동을 사용해야 한다.
    - 발목의 발등굽힘과 발바닥굽힘
    - 무릎 굽힘 및 폄(하프 스쿼트, 레그 컬)
    - 복부(코어) 운동
    - 허리 근육을 위한 몸통 폄(extension) 및 회전
    - 추간근을 위한 몸통 회전, 측면 굽힘 및 몸통 폄

- 어깨를 측면, 어깨너머, 모음 및 벌림으로 들어올리기
- 팔 굽힘 및 폄

- 17세부터 AA(해부학적 적응) 트레이닝은 1RM의 50~60%의 부하를 사용하여 다소 까다로워질 수 있다. 다시 말해, 트레이닝의 범위는 적응과 부상 예방에 특화된 방법을 이용하여 근력 트레이닝의 견고한 기반을 구축하는 것이어야 한다(8장 참조). 이 트레이닝 목표는 스트레스가 없는 트레이닝 환경을 통해 달성될 수 있다. 따라서 반복 및 세트수는 최대에 가깝지 않아야 한다. 최대 반복 횟수는 어린 운동선수들을 필요 이상으로 근육, 인대, 힘줄에 해부학적 스트레스에 노출시킨다.

> 근력 트레이닝을 위한 운동에 사용되는 기술에는 지속적으로 최대한 주의해야 한다.
> 부상을 방지하려면 근력 트레이닝 기계를 들어 올리거나 사용하는 기술이 필수다.

최대근력(MxS)

15세부터 해온 AA(해부학적 적응) 근력 트레이닝을 기반으로 17세부터 MxS의 요소를 더 낮은 부하(50~60%)로 도입할 수 있다. 다시 한번 주의 깊게 진행되는지 관찰해야 한다. 다른 코치들의 엄격한 트레이닝 방법을 따르지 말아야 한다. 인터넷이나 근력 트레이닝 책에서 제안한 것보다 세트 간 휴식 시간을 더 길게 허용해야 한다. 코치는 어린 선수들을 트레이닝시킨다는 것을 기억해야 한다. 불행히도 온라인과 일부 트레이닝 책에서 얻을 수 있는 정보 대부분은 1960~1980년대의 모토인 "고통이 없으면 얻는 것도 없다(No pain, no gain)"에 여전히 영향을 받고 있다. 숙련된 운동선수에게 유효할 수 있지만, 15~17세의 어린 선수들에게는 너무 비현실적이고 위험하다. 복부, 요추, 추간근 같은 신체의 핵심 부위에 최대한 주의를 기울여야 한다. 이 나이에 코어 근육에 투자하는 시간은 선수가 성숙함에 따라 더 유리할 것이다. 마찬가지로 중요한 것은 스트레스를 받는 환경을 없애야 한다. 17세 이후에는 70%의 MxS 부하를 점진적으로 시작할 수 있는 반면, 19세는 더 무거운 부하(80%)를 조심스럽게 도입할 수 있지만, 반복 횟수와 세트 수가 적고 휴식 간격이 더 길다. 많은 스포츠에서 23세 또는 24세 이상의 성숙기에는 높은 운동능력이 달성되어야 한다. 최대근력은 최대 집중이 필요한 신경계에 부담을 주는 스트레스가 많은 트레이닝 유형이다. 근육, 인대, 힘줄은 MxS 동안 지속적인 해부학적 스트레스를 받는다. 잘 계획된 트레이닝 프로그램을 진행하

고 적용하는 것이 코치의 의무이다.

파워 트레이닝

어린 시절부터 10대 중반까지 계획된 근력트레이닝은 힘을 키울 수 있는 기반, 즉 더 빠르게 움직이거나 더 긴 거리를 구현하기 위해 주어진 저항에 대해 빠르게 힘을 가할 수 있는 능력을 나타낸다. MxS의 목표가 가능한 한 가장 많은 수의 속근섬유를 동원하는 것이라면 파워 트레이닝의 목적은 동일한 근섬유의 배출 속도를 증가시키는 것이다. 먼저 MxS를 트레이닝하지 않고는 빠르고 강력할 수 없다. 12세부터 간단하고 스트레스가 없는 파워 트레이닝을 도입할 수 있다. 가벼운 메디신 볼, 가벼운 기구 및 간단한 플라이오메트릭은 파워 향상을 위해 트레이닝 세션에 적용할 수 있다. 체육 수업에서 인기가 많은 릴레이 게임 시간 동안 아이들은 간단한 반복 점프를 하면서 공을 옮기거나, 굴리거나, 던지거나, 잡을 수 있다.

15세부터는 무거운 메디신 볼, 특히 손잡이가 있는 공을 사용할 수 있다. 상자에 뛰어오르거나, 같은 상자에서 뛰어내리고, 즉시 앞으로, 옆으로 또는 뒤로 짧게 점프하는 것과 같은 간단한 플라이오메트릭에 노출시킬 수 있다. 당신의 발전, 상상력, 창의력은 플라이오메트릭과 민첩성 트레이닝 모두에서 중요한 자산이 될 것이다.

어려운 유형의 플라이오메트릭(반응 점프, 27~40인치[70~100cm])은 10대 후반부터 도입될 수 있으며, 반응 점프도 같은 연령대부터 15~20인치(40~50cm)까지 사용될 수 있다. 어린 선수들은 이미 근력 트레이닝에 5, 6년의 경력을 가지고 있으며, 어려운 MxS와 파워 트레이닝에 대비하고 있다. 파워 지구력(PE) 또는 여러 강력하고 빠른 동작을 반복할 수 있는 능력은 17세부터 트레이닝에 도입될 수 있다. 투기, 라켓, 팀 스포츠에서 빠르고 강력한 동작을 반복적으로 수행하는 능력은 중요한 자산이며, 근력과 파워 트레이닝의 대한 충분한 배경지식을 갖춘 후 도입되어야 한다. 최대 운동 적응을 위해 에너지시스템 훈련의 개념을 사용하여 다음과 같은 PE 트레이닝을 구성할 수 있다.

- 인원질 시스템: 5~10초의 연속 반복 세트, 휴식 간격은 1~2분
- 해당 시스템: 30~90초의 논스톱 세트, 2~3분의 휴식간격, PE 적응을 가장 쉽게 하기 위해 휴식 간격을 45~90초로 점진적으로 줄일 수 있다.

민첩성 트레이닝

한 포지션에서 다른 포지션으로 방향을 빠르게 전환하는 능력은 선수의 성공에 결정적인 역할을 한다. 다시 말해, 생리적 이점 및 포지션별 이점을 최대화하는 방법은 에너지시스템 의 개념에 따라 민첩성 트레이닝 과정의 지속시간과 강도로 구성하는 것이다.

- 인원질 시스템(ATP-PC): 5~10초의 반복, 1~2분의 휴식
- 해당 시스템: 30~120초의 반복, 2분 이상의 휴식
- 유산소 시스템: 2~3분의 반복, 1~2분의 휴식

효과적인 스포츠 또는 포지션별 트레이닝을 구성하려면 에너지시스템의 특성을 기반으로 민첩성 트레이닝을 설계해야 한다.

속도 트레이닝

단거리 스피드 트레이닝은 12세 수준에서 시작할 수 있다. 대부분 아이들은 다음과 같은 원칙을 존중한다면 빠른 속도로 짧은 반복을 하는 것을 즐긴다(인원질 시스템에 부담이 됨).

- 어린이들은 5~8초 이상의 스프린트를 하지 않는다.
- 빠른 스피드의 달리기는 매우 부담이 되기 때문에 완전히 회복할 수 있는 더 긴 휴식 간격을 두어야 한다(2~3분).
- 어린이들의 스피드보다는 자세에 중점을 두어야 한다. 이 나이에 자세는 효율적인 달리기 기술을 사용할 수 있도록 가르칠 것이기 때문에 최대 속도보다 더 중요하다.
- 어린이들의 달리기 속도에 집착하지 말라. 스피드는 좋은 기술을 사용하고 강도를 높여야 증가한다(15세부터).
- 아이들이 경기를 즐기기 때문에 트레이닝 중에 사용할 에너지시스템에 따라 스피드 트레이닝을 구성해야 하므로 다음 기간과 휴식 간격을 중요시한다고 가정할 때 릴레이를 사용할 수 있다.
  - 인원질 시스템(ATP-CP): 5~8초의 반복, 좋은 자세를 강조하며, 2~3분간의 휴식
  - 해당 시스템: 15~45초의 반복, 3~4분 휴식

스포츠 트레이닝의 주기화

지구력 트레이닝

팀 스포츠에서의 지구력 트레이닝은 종종 오해를 받는다. 일부 코치들은 여전히 조깅을 지구력 트레이닝의 한 형태로 사용한다. 팀 스포츠에서 필요로 하는 특정 지구력을 적응시키는 용도로 1~5분 정도의 구체적·기술적·전술적 훈련을 사용할 수 있다. 선수들은 지루할 수 있는 조깅보다 이런 종류의 트레이닝을 선호할 것이다. 다음 선택사항을 고려하라.

- 수비와 공격 각 선수 그룹에 대한 전술훈련을 만들라(경기의 세부 사항에 따라 요구됨).
- 빠른(반격) 스피드와 짧은 지속 기간(1~2분)에서 특정 지속 기간의 전술훈련을 만들라.
- 특정 전술 목표를 위해 더 긴 기간(3~5분)의 전술훈련을 만들라.
- 특정 기술의 간격에 따라 달리기의 템포를 설정한다.
- 드릴(Drill) 지속시간을 결정하라(짧은 반복 트레이닝의 경우 더 빠른 속도, 더 긴 반복 트레이닝의 경우 중간 속도).
- 생리학적 지침을 염두에 두고 특정 경기조건을 따라하기 위해 상상력과 창의력을 활용한다.
- 조깅은 주로 준비운동 단계에서 사용하지만, 리그 시즌에는 3~4회만 사용한다. 선택적으로하며 트레이닝의 효율을 높이고 선수의 전반적인 피로를 낮출 수 있다.

Part III
근력 트레이닝의 주기화

> 근력 트레이닝의 결정적인 기여 없이는
> 최고의 운동선수를 배출할 수 없다.

해부학적 적응

기초를 다지는 일부터 지붕을 올리는 일까지 집이 지어지는 모든 과정을 본 적 있는가? 기반을 견고하게 다지는 것이 건물의 층수를 결정한다는 것을 알고 있는가? 우리는 이것을 해부학적 적응으로 강한 기초를 다짐으로써 뛰어난 운동선수를 만들어내는 방법론에 대한 비유로 사용할 수 있다. 그리고 점진적으로 최고 수준의 근력, 파워, 민첩성, 스피드 및 스포츠 고유의 지구력에 도달한다. 해부학적 적응은 점진적 적응의 강한 기반을 구축하고, 결과적으로 부상없는 선수를 양성하는 데 필수다.

해부학적 적응 단계에 선택된 규칙은 다음과 같다.

- 특히 처음 2주는 항상 천천히 시작하고, 낮은 부하에서 중간 부하로 점진적으로 증가시킨다.
- 압박해서는 안 된다. 특히 근력운동을 하지 않은 어린 선수들은 더더욱 몰아붙여서는 안 된다. 로마의 속담을 기억하라(급할수록 천천히)!
- 근육, 인대, 힘줄이 해부학적으로 잘 적응할 수 있도록 시간을 가져야 한다.

- 발목과 엉덩이의 전체적이고 구체적인 유연성을 늘려야 한다.

부상과 그 원인

전통적으로 스포츠 활동은 사교를 위한 중요한 수단일 뿐만 아니라 건강과 웰빙을 개선하는 수단이기도 하다. 스포츠 활동에 참여하는 수백만 명의 사람들 중 어린이들도 포함된다. 청소년의 스포츠 참여율은 매우 높지만(미국의 경우 3천만 명), 이탈률도 70%로 매우 높다(Washington Post, 2016년 1월 1일자). 이탈 사유는 흥미를 잃거나, 우승을 지나치게 강조하고, 부상을 비롯한 신체적 불편이 많다는 것이다. 대부분 부상은 미식축구, 자전거, 농구, 야구 및 소프트볼, 축구, 트램펄린 등에서 발생한다.

청소년기에 스포츠관련 부상을 당한 인구는 350만명으로 이중 77만 5천명이 병원치료를 받았으며(Stanford Children's Health 2019) 7~17세 사이의 아동/청소년의 병원치료는 연간 78% 증가한 것으로 보고되었다(National Children's Hospitals 2016). 그리고 2017년 미국대학스포츠협회(NCAA)에 따르면 4만 5천명의 부상자가 보고되었고 그 중 65.6%가 하지 손상(발목 염좌, 앞십자인대 파열, 반달연골 손상, 햄스트링 좌상)이었으며, 스페인에서도 동일한 부위의 손상이 81%에 육박하였다(García-Fernández et al. 2017). 또한, 지난 10년간 고교 축구선수 손상과 관련된 연구들은 부상예방 프로그램의 필요성을 보여준다(British Journal of Sports Medicine, March 2017).

이탈리아에서는 더욱 격한 운동인 럭비보다 축구 연습에서 시간당 부상자가 더 많다. 왜 그럴까? 럭비선수가 근력운동을 더 많이 하고, 결과적으로 축구선수보다 부상을 더 잘 예방할 수 있기 때문일까? 축구가 그렇게 위험한 스포츠일까? 아니면 어떤 스포츠에서는 트레이닝에 대한 무지가 더 높기 때문일까?

> 축구에서 사용되는 새로운 전략은 부적절한 신체 트레이닝(근력 및 유연성 트레이닝)에 문제를 제기하는 것이다. 마찬가지로, 과사용으로 인한 부상의 증가는 지난 몇 년 동안 급격히 증가했다.

주로 팀과 라켓 스포츠에서 어떻게 그렇게 많은 부상을 입을 수 있을까? 축구, 기타 팀 스포츠 및 접촉 스포츠의 경우 대부분 부상은 다음과 같은 공통된 원인으로 발생한다.

- 경기가 너무 많다. 프로 선수(축구, 농구, 미식축구)는 매우 높은 연봉을 받는다. 팀의 오너들은 이것을 "내가 당신에게 돈을 지불하는 만큼, 당신은 가능한 한 많은 경기를 통해 수익을 창출해야 한다"라는 의미로 해석한다. 유럽에서는 축구선수들이 1년 내내 게임을 한다. 많은 프로 선수들이 2주 이상의 휴가를 갖는 경우는 거의 없다. 그들은 지속적인 스트레스, 특히 신체의 특정 부위, 특히 발목과 무릎에 해부학적 및 기계적 스트레스를 받고 있다.
- 일부 근력 및 컨디셔닝 지도자의 낮은 전문성이다. 교육 수준이 낮고 스포츠 과학 및 방법론에 대한 이해가 부족한 지도자가 있으며, 이들은 단기 코스 자격증을 취득한 것으로 생각된다. 실제로 유능하고 전문적인 지도자가 되려면 완벽하게 구성된 근력, 컨디셔닝 교육이 필요하다.
- 근력훈련이 발과 발목 및 무릎 관절의 부상 예방을 위한 도구로 사용되지 않는다.
- 당연히 대부분 부상은 8월과 1월, 새 리그 경기 전과 시작 시점에 기록된다. 37.6%는 달리기 또는 전력 질주로 인해 발생하며, 16.6%는 과사용으로 인해 발생한다(Jan Ekstrand 교수, MD, UEFA 의료위원회).
- 근력 및 컨디셔닝 지도자들은 전력 질주를 하기 전에 근력운동을 잘해야 한다는 것을 알고 있을까? 전력 질주에서 속도를 높이는 것은 달리는 데 사용되는 근력이 향상되어야 가능하다.
- 경기 중 부상이 3배나 많다(상해 예방에 관한 다음 섹션을 참조하라).
- 대부분 부상은 근육이 아니라 결합 조직인 인대와 힘줄 수준에서 발생한다. 그러나 트레이너는 인대와 힘줄을 강화하여 부상을 예방해야 할 필요성을 거의 언급하지 않는다.
- 발목은 가장 소홀히 하는 관절이다. 이것이 라켓과 팀 스포츠에서 많은 불편함과 부상이 기록되는 이유다. 부상을 예방하기 위해서는 발뼈(발목뼈와 발허리뼈)와 인대가 형성하는 발목 관절을 발등-발바닥쪽 굽힘과 좌우 운동, 저항에 대한 회전을 통해 강화해야 한다.
- 인대와 건은 제대로 트레이닝되지 않았기 때문에 대부분의 운동 동작에서 나타나는 높은 기계적 스트레스를 견딜 수 없다.

- 준비단계의 근력 트레이닝을 위한 해부학적 적응 단계는 너무 피상적이다.
- 많은 운동선수에게 유연성 훈련이 충분하지 않다.

부상 예방

부상 예방 운동은 청소년을 위한 근력 트레이닝이나 일부 프로스포츠에서 종종 간과된다. 해부학적 적응 트레이닝이 부적절하거나 존재하지 않기 때문에 근력 트레이닝에서 인대와 힘줄 트레이닝은 생략되는 경우가 많다. 그렇기 때문에 부상 예방은 모든 운동선수와 코치, 클럽 관계자 모두 더욱 관심을 기울여야 한다. 특히, 클럽의 경우 선수가 부상을 당하면 경기에 나설 수 없기 때문에 투자의 일부를 잃을수도 있다.

운동 시 최대의 이점을 목적으로 하는 부상 예방은 다음 두 가지 기본 트레이닝 규칙을 고려해야 한다.

1. **유연성 트레이닝**. 대회나 경기 중에 필요한 최대 관절가동범위 또는 유연성은 운동 중에 트레이닝된 최소 관절가동범위 또는 최소한의 유연성이어야 한다. 다시 말해, 유연성은 각 트레이닝 세션 동안 대부분 워밍업이 끝날 때와 트레이닝이 끝날 때 가능한 한 가장 큰 각도로 시행되어야 한다. 이렇게 하면 부상 발생률이 크게 줄어든다.

2. **근력트레이닝**. 대회 및 경기 중 지면 혹은 물에 가해지는 최대 힘은 최대근력 단계를 훈련하는 동안 사용되는 최소 부하여야 한다. 다시 한번 강조하지만, 경기 중 전력 질주 중에 사용되는 힘(부하), 예를 들어 발바닥을 밀어내는 단계(push-off phase)에서 685N(70kg[154lb])은 최대근력 트레이닝 중에 사용되는 최소 힘(부하)이어야 한다. 이것은 부상을 예방하는 매우 안전하고 효과적인 방법이다. 근력 트레이닝의 부하는 일반적으로 매우 낮으므로 밀어내기 단계에서 지면에 가하는 힘을 증가시켜서는 안 된다. 선수가 더 빨리 달리고 방향을 빨리 바꾸도록 하려면 주동근의 힘을 향상시켜야 한다(밀어내기, 달리기 단계의 추진 단계).

인대와 힘줄

근육이 하는 기계적 일인 수축력은 액틴-마이오신 결합의 작용뿐만 아니라 스트레스를 견디는 인대와 힘줄의 능력에도 달려 있다. 일하기 위해 근육이 수축할 때 근육의 힘이 힘줄을 통해 뼈에 전달되고, 그 결과로 관절이 움직여 운동하게 된다. 따라서 힘줄이 힘의 전달자인 경우 인대는 관절의 해부학적 완전성을 함께 유지한다. 인대가 강할수록 관절이 더 안정적이다. 관절이 더 안정적일수록 부상을 예방하기가 더 쉽다.

잘 트레이닝되고 강한 힘줄은 강도 높은 기계적 스트레스를 잘 견뎌낸다. 힘줄과 인대의 기능이 부적절하면 기능을 제한하는 요소가 될 수 있으며, 강한 사슬의 약한 연결 고리가 될 수 있다. 결과적으로 이러한 결합 조직이 높은 기계적 변형에 노출될 때마다 해부학적 불편함이나 부상을 입을 수 있다.

코치는 상대적으로 짧은 시간이 소요되는 근육 조직 적응과 달리 결합 조직(인대 및 힘줄)의 적응은 종종 몇 주가 걸린다는 것을 기억해야 한다(McDonagh & Davies, 1984; Enoka, 2015). 이러한 요구는 대부분 운동선수, 특히 어린 선수에게 더 긴 해부학적 적응을 제안하는 이유이다. 해부학적 적응 트레이닝은 근육 강화뿐만 아니라 결합 조직 강화에도 중점을 두어야 한다.

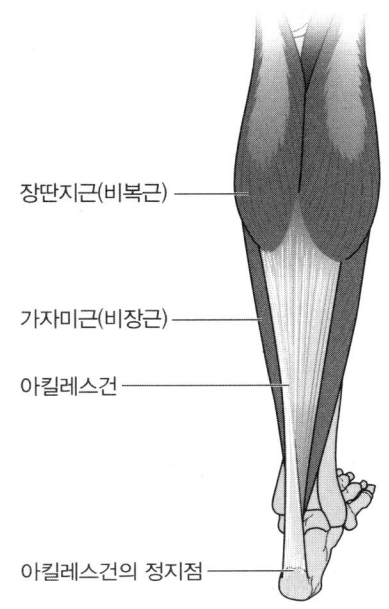

그림 10.1 종아리뼈(발꿈치)의 비복근, 가자미근 및 아킬레스건의 삽입이 표시된 종아리 그림(Neto et al., 2004; Enoka, 2015의 정보 기반)

그림 10.1은 종아리에서 장딴지근의 위치, 발뒤꿈치나 종골에서 아킬레스건이 삽입되는 위치를 보여주고 있다. 코치들은 이 크고 강한 힘줄의 부상을 방지하기 위해 해부학적 요소인 아킬레스건이 뼈에 부착되는 면적의 크기를 인지해야 한다. 강한 힘줄은 항상 뼈에 부착되는 면적이 넓으며, 이 경우에는 65㎟ 이상이다(Enoka, 2015). 잘 트레이닝된 스프린터의 경우 아킬레스건의 부착면적이 훨씬 더 크다. 아킬레스건의 크기가 클수록, 뼈에 부착되는 부위가 클수록 부상에 대한 위험도가 낮다.

장딴지근은 인체의 가장 강한 골격근이며, 스피드와 민첩성의 생성소다. 장딴지근의 다른 특징은 다음과 같다.

- 가장 많은 수의 근육세포를 가지고 있다. 이것은 앞으로 밀기 동작에 대해 인체의 모든 골격근 중 가장 많은 수의 근육세포를 동원할 수 있음을 의미한다. 따라서 모든 근육 중 가장 높은 힘을 생성할 수 있다(증가된 힘 = 높은 스피드).
- 근육세포를 지배하는 종판(~2,000개)이 가장 많다. 신경이 분포된(자극된) 근육의 수가 많을수록 힘과 스피드 생성 능력이 높아진다.
- 아킬레스건은 최대 힘인 4,900N/510kg을 장딴지근에서 발로 전달할 수 있다(Enoka, 2015). 발이 지면에 더 높은 힘을 가할 수 있을 때 운동선수는 더 높은 속도와 방향 전환에 도달할 수 있다.
- 육상경기, 단체경기, 무술 등 지상에서 하는 모든 운동에서 장딴지근이 가장 강력한 근육이다. 해부학적 적응 트레이닝과 최대근력 트레이닝에서 이 근육을 강화하는 것은 선수가 방향을 바꾸고 민첩한 동작을 빠르게 수행할 수 있는 능력을 향상시킨다.

관절 가동범위의 중요성

부상을 예방하는 전략의 또 다른 필수 요소는 신체 주요 관절의 가동범위(ROM)이다. 전반적으로 유연성이 중요하지만, 특히 팀 스포츠의 경우 발목, 무릎 및 엉덩이의 유연성을 강조해야 한다. 효과적인 유연성 트레이닝은 종아리와 발 사이의 각도를 좁게 만드는 것이다.

그림 10.2는 다양한 신체 위치에서 발목의 유연성 정도를 보여준다. 첫 번째 경우 그림의 왼쪽은 서 있는 위치로 발과 종아리가 이루는 각도가 90°다. 달리기를 시작하는 선수의 몸이 앞으로 기울어짐에 따라 뒤꿈치를 들지 않은 상태에서의 평균 최대 굽힘 각도는 60°다.

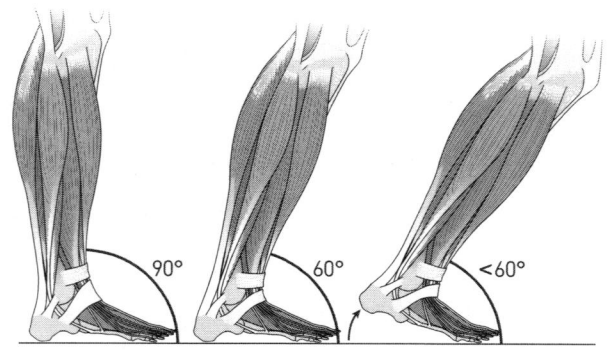

그림 10.2 세 가지 다른 자세에서의 발목 굴곡 정도: 서 있을 때는 90°; 발뒤꿈치를 들지 않은 상태에서의 최대 배측굴곡은 60°. 굴곡이 더 예리한 각도(60° 이상)로 의도될 때 부적절한 유연성으로 인해 선수는 발뒤꿈치를 들어 올려 최대 힘의 30%를 잃게 된다(Bompa, 2006).

해부학적 적응

러너가 최대 굴곡을 향해 앞으로 기울어짐에 따라 가동범위의 한계가 60°이기 때문에 뒤꿈치를 들어야 한다. 이런 일이 발생하면 장딴지근의 힘이 30% 감소한다(Bompa, 2006).

발목은 달리기 및 점프에서 매우 중요한 관절임에도 불구하고 대부분의 유연성 트레이닝 프로그램에서 무시되는 경향이 있다. 따라서 각도계를 사용하여 운동선수의 발등쪽굽힘(발가락을 종아리 쪽으로 가져옴)을 자주 테스트해야 한다.

> 장딴지근, 넙다리네갈래근, 넙다리두갈래근의 긴갈래(햄스트링), 위팔세갈래근 및 큰가슴근과 같이 ROM 또는 두 관절 사이의 범위를 제한하는 근육은 부상을 입기 쉽다. 무거운 하중으로 편심 동작 시 부상을 입을 수 있으므로 최대한 주의해야 한다.

달리기 도중 추진단계인 최대 밀어내기에서 발목은 60°보다 더 좁아지기 때문에 최대 발등쪽굽힘을 평가하는 것이 필요하다. 특히, 뒤꿈치를 지면에서 들어올리지 않고 도달할 수 있는 발등쪽굽힘이 커질수록 장딴지근에 가해지는 힘이 증가하기 때문에 추진력을 향상시키기 위해서 발목의 발등쪽굽힘을 개선하는 것이 중요하다.

그림 10.3은 종아리와 발 사이 발등쪽굽힘의 평균을 보여준다. 유연성 트레이닝을 통해 발목의 발등쪽굽힘이 개선되는 경우(IF) 추진력은 2.8~4.1kg(평균 3.4kg)까지 증가할 수 있다.

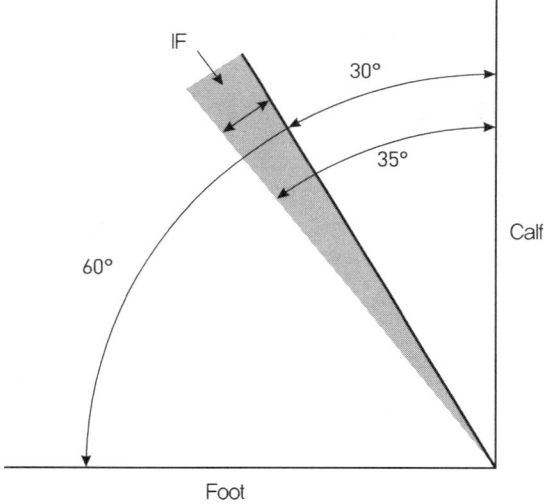

그림 10.3 발목의 유연성과 추진력의 관계. 등쪽굽힘의 모든 각도에서 추진력은 2.8~4.1kg 증가한다(Bompa, 2006). (IF = 향상된 유연성)

이러한 발견은 발목의 등쪽굽힘과 장딴지근-가자미근의 추진력 사이에 직접적인 관계가 있음을 보여준다. 따라서 지도자는 전반적인 유연성을 향상시켜야 할 뿐만 아니라 팀 스포츠와 스프린트의 경우 장딴지근과 가자미근의 추진력을 극대화하는 발목 등쪽굽힘 유연성을 다루는 트레이닝 계획을 개발하는 것이 가장 중요하다.

해부학적 적응 단계 중 근력트레이닝

스포츠에 참여하는 모든 선수는 주요 대회에서 최고의 성과를 낼 수 있도록 연간 프로그램을 따른다. 최고의 성과를 내려면 적절한 생리적 기초를 구축해야 하며, 그 중 핵심 요소는 좋은 선수를 양성하기 위한 필수적인 요소인 근력트레이닝이다.

일반적인 트레이닝은 단계적으로 수행력 향상을 보장하고, 시즌 동안 최고의 성과를 낼 수 있는 방식으로 계획되고 주기화되어야 한다. 근력트레이닝도 마찬가지다. 일반적인 운동 능력 및 기술과 마찬가지로 근력은 다양한 방법과 트레이닝 단계를 통해 개선되어 원하는 스포츠 특이적의 근력을 생성할 수 있다.

근력트레이닝은 근력의 주기화 개념을 따르고 각 스포츠의 생리적 필요와 특성을 기반으로 연간 계획 전체에 걸쳐 수행되어야 한다. 선수는 근력 트레이닝의 주기화를 적용하고 단계별 특정한 트레이닝 방법을 사용하여 근력을 스포츠 고유의 특성에 맞게 적용해야 하기 때문에 각 단계별로 다르게 실시되어야 한다.

서킷 트레이닝과 해부학적 적응 단계

근력트레이닝의 초기 단계, 특히 초급 선수의 경우 거의 모든 근력트레이닝 방법이나 프로그램은 어느 정도 근력을 향상시킨다. 코치는 선수의 타고난 능력을 최대화하기 위해 구체적이고 주기적인 근력트레이닝 프로그램을 만들어야 한다. 각 운동선수가 주어진 방법에 대해 고유한 적응 속도를 가지고 있다는 사실을 염두에 두어야 한다. 따라서 개선 속도도 다르다.

근력운동은 장기적인 전략이다. 선수들은 4~6주간의 근력트레이닝 프로그램이 아니라 해부학적 적응 단계 후 몇 개월이 지난 시합 단계에서 최고의 성과 수준에 도달한다. 해부학적 적응 단계의 목표는 근육, 특히 뼈(힘줄)의 부착물을 점진적으로 적응시켜 후속 트레이닝 단계에서 사용되는 더 무거운 하중에 더 쉽게 대처할 수 있도록 하는 것이다. 결과적으로 선수에게 큰 불편함을 주지 않으면서 전체적인 트레이닝 부하를 증가시켜야 한다.

해부학적 적응에 대해 고려할 수 있는 가장 간단한 방법은 서킷 트레이닝(순환 트레이닝)이다. 이는 주로 조직화된 구조를 제공하고, 근육 그룹을 교대로 트레이닝하기 때문이다.

서킷 트레이닝은 다음 트레이닝 단계에서 근력의 기초를 개발할 뿐만 아니라 근력과 지구력 트레이닝을 결합하여 비특이적 심폐 지구력을 개발하는 데 사용할 수 있다.

일부 저자는 같은 단계에서 유산소 지구력과 근력운동을 결합하면 최대근력과 파워의 발달을 심각하게 손상시킬 수 있다고 주장한다. 그들은 근력운동이 장거리 유산소 운동과 양립할 수 없다고 주장한다. 왜냐하면 속근섬유는 느린 연축 섬유처럼 작용하도록 적응할 수 있기 때문이다. 이러한 연구는 같은 날 최대근력 또는 근비대 트레이닝과 유산소 활동을 결합하면 속도 및 파워 스포츠의 적응이 부정적인 영향을 받는다는 이론을 과학적으로 검증한다.

> 해부학적 적응 단계에서는 신체의 모든 근육 그룹을 포함하는 운동을 선택해야 하며, 동시에 주동근을 강조해야 한다. 주의점은 다음과 같다.
> - ***코어 근육, 등, 복부***. 몸통은 다리에서 팔로, 팔에서 다리로 힘을 전달한다는 것을 기억해야 한다. 이것이 강해야 하는 이유이며, 대회 기간에 수행되는 대부분의 운동과 동작을 지원하기 위함이다. 추간 근육(몸통 폄, 회전), 요추(몸통 폄), 복부(굽힘, 회전)에 집중해야 한다.
> - ***다리(발목, 엉덩이, 무릎)***. 발가락 올리기, 엉덩이의 폄과 굽힘, 무릎의 폄과 굽힘에 집중해야 한다. 또한 발의 안쪽번짐과 가쪽번짐에도 초점을 두어야 한다. 이러한 동작을 사용하여 발을 강화하는 것은 대부분 스포츠, 특히 라켓 및 팀 스포츠에서 발의 부상 방지를 의미한다.
> - ***팔과 어깨***. 굽힘과 폄, 당기고 밀기, 벌림과 모음 등에 초점을 맞춘다. 자신의 체중, 가벼운 무게에서 중간 정도의 하중, 메디신 볼, 간단한 기구, 트레이닝 머신을 사용한다.

그러나 근력과 유산소 지구력이 똑같이 중요한 스포츠(예: 축구, 조정, 카약, 카누, 크로스컨트리 스키)를 하는 운동선수는 준비단계에서 두 가지 모두 트레이닝할 수밖에 없다. 또한, 이러한 통합 트레이닝에 대한 주장은 트레이닝이 장기간의 노력인 반면, 대부분 불과 몇 주 동안 수행된 연구에 기반을 두고 있다. 실제로 일부 연구에서는 그 반대를 제시한다. 즉, 동시에 수행되는 근력트레이닝과 지구력 트레이닝 사이에는 일정한 양립성이 존재한다는 것이다. 다음 예에서 볼 수 있듯이 이 글에서 제안하는 해부학적 적응 단계의 지구력 트레이닝 유형은 장기 및 느린 지속 시간 활동과 상당히 다르다.

서킷 트레이닝은 제2차 세계대전 참전용사들의 재활과 전반적인 체력 개발 방법으로 리즈 대학의 Morgan과 Adamson(1959)가 처음으로 제안했다. 그들의 초기 서킷 트레이닝

스포츠 트레이닝의 주기화

루틴은 한 운동에서 다른 운동으로 근육 그룹을 교대로 작동시킬 수 있게 원형으로 배열된 여러 운동으로 구성되었다. 서킷 트레이닝이 인기를 얻으면서 다른 저자들이 이를 수정 보완하기 시작했다.

체중, 메디신 볼, 가벼운 기구, 덤벨, 바벨 및 근력운동 같은 다양한 접근방식을 서킷 트레이닝 루틴에 사용할 수 있다. 서킷은 짧게(6~9개), 중간(10~12개), 또는 길게(13~15개) 관련된 운동 횟수에 따라 특정 횟수만큼 반복할 수 있다. 운동이 많을수록 서킷 반복 횟수는 줄어든다. 서킷의 수는 긴 서킷의 경우 2개 이하, 짧은 서킷의 경우 4개 이하여야 한다. 운동당 반복 횟수는 높게(예: 20부터) 시작하여 시간이 지남에 따라 감소(예: 8~10까지)해야 한다. 최소 3년의 주기화 근력 트레이닝 경험이 있는 숙련된 선수의 경우, 초반에 많은 반복횟수로 시작하여 후반부는 낮은 반복횟수(5~6회)로 적용할 수 있다.

지도자는 운동당 반복 횟수, 서킷 횟수, 부하를 결정할 때 선수의 훈련 내성(Work tolerance)과 체력 수준을 고려해야 한다. 해부학적 적응 단계 동안의 총운동량은 운동선수에게 통증이나 큰 불편함을 유발할 정도로 높아서는 안 된다. 선수 스스로 수행할 운동량을 결

해부학적 적응단계에서 체중부하 운동은 몸통근육을 강화할 수 있다.

정하는 데 도움을 주어야 한다.

　서킷 트레이닝은 해부학적 적응단계에서 근력의 기초를 다지는데 유용하며 근육 그룹을 교대로 사용하는 다른 트레이닝 방법도 유사한 효과를 얻을 수 있다.

　해부학적 적응 단계에 사용되는 트레이닝 방법은 스포츠의 생리학적 프로파일(예: 속도 또는 힘 대 지구력)과 선수의 요구에 맞게 조정되어야 한다. 또한 선택한 스포츠에서 필요한 대부분의 근육을 사용해야 한다. 해부학적 적응 단계의 전반적인 목적, 특히 신체의 핵심 영역과 주요 근육을 개발하기 위한 운동을 선택해야 한다.

　서킷 트레이닝에서 근육군을 교대로 사용하면 회복이 촉진된다. 휴식 간격은 운동 간 30~90초, 서킷 간 1~3분이다. 또한 대부분 체육관에는 많은 기구, 머신 및 근력운동 기구가 포함되어 있어서 서킷 트레이닝을 통해 다양한 루틴을 만들 수 있다. 이러한 다양성은 선수의 기술을 지속적으로 발전시키는 동시에 선수의 흥미를 유발할 수 있다.

서킷 트레이닝 방법을 위한 프로그램 설계

서킷 트레이닝은 해부학적 적응 단계의 초반 몇 주부터 사용할 수 있다. 지도자는 사용 가능한 장비에 따라 운동 배치를 생각해야 한다. 선수는 수준 및 트레이닝 배경에 따라 특정 진행 상황을 따라야 한다. 근력트레이닝에 대한 배경이 거의 또는 전혀 없는 어린 선수는 자신의 체중이나 더 낮은 부하를 사용하여 운동을 시작해야 한다(예: 메디신 볼, 작은 덤벨, 빈 바벨). 시간이 지나면 더 무거운 메디신 볼, 무게가 설정된 바벨 및 머신을 사용하여 부하를 늘릴 수 있다. 다시 말하지만, 이 단계의 운동은 특정 스포츠의 요구에 관계 없이 대부분의 근육 그룹을 포함해야 하며 주로 사용하는 근육도 목표로 삼아야 한다. 결국, 그것들은 스포츠 특정 기술의 효과적인 수행을 위한 기초이다.

　그림 10.4에 제시된 3개의 서킷은 초급 또는 주니어 선수에게 일반적인 프로그램이다. 서킷 트레이닝을 처음 접하는 젊은 선수들은 서킷을 두 단계로 나눌 수 있다. 적응이 이루어지면 운동선수는 모든 운동을 멈추지 않고 수행할 수 있을 때까지 1단계에서 2단계 끝까지 점진적으로 운동을 추가할 수 있다. 서킷 B에 표시된 대로 4명씩 2개 그룹으로 시작한다. 선수가 프로그램에 적응하면 다섯 번째 운동을 1단계로 가져오는 방식으로 진행한다. 이 접근 방식은 선수가 목표에 도달하도록 동기를 부여하고, 신체가 새로운 도전과 적응 수준에 열려 있도록 한다.

스포츠 트레이닝의 주기화

서킷 A: 체중부하	1. 스쿼트 2. 푸시업 3. 벤트-니 싯업 4. 힙 익스텐션 5. 백 익스텐션 6. 토 레이즈 7. 플랭크	
서킷 B: 체중부하 (두 개의 소형 서킷 조합)	1단계 1. 스쿼트 2. 팔굽혀펴기(넓은 스탠스) 3. 벤트-니 싯업 4. 힙 익스텐션	2단계 1. 팔굽혀펴기(좁은 스탠스) 2. 백 익스텐션 3. 토 레이즈 4. 프런트 플랭크
서킷 C: 덤벨 & 메디신 볼	1. 스쿼트 2. 플로어 프레스 3. 힙 익스텐션 4. 벤트-오버 로우 5. 토 레이즈 6. 밀리터리 프레스 7. 업라이트 로 8. 메디신 볼 전방 던지기 9. 점프 스쿼트 10. 메디신 볼 오버헤드 던지기 11. 벤트-니 싯업 12. 플랭크	

그림 10.4 서킷 트레이닝 프로그램 예시

참고: 이 장에서 제안하는 운동은 선수의 필요와 선택한 스포츠(주요 운동)의 특성에 맞게 변경될 수 있다.

    초급 운동선수는 불편함을 느끼는 지점까지 운동하여 규정된 반복 횟수의 부하를 개별화해야 한다. 반면에 불편함은 선수가 좋은 기술을 유지하고 있지만, 운동을 중단해야 하는 한계점을 나타내는 통증이다.

    표 10.1은 기간, 주당 트레이닝 세션의 빈도, 초보자와 숙련된 선수 모두를 위한 기타 매개변수를 포함하여 서킷 트레이닝 프로그램을 계획하는 방법을 보여준다. 표에서 볼 수 있는 바와 같이, 숙련된 운동선수의 트레이닝 매개변수는 초보자의 트레이닝 매개변수와 상당히 다르다. 예를 들어, 초급 운동선수는 적응 자체와 미래를 위한 좋은 기반을 만드는 데 더 많은 시간이 필요하기 때문에 긴 기간의 해부학적 적응 단계를 사용하는 것이 좋다. 반면에 이 단계를 4주 이상 연장하여 진행할 시 숙련된 운동선수에게 눈에 띄는 이득이 나타나지 않는다.

    서킷당 운동 횟수에도 유사한 차이가 적용된다. 초보 운동선수는 현실적으로 가능한 한 많은 근육 그룹을 다루어야 하기 때문에 더 많은 운동을 사용하며 서킷이 더 길다. 그러나

표 10.1 서킷 트레이닝의 트레이닝 변수

트레이닝 변수	초보 선수	트레이닝된 운동 선수
해부학적 적응 기간	6–9주 (단계적 부하 변동을 용이하게 하기 위한 3배수)	2–4주
부하(해당할 경우)	전체 단계에서 20회에서 8회로 감소	전체 단계에서 12–15회에서 8회로 감소
순환운동의 운동종목 수	9–12	6–8
회기 당 순환운동 횟수	2 또는 3	3 또는 4
순환운동의 총 시간	35–60분	40–60분
운동 간 휴식시간	30–90초	30–120초
순환 사이 휴식 시간	2–3분	1–2분
주당 빈도	2 또는 3	3 또는 4

초보 선수 (약간 불편할 정도로 세트 수행)	20회 반복횟수, 2회 순환	15회 반복횟수, 2회 순환	12회 반복횟수, 2회 순환	12회 반복횟수, 3회 순환	10회 반복횟수, 3회 순환	8회 반복횟수, 2회 순환
트레이닝된 운동선수 (불편함 까지 세트 수행)	15회 반복횟수, 2회 순환	12회 반복횟수, 3회 순환	10회 반복횟수, 2회 순환	12회 반복횟수, 3회 순환	10회 반복횟수, 3회 순환	8회 반복횟수, 2회 순환
마이크로사이클	1	2	3	4	5	6

그림 10.5 초보 선수와 훈련된 선수를 위한 서킷 트레이닝 중 부하 증가 패턴의 예시

고급 운동선수는 주로 사용하는 근육을 위한 운동, 보상, 코어 운동에 집중하기 위해 운동 횟수를 줄일 수 있으며, 이는 더 많은 횟수를 반복하는 더 짧은 서킷을 실시하게 한다.

부하와 서킷당 총 물리적 수요는 모두 점진적으로 개별적으로 증가해야 한다. 그림 10.5의 예는 부하와 증가 패턴이 초보 운동선수와 프로 운동선수 사이에 다르다는 것을 보여준다. 물론 반복 횟수가 줄어들수록 부하가 증가하고 사이클마다 부하가 변경된다. 저항에 대항하여 수행되는 운동의 경우 초보 선수에게는 더 낮은 부하가 사용되며, 고급 선수에게는 약간 더 무거운 부하(세트당 더 낮은 반복 횟수)가 사용된다.

해부학적 적응 단계 중 표준 트레이닝 프로그램

서킷 트레이닝은 해부학적 적응 단계에서 근력 트레이닝을 구성할 수 있는 유일한 방법이 아니다. 기본적으로 수평수행 근력트레이닝 프로그램도 사용할 수 있다. 수평적 접근방식에서는 프로그램에서 다음 운동으로 전환하기 전에 계획된 모든 준비운동과 운동 세트를 수행한다. 해부학적 적응 단계의 방법론적 특성이 존중되는 한(예: 많은 운동, 짧은 휴식 간격, 세트당 더 많은 횟수로 시작하여 코스 동안 더 낮은 횟수와 더 높은 부하로 진행) 해부학적 적응 단계에서 수평 접근은 서킷 트레이닝만큼 유효하며, 실제로 중급 및 상급 운동선수에게 더 적합하다.

다음 목록은 기간, 주당 트레이닝 세션 빈도, 중급 및 상급 운동선수에게 유효한 기타 매개변수를 포함하여 해부학적 적응 단계 동안 표준 트레이닝 프로그램을 계획하는 방법을 보여주고 있다.

표준 트레이닝을 위한 변수

- 기간(해부학적 적응 기간): 2~4주
- 부하: 전체 단계에서 12~20회에서 6~8회까지
- 운동 횟수: 6~8
- 세트 수: 2~4
- 총 트레이닝 시간: 40~60분
- 운동 사이의 휴식 간격: 30~120초
- 주당 빈도: 3 또는 4

그림 10.6에서 그림 10.10은 4주와 7주간의 해부학적 적응 트레이닝을 위한 다양한 스포츠의 표준 및 서킷 트레이닝을 보여주고 있다. 7주 주기화는 선수에게 더 강력한 기반을 구축할 시간을 주고, 더 길고 더 잘 적응하는 생리학적 이점을 제공한다. 이러한 프로그램은 각 선수의 수준과 능력에 맞게 조정되어야 한다.

해부학적 적응 단계가 끝나갈 무렵 도달한 부하로 선수는 그림 10.6과 같이 최대근력 단계로 즉시 전환할 수 있다. 이 접근법은 투포환 선수나 미식축구 라인맨과 같이 근육량 증가가 필요한 선수를 제외한 모든 선수에게 사용할 수 있다. 이러한 운동선수의 경우, 해부학

해부학적 적응

운동	주						
	1	2	3	4	5	6	7
1. 레그프레스	2 × 15	3 × 12	3 × 10	2 × 10	3 × 8	3 × 6	2 × 6
2. 체스트 프레스	2 × 15	3 × 12	3 × 10	2 × 10	3 × 8	3 × 6	2 × 6
3. 덤벨 스티프 레그 데드리프트	2 × 15	3 × 12	3 × 10	2 × 10	3 × 8	3 × 6	2 × 6
4. 밀리터리 프레스	2 × 15	3 × 12	3 × 10	2 × 10	3 × 8	3 × 6	2 × 6
5. 레그 컬	2 × 12	3 × 10	3 × 8	2 × 8	3 × 8	3 × 6	2 × 5
6. 업라이트 로우	2 × 15	3 × 12	3 × 10	2 × 10	3 × 8	3 × 6	2 × 6
7. 토 레이즈	2 × 15	3 × 12	3 × 10	2 × 10	3 × 8	3 × 6	2 × 6
8. 벤트-니 싯업	2 × 12	3 × 12	3 × 15	2 × 15	3 × 18	3 × 20	2 × 20
운동량 패턴	저	중	고	저	중	고	저

그림 10.6 해부학적 적응 단계를 위한 표준 근력트레이닝 프로그램의 예

적 적응 단계와 최대근력 단계 사이에 근비대 단계를 계획해야 한다. 그림 10.7은 준비 단계가 매우 짧은 선수, 특히 연간 3~4개의 주요 피크가 필요한 투기 스포츠와 라켓 선수에게 적합한 해부학적 적응 단계를 4주간 실시하는 프로그램을 보여준다. 이 해부학적 적응 단계는 매우 짧기 때문에 트레이닝의 부하가 매우 빠르게 증가하여 선수가 최대근력 단계를 준비할 수 있으며, 대부분의 다른 스포츠보다 전환 단계가 훨씬 짧기 때문에 이러한 스포츠에서 덜 우려된다. 그림 10.8은 고강도 구성요소가 포함된 팀 스포츠의 표준 근력트레이닝을 보여준다. 유산소운동은 근력운동의 시작과 끝 모두에 배치된다. 그림 10.9는 축구, 농구, 럭비, 라크로스, 수구, 하키 같은 팀 스포츠 선수들을 위한 일방적인 하체 운동 횟수가 많은 서킷 트레이닝 프로그램을 보여준다. 그림 10.10은 야구, 소프트볼, 라켓 스포츠의 표준 트레이닝을 보여준다. 최대한의 적응을 위해 체간 및 고관절 회전에 도움이 되는 특정 운동, 특히 업도미널 레인보우, 인클라인 트렁크 로테이션, 파워볼 측면 던지기를 초기 해부학적 적응 단계에 도입한다.

스포츠 트레이닝의 주기화

운동	주				휴식 시간
	1	2	3	4	
1. 줄넘기	3분	2 × 3분	4 × 2분	2 × 2분	30초
2. 하프 스쿼트	2 × 10	3 × 8	3 × 6	2 × 5	2분
3. 벤치프레스	2 × 10	3 × 8	3 × 6	2 × 5	2분
4. 백 하이퍼 익스텐션	2 × 15	3 × 12	3 × 10	2 × 8	2분
5. 프런트 랫 풀 다운	2 × 10	3 × 8	3 × 6	2 × 5	2분
6. 토 레이즈	2 × 15	3 × 12	3 × 10	2 × 8	1분
7. 크런치	2 × 15	3 × 20	3 × 30	2 × 30	1분
8. 트렁크 사이드 밴드 (양방향)	2 × 10	3 × 8	3 × 6	2 × 5	1분
9. 메디신 볼 체스트 스로(4kg)	2 × 8	3 × 8	3 × 10	2 × 8	1분
10. 저강도 플라이오 메트릭	2 × 10	3 × 10	3 × 12	2 × 12	1분
운동량 패턴	저	중	고	저	

그림 10.7 짧은 준비 단계의 스포츠를 위한 제안된 서킷 트레이닝 샘플

줄넘기는 심폐 트레이닝에 도움이 된다.

운동	주							휴식 시간
	1	2	3	4	5	6	7	
1. 심폐운동	10분	10분	2 × 5분	2 × 5분	3 × 3분	4 × 2분	2 × 2분	1분
2. 하프 스쿼트	2 × 15	3 × 12	3 × 10	2 × 10	3 × 8	3 × 6	2 × 6	2분
3. 덤벨 프레스	2 × 15	3 × 12	3 × 10	2 × 10	3 × 8	3 × 6	2 × 6	1분
4. 레그 컬	2 × 12	3 × 12	3 × 10	2 × 10	3 × 8	3 × 6	2 × 5	2분
5. 덤벨 로우	2 × 15	3 × 15	3 × 12	2 × 12	3 × 10	3 × 8	2 × 8	1분
6. 토 레이즈	2 × 15	3 × 15	3 × 12	2 × 12	3 × 10	3 × 8	2 × 8	1분
7. 크런치	2 × 20	3 × 20	3 × 25	2 × 20	3 × 25	3 × 30	2 × 25	1분
8. 메디신 볼 뒤로 던지기(4kg)	2 × 6	3 × 8	3 × 10	2 × 8	3 × 10	3 × 10	2 × 8	2분
9. 낮은 강도 플라이오 메트릭	2 × 8	3 × 10	3 × 12	2 × 10	3 × 12	3 × 12	2 × 10	1분
10. 파워볼 측면 던지기(10kg)	2 × 6	3 × 8	3 × 10	2 × 8	3 × 10	3 × 10	2 × 8	1분
11. 심폐운동	5분	7분	7분	2 × 5분	3 × 3분	3 × 3분	2 × 2분	1분
운동량 패턴	저	중	고	저	중	고	저	

그림 10.8 심폐 지구력이 중요한 요소인 팀 스포츠를 위한 제안된 서킷 트레이닝 프로그램 예시

이 프로그램 예시에서 심폐 강화 요소는 다양한 옵션(예: 달리기, 스테퍼 사용, 자전거 에르고미터 타기)을 포함할 수 있다.

해부학적 적응

운동	Reps					
	1주	2주	3주	4주	5주	6주
1. 레그 프레스	20	15	12	10	8	6
2. 덤벨 프레스 (누운자세)	20	15	12	10	8	6
3. 원 레그 힙 브리지	20	15	12	10	8	6
4. 덤벨 로우	20	15	12	10	8	6
5. 데드리프트	20	15	12	10	8	6
6. 시티드 덤벨 프레스	20	15	12	10	8	6
7. 카프레이즈	20	15	12	10	8	6
8. 덤벨 업라이트 로우	20	15	12	10	8	6
9. 벤트 니 싯업	20	15	12	10	8	6
10. 플랭크	45초	60초	75초	75초	90초	60초 + 중량
서킷 횟수	2	3	2	2	3	2
운동 간 휴식	1분					
서킷 간 휴식	2분		1분	2분		1분
운동지속	50분	65분	40분	35분	50분	30분
운동량 패턴	중	고	저	중	고	저

그림 10.9 팀 스포츠를 위한 제안된 서킷 트레이닝 프로그램 예시(일방향 운동과 덤벨 사용)

운동	주							휴식 시간
	1	2	3	4	5	6	7	
1. 런지 (사이드 및 방향별)	2 × 15	3 × 12	3 × 10	2 × 10	3 × 8	3 × 6	2 × 6	2분
2. 케이블 크로스오버	2 × 15	3 × 12	3 × 10	2 × 10	3 × 8	3 × 6	2 × 6	1-2분
3. 백 익스텐션	2 × 15	3 × 15	3 × 12	2 × 12	3 × 10	3 × 8	2 × 8	1-2분
4. 프런트 랫 풀 다운	2 × 15	3 × 12	3 × 10	2 × 10	3 × 8	3 × 6	2 × 6	2분
5. 덤벨 익스터널 로테이터	2 × 15	3 × 15	3 × 12	2 × 12	3 × 10	3 × 8	2 × 8	1분
6. 토 레이즈	2 × 15	3 × 15	3 × 12	2 × 12	3 × 10	3 × 8	2 × 8	1-2분
7. 벤트 니 싯업	2 × 20	3 × 20	3 × 25	2 × 20	3 × 25	3 × 30	2 × 25	2분
8. 업도미널 레인보우	2 × 20	3 × 20	3 × 25	2 × 20	3 × 25	3 × 30	2 × 25	1-2분
9. 파워볼 옆으로 던지기	2 × 6	3 × 8	3 × 10	2 × 8	3 × 10	3 × 10	2 × 8	1-2분
10. 낮은 강도 플라이오메트릭	2 × 8	3 × 10	3 × 12	2 × 10	3 × 12	3 × 12	2 × 10	2-3분
운동량 패턴	저	중	고	저	중	고	저	

그림 10.10 야구, 소프트볼, 라켓 스포츠를 위한 제안된 서킷 트레이닝 프로그램 예시

근비대 트레이닝

많은 사람은 신체가 크면 클수록 더 강하다고 생각하지만, 항상 그렇지는 않다. 예를 들어, 역도 선수는 신체가 더 크고 몸집이 좋은 보디빌더가 들어 올릴 수 있는 것보다 더 무거운 무게를 들어 올릴 수 있다. 이런 이유로 선수들은 자신의 종목에 적합한 제지방을 늘리고자 한다. 특히 약간의 근비대, 특히 속근섬유의 비대(근육크기 증가)는 근력을 발휘하는 데 도움이 되기 때문이다.

앞에서 언급한 차이에서 알 수 있듯이, 보디빌딩의 근비대와 스포츠 종목별 근비대는 중요한 면에서 차이가 있다. 보디빌딩의 근비대에서, 보디빌더는 일반적으로 실패지점까지 1회 반복 최대중량(1RM)의 60~80% 무게를 사용하여 8~15회 세트를 실시한다. 그러나 일부 보디빌더들은 강제 반복 및 네거티브 반복으로 반복 횟수를 줄이고 실패지점을 넘어서는 높은 중량을 사용했기 때문에 성공했다고 보는 반면, 다른 보디빌더들은 반복 횟수를 더 늘려서(보통 최대 20회까지) 실시하는 것이 좋다고 믿는다. 이러한 모든 유형의 보디빌더의

스포츠 트레이닝의 주기화

체격이 무척 크고 기록 및 우승 횟수가 비슷하다는 점을 감안하면, 프로 보디빌딩에서 중요한 것은 트레이닝만이 아니라는 것을 추론할 수 있다.

어쨌든 다른 스포츠의 선수와 코치는 보디빌딩의 목적이 최적의 경기력이 아닌 최대의 근육량과 최적의 균형미라는 것을 반드시 명심해야 한다. 그리고 미적인 균형미는 경기력이 우선인 다른 스포츠 종목과는 무관하다. 그리고, 보디빌딩 선수들이 근육량을 늘린다고 해도 근육의 기능성과 경기력은 차이가 있다.

스포츠 특이적 근비대

근비대 트레이닝은 근육크기 증가가 스포츠에서 경기력 향상에 도움이 될 선수들을 위한 것이다. 예를 들어, 미식축구의 라인맨과 투기스포츠의 포환던지기 및 원반던지기, 그리고 헤비급 선수가 포함된다(종목별 근력트레이닝 주기화의 상세한 내용은 8장 참조). 대부분의 스포츠에서 과도한 근력 트레이닝의 결과는 주동근의 속근섬유비대로 나타나기 때문에 근비대 단계는 필요하지 않다. 이렇게 하면 일반적인 근비대 프로그램보다 더 나은 근력 대 체중의 비율(상대적 근력)을 허용할 것이다.

운동선수의 경우 스포츠 종목별 트레이닝 방법을 적용하여 근육의 크기를 증대

운동선수는 보디빌딩이 아닌 스포츠 종목별 트레이닝 방법을 사용하여 근육량을 늘린다.

근비대 트레이닝

(근비대)시켜야 한다. 즉, 보디빌딩은 전반적으로 근육조직을 확대하는 데 초점을 맞추는 반면, 스포츠 종목을 위한 근비대 트레이닝은 근력을 발휘하는 신경요소를 고려하면서도 주로 특정 주동근의 크기를 늘리는데 초점을 맞춘다.

이와같은 스포츠 특이적 근비대는 보디빌딩 방법이 아닌 다른 방법으로 달성된다. 특히, 스포츠 특이적 근비대를 위한 트레이닝은 주동근의 밀도(두께)와 근육량을 증가시키는 데 무거운 부하와 높은 세트 수, 최소한의 휴식을 필요로 한다. 이런 방식의 트레이닝은 근력의 증가를 기반으로 하기 때문에 스포츠 종목에서는 긴 시간을 필요로 한다.

선수와 코치는 근비대 방법을 트레이닝 프로그램에 통합할 때 신중해야 한다. 특히, 선수의 신체적 성숙도 및 연간 트레이닝 프로그램과 관련된 시기를 고려해야 한다. 초기의 준비 시즌 동안 근비대 방법은 제지방 근육량를 최대로 늘리도록 자극하는 데 매우 효과적이다. 근육의 성장과 자극을 이끌어내고 스포츠 활동에서 복잡한 운동 사슬에 통합된 주동근을 강화하려면 스쿼트, 레그프레스, 벤치프레스, 백로우, 친업, 딥스, 코어 운동 같은 다관절 운동이 이루어져야 한다. 고립 운동은 최소한으로 유지해야 한다.

근비대 단계는 사용하는 매크로사이클의 유형(2+1 및 3+1이 계획된 횟수)과 마이크로사이클에 따라 선수의 필요 및 스포츠 또는 종목에 따라 6~8주 또는 9주 동안 지속될 수 있다. 다시 말해, 근비대 트레이닝 방법은 준비단계의 초기에 사용해야 한다. 준비단계의 총 기간 역시 중요하다. 그 이유는 준비 기간이 길수록 선수는 최대근력뿐만 아니라 근비대 트레이닝에 그만큼 더 많은 시간을 할애해야 하기 때문이다.

근비대 단계가 끝났다고 해서 근육량을 늘려야 하는 운동선수가 이 트레이닝을 중단해야 한다는 뜻은 아니다. 그림 11.1에서 라인맨의 예에서 볼 수 있듯이, 필요한 경우 근비대 트레이닝은 최대근력 단계에서도 계속하고 더욱 발전시킬 수 있다. 선수의 필요에 따라 최대근력 트레이닝과 근비대 트레이닝을 3:1, 2:1 또는 심지어 1:1의 비율로 할 수 있다. 그러나 유지 단계 동안에는 특정 운동선수들(예를 들어, 투포환 선수 및 미식축구의 라인맨)만

준비단계				시합단계
3 AA	6 Hyp.: 3 또는 4회기	6 MxS: 2 또는 3회기 Hyp.: 1 또는 2회기	5 Conv. to P: 2회기 MxS: 1회기 Hyp.: 1회기	Maint.: P, MxS, hyp.

그림 11.1 미식축구 라인맨을 위한 근비대, 최대근력 트레이닝 및 파워 트레이닝의 권장 비율

용어: AA = 해부학적 적응, conv. = 전환, hyp. = 근비대, maint. = 유지, MxS = 최대근력, P = 파워

스포츠 트레이닝의 주기화

근비대 트레이닝을 계속하고, 상반기에만 하면 된다. 가장 중요한 대회가 다가오면 파워 트레이닝과 최대근력 트레이닝을 우선시해야 한다.

스포츠-특이적 근비대 트레이닝 프로그램 설계

일단 해부학적 적응(AA) 단계가 준비되고 결합 조직(힘줄과 인대)이 강화되면, 1RM 테스트와 함께 근비대 트레이닝을 시작할 수 있다. 이 경우, 1RM 테스트는 해부학적 적응 단계의 마지막 마이크로사이클(무부하)이 끝나면서 실시해야 한다. 그런 다음, 운동선수는 60%의 부하, 즉 12회 반복을 수행할 수 있는 부하로 시작한다. 그다음에는 선수가 6회만을 반복 수행할 수 있는 수준에 도달할 때까지 각 마이크로사이클에서 부하를 증가시킨다. 근비대 단계의 트레이닝 매개변수는 표 11.1을 참조하라.

최대의 트레이닝 효과를 원한다면 세트마다 가능한 한 많은 반복 횟수를 수행해야 한다. 이것은 최대 근수축을 적용하더라도 더 이상 반복할 수 없을 정도의 피로 수준에 도달하는 것을 의미하며, 첫 번째 횟수가 근육량을 증가시키기에 충분한 자극이 되지 않기 때문에 각 세트에서 피로가 발생하지 않으면 원하는 만큼의 근비대를 달성할 수 없다. 근비대 트레이닝의 핵심 요소는 세트별 피로가 아닌 전체 세트에서 누적된 피로의 효과이다. 누적된 피로는 최적의 근비대를 위한 화학반응과 단백질 대사를 자극하게 된다.

근비대 단계 동안 여러 세트가 실패지점까지 이르기 때문에 1RM 검사를 시행하지 않을

표 11.1 근비대 단계의 트레이닝 매개변수

근비대 단계 지속 기간	6 ~ 8주
부하	1RM의 60~80%
운동 개수	6 ~ 9가지
세트별 반복 횟수	6회 이상 12회 이하
세션별 세트 수	*스플릿 또는 전신; 주동근을 위한 최대 8세트
휴식 시간	2 ~ 5분
수행 속도	느린 신장성 구간(3~5초), 신장성-단축성 구간 사이 가능한 멈춤 시간(1~5초), 빠른 단축성 구간(1초 이하)
빈도	주 2 ~ 4회

※ 하체 운동은 상체 운동과 별도의 요일에 트레이닝한다. 근비대 단계 동안에 스포츠를 위한 일반적인 스플릿 루틴은 다음과 같다.
월요일-하체; 화요일-상체; 수요일-휴식; 목요일-하체; 금요일-상체; 토요일 및 일요일-휴식.

근비대 트레이닝 방법의 변형

근비대를 발생시키는 주요 요인은 완전히 증명되지 않았지만, 연구자들은 근육 크기의 증가는 주로 근섬유에 대한 기계적 스트레스에 의해 자극된다고 점점 믿고있다.(Owino et al., 2001; Goldspink, 2005; Ahtiainen et al., 2001; Liu et al., 2008; Hameed et al., 2008; Roschel et al., 2011; Goldspink, 2012; Schoenfeld, 2012). 주로 사용된 무게 부하, 장력을 받은 총 시간, 특히 신장성 구간, 반복 횟수를 기준으로 한 총운동량으로 결정된다. 대사적 스트레스(Sjogaard, 1985; Febbraio & Pedersen, 2005; Hornberger et al., 2006)는 주로 무산소성 에너지 시스템 영역 내 운동 지속 시간(30~60초)으로 결정되며, 반복 횟수를 기준으로 한 총운동량에 의해 결정된다. 단축성 수축이 실패한 세트는 근비대의 성공에 주요 요소이기 때문에 기존 보디빌딩 방법이 여러 형태로 변형되었으며, 이들은 모두 같은 목표를 추구한다. 피로에 도달했을 때, 최선을 다해 몇 회 더 반복해야 한다. 이때 예상되는 결과는 근육의 더 큰 성장과 근비대. 모든 변형 형태(20개 이상) 중 다음이 가장 대표적이다.

- *스플릿 루틴* – 운동선수들은 근육 그룹당 2~3회의 운동을 수행한다. 그 운동은 신체 모든 부위의 근육을 다루기 때문에 전체 프로그램을 끝내려면 체육관에서 거의 2시간 동안 있어야 할 수도 있다. 비록 운동선수가 그렇게 할 만한 에너지가 있다고 하더라도 그러한 지구력에 대해 생리적으로 보이는 반응이 근비대를 극대화시키는 데 유리한 것은 아니다. 이 문제를 해결하는 방법은 총운동량을 여러 개의 부분으로 나누어 매일 신체의 한 부분을 트레이닝하는 것이며, 이를 '스플릿 루틴'이라고도 한다. 이 방법은 비록 운동선수가 주당 4회의 트레이닝을 하더라도 특정 근육 그룹은 주당 2회만 운동함을 뜻한다.
- *강제 반복* – 운동선수가 한 세트에서 단축성 실패에 도달할 때, 보조자가 한두 번 더 반복할 수 있도록 충분히 도와준다.
- *휴식-일시정지* – 운동선수는 한 세트에서 단축성 실패에 도달한 다음, 10~20초 정도 휴식을 취하고 다시 시작하여(보통 1~3회 반복 후에) 단축성 실패에 도달한다. 이 방법은 그 세트의 지속 시간과 근비대 자극을 증가시켜준다.
- *드롭 세트* – 운동선수가 한 세트에서 단축성 실패에 도달한 다음, (트레이너가 운동선수가 몇 번을 더 반복할 것으로 기대하는지 또는 추가적인 드롭 세트가 프로그래밍되었는지 여부에 따라) 재빨리 부하를 5~10% 정도 낮추고 다시 시도하여 단축성 실패에 도달할 때까지 계속하여 다시 시도한다. 이 방법 역시 그 세트의 지속 시간과 근비대 자극을 증가시킨다.

마이크로 일시정지(휴식-일시정지의 경우) 또는 작은 디로딩(드롭 세트의 경우)을 통해 그 세트의 지속 시간이 길어지기 때문에 휴식-일시정지 및 드롭 세트 방법에서 초기부하는 일반적인 보디빌딩 프로그램보다 높을 수 있다. 이러한 특성 때문에 이 두 방법은 근비대 트레이닝에 특히 유용하다. 그 이유는 근비대 트레이닝이 한 세트 동안 속근섬유가 긴장 상태로 있는 시간을 증가시키기 때문이다. 보디빌딩에 관한 서적과 잡지에서는 종종 다른 많은 방법을 언급하고 있으며, 그중 일부는 경이적인 효과가 있다고 주장한다. 코치와 선수는 사실과 허상을 구분해주는 미세한 선을 알아보도록 주의를 기울여야한다.

스포츠 트레이닝의 주기화

수 있으며, 첫 번째 주에는 12RM, 두 번째 주에는 10RM을 수행하고, 무부하와 이어지는 마이크로사이클을 지속함으로써 부하를 매주 증가시킬 수 있다(예를 들어, 8RM, 6RM, 무부하).

근육이 긴장 상태에 있는 시간을 최대화하려면 일반적으로 느린 속도에서 중간 정도의 실행 속도로 근비대 운동을 수행해야 한다(긴장 상태의 시간을 늘리는 것이 근육의 크기를 키우는 데 유리하다). 그러나 속도와 파워가 지배적인 스포츠의 운동선수, 특히 근비대 단계가 6주 이상인 경우에는 느린 단축성 "속도"로 수행하지 않기를 권장한다. 그 이유는 신경근 시스템이 느린 수행 "속도"에 적응하여 속도와 파워가 지배적인 스포츠에 중요한 속근섬유를 즉각적으로 동원하도록 자극하지 못하기 때문이다. 보디빌딩과 비교했을 때, 스포츠를 위한 근비대 트레이닝은 다른 모든 근육 그룹보다 주로 주동근에 초점을 맞추므로 포함하는 운동 수는 더 적다. 이 방법의 이점은 운동당 더 많은 세트(3~6세트, 또는 심지어 많게는 8세트)를 수행함으로써 주동근의 근비대를 더 잘 자극한다는 점이다.

마이크로사이클에 따라 세트 사이의 휴식 시간은 2~5분까지 다양할 수 있다. 운동선수가 최대 근력 단계의 트레이닝에 전환할수록 세트 사이의 휴식 간격이 길어야 한다. 예를 들어, 6~9주간 트레이닝의 근비대 단계에서, 첫 3주는 짧은 휴식 시간(세트 사이마다 60~90초)을 사용하여 최대한 근비대 증가를 자극하여 세션이 지속되는 동안 가능한 한 볼륨을 늘릴 수 있고, 마지막 3~4주에는 휴식 시간을 길게 할 수 있다.

트레이닝 한 세션이 끝나면, 선수는 운동한 근육을 스트레칭해야 한다. 많은 수축으로 인해 근육이 짧아져 있다. 그 결과 근육이 움직이는 범위가 줄어들고 수축하는 속도가 감소하여 관절의 위치와 전반적인 몸의 자세에 영향을 줄 뿐만 아니라 신경적으로 주동근을 촉진시키고 길항근이 억제되어 근육의 전반적인 수행 능력을 감소시킨다. 또한, 근육의 해부학적 길이가 정상일 때만 생화학적 교환이 활발해지기 때문에 짧아진 근육에서는 재생속도가 느리게 나타난다. 이러한 교환은 근육에 영양분을 제공하고, 대사 부산물을 제거하여 세트와 세트 사이 및 트레이닝 세션 후에 더 빨리 회복하도록 도와준다.

그림 11.2는 헤비급 레슬러를 위해 개발된 8주 프로그램의 예시를 보여준다. 아래의 프로그램은 주 3회 반복을 기준으로 한다. 그림 11.3은 신장과 몸무게 사이에 상대적으로 불균형이 큰 대학여자배구선수를 위한 6주 프로그램의 예시를 보여준다. 그림 11.4는 근육량을 늘리고자 하는 파워 및 스피드 운동선수를 위한 6주 프로그램의 예시를 보여준다. 첫 7개의 하체 운동은 1일과 4일에 실시하고, 그다음 7개의 상체 운동은 2일과 5일에 실시한다. 그림 11.5는 시간을 절약하기 위해 점프 세트 형식으로 설계된 근비대 프로그램의 예시

근비대 트레이닝

운동	주차								휴식 시간
	1	2	3	4	5	6	7	8	
데드리프트	2×12	3×12	3×10	2×10	3×8	3×6	3×5	2×5	2분 (1–4주) 3분 (5–8주)
벤치 프레스	2×12	3×12	3×10	2×10	3×8	3×6	3×5	2×5	2분 (1–4주) 3분 (5–8주)
스쿼트	2×12	3×12	3×10	2×10	3×8	3×6	3×5	2×5	2분 (1–4주) 3분 (5–8주)
풀리 로우	2×12	3×12	3×10	2×10	3×8	3×6	3×5	2×5	2분 (1–4주) 3분 (5–8주)
힙 트러스트	2×12	3×12	3×10	2×10	3×8	3×6	3×5	2×5	1분 (1–4주) 2분 (5–8주)
플로어 프레스	2×12	3×12	3×10	2×10	3×8	3×6	3×5	2×5	1분 (1–4주) 2분 (5–8주)
굿 모닝	2×12	3×12	3×10	2×10	3×8	3×6	3×5	2×5	1분 (1–4주) 2분 (5–8주)
파머스워크 (한쪽 무게; 초당)	30+30 ×2세트	40+40 ×2세트	50+50 ×2세트	30+30 ×2세트	40+40 ×2세트	50+50 ×2세트	60+60 ×2세트	40+40 ×2세트	1분
부하 패턴	저강도	중강도	고강도	저강도	저강도	중강도	고강도	저강도	

그림 11.2 헤비급 레슬링 선수를 위한 근비대 단계 샘플 트레이닝 프로그램

운동	주차						휴식 시간
	1	2	3	4	5	6	
하프 스쿼트	2×12	3×12	3×10	2×10	3×8	3×6	1분 (1–4주) 2분 (5–8주)
인클라인 덤벨 프레스	2×12	3×12	3×10	2×10	3×8	3×6	1분 (1–4주) 2분 (5–8주)
덤벨 워킹 런지	2×20	2×15	2×12	1×12	3×10	3×8	1분 (1–4주) 2분 (5–8주)
중간–회내 랫 풀 다운	2×12	3×12	3×10	2×10	3×8	3×6	1분 (1–4주) 2분 (5–8주)
백 하이퍼 익스텐션	2×12	2×12	2×10	1×10	2×8	2×6	1분 (1–4주) 2분 (5–8주)
덤벨 숄더 프레스	2×12	3×12	3×10	2×10	3×8	3×6	1분
스탠딩 카프 레이즈	2×12	2×12	3×10	2×10	2×8	2×6	1분
덤벨 트라이셉스 익스텐션	2×12	2×12	2×10	1×10	2×8	2×6	1분
덤벨 익스터널 로테이터	2×12	2×12	2×10	1×10	2×8	2×6	1분
웨이티드 크런치	2×12	2×12	2×10	1×10	2×8	2×8	1분
부하 패턴	저강도	중강도	고강도	저강도	중강도	고강도	

그림 11.3 여자 대학 배구선수를 위한 근비대 단계 샘플 트레이닝 프로그램

스포츠 트레이닝의 주기화

운동	1주 1일 4일	2주 1일 4일	3주 1일 4일	4주 1일 4일	5주 1일 4일	6주 1일 4일	휴식 시간
스쿼트(1일) 또는 데드리프트(4일)	2×8	3×8	3×6	2×6	3×5	4×5	2분 (1–4주) 3분 (5–8주)
힙 트러스트	2×12	3×12	3×10	2×10	3×8	3×6	1분 (1–4주) 2분 (5–8주)
백 하이퍼 익스텐션	2×12	3×12	3×10	2×10	3×8	3×6	1분 (1–4주) 2분 (5–8주)
레그 컬	2×8	3×8	3×6	2×6	3×5	4×5	1분 (1–4주) 2분 (5–8주)
스탠딩 카프 레이즈	2×12	3×12	3×10	2×10	3×8	3×6	1분
웨이티드 크런치	2×12	3×12	3×12	2×10	3×8	3×6	1분

운동	1주 2일 5일	2주 2일 5일	3주 2일 5일	4주 2일 5일	5주 2일 5일	6주 2일 5일	휴식 시간
벤치 프레스	2×12	3×12	3×10	2×10	3×8	3×6	2분 (1–4주) 3분 (5–8주)
중간–회내 랫 풀 다운	2×12	3×12	3×10	2×10	3×8	3×6	2분 (1–4주) 3분 (5–8주)
밀리터리 프레스	2×12	3×12	3×10	2×10	3×8	3×6	1분 (1–4주) 2분 (5–8주)
덤벨 프레스	2×8	3×8	3×6	2×6	3×5	4×5	1분
프렌치 프레스	2×12	3×12	3×10	2×10	3×8	3×6	1분
랜드 마인 (반복, 좌·우)	12+12	14+14	16+16	14+14	16+16	18+18	1분
파머스 워크 (초당, 좌·우)	30+30	40+40	50+50	40+40	50+50	60+60	1분

부하 패턴					
저강도	중강도	고강도	저강도	중강도	고강도

그림 11.4 아이스하키 선수를 위한 근비대 단계 샘플 트레이닝 프로그램

를 보여준다. 그림 11.6은 보디빌딩 강화 방법을 사용하여 근비대를 더 이끌어내는 스플릿 루틴(상체 및 하체)의 예시를 보여준다. 이러한 방법을 사용할 때, 근육과 중추신경계에 부담을 덜기 위해 세션당 세트 수를 줄여야 한다. 다음에 나오는 그림에서, 매주 반복 횟수가 줄어드는 것을 알 수 있다. 반복 횟수가 감소할 때마다 부하가 증가하여 각 세트가 실패하게 된다. 남아있는 피로 때문에 세트당 필요한 반복 횟수를 충족하기 위해 두 번째와 세 번째 세트에서는 부하를 하향 조정할 수 있다.

보디빌딩 운동, 심지어 스플릿 루틴을 사용하는 운동도 매우 힘들다. 실제로 한 번의

근비대 트레이닝

시퀀스*	운동	휴식 시간	1주	2주	3주	4주	5주	6주
A1	스쿼트	2분	3×12	4×10	2×10	3×8	4×6	2×6
A2	힙 트러스트	2분	3×12	4×10	2×10	3×8	4×6	2×6
B1	벤치 프레스	2분	3×12	4×10	2×10	3×8	4×6	2×6
B2	바벨 로우	2분	3×12	4×10	2×10	3×8	4×6	2×6
C1	세미-스티프 레그 데드리프트	1분	2×12	2×10	1×10	2×8	2×6	1×6
C2	스탠딩 카프 레이즈	1분	2×12	2×10	1×10	2×8	2×6	1×6
D1	내로 딥	1분	2×12	2×10	1×10	2×8	2×6	1×6
D2	덤벨 컬	1분	2×12	2×10	1×10	2×8	2×6	1×6
E	웨이티드 크런치	1분	2×12	2×10	1×10	2×8	2×6	1×6
			중강도	고강도	저강도	중강도	고강도	저강도

부하 패턴

그림 11.5 헤비급 레슬링 선수의 6주 근비대 단계 트레이닝을 위한 부하 패턴

참고: 모든 세트는 실패지점까지 실시되므로 세트당 필요한 반복 횟수를 충족하기 위해 두 번째 세트에서는 무게를 하향 조정할 수도 있다.

※ 점프 세트 형식: A1 운동 1세트, 휴식 시간 갖기, A2 운동 1세트, 휴식 시간 갖기 순서를 반복한다. 그러고 나서 다음 쌍(B1 및 B2)으로 넘어가서 완료될 때까지 계속한다.

트레이닝 세션에서 120~180회를 반복하여 실시하는 경우가 종종 있다. 이처럼 근육에 높은 부하가 가해지기 때문에 긴 회복 시간이 필요하다. 보디빌딩에 특유한 운동 유형 때문에 한 번의 힘든 트레이닝 세션이 끝난 후 ATP-CP와 글리코겐 비축량의 소모가 크다. ATP-CP는 매우 빠르게 회복되지만, (일단 사용되면) 간 글리코겐이 보충되는 데 40~48시간이 필요하다. 따라서 동일한 근육 그룹에 대해 완전히 탈진하는 정도의 격렬한 운동을 마이크로사이클당 2회 이상 실시해서는 안 된다.

스플릿 루틴을 사용하는 운동선수는 격일로 근육그룹을 격일로 트레이닝하기 때문에 두 트레이닝 세션 사이에 48시간이 남아서 에너지를 회복하기에 충분하다고 주장하는 사람도 있을 것이다. 국소 근육 저장고는 그러할 수 있으나, 몸은 근육 글리코겐이 고갈될 때 간에 저장된 글리코겐을 이용하기 시작한다는 것을 간과한 의견이다. 매일 간에 있는 글리코겐을 이용하면, 24시간으로는 글리코겐을 회복하는 데 부족할 수 있다. 이처럼 회복 시간이 부족하게 되면 기능적 오버트레이닝 현상(국소 신경근의 피로로 그 근육 그룹이 정상적으로 힘을 발휘하지 못하는 현상)을 초래할 수 있다. 또한, 4일 또는 5일 스플릿 루틴 또는 하루 2회 운동과 같이 보디빌더들이 사용하는 많은 루틴 및 방법은 신경계의 회복이나 스포츠 경기력에 필수적인 속근섬유를 동원하는 것 등을 감안하지 않는다.

스포츠 트레이닝의 주기화

운동	1주 1일 4일	2주 1일 4일	3주 1일 4일	4주 1일 4일	5주 1일 4일	6주 1일 4일	휴식 시간
레그 프레스	2×8	2×8+ds	2×6+ds	2×8	3×5	4×5	2분 (1–4주) 3분 (5–8주)
덤벨 워킹 런지	2×10	2×12+rp	2×14+rp	2×10	3×8	3×6	2분
세미 스티프 레그 데드리프트	2×12	3×10	3×8	2×10	3×8	3×6	1분 (1–4주) 2분 (5–8주)
레그 컬	2×8	2×8+rp	2×6+rp	2×6	3×5	4×5	2분
스탠딩 카프 레이즈	2×8	2×+ds	2×6+ds	2×10	3×8	3×6	2분
웨이티드 크런치	2×12	3×12	3×10	2×10	3×8	3×6	1분

운동	1주 2일 5일	2주 2일 5일	3주 2일 5일	4주 2일 5일	5주 2일 5일	6주 2일 5일	휴식 시간
벤치 프레스	2×8	2×+ds	2×6+ds	2×6	3×5	4×5	2분 (1–4주) 3분 (5–8주)
풀리 로우	2×8	2×8+ds	2×+ds	2×6	3×5	4×5	2분 (1–4주) 3분 (5–8주)
덤벨 숄더 프레스	2×12	3×10+ds	3×8+ds	2×10	3×8	3×6	1분 (1–4주) 2분 (5–8주)
덤벨 컬	2×8	2×8+rp	2×6+rp	2×6	3×5	4×5	1분
케이블 푸시다운	2×12	3×10+ds	3×8+ds	2×10	3×8	3×6	1분
플랭크(초)	40	50	60	40	60	70	–

부하 패턴: 저강도 / 중강도 / 고강도 / 저강도 / 중강도 / 고강도

그림 11.6 근비대를 유도하기 위해 보디빌딩 방법을 사용한 스플릿 루틴 샘플

용어: ds = 드롭 세트; rp = 휴식 중지

지속적으로 강도 높은 트레이닝을 계속하면 비축된 에너지를 고갈시킬 뿐만 아니라 수축성 단백질을 마모시켜 단백질의 동화작용(마이오신이 단백질을 생성하는 속도)을 초과하게 된다. 이러한 과부하로 해당 근육은 더 이상 커지지 않을 수 있다. 즉, 근비대의 이득이 없을 수도 있다.

이럴 경우, 코치는 과부하 원칙을 적용할 것인지를 재평가하고 트레이닝에서 점진적으로 부하를 늘리는 원칙이 제시하는 단계적 방법을 사용해야 한다. 코치는 또한 트레이닝 못지않게 중요한 원기회복에 용이한 언로딩 마이크로사이클을 더 자주 사용하는 것도 고려해야 한다. 운동은 운동선수가 회복하는 능력이 있을 때만 좋다. 운동선수는 운동량이 더 적은 스플릿 세션 - 총 12~18세트를 실시하기 위해 2개 또는 3개의 근육 그룹을 사용하여 간의

글리코겐을 덜 사용하고, 근육 분해(이화작용)가 적도록 하는 것 – 을 주당 최대 4회 실시하여 동일한 근육 그룹의 트레이닝과 트레이닝 사이에 최소한 72시간의 회복 시간을 갖도록 할 수 있다. 예를 들어, 운동선수는 월요일과 목요일을 하체 트레이닝, 화요일과 금요일을 상체 트레이닝에 할애할 수 있다.

보디빌딩 기술을 부적절하게 사용하면 대부분의 운동선수에게 장애를 줄 수 있으므로 스포츠 트레이닝에서 사용되는 경우는 드물다. 그럼에도 보디빌딩 방법은 근력 발달의 특정 단계에 있는 일부 운동선수에게는 도움이 될 수 있다. 예를 들어, 보디빌딩은 상대적으로 안전하고 적당한 정도로 무거운 부하를 이용하기 때문에 일부 초보 운동선수들이 각 세트에서 피로를 거의 느끼지 않는 정도로만 운동한다면 이 방법을 사용할 수 있다. 이 방법은 또한 권투, 레슬링, 무술 같은 스포츠에서 체급을 높이려는 운동선수에게도 도움이 될 수 있다.

최대근력

두 대의 차가 나란히 있는 것을 상상해 보라. 하나는 평범한 차이고, 다른 하나는 스포츠카이다. 어느 것이 더 빠를까? 당연히 알 것이다. 하지만 여러분은 그 이유를 알고 있는가? 바로 엔진이다! 엔진이 강할수록 차는 빠르다. 마찬가지로, 최대근력은 운동선수의 엔진이다. 운동선수의 엔진이 강할수록, 그들은 더 좋은 성과를 낼 것이다.

대부분의 스포츠 종목에서는 근력을 필요로 하며, 실질적으로 종목별 요구되는 근력을 '종목별 특수 근력'이라고 한다. 스포츠 종목에서 요구되는 근력을 만들 때, 중요한 역할(결정적인 역할이 아니라면)은 최대근력에 좌우된다. 최대근력이 수행하는 특정 역할은 스포츠마다 다르며, 이 역할은 주어진 스포츠에 대한 최대근력에 필요성에 따라 트레이닝 기간을 결정한다. 역할이 더 중요할수록(예를 들어, 육상 선수와 미식축구 선수에게 매우 중요하다) 최대근력 단계가 길어진다. 마찬가지로 최대근력이 마지막 경기력에 덜 기여하는 스포츠(예: 골프, 탁구)의 경우 트레이닝 기간이 더 짧다. 이러한 이유로 지도자는 최대근력 증가를 위해 생리학적인 기반을 두어 트레이닝 단계별 적용 방법을 알고 있어야 최종 경기력을 극대화할 수 있다. 가능한 한 최고 수준의 '종목별 특수 근력'을 향상시킬 수 있는 지식을 갖춰야 한다.

근력 트레이닝의 생리학

몇 년 전까지만 해도 근력은 주로 근육의 횡단면적(CSA)으로 결정된다고 믿었다. 이러한 이유로 웨이트트레이닝은 '엔진 크기'를 증가시켜, 즉 근비대를 유발하는데 사용되었다. 이제 우리는 그것을 다르게 본다. 근육의 횡단면적(CSA)은 개인의 근력을 가장 잘 예측하는 요소로 볼 수 있지만, 근력 증가의 주요 요소(특히 상급 운동선수)는 사실 근력 트레이닝에 대한 신경 적응 즉, 근육 간 및 근육 내 협응 개선 및 억제 메커니즘의 억제이다(근력 트레이닝에 대한 신경 적응에 대한 자세한 설명은 2장을 참조하라).

> 모든 근력 트레이닝 중에서 최대근력은 높은 수행력에 가장 큰 기여를 한다.

요컨대, 운동선수가 높은 힘을 생성하는 능력은 다음 요인에 따라 크게 달라진다.

- 근육 간 협응: 활동에 관련된 운동 사슬의 모든 근육을 동기화하는 능력
- 근육 내 협응: 가능한 한 많은 운동단위를 자발적으로 모집하고 높은 빈도로 신경 자극을 보내는 능력
- 근비대: 관련된 근육의 직경 또는 단면적

근육 간 협응(즉, 근육 그룹의 협응)을 개선하는 것은 학습(기술)에 엄격하게 의존한다. 이는 중간 부하(1RM의 40~80%)를 사용하여 동일한 운동을 여러 번 반복해야 하며, 완벽한 동작(MxS-I)으로 폭발적으로 수행한다. 근육 내 협응(속근섬유 모집 능력)은 높은 부하(1RM의 80~90%)가 폭발적으로 이동하는(MxS-II) 트레이닝 내용에 따라 달라진다. 이 두 가지 유형의 근력 운동, 즉 MxS-I 및 MxS-II는 강력하게 속근섬유의 운동단위 동원을 활성화한다.

전체 근육 질량은 근비대 단계의 기간에 따라 다르지만, 운동선수가 반드시 큰 근육과

최대근력

최대근력은 증가된 근육 내 협응 방법을 통해 선수의 특정 기술로 변환된다.

높은 체중을 발달시킬 필요는 없다. 최대근력 및 파워 트레이닝을 통해 운동선수는 관련 근육 그룹을 더 잘 협응시키고 부하를 이용하여 더 높은 속근섬유를 동원하는 방법을 배운다(1RM의 80% 이상의 부하). 결과적으로 최대근력 단계에 대해 이 장에 설명된 방법을 사용하여 운동선수는 기능적 근육량을 약간 증가시키면서 최대근력을 향상시킬 수 있다.

최대근력을 발달시키는 데 사용되는 운동은 절대근력 증가(근력+비대)를 달성하는 것이 목표인 경우를 제외하고 보디빌딩 트레이닝 방식처럼 피로 상태에서 수행해서는 안 된다. 최대근력 운동은 높은 집중력 및 동기 부여 같은 요소를 포함하여 중추신경계의 최대 활성화를 포함하기 때문에 근육 간 및 근육 내 협응을 향상시킨다.

높은 중추신경계 적응(예: 신경근 조정의 개선)은 또한 길항근 근육의 적절한 억제를 초래한다. 이러한 결과는 최대 힘이 가해지면 길항근이 수축하여 움직임에 반대하지 않도록 근육이 조정된다는 것을 의미한다.

중추신경계는 일반적으로 수축에 사용할 수 있는 모든 운동단위의 활성화를 방지한다. 이 억제기전을 제거하는 것이 MxS-II 트레이닝의 주요 목표 중 하나다. 즉, 1RM의 80%를 초과하는 부하로 실시하는 근육 내 조정 트레이닝이다. 근력 증가에 의한 중추신경계 억제기전의 감소는 특이적 경기력의 잠재력에 가장 높은 향상의 결과를 가져온다.

최대근력 단계를 위한 트레이닝 방법

최대근력(MxS) 단계 동안 여러 트레이닝 방법을 사용할 수 있다. 가장 일반적으로 사용되는 방법은 이 순서로, 적용되는 MxS-I 동안 중간정도의 무거운 부하를 사용하고 MxS-II 동안의 무거운 부하를 사용한다. 특정 상황에서 신장성 수축 방법, 등척성 수축 방법 또는 최대폭발력(Maxex) 방법은 이전의 기본 방법을 보완할 수 있다. 다음 장에서는 이러한 방법이 무엇인지, 그리고 정기적인 트레이닝 계획 내에서 이를 구현하는 방법을 찾을 수 있다.

이러한 모든 방법은 백분율 기반이므로 표시된 부하는 1RM의 백분율이다. 최대근력 단계가 시작되기 전(AA단계가 끝날 때 또는 근비대 단계)과 이를 구성하는 각 메크로사이클(macrocycle)이 끝날 때 주요 운동의 1RM을 테스트해야 한다. 1RM 테스트는 선수의 최대근력 향상을 평가하고 다음 메크로사이클(macrocycle)에 대한 트레이닝 부하를 계획하기 위한 기초역할을 하는 이중 목적을 가지고 있다.

최대하(MxS-I) 및 최대(MxS-II) 부하 방법

스포츠의 근력 주기화에서 최대하 및 최대 부하 방법은 최대근력을 발달하는 가장 효과적인 방법일 것이다. 아래와 같은 이유로 대부분의 스포츠에서 최대근력 향상이 가장 중요하다.

- 자발적 운동단위 활성화의 증가는 모든 스포츠 활동으로 전달되는 속근섬유의 높은 동원을 발생시킨다.
- 최대근력은 파워 증가의 결정 요인이다. 따라서 운동선수는 스피드와 파워가 우세한 스포츠에서 높은 신경 동원에 도달할 수 있다.
- 최대근력은 특히 단기 및 중기 근지구력 향상에 중요한 요소다.
- 무술, 복싱, 레슬링, 단거리 달리기, 육상 및 대부분의 팀 스포츠와 같이 상대적인 힘이 중요한 스포츠에서는 최대근력이 중요하다. 상대적 근력은 최대근력과 체중 사이의 비율로, 상대적 근력이 높을수록 경기력이 더 좋아진다.

최대하 및 최대 부하 방법은 근육 크기를 늘리고 더 많은 속근섬유를 동원함으로써 속도 및 파워가 우세한 스포츠에서 운동선수에게 긍정적인 영향을 미친다. 이러한 방법을 처음 사용하기 시작한 운동선수에게는 근육 크기가 크게 증가할 수 있지만, 트레이닝 경험이 더 긴 운동선수에서는 가능성이 낮다. 시간이 흐름과 동시에 트레이닝 부하가 증가함에 따라 지속적으로 적은 양의 기능적 근육량이 꾸준히 증가할 것이다. 그러나 최대근력의 가장 큰 이점은 근육 그룹의 협응과 속근섬유의 운동단위 동원증가로 인한 것이다.

최대근력 발달에 사용되는 하중(1~5회 반복에 대한 1RM의 70~95%)은 짧은 시간 세트로 이어지며, 완전한 휴식 간격과 결합하여 ATP를 완전히 복원할 수 있다. 그 결과, ATP 결핍과 구조적 단백질 고갈이 너무 낮아 근비대를 자극하는 단백질 대사를 강력하게 활성화할 수 없다. 결과적으로 충분한 휴식 간격과 함께 사용하면 이러한 하중은 최대근력을 증가시키지만 총운동량(즉, 높은 총장력 부하 시간)이 충분히 높지 않은 한 근비대는 크게 증가하지 않는다.

MxS-I 및 MxS-II은 테스토스테론 수치를 증가시켜 최대 강도를 더욱 향상시킨다. 혈중 테스토스테론 수치는 최대 부하 방법을 사용하는 세션의 빈도(하루 및 주당)에 따라 달라진다. 테스토스테론은 주당 세션 수가 적을 때 증가하고, 최대 부하 트레이닝을 하루에 두 번 수행하면 감소한다. 최대 부하를 가진 올바른 트레이닝 빈도는 테스토스테론 수치를 높이고 너무 높은 빈도는 테스토스테론 수치를 저하시킬 수 있다. 이러한 결과는 마이크로사이클(microcycle)당 고강도 트레이닝 세션의 빈도와 고강도 대주기(2+1주) 기간의 감소에 관한 이전 제안을 입증하고 정당화한다.

MxS-II는 최소 1년(2년) 후에만 사용할 수 있다. 일반 근력 트레이닝(해부학적 적응 및 최대하 방법 사용)으로 인한 근력 향상은 최대 이하의 방법을 장기간 사용하는 동안에도 예상할 수 있다. 주로 운동선수가 트레이닝에 포함된 근육을 더 잘 사용하고 협응하는 방법을 습득할 때 발생하는 운동 학습, 즉 더 나은 근육 간 협응이 발달한다.

그러나 4~5년의 최대근력 트레이닝을 받은 고도로 트레이닝된 운동선수는 이러한 트레이닝에 너무 잘 적응하여 최대근력을 더 높이는 것이 어려울 수 있다. 따라서 최대근력 발달이 필요한 경우 대체 방법을 통해 지속적인 향상이 가능하다. 다음과 같은 방법을 사용할 수 있다.

- 운동선수가 3~4년 동안 주기적인 트레이닝을 사용해왔는데 자신의 특정 수행 능력에 대한 추가적으로 긍정적인 힘의 전이를 볼 수 없는 경우, 신경근 시스템의 다양한 자극을 번갈아 사용할 수 있다. 해부학적 적응과 최대근력 트레이닝의 첫 번째 단계 이후, 선수는 3주간의 최대근력 트레이닝과 3주간의 파워 트레이닝을 번갈아 가며 해야 한다. 폭발성과 빠른 힘의 적용을 통한 파워 트레이닝은 중추신경계를 자극한다.
- 파워 스포츠의 경우 자극을 위해 다른 방법을 사용할 수 있다. 최대 3주간의 최대근력

트레이닝과 함께 3주간의 근비대 트레이닝을 번갈아 가며 사용할 수 있다. 추가적인 근비대 단계는 근육 크기가 약간 커지거나 제지방량이 증가한다. 이러한 근비대의 추가 이득은 최대근력의 추가 개선을 위한 새로운 생물학적 기반을 제공한다.

- 이 장의 뒷부분에서 설명하는 것처럼 신장성 및 단축성 수축 유형 간의 비율을 늘린다. 추가적인 신장성 트레이닝은 신장성 수축이 근육에 더 높은 긴장을 생성하기 때문에 최대근력 향상을 위해 더 높은 자극을 생성한다.

최대 부하 방법(MxS-II)을 사용한 트레이닝 성공의 중요한 요소는 다음과 같다. 부하, 완충, 휴식 간격, 운동 순서, 수축을 수행하는 속도 및 부하 패턴. 이와 관련된 내용은 다음 장에서 설명한다.

> 최대근력은 저항(물, 중력의 힘)을 극복하는 것뿐만 아니라 착지충격을 흡수하고 접촉 스포츠 같이 상대방과의 강한 접촉을 성공적으로 관리하는 데에도 마찬가지로 중요하다.

부하

최대근력은 근육에 가능한 최고의 장력을 생성해야만 발달한다. 낮은 부하는 지근섬유와 관련되지만, 대부분의 근육섬유, 특히 속근섬유가 수축에 동원되는 경우 폭발적으로 움직이는 1RM의 70% 이상의 부하가 필요하다. 실제로 동원 측면에서 80% 이상의 부하가 더 좋다. 몇 번의 반복으로 높은 부하를 사용하면 중요한 중추신경계의 적응이 이루어진다. 즉, 운동사슬에 관련된 근육에 더 나은 협응과 속근섬유를 동원하는 능력이 향상된다.

이러한 변화는 최대근력 및 폭발적인 파워 트레이닝을 '신경계 트레이닝'이라고도 하는 이유다(Schmidtbleicher 1984; Enoka 2015). 게다가 Goldberg 외(1975)와 Hessel 외(2017)가 제안했듯이 단백질 합성에 대한 자극이 근섬유에서 발생하는 긴장이라면 최대근력 트레이닝은 주로 고부하(80~95%)로 수행되어야 한다는 증거다.

스포츠 종목별 특이적 활동으로 전달되는 최대근력 향상을 생성하려면 주동근이 가장 많은 일을 해야 한다. 지도자는 선수가 견딜 수 있는 주동근의 세트 수(3~8)가 가장 많은 트레이닝 세션을 계획해야 한다. 이러한 접근방식은 주동근이 기본 운동의 수가 적을 때만 가능하기 때문에(5개 이하) 지도자는 더 많은 수의 운동을 수행하려는 유혹을 뿌리쳐야 한다. 또한 운동은 기본 또는 보조로 구분할 수 있다.

표 12.1 최대하 부하 방법에 대한 트레이닝 매개변수(MxS-I), 19세와 21세 권장

부하	70~80%(3~4주마다 1RM 테스트의 경우 최대 100%)
운동 수	2~5 기본운동 2~3 보조운동
세트당 반복 횟수	3~6 기본운동 8~12 보조운동
운동당 세트 수	3~8 기본운동* 1 또는 3 보조운동
휴식 간격	2~3분 기본운동 1~2분 보조운동
세션당 총 세트 수	16~24
주당 운동 빈도	2~4 (주로 3)

표 12.2 최대 부하 방법에 대한 트레이닝 매개변수(MxS-II), 국내 그리고 국제 수준의 선수 권장

부하	80~95%(3~4주마다 1RM 테스트의 경우 최대 100%)
운동 수	2~5 기본운동
세트당 반복 횟수	1~3 기본운동
운동당 세트 수	3~8 기본운동
휴식 간격	3~5분 기본운동
세션당 총 세트 수	16~24
주당 운동 빈도	2~4 (주로 3)

기본 운동은 근력 프로그램의 핵심이며, 부하 매개변수는 최대근력 단계의 운동이다. 보조 운동은 개인의 약점을 해결하거나 기본 운동의 근력 증가를 지원하는 운동이다. 예를 들어 내전근 근력이 부족한 운동선수를 위해 내전근 웨이트 기구를 사용하거나 선수의 벤치 프레스 근력을 증가시키기 위해 프렌치 프레스를 사용한다. 보조 운동의 특성을 감안할 때 기본 운동보다 부하가 적고 반복 횟수가 더 높다.

표 12.1은 최대하 근력 방법(MxS-I)에 대한 교육 매개변수를 제공하고, 표 12.2는 최대근력 방법(MxS-II)에 대한 교육 매개변수를 제공한다. 참고: 보조 근육 트레이닝은 주로 19세 및 21세 같은 중급 선수에게 권장된다. 고급/국제 수준의 운동선수에게 보조 운동은 생리학적 원리를 통해 트레이닝 중에 많은 보조 근육이 활성화되기 때문에 이득이 매우 제한적이다(Enoka et al., 2015). 선수들은 기본 운동을 수행할 때 자극되어 수축하면 근육의 활성화가 관절의 전체 영역으로 퍼져 보조 근육에도 영향을 준다.

높은 부하를 사용하는 경우 세트당 반복 횟수는 낮게(1~5) 유지되며, 트레이닝 세션에

스포츠 트레이닝의 주기화

표 12.3 최대근력 단계(MxS)에서 트레이닝 세션당, 운동당 반복 횟수의 가이드라인

%1RM	세트당 반복 횟수	세션당 반복 횟수와 세트 수 범위	세션당 총 반복 횟수의 범위
70–75	5–8	4×3 ~ 5×5	12–25
75–80	3–5	4×2 ~ 5×4	8–20
80–85	2–3	4×2 ~ 5×3	8–15
85–90	1 또는 2	6×1 ~ 5×2	6–10
90–95	1	3×1 ~ 6×1	3–6

MxS-I (최대하 부하 방법)						MxS-II (최대 부하 방법)		
1주	2주	3주	4주	5주	6주	7주	8주	9주
$\frac{72.5}{5}$ 4	$\frac{75}{5}$ 4	$\frac{70}{5}$ 2	$\frac{77.5}{4}$ 3	$\frac{80}{3}$ 4	$\frac{75}{4}$ 2	$\frac{85}{3}$ 3	$\frac{90}{2}$ 4	$\frac{80}{2}$ 2
부하 패턴								

(부하 패턴: 중-고-저-중-고-저-중-고-저)

그림 12.1 최대하 부하 방법에서 최대 부하 방법으로 전이되는 9주 프로그램 예시

대해 운동당 권장되는 총 반복 횟수는 6~25회다.

운동당 반복 횟수는 선수의 분류, 트레이닝 배경 및 트레이닝 단계에 따라 다르다. 필요한 생리적 및 형태적 중추신경계의 변화 자극이 목적이라면 항상 더 많은 수의 세트를 더 많은 수의 반복보다 우선시해야 한다. 트레이닝 세션당 제안된 운동당 반복 횟수는 표 12.3을 참조하라.

기본 운동 횟수는 총 반복 횟수를 더 낮게 또는 더 많이 사용할지 여부를 결정한다(표 12.3 참조). 다섯 가지 기본 운동을 수행하는 선수는 낮은 횟수를 수행해야 하며, 두 가지 기본 운동을 수행하는 선수는 더 높은 횟수를 수행해야 한다. 총 반복 횟수가 권장 횟수보다 훨씬 적으면 최대근력 효과가 급격하게 감소한다.

그림 12.1은 최대하에서 최대 부하로 통과하는 9주간 프로그램을 진행을 보여주고 있다. 반복 횟수 및 세트 수의 표기법은 다음과 같이 표현된다. 예를 들어, 그림 12.1의 1주차에서 분자(예: 72.5)는 1RM의 부하를 백분율로, 분모(예: 5)는 반복 횟수를 나타내며, 옆의 숫자(예: 4)는 세트 수를 나타낸다. 각 낮은 단계 동안 운동선수가 이전 높은 단계로부터 더 잘 회복된 주 후반기에 1RM 테스트 세션이 계획된다. 낮은 단계의 경우 부하가 항상 감소(5~10%)하고, 운동당 총 반복 횟수(50%)도 감소한다.

휴식 간격

세트 사이의 휴식 간격은 운동선수의 체력 수준에 따라 다르며, 신경근 시스템의 적절한 회복을 보장하기 위해 계산해야 한다. 최대하 부하 방법의 경우 세트 사이의 휴식 2~3분이면 중추신경계 및 ATP-CP 회복 모두에 충분하다. 최대 부하 방법의 경우 중추신경계에 큰 부담을 주어 회복 시간이 더 오래 걸리므로 3~5분의 휴식 간격이 필요하다. 휴식 간격이 짧으면 중추신경계의 참여가 최대집중력, 동기부여 및 수축근육에 전달되는 신경자극의 힘 측면에서 급격히 낮아질 수 있다(Robinson et al., 1995; Pincivero, Lephart & Karunakara, 1997; Pincivero & Campy, 2004; de Salles et al., 2010). 불충분한 휴식은 또한 수축에 필요한 연료(ATP-CP)의 완전한 회복을 지연되게 할 수 있다.

운동 순서

근육 그룹의 더 나은 교대를 보장하기 위한 운동 순서는 세트 사이의 국소 근육 회복을 촉진한다. 근육 그룹 참여를 극대화하기 위해 운동 순서를 지정하는 네 가지 접근법이 개발되었다.

- ***수직 순서(vertical sequence)***. 우리의 제안은 각 운동의 한 세트를 수행하는 것이며, 운동 목록의 맨 위에서 아래로 지정한 다음 모든 규정된 세트가 수행될 때까지 반복한다.
- ***수평 순서(horizontal sequence)***. 특히 보디빌더는 처음으로 진행하는 운동의 모든 세트를 수행한다. 다음 운동(수평 순서)을 진행하기 전에 먼저 최고의 근비대 효과를 얻기 위해 수평 순서를 사용할 수 있다.
- ***점프 세트(jump set)***. 또한 일부 보디빌더는 수직 접근과 수평 방식을 조합했다. 이 순서에서 선수는 계획된 세트 수에 도달할 때까지 길항근 운동 각 1세트를 번갈아 수행하고 다음 다른 길항근 운동으로 이동한다. 예를 들어 다음과 같다.
  - *A1*: 스쿼트
  - *A2*: 레그 컬
  - *B1*: 벤치 프레스
  - *B2*: 암 풀 다운
- ***미니 서킷(mini circuit)***. 많은 선수가 동시에 트레이닝하기 때문에 근력 세션을 효율적으로 조직해야 하는 팀스포츠에 적합하다. 이 접근법에서 운동은 상체, 하체, 코어 및 플라이오메트릭 같은 그룹으로 나누고, 한 세트의 스테이션에서 다음 스테이션으로 지나가는 운동선수 그룹을 순환시켜 서킷 방식으로 수행한다.

스포츠 트레이닝의 주기화

다른 모든 방법에 비해 수직 접근 방식은 세트 사이의 더 나은 회복, 국소 및 중앙 피로 감소, 근비대 반응 감소를 제공한다. 수직 접근 방식은 특히 최대 부하 방법(높은 부하 및 낮은 완충)을 사용하는 매크로사이클(macrocycle)에 적합하다. 예를 들어, 운동선수가 넙다리네갈래근을 목표로 스쿼트나 레그프레스와 같은 특정 관절에 대한 운동을 수행할 때 이용되는 주동근은 넙다리네갈래근이다. 그러나 생체 전기적 근육 활성화는 반막모양근, 반힘줄모양근, 넙다리두갈래근의 긴머리갈래 같은 고관절 폄근에도 전달된다. 이러한 트레이닝 효과는 넙다리네갈래근뿐만 아니라 시너지 덕분에 고관절 신전의 강도와 안정근 및 부속 근육(예: 스쿼트의 경우 척추세움근)도 향상된다. 시너지는 트레이너가 최대근력을 위한 운동을 선택할 때 고려해야 하는 필수 개념(Enoka et al., 2015)이다.

> 최대근력 세션을 계획할 때는 가능한 한 선택적이도록 노력하고, 효과적으로 더 적은 횟수의 운동을 선택해야 한다. 운동 횟수가 적을수록 세트 수가 증가하고 결과적으로 생리적 적응과 트레이닝 효과도 높아진다.

필수적인 생리학적 개념은 운동선수들이 더 많은 시간과 에너지를 효율적으로 사용할 수 있다. 최고의 선수들은 회복-재생-보상 활동에 더 많은 시간을 필요로 한다.

수축 속도

수축 속도는 최대하 및 최대 부하 트레이닝에서 중요한 역할을 한다. 운동 동작은 종종 빠르고 폭발적으로 수행되기 때문에 운동선수는 근력 운동을 수행할 때 거의 1년 내내 폭발적인 단축성 동작을 수행해야 한다(해부학적 적응 단계는 예외일 수 있음). 속도를 최대화하려면 전체 신경근 시스템이 속근섬유를 빠르게 동원하는 데 적응해야 한다. 이는 속도와 힘이 지배하는 모든 스포츠의 핵심 요소다. 따라서 최대 부하 방식의 일반적인 최대 하중에서도 선수의 저항에 대한 힘 적용은 가능한 한 빨리, 심지어 폭발적으로도 가해져야 한다.

폭발적인 힘을 얻으려면 선수는 각 세트 전에 집중력과 동기부여를 극대화해야 한다. 운동선수는 근육을 빠르게 활성화하는 데 집중해야 한다. 최대하 또는 최대 부하에 대해 수행되는 빠른 수축 속도만이 속근섬유를 빠르게 동원하여 최대 강도와 전력을 가장 많이 증가시킨다(Gonzalez-Badillo et al., 2014). 최대의 트레이닝 효과를 얻으려면 선수는 가능한 한 짧은 시간에, 그리고 리프트 초기부터 모든 근력 잠재력을 동원해야 한다.

최대근력

90% 1RM과 같은 최대 부하의 경우, 수축 속도는 느려 보이지만 부하를 극복하는 데 필요한 가장 많은 수의 속근섬유를 모집하기 위해서는 저항에 대한 집중력의 적용이 최대가 되어야 한다.

부하 패턴

신경근 시스템의 높은 수요를 고려할 때 대부분 운동선수는 주당 2~3회 이하의 최대하 및 최대 부하 트레이닝을 수행해야 한다. 엘리트 선수들, 특히 투포환 선수들과 미식축구 선수들만이 일주일에 4번 트레이닝한다. 시합기에서 빈도는 주당 한두 번의 최대 부하 세션으로 줄일 수 있으며, 종종 파워 같은 다른 근력 구성요소와 함께 수행된다.

그림 12.2는 올림픽급 단거리 선수를 위한 근력 트레이닝 프로그램의 최대근력 단계(MxS)를 보여준다. 부하 증가의 단계 방법을 나타내는 단계 부하 패턴이 차트 하단에 그래픽으로 표시된다. 단거리 선수는 일반적으로 연간 2개 주기 계획을 따르기 때문에 이 9주 프로그램은 1년에 두 번 반복된다. 1RM 테스트 세션은 각 낮은 단계에서 계획되며, 운동선수가 높은 단계의 긴장에서 잘 회복된 주 후반에 수행된다. 낮은 단계의 경우 부하가 항상 감소하고(10~20%), 세트 수도 감소한다(30~50%). 물론 테스트의 목표는 다음 3주 주기의 부하를 계산하는 데 사용할 수 있도록 새로운 100%(1RM)를 결정한다. 세트 수의 차이가 있는 이유는 기본 운동에는 높은 우선순위가 부여되고 보조 운동에는 낮은 우선순위가 부여되기 때문이다. 이런 식으로 운동선수의 에너지와 관심은 대부분 우선순위가 높은 운동에 집중된다.

운동	휴식 간격 (분)	주 1	2	3	4	5	6	7	8	9
1. 하프 스쿼트	3	$\frac{75}{3}4$	$\frac{80}{3}3$	$\frac{75}{2}3$	$\frac{85}{3}3$	$\frac{90}{3}4$	$\frac{70}{1}4$	$\frac{85}{2}3$	$\frac{90}{2}4$	$\frac{70}{1}1$
2. 벤치 프레스	3	$\frac{75}{3}4$	$\frac{80}{3}3$	$\frac{70}{1}4$	$\frac{80}{3}3$	$\frac{85}{3}3$	$\frac{70}{1}4$	$\frac{85}{2}3$	$\frac{90}{2}3$	$\frac{70}{1}4$
3. 랫 풀 다운	2	$\frac{75}{3}3$	$\frac{80}{4}3$	$\frac{80}{3}3$	$\frac{85}{3}3$	$\frac{85}{4}4$	$\frac{80}{3}3$	$\frac{85}{3-4}3$	$\frac{90}{4}$2-3	$\frac{75}{3}3$
4. 레그 컬	2	3 × 10	3 × 10	1 × 10	3 × 8	3 × 8	1 × 8	3 × 6	3 × 6	1 × 6
5. 스탠딩 카프 레이즈	2	$\frac{80}{5}$	$\frac{85}{4}4$	$\frac{80}{3}3$	$\frac{85}{4}4$	$\frac{90}{4}4$	$\frac{80}{3}3$	$\frac{90}{2}$2-3	$\frac{95}{4}4$	$1 \times \frac{80}{3}$
부하 패턴		저	중	저	중	고	저	중	고	저

그림 12.2 올림픽 단거리 선수의 최대근력 단계 예시

스포츠 트레이닝의 주기화

그림 12.3은 대학 여자 배구팀을 위한 6주간 최대근력 프로그램 예시를 보여준다. 이 프로그램에서는 치팅 동작이나 반사적인 움직임 없이 적극적으로 힘을 가했다. 휴식 시간 동안 사용된 팔다리를 흔들어 근육을 이완시켰다. 데드리프트에서는 덤벨이 사용되었으며, 이 프로그램은 일주일에 세 번 반복되었다.

그림 12.4는 월드 헤비급 복싱 챔피언에게 사용되는 플랫 로딩 패턴을 보여준다. 훈련 전략은 복싱 선수가 상대방을 공격하는데 그리 빠르지도 않고, 충분한 펀치를 날리지도 않았다는 사실을 이겨내고 단점을 보완하기 위해 설계했다.

운동	주					
	1	2	3	4	5	6
1. 하프 스쿼트	$\frac{70}{5}3$	$\frac{75}{4}3$	$\frac{80}{3}3$	$\frac{75}{2}2$	$\frac{85}{3}3$	$\frac{90}{2}3$
2. 랫 풀 다운	$\frac{70}{5}3$	$\frac{75}{4}3$	$\frac{80}{3}3$	$\frac{75}{2}2$	$\frac{85}{3}3$	$\frac{90}{2}3$
3. 루마니안 데드리프트	$\frac{70}{5}3$	$\frac{75}{4}3$	$\frac{80}{3}3$	$\frac{75}{2}2$	$\frac{85}{3}3$	$\frac{90}{2}3$
4. 인클라인 덤벨 프레스	$\frac{70}{5}3$	$\frac{75}{4}3$	$\frac{80}{3}3$	$\frac{75}{2}2$	$\frac{85}{3}3$	$\frac{90}{2}3$
5. 카프 레이즈	2 × 12	2 × 10	1 × 10	2 × 8	2 × 6	1 × 6
6. 익스터널 로테이터	2 × 15	2 × 12	1 × 12	2 × 10	2 × 8	1 × 8
7. 중량 크런치	2 × 12	2 × 10	1 × 10	2 × 8	2 × 6	1 × 6
부하 패턴	저	중	고	저	중	고

루마니안 데드리프트 운동을 실시할 때 선수들의 추간판 질환의 유무 또는 자세를 유지할 수 있는 허리펌근 주위의 근력이 충분한지 확인해야한다.

그림 12.3 대학 여자 배구팀을 위한 6주간 최대근력 단계 프로그램 예시

번호	운동	1주차	2주차	3-6주차	휴식 간격
1	하프 스쿼트 또는 친업 스쿼트	$\frac{75}{8}3$	$\frac{80}{6}4$	$\frac{85}{4}4$	4
2	벤치 프레스	$\frac{70}{8}3$	$\frac{80}{6}4$	$\frac{85}{4}4$	4
3	카프 레이즈/ 카프 프레스	$\frac{80}{7}4$	$\frac{85}{8}4$	$\frac{85}{4}4$	3

그림 12.4 플랫 로딩 패턴을 사용한 6주간 MxS 프로그램 예시

(1) 공격성을 자극하고 경기 중 지속적인 접근을 하기위해
(2) 상대를 지배하기 위한 더 많은 펀치 능력을 향상시키기 위해

복싱에서 상대방을 상대로 한 전술적 돌격은 발목에서 시작되기 때문이다[장딴지근과 넙치근 및 무릎(넙다리네갈래근)]. 이러한 근육의 힘을 개선하기 위해 최대근력(MxS) 프로그램이 설계되었다(그림 12.4 참조).

등척성 방법

등척성 트레이닝 방법은 Hettinger와 Muller(1953) 이전부터 한동안 알려지고 사용되었으며, 다시 Hettinger(1966)는 최대 근력 개발에 있어 정적 수축의 장점을 과학적으로 입증하여 정당화했다. 이 방법은 1960년대에 전성기를 맞은 후 사라졌다. 정적 수축은 전반적으로 기능적 효과가 거의 없지만, 여전히 최대근력 발달에 유용하며 격투기, 주짓수, 종합 격투기, 세일보트 레이싱, 윈드서핑 또는 반복적이거나 장기간의 등척성 수축이 필요로 하는 스포츠에서 근력 트레이닝에 사용할 수 있다. 정적 상태는 (1) 자신의 잠재력보다 더 무거운 무게를 들어 올리려는 시도와 (2) 움직이지 않는 물체에 힘을 가하는(밀거나 당겨) 두가지 기술을 통해 정적수축을 실현할 수 있다.

등척성 수축은 근육에 높은 장력을 생성하여 최대근력(MxS) 단계에서 가장 유용한 방법이지만, 필요한 경우 특정 근육 지구력에도 사용할 수 있다. 그러나 일부 애호가들이 주장하듯이 등척성 트레이닝이 다른 방법보다 최대 강도를 10~15% 증가시킬 수 있다고 하더라도 파워 발달에는 분명한 한계가 있다. 사실, 등척성 트레이닝 방법을 통해 얻은 최대근력의 증가는 힘-시간 곡선을 왼쪽으로 이동하지 않기 때문에 동적 수축에 쉽게 적용할 수 없는 단점이 있다.

등척성 힘은 주어진 저항에 대해 힘이 가해지면 근육의 긴장이 점진적으로 증가되어 약 2~3초 내에 최대에 도달하고, 마지막에는 훨씬 더 짧은 시간(1~2초)에 감소한다. 트레이닝을 통한 근력 증가 효과는 각도에 따라 다르기 때문에 각 근육 그룹은 스포츠에 특성에 맞는 각도로 트레이닝해야 한다. 예를 들어 관절가동범위가 180°이고 스포츠별 활동 중에 일반적으로 발생하는 등척성 동작이 180°와 45°인 경우, 등척성 수축은 트레이닝에서 수행해야 하는 각도이다. 즉, 운동의 신장성-단축성 운동에서 제외하거나 분리해야 한다(이 접근 방식을 '기능적 등척성'이라고 함).

등척성 방법은 부상 당한 근육을 재활하는 데도 사용할 수 있다. 관절운동이 일어나지 않기 때문에 "선수는 관절이나 뼈에 부상을 입어도 트레이닝을 계속할 수 있다"(Hartmann & Tünnemann, 1988). 이 접근법은 확실히 근육 위축의 위험을 줄일 수 있다.

앞서 언급했듯이 근력 발달은 각도에 따라 다르다. 사실, 더 정확하게 말하면, 근력이 등척성 수축이 수행되는 각도의 상하로 15°(7.5°) 범위에서 증가한다. 심장, 혈압 또는 순환 문제가 있는 운동선수는 등척성 트레이닝에 참여하지 않는 것이 좋다.

등척성 트레이닝으로 최대한의 효과를 얻으려면 선수는 스포츠 고유의 힘의 각도와 유사한 운동을 수행해야 한다. 등척성 트레이닝은 주로 다른 최대근력 방법과 함께 저항운동 상급자가 사용해야 한다. 트레이닝 매개변수는 표 12.4를 참조하라.

등척성 수축은 완전히 펴진 각도부터 완전히 구부러진 각도를 사용하여 모든 팔다리에 수행할 수 있으며, 다음 사항을 고려해야 한다.

- 등척성 트레이닝은 수축이 최대에 가까울 때(80~100 %) 가장 효과적이다.
- 스포츠 특정 각도에서 최대근력을 위한 단일 수축은 6~8초, 트레이닝 세션마다 근육당 총 30~50초가 될 수 있다.
- 트레이닝 부하는 수축 기간이 아니라 부하 또는 세트 수를 증가시켜 강화된다.
- 60~90초의 휴식 시간 동안 이완 및 호흡 운동이 권장된다. 무호흡 상태(호흡 유지)에서 정적 수축이 수행되기 때문에 호흡 운동을 수행하는 것은 보상이 필요하다. 또한 이 트레이닝은 흉부 내 압력을 증가시켜 혈액 순환과 산소 공급을 제한한다.

표 12.4 등척성 방법을 위한 트레이닝 매개변수

부하	80~100% 1RM 또는 저항에 대항하여 움직이지 않는 부하
운동 수	2~4
세션당 세트 수	6~8
세트당 수축시간	최대근력 향상 6~8초 특이적 근지구력 향상을 위해 더 긴 시간 요구
세션당 총 등척성 수축 시간	최대근력 향상 30~50초 특이적 근지구력 향상을 위해 더 긴 시간 요구
휴식 간격	60~90초
주당 빈도	2 또는 3

- 속도와 힘이 필요한 스포츠에서 더욱 효과적인 프로그램을 원한다면 정적 수축을 등장성 수축과 번갈아 가며 사용해야 한다.
- 등척성보다 효과적인 변형은 자유 중량을 포함하는 기능적 등척성 수축이다. 이 변형은 등척성 운동과 등장성 운동을 결합한다. 선수는 특정 각도로 리프트를 실행한 다음 3~6초 동안 유지한다. 전체 동작 범위를 통해 수행하는 동안 선수는 스포츠별 각도 및 지속 시간 동안 2~4회 정지할 수 있으므로 등장성 방법과 등척성 방법을 결정할 수 있다. 이 변형은 특히 반복되는 등척성 동작이 있는 스포츠에 대해 더 나은 생리학적 이점(따라서 '기능적'이라는 용어)을 제공한다.

신장성 방법

프리 웨이트 또는 대부분의 등장성 장비로 수행되는 근력 운동은 단축성 및 신장성 동작을 모두 사용한다. 단축성 단계에서는 근육이 짧아지면서 힘이 발생하고, 신장성 단계에서는 근육이 길어지면서 힘이 생성된다.

신장성 트레이닝의 생리학에 대한 실습과 과학적 연구는 신장성 단계가 항상 단축성 단계보다 더 쉬운 것처럼 보인다는 것을 증명했다. 예를 들어, 벤치 프레스를 수행할 때 바벨을 가슴(리프트의 신장성 부분)으로 되돌리는 것이 항상 단축성 자체보다 쉬워 보인다. 운동선수는 신장성 동작 중에 더 무거운 하중으로 작업할 수 있기 때문에 신장성 방법만 사용하면 힘이 확실히 더 높은 수준으로 향상된다고 논리적으로 결론을 내릴 수 있다. 연구자들은 실제로 신장성 트레이닝이 등척성 또는 등장성 수축보다 근육에 더 높은 긴장을 유발한다고 결론지었다. 결과적으로 근육의 장력이 더 높다는 것은 더 높은 근력 발달을 의미하기 때문에(Goldberg et al., 1975) 신장성 트레이닝은 논리적으로 우수한 트레이닝 방법으로 간주될 수 있다(Roig et al., 2009; Hassel et al., 2017; Franchi et al., 2017).

다른 연구자들은 최대 근력의 증가가 주로 비대 반응보다는 신경 활성화의 변화에서 비롯된 것으로 나타났다(Dudley & Fleck, 1987; Mallinson et al., 2020).

이 발견은 최대근력(MxS) 향상이 주로 근육량의 증가로 인한 것이 아니라 속근섬유 동원(근육 내 협응)의 증가, 근비대가 거의 또는 전혀 없는 근력 증가와 같은 특정 신경적응에서 비롯되어 움직임을 제어하는데 사용되는 신경 명령의 변형과 근비대가 거의 또는 전혀 없는 근력 증가를 의미한다.

스포츠 트레이닝의 주기화

　중추신경계는 단축성 수축과 다르게 신장성 수축을 명령한다. 이 과정은 주로 운동수행을 완료하는 데 필요한 근육 활성화의 양을 등급 또는 순위로 발생한다(Enoka, 1996, 2015). 특히, 근육 활성화의 양과 관련된 섬유의 수는 트레이닝 부하에 비례한다. 신장성 수축을 유도하는 신경 명령은 (1) 어떤 운동단위가 활성화되어야 하는지, (2) 얼마나 활성화되어야 하는지, (3) 언제 활성화되어야 하는지, (4) 활동이 어떻게 되어야 하는지를 결정한다는 점에서 독특하다. 또한 근육 그룹 내에 분포되어 있다(Abbruzzese et al., 1994).

　근육이 신장성 활동 중 피로에 저항하기 때문에 그러한 활동은 단축성보다 더 오래 유지될 수 있다(Tesch et al., 1978; Hody et al., 2019). 아마도 운동단위의 동원 순서가 변경되었기 때문일 수 있다. 또한, 신장성 트레이닝의 부하는 최대 단축성 수축(동심 1RM의 최대 140%)의 부하보다 훨씬 높을 수 있다.

　초과 최대 부하를 사용할 때(상급자 운동선수의 경우, 제한된 시간 동안 한두 번의 운동에만 해당), 운동선수가 바벨을 들어 올리는 데 도움이 되도록 한두 명의 보조자(운동 및 운동선수의 근력 수준에 따라 다름)가 필요하다. 신장성 트레이닝에 대한 부하가 1RM보다 높기 때문이다. 보조자는 또한 바가 내려갈 때 선수에게 바가 떨어지지 않도록 해야 한다. 이로 인해 부상을 입을 수 있다. 바가 천천히 내려가기 때문에 세심한 도움이 필요하므로 운동을 빠르게 수행할 수 없다.

　신장성 트레이닝의 처음 며칠 동안 운동선수는 근육통을 경험할 수 있다. 이것은 높은 긴장이 더 많은 근육 손상을 유발하기 때문에 예상된다. 운동선수가 적응함에 따라 근육통이 사라진다(5~7일 후). 단계적으로 부하를 증가시키면 단기적인 불편함을 피할 수 있다.

　예상대로 신장성 방법은 힘-시간 곡선을 왼쪽으로 이동한다. 근육에 높은 장력을 생성하는 무거운 하중은 강력한 속근섬유에서 운동단위를 많이 동원하기 때문에 근력을 향상시킨다. 신장성 방법은 특히 전력 질주하는 동안 넙다리두갈래근 같은 신장성 단계에서 활성화 최대치로 발생하는 근육 그룹을 강화하는 데 특히 유용하다.

　초과 최대 신장성 트레이닝 방법은 가장 무거운 하중(1RM의 110~140%)을 사용하기 때문에 최소 5년의 저항트레이닝을 받은 선수만 사용해야 한다. 신장성 트레이닝 방법은 항상 하나 또는 두 개의 근육 그룹으로 제한되어야 하며 다른 방법, 특히 최대 부하 방법과 결합해야 한다. 신장성 수축은 과도하게 사용해서는 안 된다. 운동선수가 최대 또는 강력한 최대 부하 트레이닝 순간마다 최대의 정신 집중력이 요구되며 심리적으로 무장해야 한다. 따라서 운동선수는 최대근력 트레이닝과 함께 일주일에 두 번 이하로 신장성 방법을 신중하게

넙다리뒤근을 위한 신장성 트레이닝 진행

레그컬 머신을 사용하는 높은 수준의 운동선수의 경우 코치는 넙다리뒤근의 최대근력 발달을 다음과 같이 계획할 수 있다.

- 최대하 근력방법(MxS-I) (3+1) $\frac{77.5}{5}$ 3 $\frac{80}{4}$ 4 $\frac{82.5}{3}$ 4 $\frac{80}{3}$ 2 (편심-동심)

- 최대근력방법(MxS-II) (3+1) $\frac{85}{3}$ 3 $\frac{87.5}{3}$ 4 $\frac{90}{3}$ 4 $\frac{85}{3}$ 2 (편심-동심)

- 최대근력방법(MxS-II) (2+1) $\frac{100}{3}$ 3 $\frac{110}{3}$ 4 $\frac{90}{3}$ 2 (편심 만)

표 12.5 신장성 방법을 위한 트레이닝 매개변수

부하	110~140% 1RM
세션당 운동 수	1 또는 2
세트당 반복 횟수	1~5
운동당 세트 수	2~4
휴식 간격	2~8, 근육군의 크기에 따라 달라짐
실행 속도	느리게(3~6초, 운동의 관절가동범위에 따라 달라짐)
주당 빈도	1 또는 2

운동	주		
	7	8	9
1. 스쿼트(신장성)	$\frac{110}{5}$ 3	$\frac{120}{4}$ 3	$\frac{130}{3}$ 3
2. 인클라인 벤치 프레스(신장성)	$\frac{110}{5}$ 3	$\frac{120}{4}$ 3	$\frac{130}{3}$ 3
3. 백 하이퍼 익스텐션	$\frac{80}{3}$ 3	$\frac{85}{2}$ 3	$\frac{90}{1}$ 3
4. 카프 레이즈	$\frac{80}{5}$ 3	$\frac{85}{3}$ 3	$\frac{90}{3}$ 3
5. 점프 스쿼트	$\frac{70}{5}$ 3	$\frac{70}{5}$ 3	$\frac{70}{5}$ 3

그림 12.5 세계적인 수준의 투포환 선수를 위한 9주 프로그램의 마지막 3주

사용해야 한다. 또한 가벼운 활동은 불편함을 제거하고 통증을 줄이고 더 빠른 회복을 장려한다.

신장성 방법에 대한 트레이닝 매개변수는 표 12.5에 나와 있다. 부하의 범위는 단축성 수축에 대한 최대근력 능력의 백분율로 표시되며, 110~140% 사이의 저항을 나타낸다. 모든 수준의 선수는 낮은 부하에서 능력에 따라 허용되는 최대 부하까지 발전해야 한다. 부하가 최대치이기 때문에 실행 속도가 느리다. 이러한 부하는 최소 4시즌의 최대근력 트레이닝 후에만 사용해야 한다.

휴식 시간은 운동선수들의 높은 부담의 운동을 수행할 수 있는 능력에서 중요한 요소이다. 운동선수가 세트 사이의 휴식 시간이 충분하지 못하면 같은 부하의 다음 세트를 완료하지 못한다(허용된 시간에 신장성 단계를 수행할 수 없으므로 회복 시간의 불충분함이 나타난다). 따라서 휴식 시간을 늘려야한다. 다른 중요한 요소로는 운동선수의 동기부여와 집중력이 있다. 신장성 동작에서는 무거운 부하가 포함되기 때문에 운동선수는 높은 동기를 부여받고 효과적으로 수행하기 위해 집중할 수 있어야 한다.

신장성 방법은 다른 최대근력(MxS) 방법과 분리하여 수행해서는 안된다. 최대 근력 단계에서도 최대 하중 방법과 함께 신장성 방법이 사용된다. 따라서 근육 그룹 당 일주일에 하나의 신장성 트레이닝 세션만 제안된다.

그림 12.5는 세계적 수준의 투포환 선수를 위해 개발된 9주 프로그램의 마지막 3주를 보여준다. 3주 간의 파워로 전환 단계가 있었으며, 중요한 경쟁 2주 전의 하중 감소가 있었다.

최대폭발력 트레이닝

최대 장력 운동은 폭발성이 필요한 운동과 결합할 수 있다. 최대근력 운동과 고부하 운동을 폭발성 운동과 결합하는 이 방법을 '최대폭발력 트레이닝'이라고 한다. 운동단위 힘은 중추신경계가 운동 뉴런에서 근육 섬유로 '활동전위'라는 발사 신호를 보내는 속도로 결정된다. 더 높은 비율은 더 큰 운동단위의 힘을 의미한다. 활동전위의 빈도가 증가함에 따라 강직은 불규칙한 힘의 측면에서 '융합된 강직' 또는 '고원 측면'으로 바뀐다(Enoka, 2002, Enoka, 2015). 융합된 강직의 최대 힘은 운동단위에 가할 수 있는 최대 힘을 나타낸다.

폭발적인 운동 전에 수행되는 매우 높은 부하로 최대근력 운동의 목표는 주동근의 운동단위가 최대한 활성화되어 최대한의 힘을 생성하는 기간을 만드는 것이다. 이것은 생리학적으로 최대의 힘 출력을 생성하는 유일한 방법이다. 최대폭발력 트레이닝은 최대한의 힘과 폭발성을 위한 운동을 결합하는 데 사용할 수 있다. 좀 더 구체적으로, 선수가 플라이오메트릭 같은 높은 출력률의 파워 운동을 수행하기 전에 높은 수준의 운동단위 동원 및 힘 생성을 유도할 수 있다. 팀 스포츠 종목과 육상 경기에서 단거리 스프린트, 도약, 투척, 무술, 복싱, 레슬링, 알파인 스키, 점프스키, 펜싱, 다이빙, 피겨 스케이팅, 단거리 수영종목 등에 최대근력 방법은 플라이오메트릭 방법과 결합하여 적용할 수 있다.

여기에서 제안된 다양한 트레이닝은 연중 내내 수행할 필요가 없다. 준비 단계가 끝날 때 또는 최대 근력 단계가 긴 경우 마지막 매크로사이클(macrocycle) 동안 및 유지 관리 단계 중에 계획할 수 있다. 파워는 최대근력과 상관관계가 있기 때문에 파워 트레이닝 전에 최대근력 단계가 여전히 필요하다. 최대근력 단계에서 파워 트레이닝을 통합하면 시합기를 준비하는 선수에게 속도와 폭발성이 향상된다. 그러나 최대근력과 파워를 결합하는 것은 신중하고 보수적으로 접근해야 한다. 많은 조합이 가능하지만 운동선수가 운동 또는 트레이닝 단계의 주요 운동에 집중할 수 있도록 트레이닝은 간단해야 한다. 코치가 사용하는 트레이닝 변수가 많을수록 선수를 혼동하고 선수의 신체 적응 방식을 방해할 수 있다.

최대폭발력 트레이닝의 개념은 과학에 의존한다. 특히 두 가지 생리학적 콘셉트를 조절하여 스피드와 폭발력을 증가시켜 운동수행력을 향상시킨다. 최대폭발력 루틴의 첫 번째 부분(1RM의 85~95%)은 부하에 대해 수행되며, 이는 속근섬유의 높은 동원을 자극한다. 두 번째 폭발 또는 민첩 동작은 속근섬유의 발화 속도를 증가시켜 선수가 경쟁 단계에서 모든 스피드 및 파워 스포츠에 필요한 빠르고 폭발적인 동작을 준비할 수 있도록 한다.

최대폭발력 트레이닝은 주동근에 권장된다. 이 트레이닝 방법은 정신적으로나 육체적으로 상당히 스트레스를 받을 수 있기 때문에 근력 트레이닝이 숙련된 선수만 사용해야 한다. 최대폭발력 트레이닝 기간은 선수의 경력에 따라 약 3~6주가 되어야 한다. 최대폭발력 트레이닝은 신장성-단축성 수축이 사용된 최대근력 단계를 따라야 한다. 시합 사이에 최소 48시간의 휴식을 취하는 일주일에 한두 번의 트레이닝 세션이 권장된다.

최대폭발력 트레이닝은 상체뿐만 아니라 하체에도 적용된다. 강한 팔과 어깨는 농구, 야구, 아이스하키, 축구, 라크로스, 무술, 복싱, 레슬링, 카약, 스쿼시, 유럽 핸드볼, 수구, 레슬링, 육상 경기 등 다양한 스포츠에서 필수다. 모든 옵션을 소진하지 않고 최대폭발력 트레이닝을 위해 이러한 스포츠에 적용할 수 있는 운동에는 드롭 점프, 점프 스쿼트, 드롭 푸시업, 단거리 스프린트, 허들 점프 및 메디신 볼 던지기가 포함된다.

최대근력 단계에서 선수는 최대근력 방법을 다음과 같은 변형 또는 플라이오메트릭(낮은 또는 중간 충격)과 결합할 수 있으며, 다음 방법을 고려해야 한다.

- **등척성-동적 트레이닝**. 최대 또는 최대 등척성 수축이고, 바로 뒤이어 동일한 운동 사슬에 대한 플라이오메트릭 수축이다. 등척성 수축당 4~6초씩 3~4회 1~2세트를 수행한다. 각 세트 다음에는 매우 짧은 스프린트 또는 3~5회의 플라이오메트릭 반복(반응성 점프)이 이어진다. 반복 사이에는 최소 3분, 세트 사이에는 5분 이상 휴식을 취하라.
- **복합 트레이닝**. 더 나은 예시를 위해 스쿼트 운동을 사용한다(단거리 선수, 점퍼, 투척 종목, 배구 스파이커 및 종합격투기). 1RM의 80 ~ 85% 하중을 사용하여 1~2세트를 순서대로 수행한다. (1) 느린 신장성 수축 (2) 스쿼트의 하단 부분에서 1~2초 동안 등척성 수축, (3) 최대 가속도를 가진 단축성 수축. 그 직후, 선수는 매우 짧은 스프린트 또는 3~5번의 플라이오메트릭(반응성 점프)을 수행한다. 또는 선수는 풀 스쿼트 1RM의 150%로 2세트의 동적인 반복으로 쿼터 스쿼트를 수행하고, 즉시 매우 짧은 스프린트 또는 3~5개의 플라이오메트릭(반응성 점프)을 사용한다.

이러한 모든 기술은 속도, 반응성, 폭발적인 강도, 특히 속근섬유의 배출 속도를 증가시킨다.

특정 근력으로의 전환

오늘날 대부분의 운동선수는 경기력 향상을 위해 일종의 근력트레이닝을 실시한다. 그러나 대부분의 근력 프로그램은 최대근력(MxS) 트레이닝 단계에서 근파워 혹은 근지구력 같은 특정 스포츠 또는 경기의 특화된 근력에 맞춰 변환하지 못한다. 이러한 실패는 선수들이 스피드, 민첩성 또는 장기적인 효과가 필요한 과정에서 경기력 향상을 위한 운동 잠재력을 극대화하는 것을 방해한다. 반면, 근력의 주기화는 운동선수가 주요 경기에서 최고의 수행력을 달성할 수 있도록 전환 단계에서 정확히 그러한 변화를 만들기 위해 설계되었다.

전환 단계에서 사용되는 부하의 변수는 스포츠의 특성, 특히 근력과 지배적인 에너지시스템 간의 관계를 반영해야 한다. 표 13.1은 시합의 지속시간과 노력의 강도가 에너지시스템과 그에 따라 트레이닝되어야 하는 특정 근력을 어떻게 결정하는지를 보여준다.

연간 근력 트레이닝의 목표와 방법은 스포츠(경기)의 특성과 선수의 특성, 경기 일정에 따라 달라진다. 그러나 궁극적 목표는 특정 근력의 극대화이다. 이러한 최종목표인 근력 트레이닝 주기화 관련하여 스포츠의 두 가지 주요 유형을 구별할 수 있다.

스포츠 트레이닝의 주기화

표 13.1 운동 지속시간 및 특정 강도 변환

시합 지속시간	시합 강도	주 에너지시스템	근력의 특성
〈10초	최대강도	ATP-CP	파워
10-30초	매우 높음-최대강도	무산소성 해당과정 (파워)	파워지구력
30초 ~ 2분	높음	무산소성 해당과정 (용량) 유산소성 해당과정 (파워)	단시간 근지구력
2-8분	다소 높음	유산소성 해당과정 (파워)	중시간 근지구력
〉8분	낮음에서 다소 높음	유산소성 해당과정 지방산화	장시간 근지구력

1. 파워가 경기력에 많은 영향을 미치는 모든 스포츠(때때로 '스피드-근력'이라 불리는 것과 동의어 또는 출발력과 폭발적인 힘-시간 곡선) - 가능한 빠른 힘을 가할 수 있는 능력, 점프, 던지기, 스프린트 선수, 대부분의 팀스포츠 등 파워가 경기력에 많은 영향을 미치는 모든 스포츠

2. 근지구력이 필요한 스포츠 - 즉 수영, 조정, 카약, 철인 3종경기, 크로스컨트리 스키, 중장거리 달리기. 장시간 적은 힘을 사용할 수 있는 능력

인체는 모든 환경에 적응할 수 있듯이 모든 유형의 트레이닝에 적응할 수 있다. 운동선수가 보디빌딩 방법으로 트레이닝을 받으면 근신경계가 이러한 방법에 적응한다. 예를 들어 보디빌딩 방법은 느린 수축 속도에 초점을 맞추기 때문에 근육의 크기는 증가시키지만 파워, 스피드, 민첩성 또는 순발력은 증가되지 않는다. 이러한 방식으로 트레이닝하는 운동선수는 트레이닝되지 않았기 때문에 빠르고 폭발적인 파워를 보여줄 것으로 기대해서는 안 된다.

스포츠의 특화된 파워를 발달시키려면 해당 목표를 달성할 수 있도록 근력 트레이닝 프로그램을 특별하게 설계해야 한다. 이러한 프로그램은 스포츠 또는 시합에 특성에 맞춰야 하며, 스포츠 기술의 생리학적 및 생체역학적 특성을 최대한 가깝게 시뮬레이션하는 운동을 해야 한다. 파워 트레이닝은 시합의 특이성에 맞추어 높은 수준의 근육이 사용되어 근육 간 및 근육 내 협응이 더 효율적이고 선수의 기술 수행이 더 부드럽고, 빠르고, 정확해진다.

전환 단계동안, 선수는 특이적 근력 트레이닝보다 기술 및 전술 트레이닝에 더 많은 에

너지를 사용해야 한다. 코치는 기술과 밀접한 관련이 있는 가장 적은 수의 운동으로 트레이닝을 계획해야 한다. 최대 효과를 얻으려면 효율적이어야 하며, 여러 세트에 걸쳐 2~3개의 운동이 동적으로 수행되어야한다. 시간과 에너지를 다른 데 낭비해서는 안 된다.

파워 트레이닝

파워는 높은 근력, 스피드 및 민첩성을 요구하는 모든 스포츠의 주요 요소다. 스피드와 파워가 지배적인 스포츠 즉, 필드나 트랙에서의 스프린트, 도약, 투척이 해당된다. 그리고 팀 스포츠, 라켓 스포츠, 체조, 다이빙, 무술이 해당된다. 선수의 경기력과 파워 수준은 비례한다. 파워는 빠르고, 민첩한 운동선수를 육성하는 데 필요한 주요 요소다.

사람들은 역동적인 근력과 일부 적합하지 않은 용어를 포함하여 파워를 다른 용어와 혼용한다. 근력-스피드(사실상 고부하의 파워 트레이닝)와 스피드-근력(낮은 부하의 파워 트레이닝)이라는 용어를 혼동한다. 우리가 스포츠 트레이닝에 과학을 적용하는 데 전념한다면 물리학과 생리학에서 올바른 용어를 선택해야 한다. 둘 다 '파워'라는 용어를 사용한다.

- 힘 발생 비율
- 힘과 속도의 곱(P = F × V, 또는 힘 시간 속도)
- 단위 시간당 수행된 힘의 발생량
- 근육이 힘을 발생할 수 있는 비율(Enoka, 2002)

파워향상을 목적으로 운동을 하려면, 근력, 스피드 또는 근력과 스피드의 조합의 향상된 결과이다. 운동선수는 근육량이 많고 매우 강할 수 있지만, 이미 강한 근육을 매우 짧은 시간에 수축시킬 수 없기 때문에 파워를 발휘할 수 없다. 이 결핍을 극복하기 위해 선수는 자신의 근력 발달 속도를 향상시킬 수 있는 파워 트레이닝을 받아야 한다.

폭발적인 높은 속도의 파워 트레이닝의 장점은 중추신경계(CNS)를 트레이닝시킨다는 것이다. 수행력 향상은 개별 근육이 더 큰 수행력을 달성하는 데 도움이 되는 신경 변화를 기반으로 할 수 있다(Sale, 1986; Roig et al., 2009). 이러한 효과는 특히 속근섬유의 운동단위 동원에 필요한 시간을 단축함으로써 달성된다(Häkkinen, 1986; Häkkinen & Komi, 1983; Ekoka, 2015).

파워 트레이닝 운동은 특정 중추신경계(CNS) 적응으로 이어지는 속근섬유의 발화율을 활성화하고 증가시킨다. 특히 잘 트레이닝된 운동선수의 적응은 매우 짧은 시간에 더 많은 수의 근섬유를 발현하는 형태로 나타난다. 파워 트레이닝 연구에 따르면 이러한 적응은 상당한 시간이 필요하다.

파워 트레이닝에 대한 적응은 동작을 수행하는 주동근과 길항근이 협력하는 능력으로 입증된다. 이 협응은 복잡한 운동 패턴에서 근육의 흥분성 반응과 억제성 반응 사이의 근신경계 효율성이 증가한다. 이러한 적응의 결과로 중추신경계(CNS)는 근육이 수축하고 운동을 수행하도록 신호를 보내는 신경 자극을 언제 보내지 말아야 할지를 학습한다. 실용적인 측면에서 향상된 근육 간 협응은 운동선수가 일부 근육을 수축하고 다른 근육을 이완시키는 능력(예: 길항근을 이완)을 향상시켜 주동근의 수축 속도를 향상시킨다.

장시간 근지구력으로의 전환을 제외하고 전환 단계 동안 운동은 가장 높은 수축률(즉, 증가된 발현율)에서 가장 많은 수의 운동단위를 동원하기 위해 빠르고 폭발적으로 수행되어야 한다. 특히 파워로의 전환을 위해 전체 프로그램은 단 하나의 목표를 달성하도록 조정되어야 한다. 즉, 힘-시간 곡선을 최대한 왼쪽으로 이동하여 신경근 시스템이 힘을 폭발적으로 트레이닝되도록 하는 것이다. 코치는 파워 발달의 요구 사항을 충족하는 트레이닝 방법, 즉 민첩성을 향상시키고 힘의 폭발적인 적용을 촉진하며 관련 근육의 반응성을 증가시키는 방법만 선택해야 한다.

이 장에서 설명하는 방법은 개별적으로 또는 조합하여 사용할 수 있다. 이러한 트레이닝 방법들은 조합할 때 세션당 총훈련량은 트레이닝 방법 사이에 분배되어야 한다.

파워 증가를 위한 생리학적 전략

일부 스포츠 종사자와 저자들은 파워를 높이려는 선수는 1년 내내 파워 트레이닝만 하고, 빨라지기를 원하는 운동선수는 짧은 반복 횟수와 빠른 스피드로 트레이닝하고 민첩해지기를 원하는 운동선수는 민첩성 운동을 한다는 철학을 가지고 있다. 이 트레이닝 철학은 주어진 유형의 트레이닝이 특정 적응을 초래한다는 근본적인 생리학적 원리를 극단적으로 취하지만, 특히 스피드 같은 낮은 생체 운동능력의 경우 일반적인 적응을 기반으로 특정 적응이 최대화된다는 방법론적 원리와 모순된다.

또한, 같은 유형의 트레이닝을 장기간 유지하는 운동선수는 정체기, 정체 또는 약간의 디트레이닝을 경험하여 경기력 저하를 초래한다. 이러한 결과를 방지하고 선수의 시합기 경기력을 향상시키고자 지속적인 파워 증대를 목적으로 한다면 신경근 시스템을 자극하여 속

특정 근력으로의 전환

근섬유의 자발적인 최대 동원을 생성하고 더 높은 수준의 근력을 나타내야 한다. 이러한 자극은 근력 주기화 트레이닝 방법을 적용하여 달성할 수 있다.

연구에 따르면 더 가벼운 부하를 사용하는 것은 더 무거운 부하를 사용하는 것보다 더 적은 피크파워 증가를 만들어낸다. 사실, 파워의 가장 큰 증가는 더 높은 속도의 트레이닝이 아니라 높은 근력과 높은 속도 트레이닝의 조합에서 얻어진다(Verkhoshansky, 1997; Aagaard et al., 1994; Enoka, 2002). 실제로, 근육이 발휘할 수 있는 최대 파워는 최대근력의 증가에 직접적으로 의존한다(Fitts & Widrick, 1996).

스피드도 마찬가지다. 1950년대부터 트레이너들이 알고 있듯이, 파워가 먼저 증가하지 않는 한 최대 스피드는 증가하지 않다. 이러한 발견은 근력의 주기화 이론을 검증하고 더 많은 내용을 추가하여 최대근력이 먼저 트레이닝된 다음 파워로 변환되지 않는 한 속도, 순발력 및 민첩성이 절대 증가하지 않는다는 결론을 도출할 수 있다.

이러한 현실을 염두에 두고 우리는 근력, 스피드, 민첩성 및 순발력을 극대화하기 위해 두 가지 트레이닝 단계를 제안한다(그림 13.1 참조).

첫 번째 단계에서 트레이닝의 범위는 가장 많은 수의 속근섬유를 동원하도록 CNS를 트레이닝시키는 것이다. 이 트레이닝은 일반적으로 운동선수가 폭발적으로 움직이는 1회 최대 반복(1RM)의 70% 이상의 부하를 사용하는 최대근력 단계에서 발생한다. 이러한 트레이닝 부하로 인해 신경근 시스템이 크게 자극되어 많은 수의 속근섬유가 동원된다. 디트레이닝과 근력 손실을 방지하기 위해 연간 계획의 전환 및 유지 단계에서 최대근력 트레이닝 세션도 계획해야 한다.

운동 동작 중에 가해지는 파워는 활동적인 운동단위의 수, 동작에 동원된 속근섬유의 수 및 이러한 섬유가 발현되는 속도에 따라 달라져 높은 힘 발현율을 생성한다(Enoka, 2002). 속근섬유의 방출 속도 증가는 초급 운동선수의 경우 1RM의 50% 미만을 사용하고 상급 운동선수의 경우 1RM의 50~60%를 사용하여 가벼운 부하로 트레이닝함으로써 달성된다(Buzzichelli, 2015; Enoka, 2002; Moritani, 1992; Van Cutsem, Duchateau & Hainaut, 1998). 또는 모든 유형의 가벼운 도구(예: 파워 볼, 메디신 볼)를 사용하거나 스피드, 민첩성 및 순발력을 위한 플라이오메트릭 또는 특정 기술을 수행한다. 기구가 제공

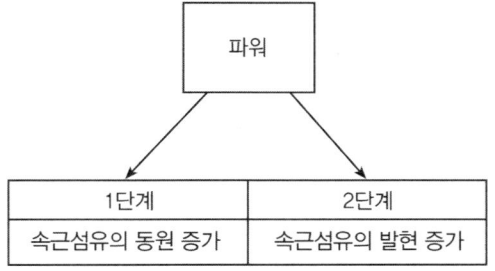

그림 13.1 파워, 스피드, 민첩성을 향상시키는 생리학적 전략

하는 저항, 중력의 당김 또는 두 가지 모두에 대해 최대 파워, 스피드 및 빠른 힘의 적용 운동은 임계값이 높은 운동단위 활성화와 높은 발화 빈도를 촉진한다. 높은 속도 운동은 속근 섬유의 더 높은 발화율이 요구되는 두 번째 단계에서 필요하다.

스포츠를 위한 근력 트레이닝의 주요 범위는 지속적으로 최대 근력을 높여 1RM의 50%가 항상 높아지도록 증가하는 것이다. 이러한 이득은 차례로 최대 경기력을 높이는 최대 이점을 만들어낸다.

파워 향상에서 무거운 부하 vs. 가벼운 부하

트레이너와 운동선수는 종종 경기 능력 향상을 위해 무거운 부하 또는 가벼운 부하를 사용하는 것의 장점을 두고 논쟁한다. 사실은 둘 다 파워 향상에 기여하지만, 트레이닝 효과가 다른 점이 있다는 것이다. 모든 트레이닝 방법이 트레이닝의 다양한 단계로 이루어진 것이 주기화의 특징이다.

벤치프레스 시 가슴에서 바벨을 밀어 올리는 단축성(짧아지는) 운동을 수행할 때의 속도는 선수가 사용하는 부하에 따라 다르다. 부하가 증가할 수록 근육의 단축 활동의 속도가 감소한다. 그러나 신장성 또는 근육이 늘어나는 운동의 경우 반대다. 신장성 수축을 수행할 때 움직임이 빨라지면 힘 생성이 더 커진다. 이러한 이유는 플라이오메트릭 운동에서 파워 수행의 긍정적인 전이를 설명한다. 근육의 고유한 탄성 특성은 저장된 탄성 에너지의 흡수 및 재사용을 활용하며, 근육이 최대한 빨리 늘어날 때 최적화된다. 따라서 속도의 전체 스펙트럼에 대한 힘 생성을 향상시키고 힘의 발달 속도를 높이기 위해서는 무거운 부하와 가벼운 부하 모두 트레이닝에 필요하다.

중간 속도의 근력 훈련(MxS 단계의 특징)은 운동 단위 동원과 운동 단위의 발화 속도로 인해 근육 내 협응을 향상시킨다. 본질적으로 높은 저항을 이용한 중간 속도 트레이닝은 주로 근력 향상으로 이어진다. 반면에, 높은 속도 트레이닝(파워 트레이닝의 특징)은 더 높은 속도에서 가벼운 저항으로 트레이닝하는 것을 포함한다. 이러한 유형의 트레이닝은 힘의 발달 속도를 증가시키며, 여기에는 분명히 속도 요소가 포함된다. 예를 들어 한 연구에서는 움직임 속도 자체가 아니라 탄성적 수축을 생성하려는 의도가 높은 속도 트레이닝 효과를 포함한다고 결론지었다(Behm & Sale, 1993).

그러나 무거운 부하는 종목별 속도보다 훨씬 느린 각속도를 유발하기 때문에 최대근력 트레이닝에서 스포츠 특유의 속도로의 전환은 폭발적인 움직임이 필요한 스포츠에서는 최대 근력 트레이닝이 매우 중요하다. 예를 들어, 스쿼트에 많은 시간을 할애하는 멀리뛰기 선수는 높은 수준의 근력을 갖게 되지만, 그 근력은 모든 주동근의 사용을 촉진하는 점프 특유의 동작으로 자동으로 전환되지 않는다. 이와 같은 것은 최대폭발력(Maxex)트레이닝 플라이오메트릭, 종목 별 트레이닝을 수행해야 가능하다.

무거운 하중과 가벼운 하중에 대한 강조 정도는 궁극적으로 스포츠 유형에 따라 다르다. 근력 프로그램의 주기화는 최대근력 단계(고부하 사용)에 이어 전환 단계(저부하 사용)로 특징 지어진다. 가장 효과적인 접근방식은 주기화 모델에 제시된 것처럼 두 가지를 조합하는 것이다. 한 연구에서는 세 그룹의 트레이닝을 비교했다. 집단 1은 무거운 스쿼트 트레이닝을 수행하고, 집단 2는 가벼운 부하로 플라이오메트릭 트레이닝, 집단 3은 스쿼트와 플라이오메트릭 트레이닝을 결합했다. 근력의 가장 큰 증가는 집단 3에서 나타났으며, 고부하 트레이닝과 폭발적인 움직임을 결합하여 최적의 트레이닝이라고 하였다(Adams, Worlay, & Throgmartin, 1987).

1970년대에 Verkhoshansky가 수행한 훨씬 더 흥미로운 연구에서도 세 그룹을 비교했다. 집단 1은 고부하 스쿼트 트레이닝의 매크로사이클(macrocycle)를 수행한 후 플라이오메트릭 매크로사이클(macrocycle)를 수행했다. 집단 2는 플라이오메트릭의 매크로사이클(macrocycle)를 시행하고 고부하 스쿼트 트레이닝의 매크로사이클(macrocycle)를 수행했으며, 집단 3은 두 개의 매크로사이클(macrocycle)를 대해 스쿼트와 플라이오메트릭을 결합했다(즉, 복합적 트레이닝 실시). 세 번째 방법(복합적 트레이닝)은 가장 빠른 개선을 제공했지만, 첫 번째 순차적인 방법은 두 매크로사이클의 끝에서 가장 높은 향상을 가져왔다(Verkhoshansky, 1997). 이것은 근력의 주기화에서 사용하는 것과 동일한 접근방식이다.

민첩성 트레이닝

민첩성 트레이닝은 스포츠 트레이닝에서 가장 혼동하는 요소 중 하나다. 민첩성은 신속하게 방향을 바꾸고 가속 및 감속하고 움직임 패턴을 빠르게 변화시키는 능력을 나타낸다. 민첩성의 내재적 요소에는 고유수용감각(신체의 위치에 관해 중추신경계에 정보를 주는 센서), 예측, 반응시간, 반응강도, 의사결정 능력, 동적 유연성, 효과적인 리듬 및 움직임 타이밍이 포함된다. 민첩성 트레이닝을 효율적으로 수행하는 또 다른 요소는 학습으로, 향상된 근육간 협응도 부상 예방에 중요한 역할을 한다(Wojtys et al., 2001).

체력 요소로서의 민첩성은 독립적으로 존재하지 않는다. 민첩성은 상대적인 근력과 파

스포츠 트레이닝의 주기화

워 등 다른 체력요소에 의존한다. 높은 수준의 상대적인 근력과 파워가 없다면 누구도 민첩하거나 빠르지 않을 것이다. 선수의 최대근력이 체중에 비해 높을수록(즉, 상대 근력이 높을수록) 선수가 자신의 체중을 감속 및 가속하기가 더 쉽다. 마찬가지로 선수의 파워 레벨이 높을수록 더 빨리 할 수 있다. 따라서 민첩성은 움직임의 힘을 사용하여 빠르게 가속하는 능력이다. 정지와 이동 동작에서와 같이 편심력을 사용하여 감속한다. 많은 스포츠, 특히 팀 스포츠와 라켓 스포츠에서 중요한 방향을 바꾸거나 컷을 수행하는 능력이다.

일부 트레이너는 민첩성이 스피드에서 발달한다고 잘못 제안한다. 최대 속도 자체가 지면에 가해지는 힘에 직접적으로 의존하기 때문에 이것은 명백한 오해다. 결과적으로, 민첩성은 일관된 활성화와 속근섬유의 증가된 모집 없이 예상대로 향상되지 않는다. 그래서 근력 트레이닝이 필요한 것이다. 민첩성 트레이닝을 반복적으로 수행하는 운동선수는 궁극적으로 민첩성이 결정적인 요소인 모든 기술의 수행력에서 정체기에 도달한다. 이러한 이유로 민첩성의 주기화는 그림 13.1에서 앞서 제안한 생리학적 전략을 기반으로 한다.

민첩성 트레이닝의 효율성을 극대화하려면 다음 지침을 고려하라.

- ***충격은 민첩성 트레이닝에서 필수다***(I부에서 논의됨). 장딴지근, 가자미근, 앞정강근, 넙다리네갈래근이 강할수록 스트레칭-단축 주기(stretch-shortening cycle: SSC)의 충격이 더 짧아진다.
- ***지면에 가해지는 힘이 높을수록 지면 반발력이 높아지며***(그러나 반대 방향으로), 선수는 더 빨리 움직일 수 있는 이점이 있다.
- ***발목 유연성을 높여 추진력을 극대화한다***. 예각은 아킬레스건에서 증가된 힘과 탄성 에너지 전환을 만들어낸다.
- ***강도***. 새로운 트레이닝을 배우는 것을 제외하고 대부분의 민첩성 트레이닝은 신경 반응과 반응성에 직접적으로 의존하는 신경근육계에 부담을 주는 고강도 트레이닝(신경근육 트레이닝)으로 수행된다.
- ***운동시간***. 대부분의 민첩성 트레이닝은 지속시간이 짧아서 인원질 시스템에 부담을 준다(5~8초). 또한 해당(젖산) 에너지시스템이 중요한 에너지 공급원인 스포츠의 경우 민첩성 트레이닝을 20~60초까지 연장할 수 있다. 그러나 강도와 수행에 대한 피로의 해로운 영향을 피하기 위해 짧은 트레이닝의 경우 1~2분의 휴식 간격이 권장되고, 유산소성 트레이닝의 경우 최대 5분의 휴식 간격이 권장된다.
- ***트레이닝에서 민첩성 트레이닝의 순서***. 민첩성 트레이닝은 강도가 높기 때문에 준비

운동 직후 중추신경계가 안정되어 있을 때 실시해야 한다. 최상의 상태로 휴식을 취하며 다양한 자극에 빠르게 반응할 수 있다.

- ***피로 감지***. 피로는 속근섬유의 신경 반응성과 근신장 반사의 효과에 영향을 미치기 때문에 피로는 기술의 저하로 나타난다. 선수들이 엉성한 것처럼 보이고 지면에 발이 닿는 소리가 시끄럽고 더 오래 지속된다(뒤꿈치가 지면에 닿기 때문에). 이러한 기술적 장애가 보이면 코치는 트레이닝을 중단하고 더 긴 휴식 시간을 허용해야 한다.

- ***첫단계의 기술***. 첫단계의 트레이닝은 선수의 민첩성에 영향을 미친다. 이것이 운동선수가 반대쪽 팔을 얼마나 빨리 움직이는지에 집중해야 하는 이유다. 예를 들어, 선수가 왼쪽 다리로 전진 또는 크로스오버를 시작하면 해당 단계의 신속성은 선수가 오른쪽 팔을 얼마나 빨리 움직이는지에 달려 있다. 달리기와 민첩성 트레이닝 모두에서 팔과 다리는 동기화와 협응을 완벽하게 번갈아 가며 움직여야 한다. 팔-다리 상호작용적인 움직임은 (1) 팔 동작, (2) 다리 반작용(팔 동작에 반응하기 때문에 반작용)의 순서로 수행된다. 그러나 팔 동작과 다리 반응 사이의 간격은 최소 몇 1,000/1초여야 한다.

- ***발 접촉을 관찰하라***. 신장 반사의 효과를 최대화하려면 발 접촉이 항상 발바닥에서 발생해야 한다. 탄력 있고 스프링처럼 지면에 발의 접촉 시간이 짧은 것을 '가벼운 발'이라고 한다. 대조적으로, 발바닥의 단단한 착지는 무거운 발을 구성한다. 지면에서 접촉 단계가 길어지면 움직임이 느려진다. 그렇기 때문에 운동선수는 가벼운 발을 강조하고, 탄력을 최대화하고, 접촉 단계의 지속시간을 최소화하면서 민첩성 운동을 신속하게 수행해야 한다.

- ***발소리를 듣는다***. 그것은 선수와 코치에게 민첩성 트레이닝의 질에 관한 중요한 피드백을 제공한다. 시끄러운 박수 소리는 빠르고 민첩한 움직임의 증거가 아니라 발의 볼이 아닌 발바닥에 착지가 있음을 나타낸다. 지면과의 접촉이 작을수록 더 유연하고 탄력적인 움직임이 수행되어 향상된 수준의 파워를 제공한다. 그러나 시끄러운 착륙은 신경근 피로의 징후일 수도 있다.

- ***스텝의 높이를 관찰하라***. 민첩한 움직임, 방향 전환과 가속을 위해 선수의 스텝은 항상 가능한 한 낮아야 발이 빠르게 지면으로 돌아가서 또 다른 밀어낼 준비할 수 있다. 동작의 순발력을 향상시키기 위해 선수는 (1) 발끝이 발목 높이보다 낮은 상태로 발을 회복하려고 노력해야 하며(올라가는 움직임은 민첩성을 상실함을 나타냄), (2) 민첩성 스텝의 두 지점 밀어내기(push-off)와 착지단계 사이를 가능한 한 빨리 움직이도록

- 노력해야한다. 민첩성과 순발력의 동적 요소는 밀어내기(push-off)다. 지면을 밀치는 빈도가 높을수록 선수는 더 빠르고 민첩하다.
- **_신체 역학을 검사한다_**. 민첩성 트레이닝 동안 선수는 올바른 자세를 유지해야 한다. 자세: 발은 어깨너비로 벌리고 발은 앞으로 향하게 하고, 체중은 양쪽 다리에 균등하게 분배한다. 무게중심(CG)의 수직 투영은 지지 기저부 안쪽, 발 사이여야 한다. 스포츠에 적합한 민첩성 트레이닝을 원한다면 CG의 수직 투영이 기저부의 바깥쪽에 있는 균형이 맞지 않는 자세에서 수행해야한다.

민첩성과 파워 트레이닝의 주기화

그림 13.2와 같이 민첩성에 대한 주기화 모델이 민첩성의 가장 큰 향상을 가져왔다(Bompa, 2005). 표 상단에는 연간 계획의 전통적인 트레이닝과 근력 주기의 특정 단계가 나열되어 있으며, 다른 장에서 설명한다. 근력과 일반 컨디셔닝의 기초를 구축하는 데 초점을 맞춘 AA 단계에서는 신경근 시스템이 속근섬유를 동원하도록 아직 트레이닝되지 않았기 때문에 민첩성 트레이닝을 반복해도 눈에 띄게 향상은 없을 것이다.

트레이닝 주기	준비		경쟁		전이
근력의 주기화	해부학적 적응단계(AA)	최대근력	파워로의 전환	최대근력, 파워 유지	보상트레이닝
민첩성의 주기화	없음	학습 단계 • 민첩성 기술 반복 트레이닝 • 새로운 민첩성 트레이닝	민첩성 반복 트레이닝 속도 증가	민첩성 기술의 속도 증가	없음 (이 단계의 트레이닝 범위에 포함되지 않음)
민첩성 효과	낮음	좋음 혹은 높음	최대		낮음

그림 13.2 민첩성의 주기화

그러나 최대근력(MxS) 단계에서는 속근섬유의 동원이 트레이닝의 범위가 되므로 알려진 트레이닝을 반복하고 새로운 트레이닝을 배우는 형태로 민첩성 트레이닝을 시작할 수 있다. 신경근 시스템이 더 많은 운동단위, 특히 더 많은 수의 속근섬유를 동원하는 능력을 개선함에 따라, 특히 최대근력 단계가 끝날 무렵 운동선수는 민첩성 트레이닝을 수행하는 속도 또는 신속성이 향상된다. 이 능력은 전환 단계의 끝과 시합기에서 민첩성 트레이닝의 속도를 높이고 더 가벼운 기구나 중력에 대항하여 힘을 가하면 속근섬유의 발화 속도가 증가할 때 최대화된다. 이 트레이닝부터 유지 관리 단계 전반에 걸쳐 민첩성이 극대화되고 선수의 경기력 향상에 기여한다.

마지막으로, 많은 트레이너는 여전히 민첩성과 순발력을 별개의 신체적 특성으로 간주한다. 이러한 관점은 이러한 주제에 대한 많은 세미나와 책에서 분명히 드러난다. 그러나 실제로는 그림 13.1에서 제시한 생리학적 전략에 따라 근신경계를 트레이닝시키면 최종 생리학적 산물은 속근섬유의 발현율이 증가하게 된다. 근력의 주기화에 대한 적응력이 높기 때문에 운동선수는 더 많은 파워를 만들어내고, 더 빨리 달릴 수 있으며, 모든 종류의 트레이닝을 신속하게 수행할 수 있다. 인체는 동일한 신경근 특성을 설명하기 위해 두 가지 다른 용어를 사용하는지 여부를 신경 쓰지 않는다. 우리가 이러한 동작을 무엇이라고 부르든 적절하게 트레이닝된 신체는 강력한 동작을 수행하고 팔다리를 빠르게 움직이며, 빠르게 방향을 바꿀 수 있다.

일부 민첩성을 지도하는 코치는 주기화의 개념을 무시하고 거의 동일한 기간, 강도 및 반복 횟수로 일년 내내 선수들에게 비슷한 민첩성과 순발력 트레이닝을 수행하도록 한다. 또한 일부 경험이 부족한 지도자는 선수의 나이나 트레이닝 경험을 고려하지 않는다. 따라서 일부 운동선수, 특히 피상적인 트레이닝 경험을 가진 운동선수가 해부학적 불편함이나 심지어 부상을 경험한다는 사실에 놀라지 말아야 한다. 부상을 피하는 가장 좋은 방법은 주기화 개념을 적용하는 것이다.

연간 계획의 준비 단계에서 운동선수는 파워볼, 메디신볼 및 플라이오메트릭 운동을 포함하는 트레이닝 유형 또는 도구를 사용하여 민첩성과 순발력을 향상시킬 수 있다. 최고의 트레이닝 조직과 주기화를 위해 플라이오메트릭 운동 강도는 다섯 가지 범주로 구성된다. 이러한 강도는 또한 파워볼과 메디신볼의 무게처럼 주기화될 수 있다(그림 13.3 참조).

그림 13.3은 준비단계에서 사용된 특정 활동과 강도를 보여준다. 강도의 기초를 강조하는 AA 부분에서는 기구에 낮은 하중을 사용하고 플라이오메트릭에 낮은 강도(레벨 5)를 사용한다. 최대근력 부분에서 운동선수는 더 많은 수의 운동단위를 활성화하기 위해 파워볼과 메디신볼 트레이닝에 높은 부하를 사용한다. 동시에 선수의 신경근 시스템의 반응성을 높일 수 있도록 플라이오메트릭 운동의 강도를 높인다. 마지막으로 전환기에서는 파워볼과 메디신볼 트레이닝에 대한 부하를 줄여 힘을 가하는 속도의 이점을 극대화한다. 그러나 플라이오메트릭의 강도는 가장 높으며, 편심 수축을 최대로 밀어서 더 높은 힘을 생성한다. 이러한 조건에서 선수가 주요 경기 시 최고 능력에 도달할 수 있게 속근섬유의 발화 속도는 증가한다.

스포츠 트레이닝의 주기화

트레이닝 단계	준비기				시합기		
근력의 주기화	해부학적 적응	최대근력		최대근력, 파워로 전환	최대근력, 파워 유지		
파워볼 혹은 메디신 볼의 주기화(무게)*	저	중-고		중	저	저	
플라이오메트릭의 주기화 (강도)	5	4	4	3	2	2 또는 1	2 또는 1	1과 3	3

*파워볼: 저(2~10lb=1~4.5kg), 중(12~20lb=5.5~9kg), 고(22~35lb=9~16kg)
메디신 볼: 저(2~20lb=1~9kg), 플라이오메트릭 강도 수준의 이 장에서의 설명은 표 13.5 참조.

그림 13.3 파워볼, 메디신 볼 및 플라이오메트릭의 주기화

 시합단계에서 첫 번째 구간은 고강도 플라이오메트릭을 특징으로 하고 그다음에는 매크로사이클(macrocycle)과 시합 일정에 따라 고강도 및 중강도 플라이오메트릭이 사용되는 마이크로사이클(microcycle)이 이어진다. 올해의 주요 대회(개인 스포츠의 경우)를 앞둔 주에는 중간 강도의 플라이오메트릭이 사용된다. 그런 다음 최종 시합은 마이크로사이클(microcycle)동안 중단된다.

 이 책 전체에서 주기화 및 트레이닝 방법 계획의 그림은 수직 막대를 사용하여 트레이닝 단계를 구분한다. 이 접근방식은 특정 유형의 트레이닝이 한 단계의 마지막 날에 종료되고 완전히 다른 유형이 다음 단계의 첫날에 시작됨을 의미하는 것처럼 보일 수 있다. 사실, 단계 사이의 전환은 그렇게 급격하지 않다. 항상 중첩과 전환이 있으며 주어진 단계에서 사용할 트레이닝 방법은 이전 단계에서 점진적으로 도입된다. 예를 들어, 그림 13.3과 같이 이 접근법은 연간 계획의 시작부터 시작하여 최대근력 단계 이후에 강조되는 순간을 파워 트레이닝에 사용한다. 유사하게, 이전 단계에서 사용된 방법은 일반적으로 강조의 점진적 감소와 함께 다음 단계에서 유지된다. 따라서 각 트레이닝 단계는 지배적인 방법들에 초점을 맞추지만, 점진적으로 도입되는 다른 방법도 포함한다. 이 트레이닝 접근방식은 한 방법에서 다음 방법으로 더 효과적인 전환을 허용하여 선수의 더 높은 적응수준을 가능하게 한다.

 두 가지 트레이닝 방법 또는 단계 사이의 강조 전환이 발생할 수 있다. 몇몇 마이크로사이클(microcycle)에 걸쳐 그림 13.4는 파워 발달을 위한 등장성 방법이 점진적으로 도입됨에 따라 최대근력 작업이 점진적으로 감소함을 보여준다. 이러한 트레이닝 횟수를 조절하여 이루어질 수 있다. 그 예가 그림 13.5에 나와 있다. 여기서 세 번째 마이크로사이클(microcycle)에서는 세가지 트레이닝 세션이 모두 최대근력에 전념한다. 그러나 다음 마이크로사이클(microcycle)에서는 최대근력이 감소하는 반면 파워는 증가한다. 결과적으로 파워 마이크로사이클(microcycle) 동안 3일 중 2일은 파워에 전념하고, 1개의 최대근력

특정 근력으로의 전환

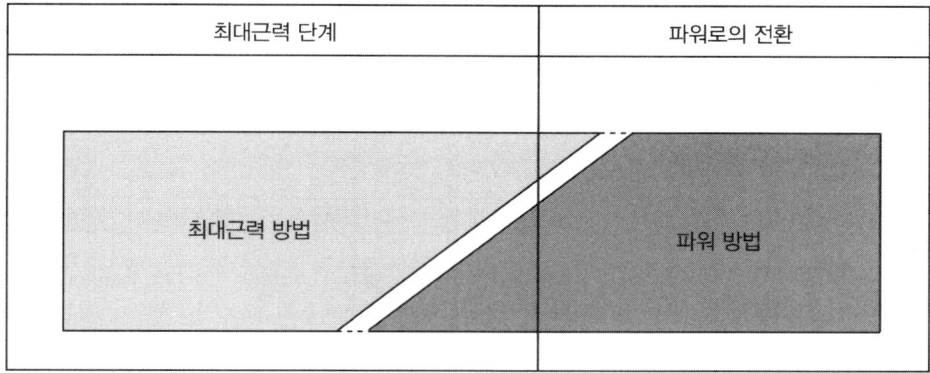

그림 13.4 준비단계에서 트레이닝집중의 전환

매크로사이클(Macrocycle)		최대근력		파워	
마이크로사이클(Microcycle)		3	4	1	2
트레이닝일	최대근력	3	2**	1***	1***
	파워	0	1	2	2

* 트레이닝에 전념하여 최대근력 유지
** 1회 최대반복 측정 1일 포함
*** 최대근력 유지 트레이닝

그림 13.5 최대근력 매크로사이클(macrocycle)에서 파워 매크로사이클(macrocycle)로의 점진적 전환

(MxS) 세션은 최대근력의 이득을 유지하기 위해 계획된다.

최대근력 단계에서 파워 단계로 전환하는 또 다른 방법은 그림 13.6에 나와 있는 것처럼 최대근력 및 파워의 다른 조합을 만드는 것이다. 이 그림은 또한 파워 매크로사이클(macrocycle) 동안 최대근력을 유지하는 다른 방법을 보여준다. 더 쉽게 설명하자면 각 마

매크로사이클(Macrocycle)		최대근력			파워					
		마이크로사이클(Microcycle 4)			마이크로사이클(Microcycle 1)			마이크로사이클(Microcycle 2)		
트레이닝일		1	2	3	1	2	3	1	2	3
세트	최대근력	5	2	1회 최대 반복근력 측정	3	2	1**	1**	1**	1**
	파워	0	1		2	3	4	4	4	4

* 최대근력은 각 세션에서 최대근력 세트를 유지된다.
** 최대근력 유지 세트.

그림 13.6 최대근력 매크로사이클(macrocycle)에서 파워 매크로사이클(macrocycle)로의 점진적 전환

스포츠 트레이닝의 주기화

시기		9월	10월	11월	12월	1월	2월	3월	4월	5월
	시합기	–			시도대회			전국대회		국가대회
주기화	트레이닝 단계	준비기			시합기					
	근력의 주기화	해부학적 적응: 코어 근력	최대근력: 코어 근력 유지		파워로의 전환, 근지구력, 코어근력 유지				유지기	중지
기간(주)		4	8		4	4	4	4	4	1
주당 운동 횟수		3	3 혹은 4		3				2	0
근력 형태당 운동 횟수		2 해부학적 적응, 1코어	2 혹은 3 최대근력, 1코어		2 근지구력, 1 파워, 1/2 최대근력, 1/2 코어	2 근지구력, 1 파워, 1/2 최대근력, 1/2 코어	3 근지구력, 1 파워	2 근지구력, 1 파워	1 근지구력, 1 파워	

그림 13.7 싱크로나이즈 스위밍을 위한 근력의 유형별 변화

이크로사이클(microcycle)에는 기본 운동당 5세트로 구성된 3회의 근력 트레이닝 세션이 포함되어 있다고 가정한다. 이 옵션에서는 파워 단계 동안 최대근력 수준을 유지하기 위해 각 트레이닝 세션에서 더 적은 수의 최대근력 세트를 수행한다.

 한 유형의 트레이닝에서 다른 유형의 트레이닝으로의 전환도 그림 13.7과 같이 정교하게 계획할 수 있다. 이 표는 근력의 주기화, 주당 운동 횟수, 각 단계의 기간(주), 한 유형의 근력에서 다른 근력으로 전환을 보여준다. 이 경우 싱크로나이즈드 스위밍의 핵심 근력인 엉덩이, 복근, 허리의 근력은 연간 계획 내내 강조하거나 유지되었다. 트레이닝 이해도가 높은 코치는 특정 유형의 트레이닝 방법을 보여주는 계획도 구성한다. 그렇게 함으로써 코치는 각 트레이닝 단계에 가장 적합한 방법을 계획하고 어떤 방법이 우세한지를 보여준다.

 그림 13.8은 트레이닝 방법을 계획하는 방법을 보여준다. 그 예시는 파워가 지배적인 특정 스포츠를 참조한다. 표의 상단은 마이크로사이클(microcycle)의 트레이닝 단계를 보여주고, 그 아래의 행은 근력의 주기화를 보여준다. 차트의 하단 부분에는 몇 가지 방법이 나열되어 있다. 주어진 트레이닝 단계에서 한 방법이 다른 방법보다 더 높은 우선순위를 가질 수 있기 때문에 세 가지 유형의 기호가 사용된다. 실선은 우선순위가 가장 높은 방법을 나타내고, 긴 점선은 두 번째 우선순위를, 짧은 점선은 세 번째 우선순위를 나타낸다. 예를 들어, 해부학적 적응 단계에서는 서킷 트레이닝이 지배적인 트레이닝 방법이다. 최대근력 단계가 시작되면 최대하 부하가 우세하고, 최대근력 프로그램의 후반부에는 최대부하가 우세하다.

 파워 트레이닝에서 그림은 탄성방법과 플라이오메트릭을 나타낸다(이 장의 뒷부분에서 설명). 점선은 이러한 방법이 일부 단계에서 세 번째 우선 순위임을 나타낸다. 그림 13.8은

특정 근력으로의 전환

	9월	10월	11월	12월	1월	2월	3월	4월
트레이닝 단계	준비기						시합 전	시합기
근력의 주기화	해부학적 적응		최대근력			파워로의 전환	유지: 파워 70%, 최대근력 30%	
			최대근력 / 파워 / 최대근력 / 파워 / 최대근력					
마이크로사이클	1 2 3 4	5 6 7 8	9 10 11 12 13	14 15 16 17 18	19 20 21	22 23 24 25	26 27 28	29 30 31 32
순환트레이닝	⟨———⟩							
최대근력								
최대하 부하			⟨————⟩				⟨·············⟩	
최대부하					⟨—⟩			
파워 트레이닝								
플라이오메트릭		⟨·········⟩	⟨⟩	⟨······⟩	⟨⟩ ⟨······⟩		⟨————⟩	⟨······⟩
탄성트레이닝			⟨—⟩ ⟨···⟩	⟨—⟩	⟨···⟩ ⟨—⟩		⟨············⟩	⟨——⟩

그림 13.8 파워 중심 스포츠의 트레이닝 트레이닝 방법 계획

감속 – 가속도: 민첩성의 핵심

방향을 빠르게 바꾸기 위해서는 먼저 속도를 줄여야 한다. 즉, 감속에 이어 가속, 또는 감속–가속의 두 단계로 동작을 수행한다. 감속 또는 멈출 정도로 속도를 낮추는 것은 무릎과 엉덩관절의 폄근(넙다리네갈래근, 햄스트링, 엉덩근) 및 장딴지근에 신장성 부하로 인해 발생한다. 감속 중 근육에 저장된 탄성 에너지는 가속을 시작하는 데 사용된다.

주요 하지 말단 근육(특히 장딴지근)과 주요 넙다리 부위 근육(넙다리네갈래근, 반막양근, 반건양근, 넙다리 두갈래근 긴갈래, 큰볼기근)의 근력과 파워를 향상시켜 높은 수준의 신속성과 민첩성을 기를 수 있다. 감속하고 가속하는 능력에서 이 근육들이 신장성 및 단축성으로 강하게 수축하는 능력은 매우 중요한 역할을 담당한다. 특히 감속(신장성 수축력 관련)은 수행력의 결정요인이자 제한요인으로 보인다. 게다가 파워를 적절하게 트레이닝하지 않으면 감속–가속 결합이 느려진다. 운동선수는 다리뿐만 아니라 팔도 수반하는 특정 기술을 사용하여 감속 및 가속을 수행하는 방법을 배워야 한다. 감속의 경우, 팔은 다리와 함께 움직이지만 동작과 힘은 감소한다. 팔 역시 감속에 약간의 영향을 미치지만, 빠른 감속은 언제나 다리의 힘으로 결정된다. 빨리 감속하고 싶은가? 그렇다면, 무릎과 엉덩관절 폄근과 발바닥쪽 굽힘근의 강도(특히 신장성 수축력)를 향상시켜라!

반면에, 가속도는 팔 동작의 영향을 많이 받는다. 특히, 운동선수가 스프린트, 민첩성 운동 또는 빠른 발을 필요로 하는 운동의 가속 부분을 시작하려면, 팔이 먼저 움직여야 한다! 다리가 빨리 움직이려면 팔의 앞뒤 움직임이 매우 활발해야 하며, 심지어 강력하게 수행되어야 한다. 또한 지면에 대한 밀기가 강할수록(단축성 수축력과 관련된) 반대 방향으로 작용하는 지면반력이 더 강력해진다. 뉴턴의 세 번째 운동 법칙을 기억하라. 모든 행동은 동등하고 반대되는 반응을 보인다. 따라서 추진 단계에서 운동선수는 땅에 힘을 가하고, 지면은 동시에 운동선수에게 힘을 가한다. 결과적으로, 선수의 스프린트 능력을 극대화하려면 높은 수준의 최대근력과 가능한 짧은 시간에 그것을 보여줄 수 있는 능력이 필요하다.

가상의 예시이며, 모두 사용 가능한 방법이나 모든 가능성을 보여주지 않는다.

파워 트레이닝 방법

파워 단계에서 여러 트레이닝 방법을 사용할 수 있다. 일반적으로 이 단계에서는 등장성, 탄성, 파워 저항 및 플라이오메트릭 방법의 조합을 사용한다. 다음 섹션에서는 이러한 방법과 주기적인 트레이닝 계획에서 이를 구현하는 방법에 대해 설명한다.

등장성 방법

파워 트레이닝의 한 가지 고전적인 방법은 전체 가동범위를 통해 가능한 한 빠르고 강하게 부하를 이동하는 것이다. 파워를 향상시키기 위한 좋은 방법에는 프리웨이트와 빠르게 이동할 수 있는 기타 장비가 포함된다. 등장성 방법에 사용되는 장비의 무게는 외부 저항을 제공한다. 바벨의 관성을 이겨내거나, 움직이는 데 필요한 힘을 적용된 힘이라고 한다. 적용된 힘이 외부 저항을 초과할수록 무게의 가속이 빨라진다.

1RM의 하중이 가해진 바벨을 들어 올리기 위해 1RM의 95%에 해당하는 힘을 가하는 초보 운동선수는 가속도를 생성할 수 없다. 그러나 동일한 선수가 1~2년 동안 최대근력 훈련을 하면 동일한 중량을 들더라도 1RM의 40~50% 정도의 힘만 사용하여 수행이 가능하다. 그러면 선수는 바벨을 폭발적으로 움직일 수 있고, 파워를 증가시키는 데 필요한 가속을 생성할 수 있다. 이 차이는 근력의 주기화가 파워 트레이닝 전에 최대근력 단계를 요구하는 이유를 설명한다. 최대근력의 명확한 증가 없이는 가시적인 파워 증가가 불가능하다. 들어 올리거나 던지기의 초기 부분에서도 높은 수준의 최대근력이 필요하다.

모든 바벨 또는 도구(예: 공)에는 질량 또는 관성이 있다. 바벨을 들어 올리거나 기구를 폭발적으로 던질 때 가장 어려운 부분은 초반부다. 관성을 극복하기 위해 선수는 관련 근육에 높은 수준의 긴장을 구축해야 한다. 결과적으로 선수의 최대근력이 높을수록 관성을 극복하기 쉽고, 움직임이 더 폭발적일 수 있다. 운동선수가 바벨이나 기구에 계속 힘을 가하면 속도가 증가한다. 더 많은 속도가 발생할수록 속도를 유지하는 데 필요한 힘이 줄어든다.

속도를 지속적으로 증가시킨다는 것은 사지 속도도 증가한다는 것을 의미한다. 이 증가는 선수가 근육을 빠르게 수축할 수 있는 경우에만 가능하며, 이것이 속도와 파워가 지배적인 스포츠의 운동선수가 전환단계에서 파워 트레이닝을 해야 하는 이유다. 파워 트레이닝이 없으면 운동선수는 더 높이 뛰거나 더 빨리 달리거나 더 멀리 던지거나 더 빠른 펀치를 날릴 수 없다. 운동선수는 최대근력 이상의 것이 필요하다. 그들은 또한 매우 빠른 속도로 최대근력을 발휘할 수 있어야 한다. 이는 파워 트레이닝 방법을 통해서만 달성할 수 있는 능력이다.

최대근력 단계에서 선수는 무거운 하중에 익숙해진다. 따라서 1RM의 30~80% 사이의 부하를 사용하면 운동선수가 종목별 파워를 발달하는 데 도움이 되며, 동시에 파워 수행력에 필요한 높은 가속도를 생성할 수 있다. 종목별 파워를 발달하는 데 사용되는 부하는 선수의 근력 트레이닝 경험(초급자는 더 낮은 부하 사용), 운동 유형, 스포츠 활동에서 직면하는 저항(예: 라인맨은 '파워 고부하'방법을 사용해야 함)에 따라 다르다(그림 13.9, 13.10 및 13.11 참조).

주기적인 동작을 포함하는 대부분 스포츠(예: 전력 질주, 팀 스포츠, 무술)의 경우 등장성 방법의 부하가 30% 이상(최대 50%)일 수 있다. 비주기적 동작을 포함하는 스포츠(예: 미식축구의 던지기, 라인 플레이)의 경우, 이러한 운동선수는 훨씬 더 높은 질량과 최대근력으로 시작해야 하고, 더 높은 수준의 외부 저항을 이겨야 하기 때문에 부하가 더 높을 수 있다(50~80%). 사실, 파워 향상은 각속도와 부하 측면에서 매우 구체적이다. 결과적으로 이겨낼 외부 저항에 따라 부하를 선택해야 한다. 트레이닝 매개변수의 요약은 표 13.2를 참조하라.

관절이 완전히 신전되면 신경계는 자연스럽게 길항근을 활성화시켜 움직임을 늦추게 된

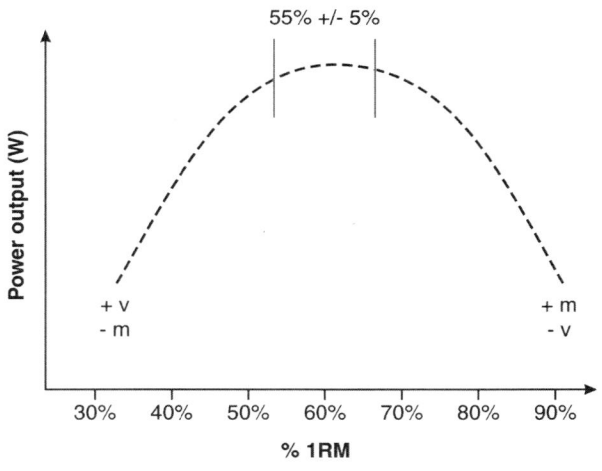

그림 13.9 스쿼트, 데드리프트 또는 벤치프레스 같은 근력운동을 사용하는 상급 운동선수의 최대 파워 출력은 55%±5%의 비율에 도달한다. .

Data from D. Santa Maria, P. Gryzbinski, and B. Hatfield, "Power as a Function of Load for a Supine Bench Press Exercise" (abstract), *NSCA Journal* 6, no. 58 (1985).

스포츠 트레이닝의 주기화

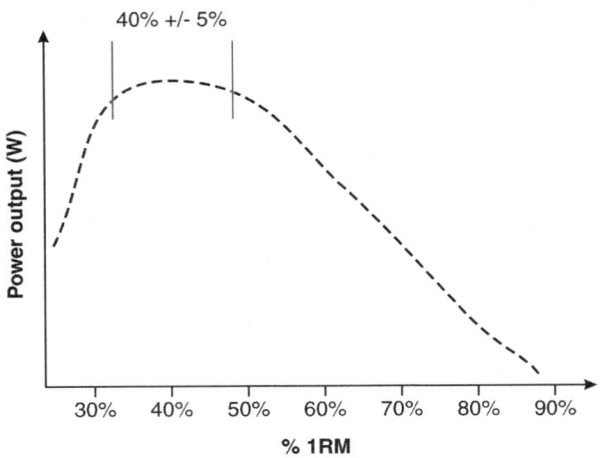

그림 13.10 스쿼트, 데드리프트 또는 벤치프레스 같은 근력운동을 사용하는 초급 운동선수의 최대 파워 출력은 40%±5%의 비율에 도달한다.

Data from R.U. Newton, A.J. Murphy, B.J. Humphries, et al., "Influence of Load and Stretch Shortening Cycle on the Kinematics, Kinetics and Muscle Activation That Occurs During Explosive Bench Press Throws," *European Journal of Applied Physiology and Occupational Physiology* 75 (1997): 333-342.

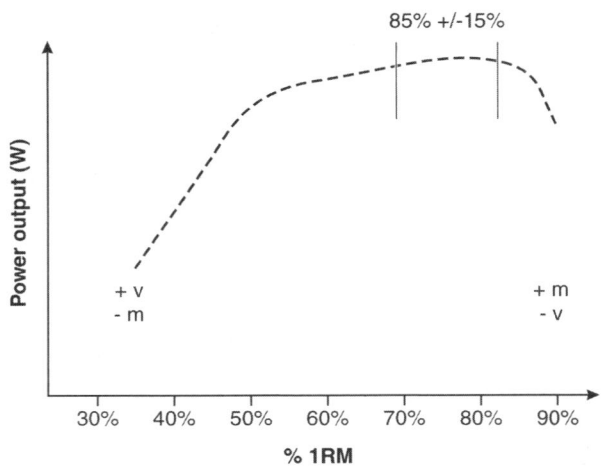

그림 13.11 올림픽 리프트 및 변형을 사용하는 최대 기계적 출력은 85%±15%의 비율에 도달한다.

Data from R.U. Newton, A.J. Murphy, B.J. Humphries, et al., "Influence of Load and Stretch Shortening Cycle on the Kinematics, Kinetics and Muscle Activation That Occurs During Explosive Bench Press Throws," *European Journal of Applied Physiology and Occupational Physiology* 75 (1997): 333-342.

다(Newton et al., 1996). 동시에 관절이 '열릴' 때(힘을 덜 가할 필요가 없음) 일반적으로 운동이 생체역학적으로 더 유리해진다. 이러한 이유로 낮은 하중(30~50%)을 사용할 때 밴드나 체인 같은 탄성 저항을 사용하는 것이 좋다. 실제로 연구에 따르면 가벼운 하중이 사용될 때 저항을 수용하면 파워가 더 많이 증가한다는 것이 입증되었다(Rhea et al., 2009).

그러나 특히 밴드의 사용은 CNS에 많은 부담을 주기 때문에 세트 사이의 나머지 부분

표 13.2 등장성 트레이닝 방법의 트레이닝 변인들

기간	3~6주
부하	주기적: 1회 최대 반복중량의 30~50% 비주기적: 1회 최대 반복중량의 50~80%
운동 수	3-6
세트당 반복 횟수	주기적: 3-6회 비주기적: 50%-70%에서 3-5회, 70%-80%에서 1-3회
운동당 세트 수	3-6
휴식 시간	주기적: 2-3분 비주기적: 3-5분
운동 수행 속도	폭발적으로
주당 운동 횟수	2회 혹은 3회

과 이러한 유형의 트레이닝에 노출되는 빈도를 적절하게 조정해야 한다. 또한 파워트레이닝의 핵심 요소는 반복 횟수가 아니라 가장 많은 속근섬유를 활성화하는 능력이므로 낮은 횟수(1~8회)를 권장한다. 선수들도 안전에 주의해야 한다. 팔다리를 펼 때 다치면 안 된다. 즉, 운동은 폭발적으로 수행하되 바벨이나 기구를 흔들지 않아야 한다. 완벽한 기술이 가장 중요하다.

예를 들어 미식축구에서 던지기, 점프, 다이빙, 크리켓 동작, 타격, 투구 및 라인 플레이와 같이 폭발적 방식으로 수행되어야 하는 스포츠 동작의 경우 최대한 집중할 수 있도록 휴식을 사이에 두고 수행되어야 한다. 이 전략은 속근 운동단위 동원과 출력을 향상시킨다(Gorostiaga et al., 2012). 속근섬유의 최대 동원과 발화율 증가를 목적으로 폭발적인 수준으로 수행될 때 한 번씩 반복할 수 있다.

선수는 더 이상 수행할 수 없다는 판단이 든다면 세트를 끝내지 못했더라도 트레이닝을 중단해야 한다. 반복 횟수를 계속하면 파워보다는 파워 지구력(이 장의 끝에서 논의됨)이 트레이닝된다. 최대 집중과 폭발적인 작용의 조합만이 가장 큰 속근섬유 동원 및 발화속도를 만들어내며, 선수의 신체적 상태가 비교적 양호할 때만 달성할 수 있다.

휴식 시간 동안 운동선수가 파워 또는 파워지구력 운동 후 근육을 이완시키도록 노력해야 한다. 휴식 시간에 휴식을 취하면 ATP의 재합성이 촉진되어 필요한 연료를 근육에 재공급하는 데 도움이 된다. 이 권장 사항은 선수가 관련된 근육을 늘려야 한다는 것을 의미하지 않으며, 이는 실제로 다음 세트에서 파워를 낮출 수 있다. 따라서 세트 사이에 주동근의 스트레칭은 피해야 한다.

스포츠 트레이닝의 주기화

운동	주		
	1	2	3
1. 파워 클린	$\frac{80}{2}$ 4	$\frac{82.5}{2}$ 4	$\frac{85}{2}$ 4
2. 점프스쿼트	$\frac{40}{5}$ 3	$\frac{45}{5}$ 3	$\frac{50}{5}$ 3
3. 밀리터리 프레스	$\frac{50}{3}$ 4	$\frac{55}{3}$ 4	$\frac{60}{3}$ 4
4. 랫 풀 다운	$\frac{50}{3}$ 4	$\frac{55}{3}$ 4	$\frac{60}{3}$ 4
5. 중량 크런치	2 × 12	2 × 10	2 × 8

그림 13.12 4년간의 근력 트레이닝을 실시한 대학여자농구선수를 위한 파워 트레이닝 프로그램 예시

파워 트레이닝을 위한 운동은 스포츠 활동에 사용되는 운동 사슬을 유사하게 만들 수 있도록 스포츠 종목에 특화되어야 한다. 이러한 관점에서 우리는 벤치 프레스와 파워 클린이 전통적인 파워 트레이닝 운동임에도 드라마틱한 파워를 제공하지 않는다는 것을 알 수 있다. 후기 청동기 시대(B.C. 1550~1200) 이후 남성의 힘을 테스트하고 트레이닝하는 데 사용된 파워 클린은 육상의 투척 종목 선수와 미식축구 라인배커에게 유용하지만, 축구나 라켓 스포츠 같은 운동선수에게 반드시 필요한 것은 아니다.

가장 낮은 운동횟수(3~6회)를 선택하면 운동선수는 현실적으로 가능한 가장 많은 세트 수(세션당 최대 18세트, 운동당3~6세트)를 수행하여 주동근에 가장 큰 효과를 줄 수 있다. 세트 및 운동 횟수를 결정할 때 코치는 파워 트레이닝이 기술 및 전술 트레이닝과 함께 수행되므로 일정량의 에너지만 제공될 수 있음을 기억해야 한다.

등장성 방법을 통해 파워를 개발하는 핵심적 요소는 운동 속도이다. 최대 파워 향상을 위해서는 운동 속도가 가능한 높아야 한다. 운동 범위 전반에 걸쳐 도구 또는 무게에 대한 빠른 힘의 작용은 필수적이며, 운동 초기부터 시작해야한다. 바벨이나 다른 도구를 즉각적이고 역동적으로 대체할 수 있으려면 운동선수가 트레이닝에 최대한 집중해야 한다.

그림 13.12는 4년간 파워 트레이닝 한 대학여자농구선수를 위한 파워 트레이닝 프로그램의 예시를 보여준다. 최대 기계적 출력은 일반적인 근력운동에서는 1RM(+/−5%)의 50%(Baker, Nance, and Moore 2001), 올림픽 역도의 경우는 약 85%에서 달성된다(Garhammer 1989). 파워의 손실은 주어진 세트의 약 6번째 반복에서 발생된다(Baker and Newton 2007).

탄성 방법

근육 에너지는 다양한 형태와 저항에 적용될 수 있다. 선수가 가한 힘과 저항이 같으면 움직임이 일어나지 않는다. 그것이 바로 등척성 운동이다. 선수가 가한 힘보다 저항이 작으면 근력 운동 장비가 느리거나 빠르게 움직인다. 이것은 등장성 운동이다. 그리고 선수가 가하는 힘이 외부 저항을 분명히 초과하면(예: 메디신 볼 사용), 선수의 몸이나 도구에 반영되는 동적인 운동이 발생한다. 이것이 탄성 운동이다.

파워 트레이닝 목적으로 운동선수의 근력은 메디신볼, 슬램 볼 또는 바벨과 같은 도구에 강력하게 적용될 수 있다. 운동선수의 힘이 기구의 저항을 훨씬 초과하기 때문에 움직임이 폭발적으로 발생한다. 따라서 이러한 도구를 사용하여 파워를 강화하는 것을 '탄성 방법'이라고 한다.

> 일부 강사와 코치는 탄성밴드 사용이 파워 발달에 도움이 된다고 믿는다. 파워를 발전시키려면 힘을 역동적이고 폭발적으로 가해야 한다. 밴드를 당기는 것은 정반대의 효과를 낸다. 운동선수가 밴드를 잡아당기면 밴드가 늘어나 저항이 증가하고 결과적으로 운동의 역동성이 느려진다. 이것은 파워 발달에 정확히 도움이 되지 않는다. 탄성 코드 피트니스 산업(예: 일반적인 근력 발달)에서 그 역할을 하지만, 지구력이 지배적인 스포츠를 제외하고는 스포츠에서 특별히 유용하지 않다.

탄성 운동을 할때 운동선수의 에너지는 움직임의 처음부터 끝까지 저항에 대해 동적으로 작용된다. 결과적으로, 기계는 가해진 힘에 비례하는 거리만큼 투사된다. 선수가 장비를 가속하거나 기구를 연속적으로 가속하기 위해서는 운동하는 동안 상당한 힘을 가해야 하는데, 이는 파워 출력을 만들어낸다. 물체를 가능한 한 최대 거리로 투사하려면 선수는 기구를 놓는 순간 최고 속도에 도달해야 한다.

빠른 탄성 적용으로 속근 섬유의 높은 발화 속도 및 주동근과 길항근의 효과적인 근육 간 협응으로 빠른 운동단위 동원이 가능하다. 수년간의 트레이닝 후, 운동선수는 길항근이 높은 수준의 이완에 도달하는 동안 주동근을 강하게 수축할 수 있다. 이러한 우수한 근육 간 협응은 길항근이 주동근의 빠른 수축에 저항력을 발휘하지 않기 때문에 주동근의 힘 능력을 극대화한다.

트레이닝 목표에 따라 탄성 운동은 준비운동 이후나 트레이닝이 끝날 때 계획할 수 있다. 예를 들어, 기술 및 전술 트레이닝이 하루에 모두 계획된 경우 파워의 발달 및 향상은 부

스포츠 트레이닝의 주기화

차적인 목표다. 하지만 전력 질주, 육상 경기, 무술과 같이 속도와 파워가 지배적인 종목의 경우 신경계에 대한 자극 효과를 얻기 위해 준비운동 직후, 특히 준비단계 후반에 파워 트레이닝을 계획할 수 있다. 탄성 프로그램의 트레이닝 매개변수는 표 13.3에 요약되어 있다.

표 13.3 탄성운동 방법을 위한 트레이닝 변수

부하	신체 혹은 탄성 도구에 가능한 부하
운동 수	2~6
세트당 반복 횟수	5 혹은 6
세션당 세트 수	2~6
휴식 시간	2~3분
운동 속도	폭발적으로
운동 횟수(주당)	2~4

폭발적인 파워 트레이닝은 선수가 생리학적으로 컨디션이 좋을 때 강화된다. 휴식을 잘 취한 중추신경계(CNS)는 빠른 수축을 위해 주동근에 더 강력한 신경 자극을 보낼 수 있다. 그러나 중추신경계(CNS)와 근육이 소진되고 억제가 지배적일 때는 그 반대가 사실이다. 이러한 조건은 속근섬유의 효율적인 활성을 방해한다. 이것은 폭발적인 파워 트레이닝에 앞서 강도 높은 훈련을 하게 되는 문제점을 보여준다. 에너지 공급(ATP-CP)이 고갈되고, 충분한 에너지가 공급되지 않으며, 속근섬유가 쉽게 피로해져서 거의 활성화되지 않아 양질의 트레이닝이 불가능하다. 결과적으로 운동선수는 활력이 없는 움직임을 수행하게 된다.

탄성 방법을 사용할 때 수행 속도가 가장 중요하다. 각 반복은 동적으로 시작해야 하며, 선수는 동작의 속도를 지속적으로 높이려고 노력해야한다. 이러한 노력을 통해 더 많은 수의 속근 운동단위를 사용할 수 있다. 여기서 중요한 요소는 반복 횟수가 아니다. 파워를 증가시키기 위해 많은 반복을 수행할 필요가 없다. 결정적인 요인은 근육 수축 속도로 결정되는 수행 속도다. 따라서 운동은 가능한 만큼 빠르게 수행되어야 한다. 속도가 떨어지는 순간 반복을 중단해야 한다.

운동의 속도와 폭발성은 많은 수의 속근섬유가 관련된 한에서만 보장된다. 속근섬유가 피로해지면 속도가 감소한다.

속도가 감소한 후 활동을 계속하는 것은 무의미하다. 속근섬유 운동단위가 완전히 활성

특정 근력으로의 전환

운동	주		
	1주	2주	3주*
1. 점프 스쿼트와 메디신 볼 체스트 스로우	2 × 5	3 × 5	3 × 5*
2. 메디신 볼 오버헤드 백워드 스로우	2 × 5	3 × 5	3 × 5*
3. 메디신 볼 체스트 스로우	2 × 5	3 × 5	3 × 5*
4. 메디신 볼 오버헤드 포워드스로우	2 × 5	3 × 5	3 × 5*
5. 메디신 볼 사이드 스로우	1 × 5	3 × 5	3 × 5*
6. 가슴에서 양손 던지기 후 15미터 전력 질주	3 ×	4 ×	5 ×
7. 푸시업 후 15미터 전력 질주	3 ×	4 ×	5 ×

*전 주차보다 부하를 더 무겁게

그림 13.13 탄성운동과 최대 가속 트레이닝을 조합한 프로그램

화되지 않고, 활성화된 운동단위는 더 느려지도록 적응하기 때문에 속도가 감소한 후 활동을 계속하는 것은 무의미하다. 이는 파워 발달을 원하는 운동선수에게 원치 않는 결과다. 중추신경계(CNS)의 가소성은 트레이닝의 목적 또는 그와 반대로 작용할 수 있다. 효과적이려면 적응이 선수의 스포츠 수행 능력의 향상으로 이어져야 한다.

탄성 트레이닝 부하는 도구의 표준 중량으로 결정되며, 메디신 볼의 무게는 4.5~20파운드(약 2~9kg)인 반면, 파워 볼의 무게는 2~35파운드(약 1~16kg)다.

다른 파워 관련 방법과 마찬가지로, 탄성 운동 횟수는 최대 파워 효과를 얻기 위해 많은 세트를 수행할 수 있도록 가능한 한 낮아야 한다. 다시 말하지만, 연습은 기술적인 동작을 면밀히 모방해야 하며, 그러한 모방이 불가능하다면 코치는 스포츠의 주동근을 포함하는 운동을 선택해야 한다.

모든 탄성 운동 시, 휴식 간격은 선수가 각 세트에서 동일한 수행을 반복할 수 있도록 완전한 회복을 할 수 있게 길어야 한다.

다른 파워 트레이닝 방법보다 탄성 운동에서 반복 횟수가 더 높을 수 있으며, 주당 빈도는 트레이닝 단계에 따라 다르다. 후반 준비 단계에서는 빈도가 낮아야 하며(1 또는 2 세션), 전환 단계에서는 더 높아야 한다(2~4세션). 스포츠나 시합도 고려해야 한다. 빈도는 속도와 파워가 지배적인 스포츠에서 더 높다. 그림 13.13은 탄성 운동과 최대 가속 운동을 결합한 예시 프로그램을 보여준다. 이 프로그램은 미식축구, 야구, 라크로스, 축구, 하키 선수들에게서 성공적으로 사용되었다.

파워 저항 방법

이 방법은 등장성, 등척성 및 탄성 방법의 세 가지 조합을 나타낸다. 이 방법을 설명하는 데 도움이 되는 연습에 대한 설명이 있다. 운동선수가 윗몸 일으키기를 수행하기 위해 무릎을 구부리고 눕는다. 파트너는 그의 발가락을 지면에 대고 있고 코치는 선수 뒤에 서 있다. 선수가 윗몸 일으키기를 시작하여 약 1/4의 고관절 굴곡(135~140°)에 도달하면 코치는 손바닥을 선수의 가슴이나 어깨에 대고 동작을 멈춘다. 이 시점에서 선수는 가능한 운동 단위의 대부분 또는 전부를 동원하여 코치의 저항력을 이기려고 하는 최대 정적 수축 상태에 있게 되며, 3~4초 후 코치는 손을 떼고 최대 정적 수축이 나머지 윗몸 일으키기 동안 동적 탄성 운동으로 전환된다. 그런 다음 선수는 천천히 시작 위치로 돌아가서 10~20초 동안 쉬고 다시 반복한다.

이 방법의 가장 중요한 부분은 최대 등척성 수축과 그에 따른 탄성 작용이다. 빠른 근육 수축과 함께 탄성적 움직임은 파워 발달로 이어진다. 초기 등장성 작용은 천천히 수행되어야 하며, 정지 후 최대 등척성 수축은 관련된 근육의 높은 사전 장력(부하 단계)을 나타낸다. 윗몸 일으키기의 경우 가슴이나 어깨가 풀리면서 몸통이 앞으로 발사된다(탄성 단계). 실제로 유사한 파워 저항 운동은 다음과 같은 다양한 다른 동작들로 수행될 수 있다.

- **풀업**. 선수는 초기 팔꿈치 굽힘을 수행하고 이 지점에서 코치 또는 파트너가 몇 초 동안 등척성 수축을 만든다. 그런 다음 역동적인 동작이 뒤따른다.
- **딥스**. 선수는 초기 팔꿈치 폄을 수행하고, 이때 코치 또는 파트너가 몇 초 동안 등척성 수축을 만든다. 그런 다음 역동적인 동작이 뒤따른다.
- **맨몸 점프 스쿼트**. 선수가 무릎을 구부리면 코치나 파트너가 몇 초 동안 등척성 수축을 만든다. 그런 다음 역동적인 동작이 뒤따른다.
- **웨이트를 들고 스쿼트**. 첫 번째 안전핀 세트를 등척성 동작이 발생하려는 무릎 또는 엉덩이 각도(일반적으로 반 쪼그리고 앉는 각도) 높이에 놓는다. 두 번째 안전핀 세트를 아래 두세 개의 구멍에 놓는다. 선수가 2~4초 동안 핀을 밀고 나면 한두 명의 보조자가 핀을 제거하여 역동적인 동작이 뒤따른다.
- **벤치 프레스**. 파워 랙 내부에 벤치를 놓는다. 첫 번째 안전핀 세트는 바가 가슴에 거의 닿지 않도록 하고, 두 번째 안전핀 세트는 한두 개의 구멍을 더 높게 위치한다. 선수는 2~4초 동안 핀을 밀고 나서 한두 명의 보조자가 따라야 할 역동적인 동작에 대한 핀을 제거한다.

- ***메디신 볼을 손에 들고 몸통 회전.*** 선수는 뒤로 회전을 수행하고, 회전이 앞으로 나오면 2~4초 동안 정지하며, 이어지는 탄성 동작은 공을 놓는 것으로 절정에 이른다. 대부분의 메디신 볼 던지기에 동일한 개념을 적용할 수 있다.

다른 유형의 파워자극은 부하를 번갈아하는 등장성 웨이트트레이닝을 통해 얻을 수 있다. 선수는 먼저 1RM의 80~90% 부하로 1~3회를 수행한 다음 즉시 30~50%의 낮은 저항 부하로 5~6회를 수행한다. 고부하 반복은 신경근 자극을 일으켜 운동선수가 낮은 저항 반복을 더욱 역동적으로 수행할 수 있도록 한다. 이 방법은 벤치 풀에서 벤치 프레스에 이르기까지 다양한 운동에 사용할 수 있다. 무릎과 팔을 펴는 동작시 갑작스런 신전 동작은 관절 손상을 입을 수 있으므로 주의해야 한다.

파워 저항 방법의 부하는 수행된 운동과 관련이 있다. 등척성 단계는 수축이 3~4초, 또는 최대장력이 도달할 때까지 지속되어야 한다. 저항 운동시, 부하는 자극 단계에서 1RM의 80~90%, 폭발 단계에서 1RM의 30~50%가 되어야 한다. 운동은 스포츠 특정 기술시 주동근의 수축 방향과 일치해야 하며, 최대의 파워 효과를 얻으려면 운동 횟수를 줄여야 한다 (2~4회). 그래야 선수가 많은 세트(3~5회)를 수행할 수 있다.

파워 저항 트레이닝은 별도로 수행하거나 다른 파워 트레이닝 방법과 결합하여 수행할 수 있으며, 파워 저항 방법에 대한 트레이닝 매개변수는 표 13.4에 요약되어 있다.

표 13.4 파워-저항 운동 방법을 위한 트레이닝 변수

부하	운동에 따라 의존적
운동 횟수	2~4
세트당 반복 횟수	3~6
운동당 세트 수	3–5
휴식 간격	2~4분
수행 속도	폭발적으로
주당 빈도	1 또는 2

플라이오메트릭 방법

고대부터 운동선수들은 더 빨리 달리고, 더 높이 뛰고, 더 멀리 던질 수 있도록 고안된 다양한 방법을 연구해왔으며, 이러한 목표를 달성하려면 파워는 필수이다. 근력 증가는 특수한 파워 트레이닝을 적용해야 파워로 변환될 수 있다. 아마도 가장 성공적인 파워 트레이닝 방법 중 하나는 플라이오메트릭 방법일 것이다.

플라이오메트릭은 신전-단축 주기 또는 근신장 반사를 유도하는 운동을 사용하며, 이러한 운동은 근육에 빠른 신장성(늘어남) 수축으로 부하를 가한 후 즉시 단축성(단축) 수축으로 이어진다. 연구에 따르면 근육이 수축하기 전에 빠르게 늘어나면 더 강력하고 빠르게 수축된다 (Bosco & Komi, 1980; Schmidtbleicher, 1984; Verkhoshansky, 1997; Seiberl et al. 2015). 예를 들어 무게중심을 낮추어 점프하거나 골프 클럽을 휘두르면 근육을 빠르게 늘려서 더 강력한 수축을 발생시킨다.

플라이오메트릭 동작은 척수에서 발생하는 신장 반사에 의존하며, 신장 반사의 주된 목적은 과도한 스트레칭을 방지하기 위해 근육 스트레칭 정도를 제한하는 것이다. 플라이오메트릭 운동은 이러한 동일한 섬유의 빠른 스트레칭으로 인한 근육 섬유의 반사 수축을 기반으로 한다. 실제로 과도한 스트레칭과 찢어짐이 발생할 가능성이 있는 경우, 신장 수용체는 고유수용신경자극을 척수로 보낸다. 그런 다음 충격이 신장 수용체로 반동하여 근육 섬유가 더 멀리 늘어나는 것을 방지하는 억제 효과를 생성하여 강력한 근육 수축을 시작한다.

따라서 플라이오메트릭 운동은 복잡한 신경 메커니즘 내에서 작동한다. 신경 적응은 신체의 신경계에서 발생하여 기능 트레이닝에서 근력과 파워를 모두 향상시킨다(Sale, 1986; Schmidtbleicher, 1992; Enoka 2015). 실제로 신경 적응은 근육의 크기를 늘리지 않고도 근육의 힘을 증가시킬 수 있다(Dons et al., 1979; Komi & Bosco, 1978; Sale, 1986; Tesch et al., 1990).

플라이오메트릭 트레이닝은 근육과 신경의 변화를 일으켜 더욱 빠르고 강력한 움직임을 촉진하고 향상시킨다. 중추신경계는 근육의 운동단위 활동을 변경하여 근력을 제어한다. 더 큰 힘 생성이 필요한 경우, 더 많은 운동단위가 모집되고 더 빠른 속도로 발화된다. 이러한 맥락에서 트레이닝 프로그램은 더 많은 운동단위가 동원되거나, 운동단위가 더 높은 속도로 발화되거나, 또는 이러한 반응들을 일부 조합해서 근전도 주파수 출력이 증가한다(Sale, 1992). 플라이오메트릭 트레이닝의 이점에는 속근섬유의 운동단위의 활성화 증가와 더 높은 발화 속도이다.

근육의 수축 요소는 근육 섬유다. 그러나 특정 비수축성 구조는 일련의 탄성 구조로 알려진 것으로 구성한다. 신장성 근육 수축 중에 직렬 탄성 구성요소가 늘어나면 하중을 받는 스프링과 유사한 탄성 위치 에너지가 생성된다. 이 에너지는 근육 섬유에서 생성된 에너지를 증가시킨다. 이러한 시너지는 플라이오메트릭 운동에서 볼 수 있다. 근육이 빠르게 늘어나면 직렬 탄성 구조도 늘어나고, 하중의 일부를 탄성 위치 에너지 형태로 저장한다. 저장된 탄성 에너지의 회복은 신장 반사로 유발된 근육의 단축성 수축 또는 저항을 극복하는 단계에서 발생한다.

플라이오메트릭 트레이닝에서 근육은 사전에 늘어난 위치에서 더 강력하고 빠르게 수축한다. 그리고 사전에 신장이 빠를수록 단축성 수축이 더 강해진다. 선수는 무릎 관절 부상을 방지하기 위해 다리를 약간 구부린 채 착지해야 하며, 단축성 수축은 사전 신장 단계가 완료된 직후에 발생해야 한다. 사전 신장 단계로부터의 전환은 부드럽고 연속적이며, 가능한 한 바르게 이루어져야 한다. 접촉 시간의 증가는 반복적인 반응 트레이닝으로 인한 피로를 의미한다(Gollhofer et al., 1987).

플라이오메트릭 트레이닝은 다음과 같은 결과를 나타낸다.

- 더 큰 신경 분포 활동의 빠른 동원
- 전부는 아니더라도 대부분의 운동단위 및 해당 근육 섬유 동원
- 운동 신경의 발화 속도 증가
- 근력을 폭발적인 파워로 전환
- 근육이 신장될 때 최대 속도로 반응하도록 신경계가 발달하여 최대 힘으로 빠르게 단축(수축)하는 운동선수의 능력을 발달시킨다.
- 근둘레가 약간 증가하고 폭발력이 향상된다. 속근섬유의 평균 단면적 증가(Häkkinen & Komi, 1983)는 신경근 수준에서 성능 향상을 나타낸다.
- 골지건기관 억제는 더 높은 근육 긴장과 착지 시 활성화로 이어질 수 있어 더 강력한 근수축을 일으킨다. 이 모든 것이 파워 출력 향상에 기여한다(Schmidtbleicher, 1992).

선수가 수년간의 강도 높은 근력 트레이닝을 지속해왔다면 다양한 강도 수준의 플라이오메트릭 트레이닝을 통해 더 빨리 발전할 수 있다. 이러한 배경은 부상을 예방하는 데 도움이 되며, 좋은 근력 기반을 구축하고 충격 흡수 특성을 발달시키기 위해 아이들에게도 플라이오메트릭 운동을 도입하는 이점을 간과해서는 안 된다. 그러나 이러한 연습은 몇 년에 걸쳐 수행되어야 하며, 점진적 원리를 적용하는 방식으로 수행되어야 한다. 실제로 장기간의 노력과 잘 계획된 진행이 이 접근 방식의 핵심 요소다.

스포츠 트레이닝의 주기화

아이들 대상의 올바른 트레이닝 과정은 오랜 기간에 걸쳐 진행해야 한다. 예를 들어 14~16세 사이의 저강도 플라이오메트릭(레벨 5와 4)으로 트레이닝시킨다. 이 초기 기간 이후에는 더 어려운 반응성 점프를 접목할 수 있다(레벨 3). 오랜 기간 감독과 코치는 3단 뛰기의 호핑과 스텝을 플라이오메트릭 트레이닝의 기본으로 사용하여 어린 선수들에게 올바른 플라이오메트릭 기술을 가르쳐야 한다.

플라이오메트릭 운동은 일부 논란의 대상이다. 고려할 영역 중 하나는 플라이오메트릭을 수행하기 전에 발달해야 하는 근력의 정도다. 일부 저자는 안전 수준을 체중의 두 배에 해당하는 하중으로 하프 스쿼트를 수행할 수 있는 능력으로 정의하지만, 이 수준은 레벨 1 플라이오메트릭에만 적용된다.

여러 연구자는 트레이닝 표면의 유형, 사용할 장비 및 운동을 수행할 때 추가 웨이트(예: 무거운 조끼, 발목 중량 주머니 및 중량 벨트)를 착용해야 하는지 여부를 설명한다. 부상이 우려되는 경우, 잔디나 부드러운 바닥에서 운동을 수행해야 한다. 이러한 예방 조치는 초보자 운동선수에게 적합할 수 있지만, 부드러운 표면을 사용하면 스트레치 반사가 완화될 수 있다. 딱딱한 표면만이 신경근 시스템의 반응성을 향상시킨다. 따라서 스포츠, 근력 트레이닝 또는 둘 다에 대한 숙련된 경험 가진 운동선수는 특정 준비 단계부터 단단한 표면을 사용해야 한다.

바벨, 덤벨 또는 발목 중량 주머니 또는 중량 허리벨트로 장비와 함께 플라이오메트릭 트레이닝을 수행해서는 안 된다. 이러한 가중치는 결합 시간(신장성 활동에서 단축성 활동으로의 이동)을 늦추고 더 중요한 동심 활동 자체를 늦춤으로써 신경근 시스템의 반응성 능력을 감소시키는 경향이 있다. 따라서 이러한 과부하는 강도를 증가시킬 수 있지만, 수축 속도와 탄성 효과를 느리게 한다. 더 많은 편심 하중이 필요한 경우 높은 상자에서 깊이 점프를 사용하여 수행할 수 있다.

플라이오메트릭 프로그램을 올바르게 설계하려면 운동의 강도 수준으로 분류해야 한다. 강도 수준은 운동의 높이 또는 길이에 정비례한다. 깊은 낙하 점프 같은 고강도 플라이오메트릭 운동은 근육의 긴장을 증가시켜 더 많은 운동단위를 동원하여 동작을 수행하거나 중력에 저항한다.

플라이오메트릭 운동의 신경근 시스템은 저강도와 고강도로 분류할 수 있다. 좀 더 실용적인 관점에서 플라이오메트릭 운동은 5단계의 강도로 나눌 수 있다(표 13.5 참조). 이 분류는 한 주 동안 트레이닝 수요의 효과적인 대안을 계획하는 데 사용할 수 있다.

플라이오메트릭의 기계적 특성

운동선수가 땅에서 뛰어오를 때 몸무게를 위로 밀어 올리려면 많은 힘이 필요하다. 선수는 팔다리를 매우 빠르게 구부리고 펴야 한다. 플라이오메트릭 운동은 필요한 힘을 모으기 위해 빠른 신체 동작에 의존한다. 좀 더 구체적으로 살펴보면 플라이오메트릭 동작은 척수에서 발생하는 보호 메커니즘인 신장 반사에 의존하며, 신장성 수축을 통해 근육이 늘어난 후 단축성 수축의 힘을 증가시킬 수 있다.

바닥에서 다리를 점프할 때 선수는 무게중심을 낮추어 하향 속도를 생성해야 한다. 아모티제이션(또는 충격 흡수) 단계에서 선수는 하향 동작에 대응하는 힘을 생성하고 반대 방향으로 점프할 수 있는 상향 추진 단계를 준비해야 한다.

그러나 아모티제이션 단계가 길면 파워 손실이 발생한다. 예를 들어, 멀리뛰기 선수의 경우 바닥에서 도약하는 다리를 오랜 기간 머무르는 것은 신체를 앞으로 나아가는 데 필요한 상향 및 수평 속도를 저하시킨다. 따라서 선수는 더 짧고 빠른 상환 단계를 향해 노력해야 한다. 이는 이전의 신장성 수축 중에 늘어난 근육의 더 강력한 단축성 수축을 가능하게 한다(Bosco & Komi, 1980). 파워는 질량 곱하기 가속과 같기 때문에 아모티제이션 단계를 단축하려면 선수가 신체를 더 빨리 감속할 수 있도록 더 큰 힘을 발휘해야 한다. 이러한 이해는 체지방을 낮게 유지하고 체중 대비 파워 비율을 높게 유지하는 것의 중요성을 인지시킨다. 따라서 더 많은 체질량과 더 큰 하향 속도는 아모티제이션 단계에서 더 높은 평균 힘이 필요하다. 점프 능력을 극대화하려면 전신을 효율적으로 사용해야 한다. 예를 들면 멀리뛰기 선수 또는 높이뛰기 선수가 도약 전에 무게중심을 낮추면 힘의 영향을 줄일 수 있다. 또한 아모티제이션 단계 후 자유 사지(팔)의 위쪽 가속은 도약하는 다리에 가해지는 수직 힘을 증가시킨다. 예를 들어, 삼단뛰기 선수는 상향 호핑 단계에서 무게중심을 낮출 수 없는 것을 보상하도록 체중의 6배까지 최대 힘을 가해야 한다. 반면에 멀리뛰기 선수는 도약 직전에 몸을 더 쉽게 조작할 수 있다. 다시 말해, 도약경기 선수는 충격에 큰 힘을 가하고 더 짧은 아모티제이션 단계를 생성하는 경우에만 효과적인 도약을 달성한다. 운동선수는 자신의 신경근 시스템이 주기적 파워 프로그램을 통해 관련 운동 사슬과 주동근-길항근 활성화 및 비활성화를 모두 조직하도록 트레이닝된 경우에만 이 빠른 전환을 달성할 수 있다. 이 프로그램은 저충격 플라이오메트릭으로 시작하여 접촉 시간과 무릎 및 엉덩이 굴곡의 정도(깊은 점프의 특성)와 상관없이 가능한 가장 높은 점프를 달성하기 위한 고충격 플라이오메트릭으로 진행해야 한다. 이러한 진행이 완료되면(선수 경력 동안 여러 번 가능) 신경근 시스템은 길항되는 힘이 더 높더라도 더 짧은 지면 접촉 시간을 수행할 준비가 된다. 그러나 준비가 잘되지 않은 선수와 짧은 접촉 시간을 목표로 하면 협응되지 않은 낮은 도약만 발생한다. 도약 단계를 위한 트레이닝은 기존 운동이 거의 적용되지 않기 때문에 어렵다. 많은 도약 선수들이 전통적인 웨이트 트레이닝(예: 스쿼트)을 사용하며, 이 작업은 시간이 지남에 따라 적절한 근력 트레이닝 기반을 제공하는 무릎 폄근에 큰 부하를 가한다. 그러나 무거운 스쿼트 리프트는 근육의 탄력성을 향상시키고 사용하기에 충분히 빠르지 않기 때문에 웨이트 트레이닝에만 의존하는 것은 문제가 된다.

반면 바운딩 운동은 효과적인 도약을 시뮬레이션하고, 선수의 전반적인 점프 능력을 향상시킬 수 있다. 바운딩에는 도약과 유사한 힘-시간 특성이 있다. 또한 선수가 도약하는 다리에 무거운 하중을 견디는 연습을 하고 단시간에 힘을 발휘할 수 있다. 바운딩 운동은 다관절 운동을 포함하며 필요한 근육 탄력의 발달을 촉진한다.

표 13.5 플라이오메트릭 운동의 다섯 가지 강도 수준

강도	분류	운동	반복 횟수 × 세트 수	반복 횟수 (또는 세션당 지면 접촉 수)	휴식 시간 (분)
1	고강도	착륙 높이 30~43 in.(75~110cm)	1–5 × 3–6	3–20	5–8
		뎁스 점프: >28 inches (70 cm)	1–10 × 2–6	3–40	4–8
		한발 점프 (또는 번갈아 가면서)	40–100m (또는 yd) × 2–4	30–150	3–5
2		드롭 점프: 16–24 inches (40–60 cm)	3–10 × 2–6	6–40	3–6
		허들: >24 inches (60 cm)	3–12 × 2–6	6–72	3–5
		한발 점프 또는 번갈아 점프	5–30 m (또는 yd) × 2–6	20–60	3–5
3		스피드 스쿼트, 점프 스쿼트; 케틀벨 파워 스윙	3–6 × 2–6	12–24	3–4
		허들: 16–24 inches (40–60 cm)	6–20 × 2–6	18–80	3–5
4		박스 점프: 24–43 inches (60–110 cm)	3–15 × 2–6	12–60	3–5
	저강도	케틀벨 스윙	10–30 × 2–6	30–180	2–5
5		낮은 허들: <12 inches (30 cm)	6–20 × 3–6	18–80	2–3
		스키핑	10–30 m (또는 yd) × 7–15	70–250	1–2
		메디신 볼	5–12 × 4–6	20–72	1–3
		로프	15–50 × 2–6	30–300	1–3

플라이오메트릭 운동을 트레이닝 프로그램에 통합하려는 계획은 다음 요소를 고려해야 한다.

- 운동선수의 나이와 신체 발달
- 플라이오메트릭 운동에 관련된 기술 및 테크닉
- 스포츠의 주요 경기력 요소
- 스포츠의 에너지 요구 사항
- 연간 계획의 교육 단계
- 어린 선수의 경우, 장기간(2~4년)에 걸쳐 체계적인 진행을 존중해야 하며, 저강도(레벨 5 및 4)에서 중강도(레벨 3)로, 진행한 후 고강도(레벨 2 및 1)로 진행해야 한다.

특정 근력으로의 전환

플라이오메트릭 운동은 재미있지만 높은 수준의 집중력을 요구하고 믿을 수 없을 정도로 격렬하고 부담을 준다. 각 운동에 맞는 트레이닝이 부족하면 선수들은 충격이 큰 운동을 하게 될 수 있다. 이러한 경우, 그로 인한 부상이나 생리적인 불편함은 플라이오메트릭 운동의 부적절한 적용의 결과다. 5단계의 강도는 적절한 휴식 간격으로, 적절한 운동을 포함하여 설계한다.

5단계의 강도를 통해 장기적으로 진행되며, 어린 운동선수의 트레이닝 프로그램에 2~4년이 소요되는 것은 인대, 힘줄 및 뼈의 점진적인 적응이 필요하기 때문이다. 또한 엉덩이와 척추와 같이 운동선수들의 신체 충격 흡수 부분을 점진적으로 준비할 수 있다. 제안된 연령과 4년간의 트레이닝 후 고충격 플라이오메트릭을 도입해야 한다는 규칙을 준수해야 한다. 이것은 적절한 기술을 배우고 안정화하고 점진적인 해부학적 적응을 허용하는 데 필요한 시간이다. 이 시점부터 고강도 플라이오메트릭은 운동선수의 정상적인 트레이닝 방법의 일부가 될 수 있다.

플라이오메트릭 운동의 강도(근육에 생성되는 긴장의 정도)는 운동의 신장성 하중에 따라 달라지며, 일반적으로 운동이 수행되는 높이로 결정된다. 사용되는 높이는 선수 개인의 자질에 따라 엄격하게 결정되어야 하지만 다음과 같은 일반적인 원칙이 적용된다. 근막 시스템이 강할수록 단축성 단계에서 탄성 효과를 얻기 위해 더 많은 에너지가 필요하다. 따라서 한 운동선수에게 최적의 높이는 다른 선수에게 충분한 자극을 생성하지 못할 수 있다.

이상적인 파워 트레이닝 효과에 대한 최적의 높이를 결정하기 위해 포스 매트(Just Jump System 또는 Smart Jump 등)를 사용해야 한다. 예를 들어, 뎁스 점프의 적합한 높이는 가장 높은 리바운드 점프를 허용하는 박스 높이이고, 드롭 점프의 적합한 높이는 지상 접촉 시간이 250m/s 미만인 가장 높은 리바운드 점프를 허용하는 박스 높이다. 이러한 구별은 트레이닝되지 않은 사람과 비슷한 모습에도 불구하고 뎁스 점프와 드롭 점프가 다른 트레이닝 목표에 기여할 뿐만 아니라 연간 계획 중에 다른 시간에 사용되어야 함을 의미한다. 따라서 표 13.5의 다음 정보 및 높이 정보는 지침으로만 생각해야 한다.

Verkhoshanski(1969)에 따르면 선수의 동적 근력(파워) 향상을 촉진하기 위해 스피드 트레이닝의 최적 깊이 점프 높이는 75~110cm(30~43인치)여야 한다. 또한 Bosco와 Komi(1980)는 비슷한 연구를 보고했으며, 그들은 또한 43인치(110cm) 이상에서 역학적으로 동작이 변경되었다고 결론지었다. 더 일반적으로, 선수를 낮은 상자에서 시작하여 높은 상자로 진행해야 하며, 대부분의 운동선수는 15~20인치(약 40~50cm) 상자를 사용하여 리바운드 점프를 극대화하며, 높은 수준의 운동선수만 30인치(75cm) 이상의 상자가 필요하다. 반복 횟수 측면에서 플라이오메트릭 트레이닝은 단일 반응과 다중 반응의 두 가지 범주로 나눈다.

첫 번째 범주의 트레이닝은 높은 반응 점프 또는 드롭 점프(레벨 2) 같은 단일 동작으로 구성되며, 주요 목적은 근육에 최고 수준의 긴장을 유도하는 것이다. 이러한 운동의 목적은 최대근력과 파워를 발달하는 것이다.

다중 반응 운동 – 다중 중간(레벨 3) 또는 낮은 높이(레벨4) 허들을 뛰어넘거나 점프 스쿼트(레벨 2)를 통해 파워 지구력뿐만 아니라 파워 발달이 발생한다. 특히 다중 반응 운동의 경우 반복 횟수를 거리와 동일시하는 것이 더 편리하고 실용적이다. 예를 들어 25회 5세트가 아니라 50m 5세트다. 이 접근방식은 운동선수의 신경근 준비 상태와 진행 상황을 측정하는 데 도움이 되며, 높은 수준의 트레이닝은 운동 사이에 적절한 생리적 회복이 필요하다. 그러나 종종 운동선수와 코치는 휴식 시간에 너무 주의를 기울이지 않거나 단순히 특정 스포츠의 전통에 얽매여서 필요한 유일한 휴식 간격이 운동 후 다음 단계로 이동하는 데 필요한 시간임을 지시하는 경우가 많다. 실제로 이 시간은 불충분하며, 특히 플라이오메트릭 트레이닝의 생리학적 특성을 고려할 때 불충분하다.

첫 번째 범주의 트레이닝은 피로로 구성되며, 국소 피로와 중추신경계 피로로 구성된다. 국소 피로는 근육에 저장된 에너지(폭발 운동을 수행하는 데 필요한 연료인 ATP-CP)가 고갈되고 10초 이상 지속되는 반복으로 젖산 축적이 발생한다.

트레이닝 중에 운동선수는 주어진 양의 높은 수준의 트레이닝을 수행하도록 주동근에 신호를 보내는 시스템인 중추신경계도 피로하게 되며, 플라이오메트릭 트레이닝은 특정 파워와 주파수가 특징인 신경 자극의 결과로 수행된다. 모든 높은 수준의 트레이닝에는 가능한 가장 높은 수준의 수축력과 신경 전달이 필요하다.

휴식 간격이 짧으면(1~2분) 선수는 국소 피로와 중추신경계 피로를 모두 경험한다. 주동근은 젖산을 제거하거나 동일한 강도로 다음 반복을 수행할 수 있을 만큼 충분한 에너지를 보충할 수 없다. 마찬가지로, 피로한 중추신경계는 피로가 시작되기 전에 동일한 횟수와 세트에 대해 규정된 부하가 수행되도록 하는 데 필요한 강력한 신경 자극을 보낼 수 없다. 또한 지친 운동선수는 종종 부상으로 이어질 수 있으며, 따라서 코치와 운동선수는 휴식 간격에 최대한 주의를 기울여야 한다.

표 13.5에 제시된 바와 같이 적절한 휴식 간격은 수행된 플라이오메트릭 트레이닝의 부하 및 유형에 따라 달라진다. 운동 강도가 높을수록 필요한 휴식 간격이 길어진다. 결과적으로 최대강도 운동(높은 반응성 점프)의 경우, 세트 사이의 휴식 간격은 선수의 체성분과 성

별에 따라 3~8분이어야 한다. 무거운 남자선수의 경우 더 긴 휴식 간격, 가벼운 여성선수의 경우 더 짧은 휴식 간격, 강도 레벨 2에 권장되는 휴식 간격은 3~6분이다. 레벨 3 및 4의 경우 2~5분이어야 하며, 레벨 5의 경우 1~3분 정도 소요된다.

선수가 수행하는 플라이오메트릭 트레이닝 유형은 해당 스포츠에 따라 달라야 한다. 예를 들어, 더 큰 수평 파워가 필요한 운동선수는 더 많은 바운딩 및 호핑 트레이닝에 참여해야 하는 반면, 수직 파워가 필요한 운동선수는 수직 점프 운동을 수행해야 한다. 트레이닝 환경도 고려해야 하며, 많은 연구에서 특정 트레이닝 모드(Enoka, 1994; Schmidtbleicher, 1992)를 사용하여 반사 신경을 변경하거나 수정할 수 있으며, 플라이오메트릭은 다양한 반사 행동에서 특정 적응을 유도하는 트레이닝의 한 형태이다. 그러나 반사적 학습 과정이 경쟁 상태에서 재현되기 위해서는 선수가 반사 적응이 유도되었을 때와 동일한 심리적·생리적 상태에 있어야 한다. 따라서 트레이닝 환경은 경쟁 환경을 거의 비슷하게 구성해야 한다.

파워 트레이닝의 스포츠 특성별 적용

파워는 스포츠, 시합 또는 팀 포지션 요구를 충족할 수 있게 발달시켜야 한다. 특정 파워 적용의 필요성을 더 자세히 설명하기 위해 이 세션에서는 확실한 예를 제시한다. 앞서 설명한 파워 트레이닝 방법의 많은 요소도 적용 가능하다.

파워 지구력
일부 스포츠에서는 운동선수가 높은 수준의 힘을 반복적으로 적용해야 한다. 예를 들면 육상의 단거리, 수영의 스프린트, 레슬링, 그리고 미식축구의 러닝백, 야구 투수 같은 특정 팀 스포츠 포지션이 포함된다.

폭발적인 달리기가 필요한 모든 팀 스포츠(예: 미식축구, 농구, 야구, 아이스하키, 럭비, 축구 및 호주 축구)에서 수행되는 스프린트를 포함하여 종종 잘못된 동작을 한다. 단거리 선수가 100m를 10~12초 만에 달릴 때, 그들은 출발하고 나서 6~8번의 보폭뿐만 아니라 전체 레이스에서 파워풀한 다리 동작을 수행하도록 트레이닝했다. 100m 스프린트에서 선수는 보폭에 따라 48~54번의 보폭을 한다. 따라서 각 다리는 지면과 24~27번의 접촉을 한다. 각 지면 접촉에서 적용되는 힘은 선수 체중의 두 배 이상이 될 수 있다.

미식축구, 럭비, 축구, 호주 축구 같은 특정 스포츠에서 선수들은 종종 경기가 중단된 지몇 초 만에 격렬한 활동을 반복해야 한다. 무술, 복싱, 레슬링 및 라켓 스포츠에서 유사한 운동 수행이 필요하다. 그러한 스포츠에서 경쟁하는 선수들은 파워풀한 동작을 계속해서 수행해야 한다. 이를 성공적으로 수행하려면 높은 출력과 이를 20~30회(또는 최대 60회) 동적으로, 그리고 가능한 한 폭발적으로 반복할 수 있는 능력이 필요하다.

파워 지구력 트레이닝의 공식은 다음과 같다.

높은 운동량(HV) × 높은 강도(HI)

높은 운동량(HV)의 반복은 스포츠 특정 기술의 운동 패턴에 최대한 가까운 운동을 사용하여 폭발적으로 빠르고 민첩하게(높은 강도, HI) 수행된다. 높은 수준의 파워 지구력을 가진 선수들은 경기 종료 시 보폭 빈도 수, 속도의 감소를 낮추거나 경기 내내 어떤 종류의 파워 지구력을 가지고 있었느냐에 따라 일정한 수준의 파워를 낼 수 있는 능력을 가지고 있다.

"경기가 진행되는 동안 많은 스프린트를 반복하는 축구 선수와 50걸음 동안 높은 파워 출력을 유지하는 스프린터 사이에 차이가 있습니까?"

"네. 생리학적으로 봤을 때, 축구 선수는 종종 ATP-CP 저장소를 다시 회복할 시간 없이 비젖산 파워 활동을 반복하고 있습니다. 그 결과, 선수는 우리가 말하는 '짧은 젖산 파워' 영역에 들어갑니다."

반면에 단거리 선수는 레이스의 첫 번째 부분(처음 6~8초) 동안 무산소성 비젖산 파워를 사용하고 결승선에 다다르면 점점 더 '장기적 젖산 파워'를 사용한다. 이런 이유로 축구 선수와 단거리 선수 모두 파워 지구력이 필요하지만, 생리적으로나 방법론적으로도 파워 지구력의 유형이 서로 다르다.

파워 지구력은 여러 스포츠에서 결정적인 능력이며, 최대근력은 이 두 능력 모두에서 결정적인 요소다. 이 세션에서는 폭발적인 방식으로 파워 지구력을 발달하기 위한 트레이닝 방법을 설명한다.

파워 지구력은 선수가 최대 힘의 30~50%를 리드미컬하고 폭발적으로 적용해야 한다. 파워 지구력을 발달시키기 위해 적절하게 트레이닝하려면 운동선수는 폭발적이고 논스톱으로 12~30회 동적 반복을 수행해야 한다. 필요한 트레이닝은 점진적으로 달성할 수 있으며, 파워 지구력이 짧은 스포츠(대부분의 팀 스포츠)의 경우 적은 수의 반복(5 또는 6)을 사용하고 많은 수의 세트로 진행한다. 긴 파워 지구력이 필요한 스포츠의 경우 낮은 반복 횟수

(10~12)로 시작하여 스포츠에 특화된 반복 횟수로 진행한다. 예를 들어 100m 단거리 선수의 경우 15회, 200m 단거리 선수의 경우 30회다.

전환 단계의 초기에 속근섬유는 가능한 한 최고 수준의 파워를 즉시 보여주도록 트레이닝한다. 운동선수는 이 트레이닝과 병행하여 속근섬유의 배출 속도를 가능한 한 많이 증가시킬 목적으로 수행 속도를 높여야 한다. 이제 파워 지구력 목적을 위해 속근섬유는 많은 반복을 동적으로 수행함으로써 유발되는 피로와 젖산 축적에 대처하도록 트레이닝된다.

트레이닝은 이제 관련 스포츠의 전형적인 스피드 또는 특정 파워 동작의 지구력 구성 요소를 발달하는 것을 목표로 한다. 이 목표는 반복 횟수 또는 세트 수를 점진적으로 늘림으로써 달성된다. 운동선수가 각 세트를 수행하기 전에 피로를 극복하고 최적의 정신 집중에 도달하기 위해 최대의 의지력을 발휘해야 한다. 이 단계의 권장 기간은 6주이지만 때로는 4주로 줄일 수 있다. 그러나 이보다 더 짧은 프로그램은 파워 지구력의 생리적 목표를 달성하기에 충분하지 않다.

각 주동근에 대해 많은 세트를 수행하려면 운동 횟수가 가능한 한 적어야 한다(2~4회 또는 5회). 세트의 각 반복은 폭발적으로 수행되어야 하며, 세트 간 휴식 간격은 중추신경계의 회복을 위해 3~8분이 요구된다. 이러한 유형의 트레이닝 중에 운동선수는 높은 수준의 젖산 축적을 경험한다. 사실, 이것이 폭발적인 반복 횟수가 높아야 하는 이유다. 운동선수는 젖산 축적을 견디고 이 상태에서 성공적으로 수행하는 법을 배우게 되며, 그러한 트레이닝이 없으면 선수는 경기 중에 성공적으로 수행할 수 없다. 이 방법은 또한 결과적으로 근육 피로를 유발함에도 장기간 높은 속근섬유의 동원을 유지하도록 중추신경계를 트레이닝시킨다.

표 13.6   파워지구력 방법을 위한 트레이닝 변수

단계 기간	4~6주
부하	1RM의 30-50%
운동 종목 수	2~5
세트당 반복 횟수	12~30
운동당 세트 수	2 또는 3
휴식 간격	3~8분
수행 속도	폭발적으로
주당 빈도	2 또는 3

스포츠 트레이닝의 주기화

수행력의 속도는 역동적이고 폭발적이어야 하며, 이 규칙을 엄격하게 지키지 않으면 파워 트레이닝 및 파워 지구력 트레이닝은 파워보다는 근육량을 형성하게 된다. 결과적으로 파워 지구력보다는 근비대가 나타난다. 운동선수들은 종종 20~30번의 반복을 폭발적이고 휴식 시간 없이 수행하기 전에 몇 주 동안의 파워 지구력이 필요하다. 그동안 그들은 동적으로 반복을 수행할 수 없을 때 멈춰야 한다. 그 시점에서 파워 지구력이 더 이상 트레

운동	주				휴식 간격
	1	2	3	4	
1. 점핑 하프 스쿼트	$\frac{45}{15}$ 2	$\frac{45}{15}$ 3	$\frac{50}{15}$ 2	$\frac{50}{15}$ 3	5~6분
2. 무거운 케틀벨 스윙	2×20	3×20	2×20 (1~2주보다 무거운 케틀벨)	3×20 (3주와 똑같은 케틀벨)	3~4분
3. 벤치 스로우	$\frac{45}{15}$ 2	$\frac{45}{15}$ 3	$\frac{50}{15}$ 2	$\frac{50}{15}$ 3	3분
4. 랫 풀 다운 (좁은 회외 그립)	$\frac{45}{15}$ 2	$\frac{45}{15}$ 3	$\frac{50}{15}$ 2	$\frac{50}{15}$ 3	3분
부하 패턴	중	고	중	고	

그림 13.14 100m 스프린터를 위한 4주 트레이닝 프로그램 예시

*이러한 운동은 MxS 단계에서 사용되는 운동의 파워 지구력 트레이닝: 하프 스쿼트, 리버스 레그프레스, 벤치 프레스, 고중량 랫 풀 다운

운동	1주	세트와 시리즈 사이의 휴식 간격	2주	세트와 시리즈 사이의 휴식 간격	3주	세트와 시리즈 사이의 휴식 간격	4주	세트와 시리즈 사이의 휴식 간격
1. 점핑 하프 스쿼트	$\frac{45}{12}$×3	3분	$\frac{45}{15}$×4	3분	$\frac{50}{12}$×3	3분	$\frac{50}{15}$×4	3분
2. 점핑 런지	$\frac{45}{12}$×3	3분	$\frac{45}{15}$×4	3분	$\frac{50}{12}$×3	3분	$\frac{50}{15}$×4	3분
3. 벤치 프레스 (밴드 또는 체인을 이용한 저항수용)	$\frac{45}{12}$×3	3분	$\frac{45}{15}$×4	3분	$\frac{50}{12}$×3	3분	$\frac{50}{15}$×4	3분
4. 랫 풀 다운 (좁은 회외 그립)	$\frac{45}{12}$×3	3분	$\frac{45}{15}$×4	3분	$\frac{50}{12}$×3	3분	$\frac{50}{15}$×4	3분
부하 패턴	중		고		중		고	

그림 13.15 팀 스포츠 선수를 위한 4주 트레이닝 프로그램 예시

이닝되지 않기 때문이다. 파워 지구력에 대한 트레이닝 변수는 표 13.6에 요약되어 있다.

그림 13.14는 100m 단거리 선수를 위한 4주 트레이닝 프로그램의 예를 보여준다. 그림 13.15는 일련의 세트 방법을 사용하는 팀 스포츠 선수를 위한 4주 트레이닝 프로그램 예를 보여준다.

착지력 및 반발력

여러 스포츠에서 착지력(Landing)은 중요한 기술일 뿐만 아니라 다른 기술, 예를 들어 피겨 스케이팅에서 점프 후 또 다른 점프로 이어지거나 테니스 및 많은 팀 스포츠에서 다른 방향으로 전환 시 빠른 움직임을 수행하기 위한 기술이기도 하다. 따라서 선수는 착지력을 제어하는 데 필요한 힘과 다음 동작을 빠르게 수행하기위한 반발력(Reactive)을 모두 소유해야한다.

착지의 충격을 제어하고 흡수하는 데 필요한 힘은 점프 높이와 관련이 있다. 예를 들어 낙하 또는 뎁스 점프 후 32~40in(약 80~100cm)에서 착지하면 종종 운동선수 체중의 6~8배로 발목 관절에 부하가 발생한다. 마찬가지로 피겨 스케이팅 점프의 충격을 흡수하려면 선수 체중의 5~8배를 감당할 힘이 필요하며, 착지 순간에 이러한 충격력을 제어하려면 선수의 근육이 충격 흡수력을 트레이닝해야 한다. 착지력은 근육의 신장성 수축을 포함하며, 적절한 트레이닝을 하지 않으면 운동선수가 잘못 착지했을 때 같은 양의 근섬유 활동으로 더 높은 장력을 발생시켜 힘줄의 탄성 조직에 더 큰 스트레스를 가하고 부상 위험을 증가시킨다. 이러한 부상을 피하기 위해 운동선수의 트레이닝에는 신장성 수축과 플라이오메트릭이 포함되어야 한다.

Schmidtbleicher(1992)는 지상 접촉 순간에 선수들이 억제 효과를 경험한다고 명시했다. 동시에 그는 잘 트레이닝된 운동선수가 충격력에 훨씬 더 잘 대처하며, 드롭 점프 트레이닝을 통해 억제 효과를 제거할 수 있다고 보고했다. 그는 억제 메커니즘이 특히 초보 운동선수를 위한 보호 시스템을 나타내며 부상으로부터 보호하기 위한 것이라고 결론지었다.

착지력 및 반발력을 향상시키려면 단축성 및 신장성 수축이 트레이닝의 일부여야 하며, 신장성 근력 트레이닝 및 플라이오메트릭(주로 낙하 또는 뎁스 점프의 형태)은 원하는 착지 기술을 모방해야 한다. 낙하 또는 뎁스 점프('반응 점프'라고도 함)는 상승된 플랫폼(상자, 벤치 또는 의자)에서 수행된다. 선수는 충격을 흡수하기 위해 구부러진 자세(무릎이 약간 구부러진 상태)로 착지하며, 또한 뒤꿈치를 땅에 닿지 않고 발 볼로 착지한다. 이 기술은 대부분의 플라이오메트릭 활동에 필요하며, 뒤꿈치가 지면에 닿으면 운동선수의 폄근에 대한 하중이 너무 높게 나타나기 때문이다.

낙하 단계에서 운동선수는 즉시 수행할 수 있는 자세를 취하여 근육의 긴장과 탄력성을 향상시킨다. 착지 시, 특히 운동선수가 빠르게 다른 행동을 준비하는 경우, 에너지는 근육의 탄성 요소에 저장된다. 점프하거나 다른 방향으로 빠르게 움직일 때, 이 에너지는 곧바로 사용할 수 있는 에너지를 신전 반사로 방출하여 정상적인 근력 트레이닝보다 더 많은 속근섬유를 동원한다. 이 과정을 통해 선수는 또 다른 빠르고 폭발적인 행동을 즉시 수행할 수 있다. 반사 신경 (근방추, 반사 포함)은 트레이닝이 가능하며, 주기적으로 잘 트레이닝 하면 선수의 반응성 점프를 향상시킬 수 있다.

투구력

야구의 투수, 미식축구의 쿼터백, 육상의 투척 종목 선수들의 경우 던지는 힘은 주로 속근섬유에 의해 생성된다. 개별 섬유의 직경이 클수록 수축이 빨라지며, 마찬가지로 동시 수축에 포함되는 섬유가 많을수록 도구에 전달하는 선수의 힘이 커진다.

펜싱이나 복싱 같은 스포츠에서 투척 선수와 같이 기구나 장비를 가속하기 위해서는 상당한 힘이 발달해야 한다. 이러한 선수들은 첫 동작부터 가능한 한 최대 스피드로 도구 또는 장비의 관성을 극복한 다음, 특히 던지기 직전에 동작 전체에서 스피드를 높여야 한다. 그러기 위해 기구의 저항을 크게 초과하는 힘을 가해야 하며, 기구의 무게를 초과할수록 가속도는 높아진다. 따라서 가속도가 높아 질수록 기구의 저항과 선수의 최대근력 사이에 더 큰 차이가 필요하다. 그 결과, 투구력이 요구되는 스포츠 선수들은 잘 계획된 최대근력과 파워 트레이닝 단계를 실행해야 한다.

투척 경기와 움직임을 위한 구체적인 파워 트레이닝은 최대 힘에 적용에 초점을 맞추고 등장성 및 탄성 방법을 사용해야 한다. 등장성 방법의 경우, 반복 횟수(3~8회)는 휴식 없이 빠른 속도로 수행할 필요가 없다.

도약력

많은 스포츠에서 선수가 폭발적인 도약을 할 수 있어야 좋은 성적이 가능하다. 예를 들어 필드와 트랙에서의 점프경기, 스키 점프, 배구, 농구, 축구, 체조, 피겨 스케이팅, 다이빙이 있다. 대부분의 경우 도약은 단거리 및 전력 달리기 후반에 발생한다. 그동안 근육은 사전에 스트레칭 되어 에너지를 저장하며, 도약 시 이 에너지는 가속 추력으로 사용되어 강력한 점프를 생성한다.

관절 굴곡 순간에 필요한 웅크리는 깊이는 다리의 힘과 근섬유 구성에 달려있다. 더 깊게 자세를 웅크리는 것은 다리 폄근에서 더 큰 힘을 필요로 한다. 웅크리는 것은 기계적인 필수 요소이며, 이는 근육을 스트레칭 상태로 만들어 도약을 위해 가속할 수 있는 거리를 제공하기 때문이다. 웅크리는 깊이는 다리 힘에 비례하며 일반적으로 하체 폄근의 근섬유 구성에 의해 결정된다. 굴곡이 너무 크면 신전(또는 단축 단계)이 천천히 수행되어 힘의 적용이 느려져 결과적으로 점프가 낮아진다.

출발력

출발력은 초기 속도가 최종 결과를 결정하는 스포츠에서 필수적이며, 때때로 결정적인 능력이다. 관련 스포츠에는 복싱, 가라테, 펜싱, 스프린트(출발), 팀 스포츠가 있는데, 이 스포츠는 서 있는 자세로부터 폭발적인 가속을 요구한다. 이러한 상황에서 성공적인 수행을 위한 근본적인 생리학적 특성은 가능한 가장 많은 수의 속근섬유를 동원하여 동작을 폭발적으로 시작하는 능력이다.

배구와 같은 스포츠에서 폭발적인 도약은 선수의 성공을 위한 강점이다.

단거리 달리기에서는 근육이 미리 펴진 위치(무릎과 엉덩이가 구부러진 상태)에 있는 상태에서 출발이 이루어지며, 이로 인해 이완되거나 짧아질 때 더 큰 힘을 생성할 수 있다. 이 위치에서 근육의 탄성 요소는 총소리에 스프링처럼 작용하는 운동 에너지를 저장한다. 더 높은 출발력은 더 폭발적이고 더 빠른 출발을 가능하게 한다. 올림픽 단거리 선수들은 자신의 몸무게의 2-4배의 출발력을 기록한다.

복싱과 무술에서 공격 기술을 실행하는 빠르고 강력한 움직임은 상대방이 효과적인 방어 행동을 못하게 하며, 빠른 동작과 강력한 출발은 신경근 시스템의 탄력적이고 반응적인 구성 요소에 달려 있다. 이러한 특성은 전환단계에서 더욱 구체적인 파워 트레이닝을 통해 극대화될 수 있으며, 이는 근육의 신전 반사를 더 잘 개선하고 속근섬유의 파워를 증가시킨다.

동작을 빠르고 강력하게 시작하는 데 핵심이 되는 이러한 측면은 등장성, 탄성, 특히 최대 운동 및 플라이오메트릭 운동을 통해 트레이닝할 수 있다. 일련의 반복 동작으로 수행하거나 개별적으로 수행할 수 있다. 후자의 경우 한 세트의 운동이 한 번에 하나씩 수행되므로 가능한 한 폭발적으로 수행하기 위해 선수가 최대 정신 집중에 도달할 수 있는 충분한 시간을 가져야한다. 이러한 조건은 많은 수의 속근섬유 동원이 가능하다. 결과적으로 선수는 최대한의 힘으로 동작을 수행할 수 있다.

가속력

달리기, 수영, 사이클링, 조정 및 대부분의 팀 스포츠에서 경기력 향상을 위해 가속 능력을 발달시켜 높은 스피드 달성을 요구한다. 파워가 없으면 운동선수는 달리기에 필요한 강력한 힘을 발휘하거나 수중 스포츠에서 물의 저항을 극복할 수 없다. 따라서 파워는 높은 가속력이 필요한 모든 스포츠에서 필수적인 요소이다.

예를 들어, 스프린트에서 지면에 가해지는 힘은 선수 체중의 2-2.5배다. 노를 젓는 사람은 높은 가속도를 유지하기 위해 스트로크당 40~60kg(88~132파운드)의 일정한 노의 날갯짓 압력을 사용해야 한다. 그리고 가속력을 필요로 하는 모든 스포츠에서 관련된 강력한 작용은 반복적이고 매우 빠르게 수행되어야 한다. 지면에 가해지는 힘이 더 크거나 선수의 최대근력과 저항과의 차이가 클수록 높은 가속도를 가능하게 한다.

가속도를 높이려면 최대근력이 발달해야 하며, 이 목표는 최대근력 단계에서 달성되기 때문에 특정 파워 트레이닝 방법을 통해 이득을 유지하고 파워로의 전환을 해야 한다. 좀 더 구체적으로, 등장성, 탄성, 파워 저항성 및 플라이오메트릭 방법은 운동선수가 많은 수의 속근섬유를 빠른 속도로 활성화하는 일련의 근육 자극을 적용하는 데 도움이 될 수 있다. 이러한 활성화를 통해 선수는 원하는 높은 수준에서 가속력을 적용할 수 있다.

이러한 방법은 폭발적으로 발생하는 횟수가 적고(1~6회) 높은 빈도로 구현되거나 한 번에 1회씩 개별적으로 구현될 수 있다. 첫 번째 경우 목표는 주기적 파워의 반복적인 표시다. 두 번째 경우, 목표는 강도의 탄성-반응 성분이 덜 사용되는 단일 비주기적 시도에서 가장 높은 파워를 적용하는 것이다. 가속력을 필요로 하는 스포츠 선수는 순간적으로 강력한 동작을 수행하고 높은 빈도로 수행해야 하므로 두 가지 방법을 모두 사용해야 한다. 근력 주기화를 적용함으로써 선수는 이러한 효과를 달성할 가능성을 높이고 주요 경기를 위해 적시에 최고 가속력에 도달할 수 있다.

감속력

몇몇 스포츠, 특히 라켓과 팀 스포츠에서 감속은 가속도만큼 중요하다. 팀 스포츠 선수는 상대를 추월하거나 패스를 받을 수 있도록 하는 것과 같은 다양한 목표를 달성하기 위해 가능한 한 빨리 가속하고 달릴 수 있어야 한다. 일부 스포츠(예: 축구, 농구, 라크로스, 아이스하키)에서는 빠르게 감속한 다음 빠르게 달리는 방향을 변경하거나 들어오는 공을 리바운드하는 것과 같은 스포츠 특정 동작을 수행하기 위해 점프하는 능력이 필요하다. 종종 빠르게 감속할 수 있는 운동선수는 전술적 이점을 창출할 수 있다.

감속에는 강한 다리와 효율적인 역학적 움직임이 필요하며, 실제로 빠른 감속을 수행하려면 체중의 두 배 이상의 다리 힘이 필요할 수 있다. 감속은 다리 근육의 신장성 수축을 통해 이루어지며, 이 수축은 발을 무게중심보다 앞쪽에 두고 상체를 뒤에 두면 유발된다. 빠른 스프린트에서 빠르게 감속하기 위해 발달한 근육은 탄력적 특성에 의존하여 충격력을 상쇄하고 감소시킨다. 이러한 힘을 상쇄시킬 수 있으려면 착지하는 동안 충격을 흡수하는 데 필요한 힘과 무릎 및 엉덩이의 적당한 굴곡이 요구된다.

근육이 빠르게 감속하도록 트레이닝하려면 운동선수는 신장성 수축 및 플라이오메트릭 같은 여러 가지 방법을 사용해야 하며, 신장성 수축의 경우 최대근력 방법에서 중간 하중에서 최대 하중으로 진행하면서 천천히 적용해야 한다. 플라이오메트릭의 경우, 운동선수는 충격이 적은 운동에서 고강도 운동으로 몇 년 동안 정상적으로 진행한 후 낙하 또는 깊이 점프를 사용할 수 있다.

근지구력으로의 전환

근지구력은 경기 내내 동일한 힘을 유지하기 위해 주어진 저항에 대해 많은(즉, 수십 회 또는 수백 회) 반복을 할 수 있는 능력을 나타낸다. 근력 트레이닝이 아무리 집중적이든 포괄적이든 상관없이 근력 운동은 선택한 스포츠의 특정 생리적 요구를 해결하지 않는 한 적절한 적응 또는 그에 따른 긍정적인 트레이닝 효과를 발휘할 수 없다. 대부분의 트레이닝 전문가들이 이 말에 동의할 수 있지만, 근력 트레이닝 프로그램은 지구력이 지배적이거나 중요한 요소인 스포츠 및 경기에서는 때때로 적합하지 않다. 이러한 프로그램들은 여전히 올림픽 역도와 보디빌딩 트레이닝 방법에 의해 과도하게 집중되어 있다. 20회의 반복 횟수를 실시하면 보디빌더들이 근지구력을 발달할 수 있으나, 이러한 트레이닝 방법은 유산소 지구력이 지배적인 중장거리 수영, 조정, 카누, 복싱, 레슬링, 크로스컨트리 스키, 스피드 스케이팅, 철인 3종 경기 같은 스포츠에서는 매우 불충분 하다.

반면에, 운동선수가 최대하(1RM의 70%) 또는 최대(80%를 훨씬 넘는) 부하로 낮은 반복 횟수의 근력 트레이닝 프로그램만 사용하는 경우, 운동선수는 기관 및 신경근 시스템의 에너지 공급, 회복, 생리학적 기능에서 이러한 부하에 대한 적응을 경험하게 된다. 결과적으로 운동선수는 근력과 운동 효율성을 향상시킬 수 있지만, 근지구력은 향상되지 않는다. 따라서 이러한 프로그램은 지구력이 중요한 스포츠에서는 최적의 성능을 발휘하지 못한다.

앞서 살펴본 바와 같이 높은 부하의 근력 운동은 속근섬유를 활성화하며, 이 사실은 속도와 파워가 지배적인 능력인 스포츠를 위한 근력 트레이닝에 잘 알려져 있고 적용된다. 그러나 장시간의 운동 활동에는 다른 유형의 트레이닝이 필요하다.

장시간의 스포츠나 시합 중에는 속도가 종종 최대 이하이므로 근육의 긴장이 낮아진다. 그 결과, 중추신경계는 먼저 오래 지속되는 생리적 기능에 대처하기 위해 특수화되고 적응된 근육 섬유인 지근섬유(Type I) 및 속근섬유(Type IIa)를 동원한다. 지구력 트레이닝의 결과로 신체는 지방을 연료로 더 잘 사용할 수 있고, 따라서 글리코겐 저장을 절약하고 젖산을 더 효율적으로 배출 및 재사용할 수 있다.

그러나 이러한 생리적 적응은 스포츠를 수행하는 것만으로는 달성할 수 없다. 스포츠에 특화된 트레이닝은 단조로운 자극을 나타내기 때문에 신체가 더 높은 수준에 적응하도록 할 수 없다. 예를 들어, 꾸준한 조정 운동은 근지구력 향상에 충분한 자극이 될 수 있지만 스포츠 성능 향상에는 충분하지 않으며, 자신이 직면하는 것보다 높은 하중을 사용하여 높은 반복으로 근력 운동을 수행해야 한다. 그들의 스포츠 특이적 활동, 즉 이런 종류의 트레이닝은 지구력 스포츠의 역동성에 더 잘 반응되기 위해서 지근섬유와 속근섬유를 트레이닝시킨다.

피로는 단계적으로 발생하는 것처럼 보이기 때문에(Wilmore & Costill, 1993) 지근섬유(Type I) 및 IIa형 속근섬유(Type IIa)가 고갈되면 IIx형 속근섬유(Type IIx)도 작동하도록 동원된다. 따라서 세 가지 유형의 근섬유를 모두 동원하고 최대한 활용하는 트레이닝 프로그램을 구성하는 것이 근지구력을 향상시키는 가장 좋은 방법이다. 결과적으로 유산소성이 우세한 선수는 다음과 같은 조취를 취해야 한다.

- 장시간의 스포츠 활동 중에 필요한 근육 섬유의 적응을 구체적으로 다루는 장시간의 근지구력 트레이닝 방법을 사용하라. 더 잘 트레이닝될수록 그들은 오래 지속되는 경기에서 특별한 힘을 더 오래 생성할 수 있다.

- IIa 속근섬유(Type IIa)와 IIx 속근섬유(Type IIx)도 지구력 특성에 적응할 수 있도록 단시간 근지구력과 장시간 근지구력을 위한 혼합 근력 트레이닝을 실시할 수 있다.
- 특정 지구력 트레이닝 방법을 사용하여(10~30분 휴식없이 연속적으로 실시되는 긴 간격 및 장거리 트레이닝) 유리지방산을 연료로 효과적으로 사용하고 심혈관 효율을 향상시키기 위해 신체를 적응시킨다.
- 지구력 트레이닝은 또한 미토콘드리아와 산화효소를 증가시키는 속근 섬유의 산화 능력을 향상시킨다. 결과적으로 운동선수는 신체의 가장 오래 지속되는 에너지 예비인 ATP 생산을 위해 지방(유리지방산)에 더 많이 의존한다(Wilmore and Costill 2004).

앞에서도 논의했듯이 지구력이 지배적인 스포츠를 위한 근력 트레이닝 프로그램은 시합보다 약간 높은 부하를 요구하며, 또한 시합과 비슷한 수의 반복이 필요하다. 이러한 트레이닝 변수는 선수의 종목의 특정한 피로에 대처하기 위해 신경계와 대사적 시스템을 단련시킨다. 이러한 방식으로 구성된 트레이닝의 생리적 요구 사항은 시합의 요구 사항과 매우 유사하며, 다행히 신경근 시스템은 모든 유형의 트레이닝에 적응할 수 있다.

지구력이 지배적인 스포츠에서 최대근력의 중요성은 외부 저항에 비례하여 증가한다. 예를 들어, 400m 수영선수는 1,500m 수영선수보다 더 빠른 속도로 움직이며, 더 빠른 속도를 만들려면 400m 수영선수는 1,500m 수영선수보다 더 큰 힘으로 물의 저항에 극복해야 한다. 따라서 최대근력은 1,500m 수영선수보다 400m 수영선수에게 더 중요하다.

그러나 두 경우 모두 운동선수가 기록을 더 향상시키기를 기대한다면 매년 최대근력을 향상시켜야 한다. 이러한 개선은 수영선수가 특정 대사 지구력을 향상시키고 물의 저항을 당기는 힘이 증가될 경우에만 가능하다. 이러한 증가한 힘만이 물을 통해 몸을 더 빨리 밀어낸다. 최대근력 트레이닝이 낮은 트레이닝 속도로 인해 수영을 느리게 만든다는 믿음은 허구다. 실제로 최대근력 트레이닝은 운동선수의 신경근 시스템을 조절하여 모든 스포츠 수행을 위해 더 많은 운동단위를 동원하여 근지구력을 향상시킬 수 있는 강력한 기반을 제공하는 유일한 방법이다.

근지구력은 스포츠의 특성에 따라 폭발적으로 또는 일정한 속도로 수행되는 많은 반복 횟수를 강조하는 근력 트레이닝 프로그램을 통해 가장 잘 향상된다. 선택한 운동과 반복 횟수는 선택한 스포츠 또는 시합의 생리적 요구 사항에 원하는 적응을 생성하도록 조정되어야 한다. 최대근력을 근지구력으로 전환하는 동안 적절한 트레이닝 방법을 적용하지 않는 선수

스포츠 트레이닝의 주기화

는 트레이닝에서 시합 환경으로 긍정적인 전환을 기대할 수 없다. 예를 들어, 20회 반복이 최적으로 간주되는 보디빌딩 또는 올림픽 역도에서 응용한 트레이닝 방법론은 200회 이상의 논스톱 스트로크(예: 수영, 조정 및 카누)가 필요한 스포츠 또는 5만 걸음을 달리는 마라톤 선수에게 도움이 되지 않는다. 그러나 모든 스포츠별 주기화 모델과 마찬가지로 스포츠에서 수행된 반복 횟수가 선수의 트레이닝 일정에 갑자기 나타날 수는 없다. 반대로, 트레이닝 계획은 필요한 반복횟수까지의 증가(특정 부하에서)를 점진적으로 구현해야 한다. 최적의 진행은 근지구력 단계에 사용할 수 있는 시간과 세트당 긴장 상태의 목표 시간에 의해 결정하는 것이다. 유사하게, 부하 증가는 필요한 경우 마이크로사이클에서 그 다음 마이크로사이클까지 2.5~5% 사이여야 하는데, 더 큰 증가는 운동선수가 수행할 수 있는 반복 횟수에 영향을 줄 수 있기 때문이다.

지구력 스포츠의 경우 유산소성 지구력과 근지구력을 동시에 트레이닝해야 하며, 이 요구 사항은 별도의 날에 두 요소를 트레이닝하거나 때로는 동일한 트레이닝 세션에서 두 요소를 결합하여 충족할 수 있다. 후자의 경우 특정 지구력 트레이닝에는 종종 기술 트레이닝이 포함되기 때문에 세션이 끝날 때 근육 지구력을 수행해야 한다. 복합 운동은 피로로 인해 제한될 수 있으며, 하루 총훈련량을 줄여야 하는 경우 일반적으로 근지구력 트레이닝에서 감소가 이루어진다.

다양한 스포츠를 위한 근지구력 트레이닝 유형은 다음과 같다.

- ***동적 근지구력(단축-신장)***. 주기적 스포츠(예: 조정, 수영, 사이클링, 크로스컨트리 스키, 카누, 카약) 및 특정 기타 스포츠(예: 라켓 스포츠 및 복싱)
- ***등척성 근지구력***. 운동선수가 몇 분 동안 특정 자세(예: 등척성 수축)에 머물 수 있는 스포츠(예: 항해 및 운전)
- ***혼합 근지구력(등척성과 동적 혼합)***. 그래플링, 브라질리언 주짓수, 사격, 양궁

스포츠는 몇 초에서 몇 시간의 지속적인 신체 활동이 필요할 수 있으므로 근지구력 훈련은 이러한 차이를 해결해야 한다. 최고의 트레이닝 효율을 위해 근지구력은 지구력 스포츠의 생리적 특성에 따라 단시간 근지구력, 중시간 근지구력, 장시간 근지구력의 세 가지 유형으로 나뉜다. 다음에 제시된 트레이닝 프로그램을 연구한 후 코치는 선수의 구체적인 요구 사항과 트레이닝 배경 및 스포츠의 물리적 환경에 자유롭게 적응할 수 있어야 한다.

단기적 근지구력

30초에서 2분 사이의 스포츠에는 육상, 수영, 카누, 스피드 스케이팅 및 스키의 특정 경기가 포함된다. 또한 일부 다른 스포츠는 아이스하키, 농구, 복싱, 레슬링 같은 경기와 또는 경기 중에 정기적으로 격렬한 활동이 요구된다. 이러한 격렬한 활동을 하는 동안 운동선수들은 높은 수준의 젖산(종종 12~20mmol 또는 L당 그 이상)을 축적하며, 이는 젖산 에너지시스템이 해당 스포츠의 전반적인 경기력에서 지배적이거나 적어도 중요한 요소임을 보여준다. 이러한 스포츠는 대부분 매우 강력한 무산소 능력과 매우 우수한 유산소 능력을 요구한다.

지구력 스포츠 트레이닝의 핵심 목표 중 하나는 운동선수가 피로를 견디도록 트레이닝하는 것이다. 그 이유는 단시간 근지구력의 에너지원은 혈당(글루코스)과 근육 내 글리코겐이기 때문에 무산소성 에너지 대사를 통해 젖산이 축적되기 때문이다. 트레이닝을 통해 신체는 젖산을 에너지 기질 공급원으로 활용하여 젖산을 제거하는 단백질의 발현을 증가시켜 젖산 축적을 견디도록 적응하며(Billat et al., 2003), 이는 선수가 경기의 활력과 궁극적으로 영향을 미치는 피로에 대해 잘 대비할 수 있도록 한다.

단시간 근지구력 트레이닝을 하면서 운동선수는 산소 부채(oxygen debt)를 겪게 되는데, 이 상태는 무산소성 에너지시스템이 우세한 활동에서 나타난다. 이러한 활동을 60~90초 후 심박수는 분당 200회까지 올라갈 수 있으며, 혈중 젖산 농도는 리터당 12~20mmol 또는 그 이상일 수 있다.

단기적 근지구력(MES) 트레이닝에는 매우 빠른 속도로 폭발적 반복 운동을 수행하는 것을 포함한다. 반복운동을 수행하는 것을 포함한다. 부하는 높지 않지만(1RM의 40-60%), 반복 횟수는 경기에 가깝거나 높은 강도로 수행된다.

이러한 이유로 선수는 주동근을 사용하기 위해 가능한 최소한의 운동(2~6개)을 사용해야 한다.

반복횟수는 정확하게 설정할 수 있지만 인터벌 트레이닝에서처럼 각 세트의 지속시간(15~120초)과 수행 속도(꾸준히 빠른)를 결정하는 것이 더 실용적이다. 운동 종목의 개수가 적은 경우에는 3~6세트까지 시행하여 지속시간과 세트 수를 늘려야 한다. 젖산의 가장 빠르고 가장 높은 축적을 이끌어내기 위해서는 수행 속도가 폭발적이어야 한다. 또한 운동선수가 젖산 축적을 견디도록 트레이닝하기 위해서는 산성 환경에서 높은 출력이 가능하도록 휴식 간격을 두어야 한다(세트 간 3~8분).

스포츠 트레이닝의 주기화

표 13.7 단기적의 근지구력을 위한 트레이닝 매개변수

지속시간 단계	4~6주
부하	1RM의 40~60%(스포츠 종목별 저항에 따라)
운동 수	2~6
세트의 지속시간	30~120초(특정 시합 시간에 따라 시간분할)
운동당 세트 수	3 또는 4분
휴식 간격	3~8분
수행 속도	폭발적으로
주당 빈도	2

1주	2주	3주	4주	5주	6주
2× (4 × 30초)	3× (3 × 40초)	3× (2 × 60초)	3 × 100초	3 × 110초	3 × 120초

그림 13.16 2분 시합을 위한 단기적의 근지구력 주기화의 일반적인 예시

운동	주					
	1	2	3	4	5	6
1. 엎드린 자세로 케이블 당기기 (부하=1RM의 50%)	2 × (4 × 15초)	3 × (3 × 20초)	4 × (2 × 30초)	3 × 50초	3 × 55초	3 × 60초
2. 바로누워 메디신볼 정면으로 던지기	2 × (4 × 15초)	3 × (3 × 20초)	4 × (2 × 30초)	3 × 50초	3 × 55초	3 × 60초
3. 레그 익스텐션	2 × (4 × 15초)	3 × (3 × 20초)	4 × (2 × 30초)	3 × 50초	3 × 55초	3 × 60초
4. 케이블 엘보 익스텐션	2 × (4 × 15초)	3 × (3 × 20초)	4 × (2 × 30초)	3 × 50초	3 × 55초	3 × 60초
5. 복부 V 싯업	2 × 20	2 × 25	3 × 25	2 × 30	2 × 35	3 × 35
부하 패턴	저	중	고	저	중	고

그림 13.17 국제적인 수준의 100m 접영선수를 위한 6주 트레이닝 프로그램 예시

단시간 근지구력에 대한 트레이닝 매개변수는 표 13.7과 같다. 이 접근법은 젖산 축적의 경기별 상황을 모방한다. 단기적 근지구력 주기화의 일반적인 예(800m 달리기, 200m 자유형 또는 1,500m 스케이트)는 그림 13.16에 나와 있다. 그림 13.17은 국제적인 수준의 100m 접영선수를 위한 6주 트레이닝 프로그램의 예시를 보여준다.

중·장기 근지구력

중장기 근지구력은 경기 시간이 2분 이상인 모든 스포츠에서 경기력 향상의 핵심 요소다. 예를 들면 복싱, 레슬링, 조정, 수영(400~1,500m), 카약, 카누(1,000~10,000m), 로드 사이클링, 크로스컨트리 스키, 바이애슬론 및 철인 3종경기가 있다. 중장기 근지구력 트레이닝은 장기 인터벌 트레이닝의 원칙에 따라 실시할 수 있다. 이 트레이닝 방법은 또한 광범위한 인터벌 트레이닝이라고 할 수 있다. 왜냐하면 광범위하다는 것은 많은 훈련량의 장기간 활동 유형을 의미하기 때문이다.

근지구력 트레이닝의 주요 목적은 선수의 피로 대처 능력을 향상시키는 것이며, 이러한 트레이닝은 많은 반복 횟수(종종 100회 이상)를 사용하기 때문에 운동선수의 무산소 및 유산소 지구력을 향상시킨다. 많은 반복으로 논스톱 세트의 초기 부분에서는 무산소성 에너지 시스템에 의해 에너지가 제공된다. 이 과정은 운동선수가 활동을 계속하려고 할 때 생리적·심리적 문제를 일으키는 젖산 축적을 생성한다. 선수가 피로를 극복하고 계속 운동하면 유산소 시스템이 에너지를 공급하며, 반복적인 근지구력 트레이닝은 필요한 국소 유산소 대사를 향상시키는 특정 적응을 초래한다.

생리학적 적응은 더 나은 산소와 에너지 공급을 촉진하고 대사 폐기물의 제거를 증가시키게 되는데, 예를 들어 반복적인 근지구력 트레이닝은 근육과 간에 저장된 가용 글리코겐의 양을 증가시킨다.

따라서 전반적으로 근지구력 트레이닝은 생리적 효율성을 증가시킨다. 근지구력 트레이닝은 상대적으로 낮은 부하(1RM의 약 30~50%)를 사용하기 때문에 근섬유 직경의 증가 없이 근육의 장기 수축 능력이 향상되고, 한 번에 특정 수의 운동단위만 활성화되고 나머지는 쉬고 있으며 수축하는 섬유가 피로해질 때만 활성화된다.

근지구력이 중요한 트레이닝 방법인 스포츠의 경우 최대근력을 향상시키는 것도 도움이 된다. 최대근력운동의 결과 개별 근섬유의 직경이 증가하면 근지구력 트레이닝 과제를 수행하기 위해 더 적은 수의 운동단위가 필요하며, 최대근력 트레이닝과 플라이오메트릭 트레이닝이 운동 효율성을 향상시키는 것으로 입증되었다. 더 적은 수의 운동단위를 사용하여 생성된 이러한 유형의 근력 비축은 중요하며 더욱 효과적으로 운동을 수행 할 수 있는 근육의 능력을 증가시킨다.

최대근력 트레이닝을 최소화해서는 안 된다. 반대로, 이 논의에서 언급한 모든 스포츠에 대해 제한적으로 사용해야 한다. 그러나 일반적인 준비가 끝나고 단순한 최대근력 유지 이상을 수행하는 것은 마라톤 같은 장기간의 스포츠와 최대근력의 30% 미만을 요구하는 스포

스포츠 트레이닝의 주기화

츠에 대해 미미한 이점만 제공한다(Hartmann & Tünnemann, 1988).

경기 지속 시간이 2~8분인 스포츠(유산소성 파워가 지배적인 스포츠)의 경우 중기적 근지구력(MEM) 트레이닝이 제안되고, 8분 이상 지속시간(유산소 능력이 지배적인 스포츠)에는 장기적 근지구력(MEL) 트레이닝이 제안된다. 중기적 근지구력은 더 강한 혐기성 성분을 가지고 있는 반면, 장기적 근지구력은 분명히 유산소성이기 때문에 이러한 구분이 필요하다. 근지구력 유형별 프로그램 설계는 부하, 운동시간, 수행 속도가 확연히 다르기 때문에 다음 장에서 별도로 설명한다.

중기적 근지구력 프로그램 설계

이 프로그램은 2~8분 동안 지속되거나 높은 수준의 유산소 운동이 필요한 경기에 권장된다. 서킷 트레이닝이나 스트레이트 세트 형태로 디자인할 수 있다. 서킷 트레이닝 옵션은 적절한 주간 빈도로 스포츠별 트레이닝을 연습하는 것이 불가능하므로 체육관에서 트레이닝에 전념하는 시간 동안 심폐 적응도 자극해야 하는 상황에 제안된다. 더 긴 경기에서 국부적인 근지구력 개발을 위해 스트레이트 세트 접근법이 제안된다. 세트가 스포츠에 특화된 지속시간에 도달해야 하는 경우, 안정적인 출력이 필요한 스포츠에 적합하다. 그것은 간헐적 스포츠에도 사용할 수 있다. 세 가지 옵션 각각에 대한 예가 제공된다.

중기적 근지구력에 대한 트레이닝 부하 범위는 1RM의 30~50%다(표 13.8 참조). 중기 근지구력 단계 동안 특정 트레이닝 변수는 일정하게 유지된다. 부하, 실행 속도 및 운동 개수(레슬링이나 복싱 같은 여러 근육을 트레이닝시켜야 하고, 스피드 스케이팅이나 카누와 같이 상체 또는 하체 근육 그룹이 우세한 스포츠의 경우 더 적다)가 일정하게 유지되지만, 세트 시간은 매주 또는 2주마다 증가한다. 이 프로그램은 선수들을 지속적으로 높은 수준의 피로에 노출시켜 시합의 고통과 피로에 대처하는 법을 배우도록 정밀하게 설계되었다. 그렇

표 13.8 중기적 근지구력

단계 기간	8~10주
부하	1RM의 30~50% (스포츠 별 나타나는 외부적 저항 무게와 비슷한)
운동 종목 수	4~8
세트 시간	2~8분(경기 지속 시간과 비슷한)
운동 종목 당 지속시간	3 또는 4분
휴식 시간	2~3분
수행 속도	빠름
주당 빈도	2

특정 근력으로의 전환

1주	2주	3주	4주	5주	6주
2 × (4 × 60초)	3 × (3 × 80초)	3 × (2 × 120초)	3 × 200초	3 × 220초	3 × 240초

그림 13.18 4분 정도 지속적으로 높은 파워를 요구하는 시합에 대한 중기적 근지구력 주기화의 예시

운동	주							
	1	2	3	4	5	6	7	8
저커 스쿼트	2 × 120초	2 × 120초	3 × 120초	3 × 120초	2 × (2 × 60초)	2 × (2 × 60초)	3 × (3 × 40초)	3 × (3 × 40초)
플로어 프레스	2 × 120초	2 × 120초	3 × 120초	3 × 120초	2 × (2 × 60초)	2 × (2 × 60초)	3 × (3 × 40초)	3 × (3 × 40초)
힙 브리지	2 × 120초	2 × 120초	3 × 120초	3 × 120초	2 × (2 × 60초)	2 × (2 × 60초)	3 × (3 × 40초)	3 × (3 × 40초)
랫 머신 (중립 좁은 그립)	2 × 120초	2 × 120초	3 × 120초	3 × 120초	2 × (2 × 60초)	2 × (2 × 60초)	3 × (3 × 40초)	3 × (3 × 40초)
바벨 컬	2 × 120초	2 × 120초	3 × 120초	3 × 120초	2 × (2 × 60초)	2 × (2 × 60초)	3 × (3 × 40초)	3 × (3 × 40초)
파머스 워크	2 × 100초	2 × 100초	3 × 80초	3 × 80초	2 × (2 × 60초)	2 × (2 × 60초)	3 × (2 × 40초)	3 × (2 × 40초)

그림 13.19 레슬러들을 위한 중기적 근지구력 프로그램

기 때문에 세트 간의 휴식 시간이 짧아서 선수가 충분히 회복할 수 있는 시간이 부족하다.

그림 13.18은 중기적 근지구력 주기화의 일반적인 예(예: 1,500m 달리기, 400m 자유형 수영, 3,000m 스케이트 또는 1,000m 카약)를 보여주고, 그림 13.19는 레슬링 선수를 위한 중기 근지구력 프로그램 예시를 보여준다. 그림과 같이 지속시간과 반복 횟수는 장기간에 걸쳐 점진적으로 증가한다. 이러한 고도의 트레이닝에 대한 반응으로 생리적 적응을 달성하려면 전환 단계의 기간이 8~10주여야 한다.

중기적의 근지구력을 위해 설계된 서킷 트레이닝은 바벨이나 다른 장비를 사용할 수 있다. 바벨을 사용하는 것의 장점은 그림 13.20에 표시된 서킷 트레이닝에서 요구하는 것처럼 쉬지 않고 다른 팔다리를 운동할 수 있다는 것이다.

그림 13.20의 서킷 트레이닝은 9주 또는 10주 후에 다음과 같이 수행되는 여덟 가지 운동을 포함한다. 선수는 최대 힘의 40%의 바벨을 지면에 놓고 50개의 데드리프트를 수행하며, 마지막 반복을 완료한 후 선수는 바벨을 내리고, 벤치에 누워 벤치 프레스 50회를 한다. 그런 다음 선수는 바를 재빨리 재장전하고 바벨을 다시 어깨에 올려놓고 하프 스쿼트를 50회 수행한다. 마지막 스쿼트를 마친 선수는 벤치에 앉아 암 컬 50회, 바닥에 있는 케틀벨을 들고 케틀벨 스윙 50회를 한다. 선수는 즉시 50개의 로우 동작으로 이동한 다음 다시 빠르게 바벨을 어깨에 올려놓고 50개의 토 레이즈를 수행한 다음 지면에서 50개의 브이 싯업을 수행한다. 우리의 가상 서킷 트레이닝에서 수행된 총 반복 횟수는 400회다.

스포츠 트레이닝의 주기화

운동	주의 수			
	3 또는 4	3	3	2
폴리 로우	점진적으로 1RM의 30~50% 부하로 운동 당 50~60회를 논스톱으로 수행하는 것을 목표로 한다.	두 가지 운동을 논스톱으로 수행하거나 함께 100회 반복한다(예: 하프 스쿼트 50회 후 암 컬 50회). 나머지 6개 운동을 짝 지어보기 바란다.	네 가지 운동을 논스톱으로 수행하거나 함께 200회를 수행한다. 휴식 시간이 끝나면 나머지 네 가지 운동도 같은 방법으로 실시한다.	모든 운동을 쉬지 않고 실시한다(8가지 운동 × 50회 = 쉬지 않고 400회).
벤치 프레스				
하프 스쿼트				
암 컬				
데드리프트				
벤트-오버 로우				
토 레이즈				
브이 싯업				
휴식 간격	운동 사이 1분	두 가지 운동 사이 1~2분	그룹 간 2분	1분

400~1,500m 수영, 중거리 스피드 스케이팅, 카약 및 카누와 같은 다른 스포츠를 위해 유사한 프로그램을 개발할 수 있다.

그림 13.20 조정선수를 위한 중기적 근지구력 프로그램

이 트레이닝의 장점은 다른 근육 그룹을 번갈아 가며 수행하기 때문에 유산소성 시스템이 서킷 트레이닝 전체에 관여한다는 것이며, 이는 근지구력과 유산소 지구력(이 장에서 논의된 모든 스포츠의 두 가지 중요한 능력)을 발달한다. 이는 예를 들어 운동선수가 매크로사이클(Macrocycle) 동안 특정 대사 트레이닝을 많이 할 수 없을 때 특히 좋다. 제시된 정보를 더 명확히 하기 위해 그림 13.20에서 트레이너는 다음 지침을 고려해야 한다.

- 반복 횟수는 점진적으로 증가하여 40~60회(또는 그 이상)를 수행하는데 2~3주가 소요될 수 있다.
- 반복 횟수는 종목의 요구에 따라 달라질 수 있다.
- 첫 번째 운동과 마지막 운동의 우선순위가 낮은 경우 반복 횟수가 다를 수 있다.
- 주어진 종목에서의 해당 근육군의 중요성을 강조하기 위해 한 서킷 안에서 동일한 운동을 두 번 반복할 수 있다.
- 종목의 특이성과 선수의 강점과 약점 등을 고려하여 상체와 하체의 운동 횟수가 달라질 수 있다.
- 초보자의 경우, 데드리프트의 하중은 더 낮고(1RM의 30~40%) 신중하게 사용해야 한다(장기적으로 진행).
- 운동선수는 더 빨리 움직이고 운동을 끝내고 싶은 충동이 있더라도 서킷 전체에서 일정한 속도를 유지해야 한다.

- 코치와 트레이너는 특히 체육관 환경에서 선수가 한 운동에서 다른 운동으로 이동하는 데 적은 시간이 들도록 트레이닝 전에 필요한 모든 장비를 설치해야 한다. 이러한 환경에서 좋은 선택은 밀폐된 공간에서 할 수 있는 바벨 및 덤벨 운동이 포함된다.

- 운동선수는 2단계에서 논스톱으로 2개의 운동을 쉬지 않고 수행하고, 3단계에서 4개의 운동을 쉬지 않고 해야하며, 그리고 마지막 단계에서 8개의 모든 운동을 쉬지 않고 수행해야 한다.

- 운동선수는 자신의 종목에 따라 쉬지 않고 8회로 순환 운동을 수행하는 데 8분에서 10분 이상이 소요될 수 있다. 더 나은 장기적 근지구력(MEL) 개선을 위해 더 긴 서킷을 설계할 수 있다.

- 중기적 근지구력(MEM)과 장기적 근지구력(MEL) 모두 심각한 생리학적 요구를 수반하기 때문에 이 방법은 근력과 지구력 트레이닝 모두에 숙련된 선수(국가대표급 선수 이상)만 사용해야 한다. 덜 까다로운 서킷(주니어용)의 경우 4~6개의 운동만 포함해야 한다.

- 두 가지 운동을 쉬지 않고 수행한 다음 네 가지, 그 다음에는 모두 여덟 가지를 수행하는 것이 좋다.

- 운동선수가 마지막 단계에서 쉬지 않고 모든 운동 종목을 수행하는 데 적응하면 코치는 스톱워치를 사용하여 개선사항을 모니터링 할 수 있다. 적응의 결과로 서킷을 완료하는 데 시간이 줄어들어야 한다.

그림 13.21은 복싱선수들에게 제안된 중기적 근지구력 프로그램을 보여준다. 이 프로그램은 첫 번째 운동부터 마지막 운동까지 쉬지 않고 가능한 한 빠른 속도로 일정한 리듬으로 수행되어야 하며, 유일한 예외는 점프 스쿼트 운동 시 무릎 압박을 피하기 위해 깊은 신장성 수축 단계를 빠르지만 통제된 방식으로 수행해야 한다.

원암 스탠딩 메디신 볼 던지기의 경우, 선수는 단단한 리바운드 벽에 공을 던져야 하며, 던지기는 공을 가슴 앞에서 유지하기 위해 다른 팔을 지지대로 사용하여 수평으로 앞으로 수행하는 복싱 펀치를 모방해야 한다. 공의 무게는 6~8파운드(2.7~3.6kg)에서 시작할 수 있으며(복서의 컨디션에 따라 다름), 무게는 1~2주마다 1~2파운드씩 감소해야 한다. 1~2주 동안 공의 무게는 0.9~1.8kg이어야 한다.

복서의 상체 근육은 무산소적인 활동을 견뎌야 하기 때문에 상체 운동 세트의 지속시간

스포츠 트레이닝의 주기화

운동	1주	2주	3주	4주
원 암 스탠딩 메디신 볼 체스트 스로우	4×10회 10초 휴식	5×10회 10초 휴식	6×10회 10초 휴식	6×10회 10초 휴식
점프 스쿼트(1RM의 50%)	30회	30회	30회	30회
케틀벨 스윙	1분	1분	1.5분(1주와 2주보다 가벼운 케틀벨)	1.5분(3주와 같은 케틀벨)
서킷 트레이닝 내에 휴식 간격	1분	1분	1분	1분
원 암 스탠딩 메디신 볼 체스트 스로우	4×10회 10초 휴식	5×10회 10초 휴식	6×10회 10초 휴식	6×10회 10초 휴식
투 암 스탠딩 메디신 볼 스매시 다운	4×10초, 10초 휴식	5×10초, 10초 휴식	6×10초, 10초 휴식	6×10초, 10초 휴식
서킷 간 휴식 간격	1분	1분	1분	1분
서킷 트레이닝의 수	3	3	3 또는 4	4 또는 5
서킷 트레이닝당 시간	8분	9분	10분	10분

서킷의 지속시간을 연장하려면 복부 크런치 같은 다른 운동을 추가하라. 프로복싱 선수는 링에서 10 또는 12라운드를 하는 데 필요한 근지구력 요구 사항을 충족하기 위해 더 많은 수의 서킷을 점진적으로 사용해야 한다(예: 서킷을 5~7회 반복).

그림 13.21 복싱을 위한 중기적 근지구력 프로그램

은 분할되고, 휴식 간격은 대략 복싱 라운드 시간과 비슷하게 계획되며, 그 다음에는 점진적으로 더 긴 시간 후에 계획되어 높은 출력과 특정 근지구력 발달을 모두 보장한다.

장기적 근지구력을 위한 프로그램 설계

장기간의 스포츠는 다른 종류의 생리학적 트레이닝이 필요하다. 이러한 대부분 스포츠에서 선수는 주어진 저항에 대해 힘을 가하게 되는데, 예를 들어 수영, 조정 및 카누의 물, 사이클링의 페달(특히 오르막길에서 힘으로 체중을 가한 상태), 스피드 스케이팅의 얼음, 크로스컨트리 스키와 바이애슬론. 이러한 스포츠에서 지배적인 에너지시스템은 유산소 능력이며, 향상된 경기력은 중추 및 말초 유산소 지구력의 증가에서 비롯될 것으로 예상된다. 중추(심혈관) 적응은 주로 스포츠별 트레이닝으로 해결된다. 따라서 근력 운동은 국부적인 근지구력을 향상시키도록 설계되어야 한다.

장기적의 근지구력을 증가시키기 위한 핵심 트레이닝 요소는 논스톱으로 수행되는 높은 반복 횟수다. 다른 트레이닝 변수는 표 13.9에 표시된 대로 일정하게 유지된다.

장기적 근지구력의 트레이닝 목표 중 하나는 선수가 피로에 대처할 수 있도록 하는 것이기 때문에 휴식 시간은 완전한 회복을 허용하지 않는다. 사실, 선수가 트레이닝 중 단계를 변경할 때 매우 짧은 휴식(보통 5~10초)만이 주어진다. 마찬가지로 직선 세트 트레이닝의 경우 완전한 근육 회복을 방지하기 위해 짧은 휴식 간격만 구성되어 있어 국소 부위 근지구력에 더욱 강한 부하를 준다.

특정 근력으로의 전환

표 13.9 장기 근지구력을 위한 트레이닝 변수

단계 기간	8~12주
부하	1RM의 30~40%
운동 수	4~6
세션당 세트 수	2~4
휴식 간격	서킷 간 2분, 세트 간 1분
수행 속도	중간
주당 빈도	2 또는 3

그림 13.22는 철인 3종경기, 마라톤, 카약, 카누(10,000m 및 마라톤), 장거리 수영, 도로 사이클링, 크로스컨트리 스키 같은 스포츠의 일반적인 트레이닝 프로그램을 보여준다. 몇 분 동안의 안정적인 작업을 쉽게 모니터링할 수 있도록 반복 횟수가 아닌 분 단위로 지속시간을 표시한다.

운동	주의 수(Number of weeks)					
	2	2	2	2	2	2 또는 3
레그 프레스 암 풀(코드) 벤치 프레스 레그 프레스 암 풀(코드) 엘보 익스텐션(코드)	1RM의 30% 부하로 각 운동을 4분 동안 쉬지 않고 한다.	운동당 쉬지 않고 7분 동안 동일한 운동을 수행한다. 적절한 운동시간을 유지하려면 서킷당 레그 프레스와 암 풀 중에서 선택하라 (따라서 서킷당 5개의 운동을 수행하라).	운동을 10분 동안 쉬지 않고 한다. 적절한 운동시간을 유지하려면 레그 프레스와 암 풀을 제거하라(따라서 한 회로당 4개의 운동을 수행하라).	운동을 6분 동안 쉬지 않고 한다. 1분간 휴식을 취하고 세트를 반복한 후 다음 운동으로 넘어간다.	8분 동안 쉬지 않고 운동하라. 1분간 휴식을 취하고 세트를 반복한 후 다음 운동으로 넘어간다. 적절한 운동시간을 유지하려면 한 세트의 레그 프레스와 암 풀만 수행하라.	운동을 10분 동안 쉬지 않고 한다. 1분간 휴식을 취하고 세트를 반복한 후 다음 운동으로 넘어간다. 적절한 운동시간을 유지하려면 레그 프레스와 암풀을 제거하라(따라서 총 4번의 운동을 수행하라).
완료된 서킷 트레이닝 수	3	2	2	—	—	—
운동당 세트 수	—	—	—	2	2	2
서킷 트레이닝 간 휴식 간격	2분	2분	2분	—	—	—
운동 간 휴식 간격	—	—	—	1분	1분	1분
운동시간	76분	72분	82분	84분	84분	84분

장거리 크로스컨트리 스키, 카약, 마라톤 수영, 철인 3종 경기와 같은 다른 스포츠에도 유사한 트레이닝 개념을 적용할 수 있다.

그림 13.22 숙련된 마라토너 또는 카누 선수의 트레이닝 프로그램 예시

스포츠 트레이닝의 주기화

첫 두 가지 운동의 경우 피트니스센터나 학교 체육관에서 사용할 수 있는 모든 웨이트 머신으로 수행할 수 있다. 마지막 두 가지 운동은 스포츠용품점에서 구할 수 있는 탄성밴드를 사용하여 수행해야 한다. 장거리 카약 선수와 카누 선수를 트레이닝하려면 트레이닝 전에 탄성밴드를 고정하여 팔꿉관절의 굽힘이나 폄 동작(이 두 스포츠의 일반적인 동작)을 앉은 자세에서 수행할 수 있도록 해야 한다.

운동 당 수행 시간은 각 선수의 트레이닝 내성과 수행력, 총 운동시간을 고려해야 한다. 장시간 근지구력 트레이닝을 하기 위해서는 스트레이트 세트에서 서킷 트레이닝으로 진행하는 것을 제안했다. 다만 국부적인 근지구력을 더 높이기 위해 서킷 트레이닝에서 스트레이트 세트로 진행하는 것이 좋다고 제안했으며, 그 이유는 서킷 트레이닝은 스트레이트 세트보다 심폐 효과가 더 크기 때문이다. 그러나 장기적 근지구력 운동선수는 평균적으로 연간 총 트레이닝 시간의 90%를 특정 스포츠 활동에 할애하기 때문에 이미 높은 수준의 심폐 지구력을 보유하고 있다. 따라서 그들의 특정 근력 트레이닝은 주동근의 국부적인 근지구력에 초점을 맞추어야 한다.

등척성 근지구력

몇몇 스포츠에서는 운동선수가 경기 중 장기간의 등척성 수축을 사용해야 한다. 예를 들면 항세일링 종목과 모터스포츠(운전)가 있다. 트레이닝과 세일링 경기에서 선수는 신체 일부가 장기간 등척성 수축을 수행하는 특정 자세(대부분의 경우 정적인 자세)를 취하게 된다. 예를 들어, 선수는 가장 바람이 잘 통하는 위치에 돛을 유지하기 위해 로프를 잡고 보드의 측면에 앉을 수 있으며, 이를 위해 운동선수는 복부, 다리, 허리 및 팔 같은 신체의 특정 부분을 수축시킨다.

트레이닝센터에서 특정 근력 운동을 하는 모터스포츠와 달리 세일링을 위한 근지구력 등척성 트레이닝은 다음 예와 같이 보트 위 또는 보트 밖에서 수행할 수 있다. 트레이닝하는 동안 운동선수는 중량 조끼를 사용하여 상체에 과부하를 줄 수 있으며, 회전하는 동안 중력과 원심력에 대한 추가적인 생리학적 도전을 생성할 수 있다. 중량 조끼는 종종 35파운드(약 16kg)까지 다양한 무게를 실을 수 있으며, 트레이닝 범위에는 조끼의 무게나 사용 기간을 점진적으로 늘리는 것이 포함될 수 있다.

특정 근력으로의 전환

조끼 무게	10kg(약 22lb)	12kg(약 26.5lb)	15kg(약 33lb)
시간	2 × 15분	3 × 15분	4 × 20분

그림 13.23 세일링 시 중량 조끼를 보트에서 사용하기 위한 예시 프로그램

그림 13.23은 보트 트레이닝을 위해 중량 조끼를 사용하는 과정을 보여준다. 이 가이드라인은 선수 개인의 신체적 능력, 요구 사항 및 트레이닝 환경에 적절하게 적용할 수 있는 지침일 뿐이다. 세일링을 위한 트레이닝은 선수가 1년 내내 트레이닝하기 좋은 기후에 살고 있는지 여부에 관계없이 준비 단계를 포함해야 하며, 그림 13.24는 등척성 트레이닝이 지배적인 세일링을 위한 제안된 근력 트레이닝 프로그램을 보여준다. 선수가 등척성 수축을 유지하는 각도는 스포츠에 따라 달라야 한다. 다시 말해 이것은 진행 지침일 뿐이며, 코치는 항해와 운전 모두에 대해 선수의 필요에 맞게 조정해야 한다.

운동	주 1	주 2	주 3	주 4	주 5	주 6	휴식 간격
3. 암 풀	5 × 60초	4 × 90초	3 × 120초	2 × 180초	2 × 240초	2 × 240초	1분
4. 레그 프레스	5 × 60초	4 × 90초	3 × 120초	2 × 180초	2 × 240초	2 × 240초	2분
5. 레그 컬	4 × 30초	4 × 45초	2 × 60초	2 × 90초	2 × 120초	2 × 120초	2분
6. 백 익스텐션	5 × 60초	4 × 90초	3 × 120초	2 × 180초	2 × 240초	2 × 240초	2분
7. 벤치 프레스	5 × 60초	4 × 90초	3 × 120초	2 × 180초	2 × 240초	2 × 240초	1분
8. 로만 체어 아이소 크런치	5 × 60초	4 × 90초	3 × 120초	2 × 180초	2 × 240초	2 × 240초	1분

그림 13.24 세일링을 위한 근력 트레이닝 프로그램 예시

복합 수축 방법을 이용한 근지구력

복합 수축을 사용한 근지구력은 잡기, 브라질 주짓수, 사격, 양궁 같은 특정 스포츠에만 해당한다. 이러한 스포츠를 위한 트레이닝의 주요 범위는 선수를 주요 시합에 대비하기 위해 단축성-등척성-신장성 같은 복합 수축 트레이닝에 노출시키는 것이다.

무게가 3파운드(약 1.4kg)인 권총 사격을 고려하라. 경기 중에 사수는 권총을 20번 들어 올리며, 매번 10초에서 15초의 등척성 수축을 유지하고 제한된 휴식 간격을 가지게 된다. 제대로 트레이닝되지 않은 운동선수는 대부분 경기가 끝날 무렵 팔이 떨리는데, 이는 사격 정확도에 도움이 되지 않는다. 따라서 이 스포츠의 트레이닝 범위(그림 13.25 참조)는 선

스포츠 트레이닝의 주기화

수가 권총의 무게보다 큰 무게를 사용하여 특정 등척성 수축 시간 동안 그리고 세트 사이의 스포츠 특정 휴식 간격(결승전 50초)을 위해 최소 필요한 횟수만큼 권총을 들어 올릴 수 있도록 준비하는 것이다.

주	2	2	2
덤벨 무게	1.5kg(약 3.3lb)	2kg(약 4.4lb)	2.5kg(약 5.5lb)
45° 올리기	18세트 × 1회	16세트 × 1회	14세트 × 1회
특이적 관절 각에 등척성 수축 시간	15초	15초	12초
세트 간 휴식 간격	50초	50초	50초

그림 13.25 사격을 위한 혼합 단축성-등척성-신장성 트레이닝을 위한 예시

권총 사격의 기술적 동작은 다음과 같다. 권총을 엉덩이에서 어깨 높이까지 들어 올리고 10~15초 동안 가만히 있다가 발사한 다음 권총을 시작 위치로 내린다. 가장 긴 사격 라운드는 14발이며, 양궁에서도 비슷한 유형의 동작이 필요하다. 선수는 저항에 대해 단축성-등척성 수축을 수행하면서 활시위를 늘리고 몇 초(5~10초) 동안 유지하며, 그런 다음 선수는 화살을 놓고 활을 내려 새로운 시도를 준비한다.

종합격투기(MMA)는 그라운드 자세에서 시합하는 동안 신장성-단축성 및 등척성 수축의 복합을 특징으로 한다. 이러한 수축은 그래플링과 브라질 주짓수에서도 필요하다. 항상 그렇듯이 이러한 스포츠별 근력 요구 사항은 선수의 근력 트레이닝에 반영되어야 한다. 이러한 요구 사항은 신장성-단축성이 포함된 기능적 등척성 운동을 통해 또는 직선 등척성 운동을 통한 등척성 수축을 하는 주동근 대상으로 충족될 수 있다. 그림 13.26을 참조하라.

특정 근력으로의 전환

운동 프로그램 1-3-5**			
운동	세트	반복 횟수	휴식 간격
데드리프트	3	1(1RM의 75%)	2분
벤치 프레스	3	2(1RM의 75%)	2분
굿모닝	3	5(실패지점까지 짧은 2회)	2분
기능적 등척성 수축을 포함한 풀업	3	3(1RM의 70%)	2분
힙 브리지	3	3(1RM의 70%)	2분
요측 편위	2	8	1분
웨이트 싯업	2	6	1분
운동 프로그램 2-4-6***			
운동	세트	반복 횟수	휴식 간격
무릎 꿇고 등척성 굿모닝 운동	3	60초	2분
등척성 플로어 프레스	3	60초	3분
원 암 덤벨 로우	3	5(실패까지 짧은 2회)	90초
프런트 레이즈	3	8	90초
스탠딩 카프 레이즈	3	8	90초
볼 위에서 등척성 넥 익스텐션	3	60초	1분
터키쉬 겟업	3	3 + 3(왼쪽/오른쪽)	90초
파머스 워크	3	60초 + 60초(왼쪽/오른쪽)	90초

* 시합 2주 전 2주간 트레이닝 차단
** 운동 1과 3은 첫 주에 수행됨; 운동 5는 두 번째 주에 수행됨.
*** 운동 2는 첫 주에 수행됨; 운동 4와 6은 두 번째 주에 수행됨.

그림 13.26 시합단계에서 MMA, 그래플링 또는 브라질 주짓수를 위한 혼합 단축성-신장성- 등척성 훈련을 사용하는 프로그램 예시

유지, 중단, 보상

근력 트레이닝은 전반적인 운동수행에 있어 생리학적으로 중요한 기여를 한다. 특히 더 폭발적인 기술은 많은 최대근력과 파워가 요구되며, 장시간 지속되는 활동은 근지구력이 더욱 필요하다. 이 두 가지 경우 모두 우수한 경기력을 위해서는 근력이 필수적으로 필요하다. 경기력에 대한 근력의 효과는 트레이닝으로 인해 발생한 세포적응을 근신경시스템이 유지하는 한 지속된다. 근력 트레이닝이 중단되면 근육의 수축력이 감소함에 따라 효과 또한 곧 감소한다. 그 결과 경기력에 영향을 미치는 근력의 영향력이 눈에 띄게 줄어드는 디트레이닝(detraining) 과정이 나타나게 된다. 트레이닝 효과 감소를 피하기 위해 운동선수들은 반드시 시합단계에서 스포츠 특이적 근력 프로그램을 실시해야 한다.

또한, 근력 트레이닝은 연간 주요 대회에서 최고의 수행력을 발휘할 수 있도록 하며 여러 스포츠, 특히 파워 스포츠에서 최대의 경기수행력은 시합 기간 중 초기에 종종 형성된다. 이 기간 동안 코치들은 특정한 기술 훈련과 전술훈련에 집중하기 때문에 근력 트레이닝을 간과하는 경향을 보이며, 이러한 근력 트레이닝의 부족은 시즌이 진행될수록 경기력 저하의 원인이 된다. 근력 트레이닝의 잔여 효과가 존재하는 시즌 초반에는 선수는 기대한 만큼의

스포츠 트레이닝의 주기화

경기력을 발휘할 수 있으나, 근육의 강한 수축력이 감소하게 되면 능력과 경기력도 감소하게 된다.

근력의 주기화 이론에 따르면 최대근력(MxS)에서 얻어진 최대근력을 유지하면서 전환단계에서 근지구력 또는 파워로 전환되어야 한다. 그렇게 되면 선수들은 가능한 한 종목 특성에 맞게 적절한 근력을 향상할 수 있고, 시합단계에서 경기력에 필요한 생리학적 능력을 갖추게 된다. 시합단계에서 높은 수준의 경기력을 유지하기 위해서는 생리학적 기반이 반드시 유지되어야 한다.

이를 위해 코치는 반드시 시합단계 전반에 걸쳐 종목 특성에 맞는 근력 유지 프로그램을 계획해야 한다. 최대근력은 스포츠에 특화된 근력 프로그램에 중요한 요소다. 많은 스포츠는 시합 시즌 동안 최대근력을 유지해야 하는데, 대부분 최대 부하로 낮은 운동량을 실시하는 트레이닝 방법[일반적으로 최대근력 단계에서 고강도 트레이닝을 위해 계획된 마이크로사이클(microcycle) 운동량의 40~50%]을 사용한다. 최대근력 단계가 너무 짧으면 획득한 최대 근력이 평균보다 더 빠르게 감소한다.

많은 스포츠에서 실시하는 파워 트레이닝의 형태는 각각의 스포츠의 특성에 맞춰져 있으며, 최대근력 트레이닝은 종종 간과되어 그 효과 또한 오래 지속되지 못한다. 또한, 근력 훈련이 준비단계에만 국한되어 실시될 때도 방법론적인 오류가 발생하며, 이 경우 시합단계의 정점에 다다를수록 얻어진 근력 효과는 감소한다.

코치는 이 모든 것을 고려하여 시합단계가 진행되는 동안 근력 유지를 위한 트레이닝의 시행의 여부를 고민할 것이 아니라 어떻게 실행해야 하는지 고민해야 한다. 또한, 종목에 가장 중요하게 요구되는 능력과 운동선수가 어떤 종류의 근력 유지가 필요한지 신

메디신볼 트레이닝은 운동선수들이 힘을 유지하는데 도움이 된다.

중하게 고려해야 하며, 대부분 스포츠는 최대근력, 파워 및 근지구력의 일부 요소를 필요로 한다. 따라서 세 가지 중 어느 것을 유지할 것인지가 아니라 어느 정도의 비율로, 어떻게 트레이닝에 잘 적용할 것인지를 결정하는 것이 중요하다.

파워 스포츠 선수들은 최대근력과 파워 모두 유지해야 한다. 파워와 최대근력은 서로 대체될 수 없기 때문에(오히려 상호보완적임) 단 하나의 요소만 선택적으로 유지해서는 안 된다. 예를 들어, 육상의 투척 종목 선수와 미식축구의 라인맨은 반드시 시합단계에서 최대근력과 파워의 균등한 비율로 최대근력을 유지해야 한다. 대부분의 팀 스포츠 선수들은 각자의 포지션에 알맞은 최대근력, 파워, 파워 지구력 또는 근지구력을 유지해야 한다. 반면, 지구력 스포츠의 경우 최대근력과 근지구력 사이의 비율이 시즌의 기간과 어떠한 에너지 시스템이 중요한지에 따라 달라지며, 대부분 근지구력이 가장 중요한 요소다.

시합단계에서 유지해야 하는 다양한 근력 형태의 유지 비율은 기간에 따라 다르며, 시합단계의 기간이 길어질수록 최대근력을 유지하는 것이 중요하다. 이는 파워와 근지구력을 구성하는 중요한 요소이기 때문이며, 이 사실을 간과하게 되면 최대근력이 감소하여 힘과 근지구력에 영향을 주게 된다. 표 14.1은 시합단계에서 다양한 스포츠 종목과 포지션에 따라 유지되어야 하는 근력 비율을 보여준다.

유지단계에서는 이전 장에서 제시한 것과 동일한 트레이닝 방법을 적용해야 하며, 이 단

표 14.1 시합단계를 위한 근력 비율

스포츠 또는 경기	최대근력(%)	파워(%)	파워 지구력(%)	근지구력(%)
육상경기				
달리기	40	40	20	—
점프	30	70	—	—
던지기	50	50	—	—
야구				
투수	40	40	20	—
필드 선수	20	70	10	—
농구	20	60	20	—
바이애슬론	—	—	20	80
복싱	20	20	30	30
카누/카약				
500m	40	30	20	10
1,000m	20	20	20	40

스포츠 트레이닝의 주기화

표 14.1 *(계속)*

스포츠 또는 경기	최대근력(%)	파워(%)	파워 지구력(%)	근지구력(%)
10,000m	—	—	20	80
사이클링				
트랙 200m	40	40	20	—
퍼슈트 4,000m	10	30	20	40
다이빙	30	70	—	—
펜싱	20	50	30	—
필드하키	—	40	20	40
피겨스케이팅	40	40	20	—
미식축구				
라인맨	50	50	—	—
라인배커	30	50	20	—
러닝백	30	50	20	—
와이드리시버	30	50	20	—
디펜스백	30	50	20	—
테일백	30	40	20	10
풋볼(호주식)	30	40	20	10
아이스하키	20	40	30	10
무술	—	60	30	10
조정	20	—	20	60
럭비	30	40	30	—
스키				
알파인	40	30	30	—
노르딕	—	—	20	80
축구				
골키퍼	40	60	—	—
필드 포지션	30	50	20	—
스피드스케이팅				
스프린팅	30	50	20	—
디스턴스	—	10	20	70
수영				
단거리	40	40	20	—
중거리	10	10	20	60
장거리	—	—	20	80

표 14.1 *(계속)*

스포츠 또는 경기	최대근력(%)	파워(%)	파워 지구력(%)	근지구력(%)
테니스	10	50	30	10
배구	40	50	10	—
수구	10	20	20	50
레슬링	20	20	20	40

계에서 트레이닝 방법의 차이점은 방법론적인 것이 아닌 기술, 전술 및 기타 트레이닝의 양과 비교한 근력 트레이닝의 양이다. 이 단계의 근력 유지 프로그램은 다른 유형의 훈련이 가지는 중요성에 비해 부가적인 요인으로 트레이닝에 포함되어야 하며, 선수는 주동근의 활동이 포함되어 있는 운동으로 최소한의 운동 수를 실시한다(2~4개의 운동 종목, 다방면의 움직임을 가진 스포츠는 여섯 가지). 이 방법을 통해 선수는 근력 유지를 위한 최소한의 에너지를 소비하고, 대부분 에너지를 기술 및 전술훈련 시 활용할 수 있다.

시합단계에서는 주당 1~3회의 근력 트레이닝이 실시되며 이는 가능한 한 짧게 실시되어야 한다. 실제로 잘 계획된 유지 트레이닝 프로그램은 종종 20~30분 안에 실시할 수 있으며, 대회 일정에 따라 근력 트레이닝의 빈도가 달라질 수 있다. 주말 경기가 없는 일정일 경우 2회 또는 3회의 근력 트레이닝 계획이 마이크로사이클(microcycle)에 포함될 수 있으며, 주말 동안 경기나 대회가 예정된 경우 1회 또는 2회의 짧은 근력 트레이닝을 계획할 수 있다.

선수가 파워 지구력 또는 근지구력의 향상을 목표로 하여 트레이닝하는지에 따라 보통 적은 세트 수를 실시하며(1~4세트), 파워와 최대근력 향상을 목표로 하는 트레이닝은 일반적으로 반복 횟수가 적기 때문에 2~4세트 범위에서 트레이닝이 가능하다. 휴식 시간은 평소보다 길어야 선수가 거의 완전한 회복을 할 수 있으며, 유지단계의 목적은 피로를 유발하는 것이 아닌 근력의 성능을 안정시키고 최대능력을 발휘할 수 있게 유지하는 것이다. 근지구력 트레이닝의 경우 세트당 실시하는 반복 횟수가 많기 때문에 1~2세트만 실시하며, 시합단계에서 중시간 근지구력 향상을 목적으로 실시되는 운동시간은 1분을 초과해서는 안 되고, 장시간의 근지구력을 위한 운동시간은 6분을 넘지 말아야 한다.

유지단계의 트레이닝 프로그램의 각 마이크로사이클(microcycle)에 대한 계획은 추구하는 근력의 유형에 따라 다르며, 파워 트레이닝의 경우 선수는 경기에서 실시하는 것과 비슷한 저항을 사용하여 폭발성을 높이는 운동을 실시해야 하며, 이를 위해 부하의 증가와 감소, 두 가지 부하 유형을 제안한다. 증가된 부하 트레이닝에서는 실제 시합에서 수행하는 저항보다 약간 높은 저항을 사용하는 방법을 트레이닝 중에 포함하여 최대근력과 파워 모두 향상시킨다. 이런 유형의 운동은 특정 스포츠에서 일반적으로 자주 실시되는 기술과 유사해야 하며, 이러한 유형의 운동은 최대근력에서 파워로 전환하는 시합단계의 초기 부분에서 주로 제안된다. 반면, 감소한 부하 트레이닝에서는 시합에서 수행하는 저항보다 낮은 저항을 사용하며, 이것은 폭발력을 높이고 주요 시합 이전 단계에서 자주 실시해야 한다.

증가된 부하와 감소된 부하에서 실시하는 트레이닝 방법은 많은 수의 속근섬유를 동원하는 능력과 근육에 관여하는 협응력을 향상시킨다. 일반적으로 최대근력 트레이닝을 중지하게 되면 종목 특성에 맞는 근력에 부정적인 영향을 미치기 때문에 시합단계가 5개월 이상인 운동선수의 경우 총 운동계획의 25% 이상을 최대근력을 유지하는 데 할애해야 한다.

시합단계를 위한 부하패턴의 변화

근력 트레이닝은 융통성 없는 과정이 아니다. 프로그램은 유연하고 선수의 건강과 트레이닝의 진행 상황, 스포츠에서 요구되는 사항 및 경기 일정에 따라 조정되어야 한다. 트레이닝 기간의 내용은 해당 기간의 스포츠 특정 요소의 전반적인 강도 또는 요구에 맞도록 계획되어야 하며, 시합 또는 경기 일정을 고려해야 한다. 이 장에서 제안하는 예시는 속도와 특정 지구력을 기르는 트레이닝과 기술 및 전술 트레이닝이 완료된 이후에 실행하는 것을 기본으로 했다. 결과적으로 운동선수가 트레이닝할 수 있는 시간과 에너지가 충분하지 않으므로 근력 강화 운동은 가능한 한 짧으며, 종목에 맞게 실행되어야 한다.

다음 지침은 시합기의 마이크로사이클(microcycle) 전체에 걸쳐 근력 및 파워 유지의 부하 변수를 자세히 설명하는 지침이다. 부하의 설정을 고부하, 중부하, 저부하로 구분했으며, 일반적인 사항에 대한 설명이 제공된다.

- 고강도 또는 고중량의 근력 트레이닝은 20~30분 동안 실시된다. 최대근력 또는 최대근력과 파워 트레이닝을 결합하여 실시한다. 선수는 특히 주동근을 위해 4~5가지 운동을 수행하며, 1RM의 70~80%(운동 유형과 스포츠 종목에 따라 최대 90%)의 부하로 1~3회 반복 횟수로 2~4세트 올바른 기술을 유지하면서 역동적으로 실시한다. 세트 간 휴식 시간은 2~3분으로 설정한다.
- 중강도의 근력 트레이닝 세션 또한 20~30분 정도 실시하며, 이는 최대근력, 파워 또는 이 두 요인을 조합하여 트레이닝한다. 선수들은 총 3~4가지 운동을 실시하며,

1RM의 60~70%의 부하를 사용한다. 3~5회의 반복횟수, 2~3세트, 세트 간 휴식시간은 2~3분으로 설정한다.

- 저강도의 근력 트레이닝은 15~30분 정도 실시한다. 최대근력, 파워 또는 이 두 요인을 조합하여 트레이닝한다. 선수는 총 2~3가지 운동으로 1RM의 50~60% 강도, 1~6회의 반복 횟수로 2~3세트를 폭발적인 움직임으로 실시하고, 세트 사이 휴식 시간은 2~3분으로 설정한다.
- 휴식 시간은 운동 횟수와 세트양에 따라 트레이닝 시간에 맞게 조정해야 하지만, 일반적으로 휴식 시간을 길게 설정하는 것이 좋다.
- 동일한 근육 그룹을 사용하는 근력운동과 파워운동을 점프 세트(jump-set) 방식으로 실시하게 되면 트레이닝 시간을 절약함과 동시에 동일한 운동의 두 세트 사이에 충분한 회복 시간을 가질 수 있다.

다음 장에서는 시합단계의 마이크로사이클(microcycle) 동안 개인 종목과 팀 스포츠 종목에 대한 부하 형태 변화의 차이점과 몇 가지 실질적인 예를 제시한다.

개인 스포츠

그림 14.1은 시합단계에서 스피드와 파워 스포츠 종목의 선수들을 위한 근력 트레이닝 계획을 제시한다[예: 필드 또는 트랙에서 실시되는 단거리 달리기, 점프, 투척경기, 50m 수영, 격기, 펜싱]. 대회 후 처음 2~3일 동안의 트레이닝 목적은 회복이며, 두 번의 근력 트레이닝을 계획하여 시합 후 첫째 주의 후반부에 실시하고, 첫 번째 트레이닝은 저강도로 실시한다.

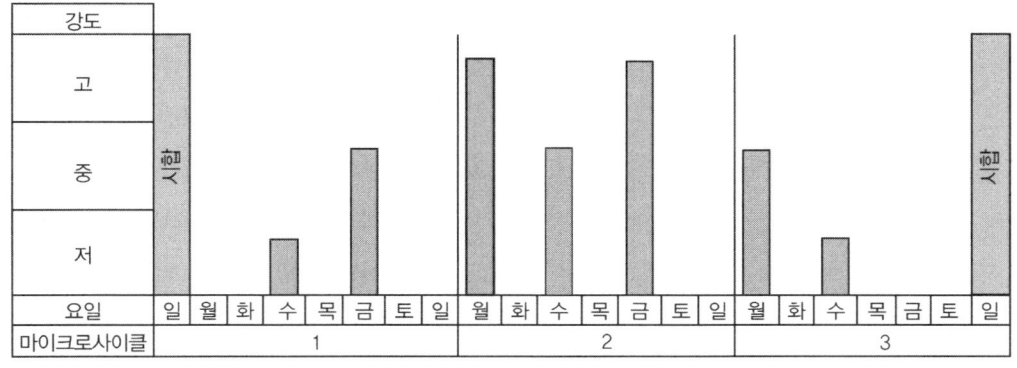

그림 14.1 3주 간격으로 대회가 예정된 스피드와 파워 스포츠를 위해 제안하는 근력 트레이닝(및 부하의 양) 계획

스포츠 트레이닝의 주기화

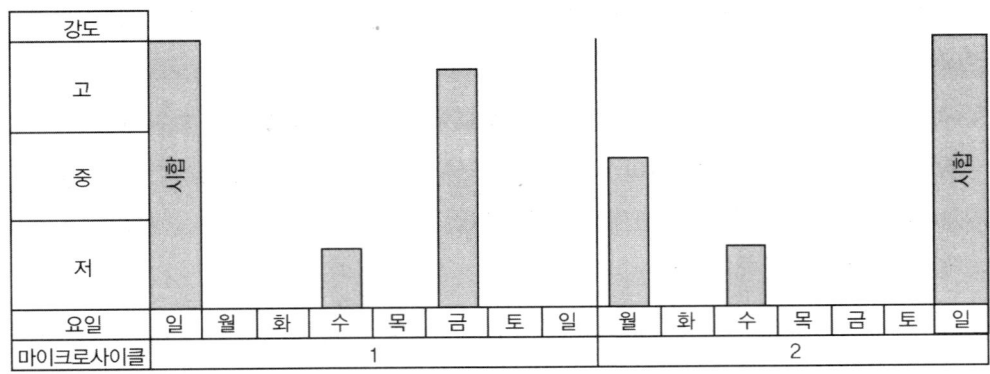

그림 14.2 2주 간격으로 대회가 열리는 선수에게 제안하는 트레이닝 계획

2주 차는 근력 트레이닝이 유일하게 어려운 시기이며, 3주 차는 다음 시합에서 최고의 경기력을 발휘할 수 있도록 계획하기 때문에 2회의 근력 트레이닝만 실시되며, 두 번째 트레이닝은 저강도로 실시한다. 수요일 트레이닝의 낮은 트레이닝 요구량을 충족할 수 있도록 2~3세트의 근력 트레이닝과 파워 트레이닝 사이 휴식 시간이 길어야(3~4분) 완전한 회복이 가능하다. 또한 세트당 반복 횟수의 실패지점과는 거리가 멀어야 한다(예: 1RM의 50%에서 3~6회, 55%에서 2~5회, 60%에서 1회 또는 2회). 이와 같은 방법은 다가오는 대회에서 선수의 경기력에 영향을 줄 수 있는 피로의 축적을 방지한다.

그림 14.2는 2주 간격으로 대회가 예정된 선수의 트레이닝 계획을 보여주고 있으며, 이를 계획할 때 코치는 첫 번째 경기 후 2~3일의 저강도로 트레이닝을 실시해 선수들의 회복을 계획해야 하고, 이후 최적의 상태에 쉽게 이를 수 있게 다음 대회 전 마지막 2~3일 동안 다시 저강도로 트레이닝을 실시해야 한다.

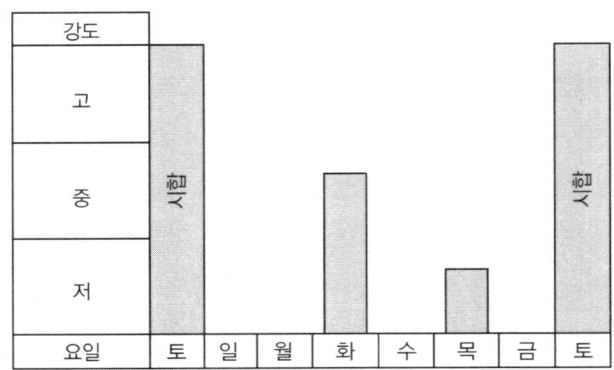

그림 14.3 매주 대회가 진행되는 일반적인 스포츠를 위해 제안하는 근력 트레이닝계획

개인 스포츠에서 매주 시합에 참여하는 것은 이상적이지 않다. 이는 선수들이 경기를 많이 할수록 트레이닝을 위한 시간이 줄어들기 때문이며, 매주 시합 기간 동안, 특히 피로가 높을 때 대부분 코치는 트레이닝량을 줄이기 위해 선택하는 트레이닝의 형태를 근력 훈련으로 선택하는 경우가 많다. 코치는 낮은 훈련량으로 종목 특성이 포함된 특

이적 트레이닝을 실시해야 하며, 전체적인 트레이닝량을 유지하는 방법으로 신체 피로도를 상쇄시켜야 한다.

그림 14.3은 일반적으로 매주 경기하는 종목의 경우 높은 피로의 누적을 감안한 근력 강화 트레이닝 계획을 보여준다. 하지만 코치는 매주 경기가 진행되는 동안 너무 많은 트레이닝 주기를 계획하는 것이 오버트레이닝(overtraining)으로 나타날 수 있음을 명심해야 하며, 이는 스피드와 파워의 감소를 동반한다.

팀 스포츠

특정 지구력의 중요성을 부정하는 것은 아니지만, 파워는 대부분의 팀 스포츠에서 필요로 하는 중요한 요소다. 파워의 감소를 방지하기 위해 시합단계 동안 유지 프로그램을 계획해야 하며, 이 장에서는 주당 1경기, 주당 2경기의 두 가지 시합 일정을 예로 설명한다. 대학 야구, 대학 농구, 배구, 미식축구, 아이스하키, 필드하키, 호주 축구, 축구, 럭비, 라크로스 및 수구에 적용 가능하다.

팀에게 주어지는 다양한 압력(더 많은 기술 또는 전술트레이닝의 필요성과 리그에서의 팀 순위)에도 불구하고 코치와 선수들은 시간과 에너지를 확보하여 근력과 파워를 유지하도록 노력해야 한다. 사실, 시합단계가 길수록 파워를 유지하는 것이 중요하다. 그림 14.4는 매주 토요일 경기를 실시하는 일정에 대해 제시하지만, 다른 요일로 조정하여 실시할 수 있다. 화요일에 중강도의 근력 트레이닝계획을 제안하며, 선수의 피로도가 예상보다 높을 경우 낮은 부하로 트레이닝의 전체적인 강도를 낮출 수 있다.

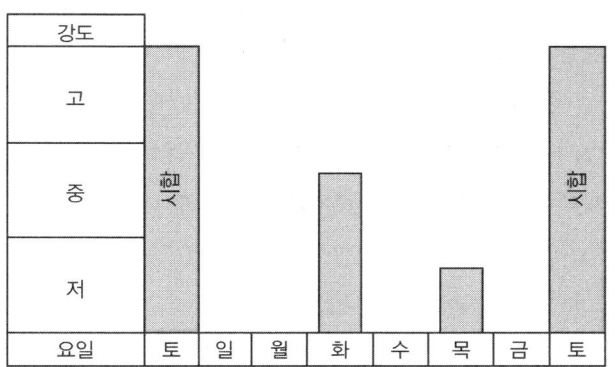

그림 14.4 주말마다 경기하는 팀 스포츠를 위해 제안한 근력 트레이닝계획

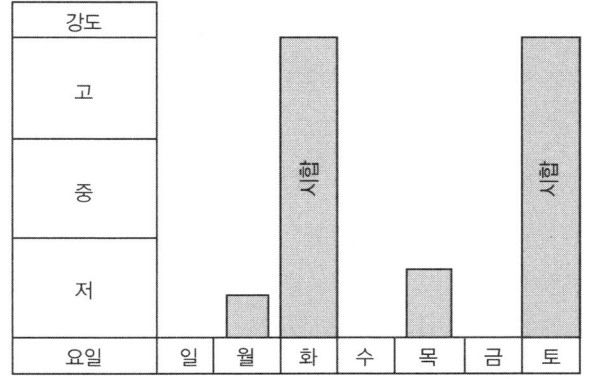

그림 14.5 주 2회씩 경기하는 팀 스포츠를 위해 제안한 유지 트레이닝계획

스포츠 트레이닝의 주기화

한 주에 2회 시합이 예정된 팀 스포츠에서도 근력 트레이닝을 위한 유지 프로그램을 실시할 수 있으나, 세 가지 운동을 1RM의 50~70% 부하로 설정하여 1~2세트로 제한하거나, 운동시간이 최대 20분으로 실시될 수 있게 해야 한다(그림 14.5 참조).

근력 트레이닝 프로그램은 미식축구의 라인맨, 육상경기의 투척 종목, 중량급 복서, 레슬링 선수 같은 일부 스포츠의 운동선수에게는 다르게 적용될 수 있다. 이러한 선수들을 위해 제안된 프로그램은 60~75분 동안 실시하며, 최대근력 40~50%, 파워 50~60%로 구성된다. 선수들은 1RM의 70~80% 부하를 사용하여 가능한 한 폭발적인 움직임으로 4~6개의 운동을 수행하며, 3~6회의 반복 횟수로 3~6세트를 실시하고, 세트 사이 휴식 시간은 3~4분으로 설정한다.

트레이닝 및 경기 중에 많은 점프 동작이 포함된 팀 스포츠 선수의 경우(예: 농구 또는 배구), 플라이오메트릭 트레이닝은 준비단계의 후반부에 실시하는 트레이닝과 비교했을 때 최소한으로 줄여야 한다. 이러한 트레이닝의 감소는 시즌 내내 선수의 다리에 가해지는 부담을 완화해준다.

근력 유지 프로그램은 그해 가장 중요한 경기가 시작되기 3~14일 전에 종료되어야 선수가 최대의 에너지를 사용하여 최대의 경기력을 낼 수 있다. 속도가 기본인 스포츠의 경우 특히나 더 긴 중지단계가 표시된다(예: 트랙 경기, 비접촉 또는 접촉이 적은 격기, 축구).

최대의 수행을 위한 피킹

많은 코치와 운동선수들은 피킹은 하늘이 내려준것과 유사하다고 생각한다. 그러나 실제로 경쟁을 위한 능력은 운동선수가 중요한 경기를 앞두고 부하 변수를 조작하여 육체적으로뿐만 아니라 심리적으로 초과보상에 도달하는 전략을 설계한 것에 불과하다. 우리가 자주 목격하는 경기력 불일치는 운동선수가 준비 기간 동안 수행하는 트레이닝, 준비 중 운동량, 강도 및 회복 간의 비율, 또는 참여하는 경기 수에 따라 달라질 수 있다.

다음 순서는 선수가 경기를 위해 최고에 도달할 수 있는 능력에 필수이다.

1. 경기에 맞게 트레이닝하기
2. 트레이닝을 다시 시작하기 전에 회복하기
3. 다음 경기에 대비해서 트레이닝 하기
4. 부하 변수를 조정하여 다음경기에 초과 회복을 하고 최고의 경기력에 도달하기

피크 상태는 최대 2주 또는 3주동안 유지할 수 있는 일시적인 운동상태라고 정의할 수 있는데, 이 상태는 심리적·생리적 효율성이 최대이고 기술적 및 전술적 준비 수준이 최적인 것이 특징이다.

심리학적 관점에서 보면, 피킹은 강렬한 감정적 각성과 강한 행동으로 옮길 준비가 되어 있는 상태를 말한다. 심리적 관점에서 본 피크의 객관적인 측면은 경쟁이 주는 스트레스에 대해 빠르고 효율적으로 적응할 수 있는 능력으로 나타난다.

테이퍼링 방법론

피크 마이크로사이클(microcycle)의 역학은 운동선수들이 자신의 정신적·신체적 에너지가 정점인 상태에서 그해의 가장 중요한 경기를 마주할 수 있게 한다. 또한, 이러한 마이크로사이클은 '테이퍼 매크로사이클'이라고 불리는 언로딩 매크로사이클을 나타낸다. 이러한 마이크로사이클은 경기력이 피크에 도달할 수 있도록 연간 계획 구조(모노, 바이 또는 트라이 사이클)에 관계없이 대부분 스포츠(특히 개인 스포츠)에서 사용된다. 테이퍼 기간 동안 트레이닝 부하가 점차적으로 감소하여 이전 트레이닝 기간에 생긴 피로를 없애고 해당 트레이닝에서 발생한 긍정적인 적응을 유지하거나 향상시킨다.

테이퍼 매크로사이클(macrocycle)은 경기력의 핵심적인 생리적시스템의 디트레이닝을 방지하고자 최대 3주의 기간을 갖는다. 이는 5~6주 테이퍼를 사용하여 트레이닝량을 줄이면서 동시에 경기력이 가장 중요할 때 부진한 경기를 발휘하게 될 수도 있는 일부 스포츠에서 사용하는 전통과는 다르다.

2주 테이퍼로 피크에 도달하지 못하거나 1년 중 가장 중요한 대회 직후 뒤늦게 피크에 도달하는 선수들은 반응이 느리거나 이상 반응을 보일 수 있으므로 3주 테이퍼가 필요하다.

반면, 오버트레이닝 상태에 있지 않은 대부분 선수들은 언로딩 기간에 빠르게 반응하고 3주차 까지는 디트레이닝하기 시작한다. 오버트레이닝 상태는 내부부하가 높은 상태이기 때문에 테이퍼 지속 시간을 결정하는 핵심적인 요소는 1년 중 가장 중요한 대회가 있기 3주 전 그 선수의 내적 부하(Internal Load) 상태라고 할 수 있다. 체중, 성별, 주간 트레이닝 시간 및 선택한 부하 감소 전략 같은 기타 요인들이 테이퍼 계획에 영향을 미친다. 테이퍼에 관한 몇 가지 일반 규칙은 표 15.1에 요약되어 있다.

물론, 테이퍼 기간 동안 사용된 부하를 줄이는 전략의 유형도 프리 테이퍼 매크로사이클(pre-taper macrocycle)의 총 부하(즉, 내적 부하)와 관련이 있다. 오버트레이닝 상태

표 15.1 경기 전 무부하 기간에 영향을 미치는 요인

특징		테이퍼 기간에 미치는 영향
체중	높음	더 오래 지속
	낮음	덜 오래 지속
성별	남성	강도유지에 소요되는 시간이 줄어들면서 지속성 향상
	여성	강도 유지에 소요되는 시간이 늘어나면서 지속성 감소
사전 테이퍼 대주기의 부하	높음	더 지속적인
	낮음	덜 지속적인
테이퍼 중 부하 감소 전략	선형	더 지속적인
	단계	덜 지속적인
주간 트레이닝 시간	높음	더 오래 지속(>15시간)
	낮음	덜 오래 지속(<10시간)

*남자 선수들은 근력을 더 오래 유지하고 늦게 피로해지기 때문이다.

를 초래한 고부하 프리 테이퍼 매크로사이클(pre-taper macrocycle)은 3주 지속의 경우는 빠르게 감소하는 지수 테이퍼 또는 2주 지속의 경우에는 스텝 테이퍼(Step-taper)와 같이 더 빠르게 부하를 줄일 필요가 있다. 반면, 부하가 더 낮은 사전 테이퍼 매크로사이클은 부하를 좀 서서히 줄이거나(느린 감소 지수 테이퍼 또는 선형 테이퍼) 테이퍼 길이를 14일이 아닌 7~10일로 줄이는 경우도 있다. 이러한 옵션에 직면할 경우, 코치는 이 장에서 제공하고 있는 정보와 자신의 경험을 토대로 무부하 기간을 더 길게 할 것인지 더 짧게 할 것인지, 그리고 부하를 좀 더 느리게 할 것인지 더 빠르게 할 것인지를 결정해야 한다.

테이퍼 지침

운동선수의 이상적인 테이퍼를 정하는 출발점으로 3주의 매크로사이클 고강도 트레이닝 후 운동량을 60%로 줄여 2주의 지수 테이퍼(Exponential taper)를 사용하는 것이 좋다. 다시 말하지만, 운동선수의 내적 부하를 줄일 수 있는 테이퍼 기간 동안 조작할 수 있는 트레이닝 요소는 트레이닝의 강도, 운동량, 빈도이다.

강도 조절

여러 연구 결과에 따르면 테이퍼 기간 동안 사용된 강도는 운동선수한테 실시한 이전 트레이닝에 의해 만들어진 적응을 유지하는 것과 추가적인 적응을 자극하는 데도 근본적으로 중

요하다는 사실을 알 수 있다(Hickson et al., 1985; Shepley et al., 1992; Convertino et al., 1981; Mujika 1998, Bosquet et al., 2007; McNeely & Sandler, 2007). 강도는 평균 5~10% 정도만 감소한다.

테이퍼의 마지막 날에만 강도를 가장 높은 비율로 줄여야 한다. 또한 최근의 컴퓨터 시뮬레이션 결과에 따르면, 경기가 있기 4일 전에 강도를 가장 많이 줄여야 하며 피로를 없애는 데 영향을 주지 않으면서도 추가적인 적응을 자극하기 위해서는 마지막 3일 동안에는 강도를 다시 높여 중강도 및 중고강도를 사용해야 한다(Thomas, Mujika, & Busso, 2009).

운동량 조절

한 연구 결과에 따르면 10주 동안 얻은 트레이닝 적응은 30~60% 범위로 운동량을 줄이면서 이후 28주 동안 유지될 수 있다(Graves et al., 1988). 또한, 엘리트 운동선수들을 대상으로 한 여러 연구 결과에 따르면 테이퍼 기간 동안 최대 운동량을 40~85%로 줄이는 것이 경기력에 긍정적인 영향을 미치며, 40~60%로 줄일 때 가장 중요한 개선이 이루어진다(Houmard et al., 1989; McConell et al., 1993; Martin et al., 1994; Rietjens et al., 2001; Mujika et al., 1995; Shepley et al., 1992, Bosquet et al., 2007). 표 15.2에서 볼 수 있듯이 테이퍼 전체 기간에 걸친 운동량 감소 비율은 테이퍼의 지속 시간, 잔류하는 내부 피로 및 부하 감소의 유형을 포함하여 여러 요인으로 결정된다.

운동 빈도 조절

피크에 도달하기 위해서는 주간 트레이닝 세션의 수를 줄임으로써 트레이닝량을 부분적으로

표 15.2 경기 전 무부하 기간에 영향을 미치는 요인

특징		운동량에 미치는 영향
테이퍼 사이클 이전 저항력	높음	큰 감소(축소)
	낮음	작은 감소(축소)
테이퍼 지속 기간	짧음	감소 폭 높음
	긴	감소 폭 낮음
저항 감소 유형	선형	높은 평균 운동량 낮은 최종 운동량
	단계별	낮은 최종 운동량 높은 최종 운동량

줄일 필요가 있다. 그러나 이 방법은 스피드 스포츠와 파워 스포츠, 특히 유산소 운동에서만 권장된다. 다른 모든 상황, 특히 기술적인 측면이 높은 스포츠(예: 수영, 조정, 크로스컨트리 스키, 카약, 체조)와 일반적으로 수준 높은 운동선수의 경우에는 각 세션의 운동량을 줄일 것을 권한다.

수준이 높은 팀 스포츠에서는 테이퍼 기간의 첫번째 주 동안 또는 첫번째 주와 두번째 주 사이에 2~3일 정도 트레이닝을 쉬는 계획을 짜는 것이 일반적인 관행이다. 이 방법을 택하는 이유는 팀 스포츠 선수들은 보통 경기 시즌이 길기 때문에 토너먼트 또는 컵 대회 결승 전 직전에 오버트레이닝 상태에 진입하기 때문이다. 이러한 이유로 프로팀 및 국가대표팀의 경우, 스포츠 의학 전문의들은(아마도 시즌 내내 팀을 확인하여 비교하면서) 선수의 테스토스테론 대 코티졸의 비율과 CPK 수치를 확인하는 것이 바람직하다. 그 결과를 가지고 근력

표 15.3 테이퍼 기간 동안 트레이닝과 회복 전략에 따른 이점

	전략	이점
운동량의 변화	• 총 트레이닝 거리 또는 기간 40~60% 줄이기 • 반복 횟수 줄이기 • 휴식 기간 늘리기 • 새로운 운동법 실행 금지	• 모든 생리학 시스템의 초과 회복 달성 • 신경근의 준비성 강화 • 에너지 저장과 보충 유도
강도의 변화	• 파워 스포츠의 경우 트레이닝 강도 5~10% 줄이기, 지구력 스포츠의 경우 20~30% 줄이기 • 시합 며칠 전에 높이기	
신경근 자극	• 이 장에서 소개한 신경근계 강화법 사용	• 신경근의 최대 퍼포먼스 유도 • 속근섬유의 근수축 향상 • 속근섬유의 발현속도 증가 • 근신경의 각성 최대화 • 근신경의 반응성 증가
회복 방법	• 연조직 관리 기법(예: 딥 마사지, 근막 이완) 사용하기 • 심박수 변동값을 제어하여 반드시 적절한 회복 역학 보장하기 • 수면의 질 조절하기(예: 이상적인 시간에 잠에서 깨어나기 위해 Sleep을 Android 앱으로 사용하기) • 심리적 이완, 동기 부여 및 시각화 기술 사용하기 (예: 깊은 이완 상태와 더 빠른 신경계 회복을 유도해주는 최면) • 반드시 적절한 영양과 스포츠별 식품 보충제 섭취하기	• 연부조직의 순응도와 관절 가동성 개선 • 신경근의 준비단계 개선 • 심리적 안정 • 자신감 향상 • 각성 확대 • 에너지 저장 보충 • 시합 내내 최대 파워 유지

및 컨디셔닝 코치들이 테이퍼 기간 동안 각 선수에게 맞는 트레이닝 부하를 설정할 때 사용할 수 있는 더 많은 정보를 얻게 된다.

표 15.3에서 볼 수 있듯이 경기 단계 동안 모든 트레이닝 활동의 양과 강도를 점진적으로 줄이는 것은 회복 기술을 점차 더 많이 사용할 뿐만 아니라 운동선수가 에너지 저장을 보충하고, 초과을 달성하고, 정신적으로 긴장을 풀고, 최고의 성과를 목표로 경기에서 최고의 결과를 얻을 수 있는 동기 부여에 도움이 된다. 표에 제시된 전략을 테이퍼링 기간 동안 적용하여 주요 경기를 앞두고 신경근의 이점을 최대한 확실히 얻도록 해야 한다. 이 기간 동안 영양, 보충제 및 연조직 요법(예: 딥 마사지, 근막이완)을 통해 적절한 회복과 재생에 중점을 두어야 한다. 트레이닝 측면에서 이 시기는 잘 계획된 준비와 경기 기간의 이점을 얻을 수 있는 시기이다.

피킹 및 신경근 강화

많은 성공적인 코치들은 트레이닝을 주기화하고, 테이퍼링 및 신경 근육 시스템 강화 방법을 사용하여 선수들이 최고의 경기력에 이르도록 돕는다. 이 장에서는 코치가 활성화 후 강화(post-activation potentiation) 및 수축 후 감각성 방출이라는 두 가지 특수 트레이닝 방법을 사용하여 최고의 경기력을 유도하는 방법에 대해 논하기로 한다. 이 방법들은 근육의 장력을 최대한 키우기 위해 고안되었지만, 실제 환경에서 최대한의 장력에 도달하기란 쉽지 않다. 신경 근육 시스템을 자극하고 최대한의 운동단위를 동원하도록 향상시키는 효과적인 방법에는 고부하 트레이닝, 고충격 플라이오메트릭스 수행, 등척성 수축 구현 등이 있다. 운동단위를 동원하는 능력을 높이면 선수가 파워 활동에 적용할 힘을 키울 수 있도록 높여준다.

이러한 방법이 갖는 특정한 생리상의 이점을 고려할 때, 예를 들어 전력 질주, 점프 등 육상 경기 및 던지기, 무술, 수상 스포츠 등 경기 시간이 짧은 종목(예: 다이빙, 수영 스프린트), 트랙 사이클링, 스피드스케이팅 같은 스피드 스포츠 및 파워 스포츠에 권장된다. 반면, 신경근계 강화 방법은 경기 시간이 긴 종목(예: 축구)에는 권장되지 않으며, 유산소 시스템이 지배적인 스포츠에는 더욱이 강조하지 않는다. 그 이유는 스포츠 종목의 경기력에 이점이 있지만 미미하기 때문이다.

코치와 트레이너가 직면하는 가장 큰 어려움은 체계적인 실험실 연구를 트레이닝에 적용하는 것이다. 강렬한 등척성 수축 또는 강직 경련 상태에 이를 정도로 연축을 유발하는

운동	부하 (%1RM)	반복 횟수	휴식 시간(분)	부하 (%1RM)	반복 횟수	휴식 시간(분)	부하 (%1RM)	반복 횟수	휴식 시간(분)
쿼터 스쿼트	100*	3	4	110*	3	6	120*	3	4
워킹 런지	80	2+2 (R+L)	4	80	2+2 (R+L)	4	—	—	—
벤치프레스	75	3	3	82.5	3	—	—	—	—

R+L = 오른쪽 + 왼쪽
*풀 스쿼트 중 1RM

그림 15.1 60m, 100m 또는 200m 단거리 선수가 경기 당일 아침에 사용할 수 있는 신경근 강화 세션

전기 자극이 있은 후에는 모든 추가적인 자극도 최대한의 연축력을 이끌어내지만(Enoka, 2002), 심지어 강한 단축성 작용도 강화를 유발할 수 있다(Gullich & Schmidtbleicher, 1996; Chiu et al., 2003, Rixon, Lamont & Bemben, 2007).

최대한의 연축력, 즉 활성화 후 강화(post-activation potentiation)는 대략 8~12분 동안 유지된 후 관리 수준으로 되돌아갈 수 있다(Enoka, 2002). 예를 들어 그림 15.1에 제시된 운동 같은 심한 신장성-단축성 운동(1RM의 80% 이상)을 이용하면, 6~7시간 후에는 추가적인 강화와 활성화 후 강화가 나타나며 최대 24시간까지 지속될 수 있다. 이러한 이유로, 경기 당일 아침이나 경기 전날 실시할 수 있다.

반면, 수축 후 감각성 방출(post-contraction sensory discharge)은 경기 직전에 적용될 수 있는 생리적 메커니즘이다. 경기 5~20분 전에 짧은 기간의 강렬한 활동을 수행하게 되면 선수가 하게 되는 후속 동작에 대해 신경 면에서 기여도를 높일 수 있다(Enoka, 2002). 예를 들어, 고도로 트레이닝된 스프린터는 종종 레이스 5~10분 전에 1~2세트의 폭발적인 플라이오메트릭스(레벨 2 또는 3) 운동을 2~4회 반복하여 수행한다. 이 활동은 근방추 방출(Enoka, 2002)과 후속적인 주동근에 가해지는 신경 운동을 증가시켜준다. 단 몇 초 동안 지속되는 짧고 강렬한 활동은 후속 동작에서 더 큰 파워로 이용된다.

활성화 후 강화는 속근섬유에서보다 지근섬유에서 더 작다(O'Leary, Hope, & Sale, 1998; Hamada et al., 2000). 이를 보면 속근섬유의 활성화가 스피드 스포츠 및 파워 스포츠에서 활성화 후 강화를 적용하는 것이 중요한 이유이다. 더욱이 따뜻한 근육은 차가운 근육보다 더 높은 활성화 후 강화를 이끌어낸다(Gossen, Allingham, & Sale, 2001). 따라서 적절하게 워밍업하면 부상을 예방할 뿐만 아니라 근육이 힘을 생성하는 능력을 증가시켜준다. 또한, 적응 과정을 통해 근육이 힘을 생성하는 능력이 증가함에 따라 활성화 후 강화도 증가한다.

스포츠 트레이닝의 주기화

전환 단계의 근력 트레이닝

장기간의 힘든 운동과 스트레스가 많은 경기 동안 선수의 결단력, 동기 부여 및 의지가 테스트되며, 끝난 후에 선수는 고도의 생리적·심리적 피로를 경험한다. 비록 근육 피로는 며칠 안에 사라질 수 있지만, 중추신경계와 정신적 피로(운동선수의 행동에서 관찰할 수 있듯이)는 훨씬 더 오래 지속될 수 있다.

트레이닝 강도가 높고 더 많은 경기를 할수록 선수들의 피로도는 그만큼 더 커지기 마련이다. 그러한 상황에서는 선수들이 새로운 연간 트레이닝 사이클을 시작하는 데 어려움을 겪는 것은 당연하다. 따라서 선수들은 새로운 시즌의 트레이닝을 시작하기 전에 신체적으로나 심리적으로 휴식을 취해야 한다. 새로운 준비단계가 시작될 때쯤이면 선수들은 완전히 회복하여 트레이닝에 참가할 준비가 되어 있어야 한다. 실제로 선수들은 전환 단계를 성공적으로 마친 후에 다시 트레이닝하고자 하는 강한 열망을 느끼게 된다.

전환 단계는 종종 '오프시즌(off-season)'이라고 불리지만, 이는 적절하지 않으며, 두 개의 연간 계획을 연결해주는 역할을 한다. 전환 단계의 주요 목표는 심리적 휴식, 이완 및 생물학적 회복뿐만 아니라 신체 전반을 만족할 만할 정도로 준비하여 유지하는 것이다. 이 단계는 선수의 수준에 따라 지속 시간이 다르다. 초보자 또는 주니어 선수에게 전환 단계는 3~4주로 짧을 수 있으나, 숙련된 올림픽 선수의 경우 전환 단계는 4년마다 열리는 올림픽 주기가 끝나고 최대 8주에 이를 수도 있다. 이것이 가능한 이유는 올림픽이 열리는 해 내내 올림픽에 출전하는 선수들이 경험한 스트레스 수준과 잔류 피로 때문이기도 하고, 그 선수들은 일단 새로운 준비가 시작되면 체력과 특정 기술을 되찾을 수 있는 능력이 있기 때문이다. 그러나 수준이 낮은 선수가 전환단계의 기간을 길게 할 경우 디트레이닝으로 인해 대부분의 체력을 눈에 띄게 잃게 될 것이다.

선수들은 적절한 수준의 체력을 유지할 수 있도록 전환 단계 동안 일주일에 2~3회 정도 트레이닝해야 하며, 그중 최소한 한 번은 근력 트레이닝을 위한 운동을 해야 한다. 제로에서부터 다시 체력을 키우는 것보다는 최소한 이전 체력의 50% 수준을 유지하는 것이 덜 힘들다. 사실, 전환 단계가 끝난 후에 제로에서 시작하는 선수는 상당한 양의 디트레이닝을 경험했다. 근력의 디트레이닝 현상이 있다는 기록은 1960년대부터 있어왔다. Hettinger(1966)는 근육을 일주일 동안 움직이지 않으면 근력을 최대 30%까지 잃을 수 있다는 사실을 발견했다. 비록 극단적인 경우이기는 하지만, 운동생리학 및 근력 트레이닝에 관한 책에서 많은 유사한 연구 결과를 찾아볼 수 있으며, 코치는 단 2주 동안 전혀 활동하지

최대의 수행을 위한 피킹

전환 단계에서는 힘들었던 시즌이 끝난 후에 심리적으로 휴식을 취하고 육체적 긴장을 풀 수 있다.

않으면 근력이 크게 감소할 것으로 예상할 수 있다.

선수들은 전환기 동안, 또한 준비단계와 시합단계 내내 거의 주의를 기울이지 못했던 근육 그룹을 포함하여 회복 트레이닝을 수행해야 한다. 즉, 길항근과 안정근에 주의를 기울여야 한다. 예를 들어, 비공식적인 신체 트레이닝(예: 픽업 게임 또는 레크리에이션 놀이)이 끝난 후에 20~30분 정도의 별도 세션에서 이 두 근육 그룹을 활성화시킬 수 있다. 프로그램은 휴식을 취할 수 있고 선수들은 자신이 원하는 대로 자신의 페이스로 운동하면 된다. 프로그램에 긴장감이 있을 필요는 없다. 사실, 전환 단계에서의 긴장감은 바람직하지 않다. 특정 부하, 템포, 특정 횟수의 반복 및 세트 수, 휴식 시간 등으로 구성된 공식적인 프로그램은 잊어도 된다. 선수들은 자신이 하고 싶은 대로 하도록 하면 된다.

참고문헌

Aagaard, P. and Andersen, J.L. 2011. Effects of resistance training on endurance capacity and muscle fiber composition in young top-level cyclists. *Scandinavian Journal of Medicine and Science in Sports* 21 (6): e298-307.

Aagaard, P., Simonsen, E.B., Anderson, J.L., Magnusson, S.P., and Halkaer-Kristensen, K. 1994. Moment and power generation during maximal knee extensions performed at low and high speeds. *European Journal of Applied Physiology* 89: 2249-57.

Abbruzzese, G., Morena, M., Spadavecchia, L., and Schieppati, M. 1994. Response of arm flexor muscles to magnetic and electrical brain stimulation during shortening and lengthening tasks in man. *Journal of Physiology—London* 481: 499-507.

Adams, T.M., Worlay, D., and Throgmartin, D. 1987. The effects of selected plyometric and weight training on muscular leg power. *Track and Field Quarterly Review* 87: 45-7.

Adlercreutz, H., et al. 1986. Effect of training on plasma anabolic and catabolic steroid hormones and their response during physical exercise. *International Journal of Sports Medicine*. 7 (1): 27-8.

Ahtiainen, J.P., et al. 2011. Recovery after heavy resistance exercise and skeletal muscle androgen receptor and insulin-like growth factor-I isoform expression in strength trained men. *Journal of Strength and Conditioning Research* 25 (3): 767-77.

American College of Sports Medicine. 2000. Joint position statement of the American College of Sports Medicine, American Dietetic Association, and Dietitians of Canada on nutrition and athletic performance. *Medicine and Science in Sports and Exercise* 32 (12): 2130-45.

Andersen, J.L., and Aagaard, P. 2000. Myosin heavy chain IIX overshoot in human skeletal muscle. *Muscle Nerve* 23 (7): 1095-1104.

Andersen, J.L., Klitgaard, H., and Saltin, B. 1994. Myosin heavy chain isoforms in single fibres from m. vastus lateralis of sprinters: Influence of training. *Acta Physiologica Scandinavica* 151 (2): 135-42.

Andersen, L.L., et al. 2005. Changes in the human muscle force-velocity relationship in response to resistance training and subsequent detraining. *Journal of Applied Physiology* 99 (1): 87-94.

Andersen, L.L., et al. 2010. Early and late rate of force development: Differential adaptive responses to resistance training? *Scandinavian Journal of Medicine and Science in Sports* 20 (1): e162-69.

Anderson, K., and Behm, D.G. 2004. Maintenance of EMG activity and loss of force output with instability. *Journal of Strength and Conditioning Research* 18: 637-40.

Anderson, K., Behm, D.G., and Curnew R.S. 2002. Muscle force and neuromuscular activation under stable and unstable conditions. *Journal of Strength and Conditioning Research* 16: 416-22.

Appell, H.J. 1990. Muscular atrophy following immobilization: A review. *Sports Medicine* 10 (1): 42-58.

Armstrong, R.B. 1986. Muscle damage and endurance events. *Sports Medicine* 3: 370-81.

Armstrong, R.B., Warren, G.L., and Warren, J.A. 1991. Mechanics of exercise-induced muscle fiber injury. *Sports Medicine* 12 (3): 184-207.

Ashton-Miller, J.A., Wojtys, E.M., Huston, L.J., and Fry-Welch, D. 2001. Can proprioception be improved by exercise? *Knee Surgery Sports Traumatology Arthroscopy* 9 (3): 128-36.

Asmussen, E., and Mazin, B. 1978. A central nervous system component in local muscular fatigue. *European Journal of Applied Physiology* 38: 9-15.

Åstrand, P.O., and Rodahl, K. 1985. *Textbook of work physiology.* New York: McGraw-Hill.

Atha, J. 1984. Strengthening muscle. *Exercise and Sport Sciences Reviews* 9: 1-73.

Augustsson, J., Thomeé, R., Hornstedt, P., Lindblom, J., Karlsson, J., and Grimby, G. 2003. Effect of pre-exhaustion exercise on lower extremity muscle activation during a leg press exercise. *Journal of Strength and Conditioning Research* 17 (2): 411-16.

Babraj, J.A., et al. 2005. Collagen synthesis in human musculoskeletal tissues and skin. *American Journal of Physiology—Endocrinology and Metabolism* 289 (5): E864-69.

Baker, D., Nance, S., and Moore, M. 2001. The load that maximizes the average mechanical power output during explosive bench press throws in highly trained athletes. *Journal of Strength and Conditioning Research* 15 (1): 20-4.

Baker, D. 1995. Selecting the appropriate exercises and loads for speed-strength development. *Strength and Conditioning Coach* 3 (2): 8-16.

Baker, D.G., and Newton, R.U. 2007. Change in power output across a high-repetition set of bench throws and jump squats in highly trained athletes. *Journal of Strength and Conditioning Research* 21 (4): 1007-11.

Balsom, P.D., Wood, K., Olsson, P., and Ekblom, B. 1999. Carbohydrate intake and multiple sprint sports: With special reference to football. *International Journal of Sport Medicine* 20: 48-52.

Bangsbo, J. 1994. Energy demands in competitive soccer. *Journal of Sports Sciences* 12 Spec No: S5-12.

———. 1999. Science and football. *Journal of Sports Sciences* 17 (10): 755-6.

Bangsbo, J., Iaia, F.M., and Krustrup, P. 2007. Metabolic response and fatigue in soccer. *International Journal of Sports Physiology and Performance* 2 (2): 111-27.

Banister E.W., Carter J.B., and Zarkadas, P.C. 1999. Training theory and taper: Validation in triathlon athletes. *European Journal of Applied Physiology and Occupational Physiology* 79 (2): 179-86.

———. 1995. Modelling the effect of taper on performance, maximal oxygen uptake, and the anaerobic threshold in endurance triathletes. *Advances in Experimental Medicine and Biology* 393: 179-86.

Baroga, L. 1978. Contemporary tendencies in the methodology of strength development. *Educatie Fizica si Sport* 6: 22-36.

Bazyler, C.D., Sato, K., Wassinger, C.A., Lamont, H.S., and Stone, M.H. 2014. The efficacy of incorporating partial squats in maximal strength training. *Journal of Strength and Conditioning Research* 28 (11): 3024-32.

Behm, D., and Sale, D.G. 1993. Intended rather than actual movement velocity determines velocity-specific training response. *Journal of Applied Physiology* 74: 359-68.

Beliard, S.M., Chaveau, M., Moscatiello, T., Cross, F., Ecarnot, F., and Becker, F. 2015. Compression garments and exercise: No influence on pressure applied. *Journal of Sports Science & Medicine* March 14 (1): 75-83.

Belli, A., Kyröläinen, H., and Komi, P.V. 2002. Moment and power of lower limb joints in running. *International Journal of Sports Medicine* 23 (2): 136-41.

Bennet, W.M., and Rennie, M.J. 1991. Protein anabolic actions of insulin in the human body. *Diabetic Medicine* 8: 199-207.

Berardi, J., and Andrews, R. 2009. *Nutrition: The complete guide*. Carpinteria, CA: International Sports Science Association.

Bergeron, G. 1982. Therapeutic massage. *Journal of the Canadian Athletic Therapists Association* Summer: 15-17.

Bergstrom, J., Hermansen, L., Hultman, E., and Saltin, B. 1967. Diet, muscle glycogen and physical performance. *Acta Physiologica Scandinavica* 71: 140-50.

Besier, T.F., Lloyd, B.G., Cochrane, J.L., and Ackland, T.R. 2001. External loading of the knee joint during running and cutting maneuvers. *Medicine and Science in Sports and Exercise* 33: 1168-75.

Bigland-Ritchie, B., Johansson, R., Lippold, O.C.J., and Woods, J.J. 1983. Contractile speed and EMG changes during fatigue of sustained maximal voluntary contractions. *Journal of Neurophysiology* 50 (1): 313-24.

Billat, V.L., Flechet, B., Petit, B., Muriaux, G., and Koralsztein, J.P. 1999. Interval training at $\dot{V}O_2$max: Effects on aerobic performance and overtraining markers. *Medicine and Science in Sports and Exercise* 31 (1): 156-63.

Billat, V.L., Petot, H. Karp, J.R., Sarre, G., Morton, R.H., and Mille-Hamard, L. 2013. The sustainability of $\dot{V}O_2$max: Effect of decreasing the workload. *European Journal of Applied Physiology* 113 (2): 385-94.

Billat, V.L., Sirvent, P., Py, G., Koralsztein, J.P., and Mercier, J. 2003. The concept of maximal lactate steady state: A bridge between biochemistry, physiology and sport science. *Sports Medicine* 33 (6): 407-26.

Biolo, G., Fleming, R.Y.D., and Wolfe, R.R. 1995. Physiologic hyperinsulinemia stimulates protein synthesis and enhances transport of selected amino acids in human skeletal muscle. *Journal of Clinical Investigation* 95: 811-19.

Biolo, G., Tipton, K.D., Klein, S., and Wolfe, R.R. 1997. An abundant supply of amino acids enhances the metabolic effect of exercise on muscle protein. *American Journal of Physiology* 273: E119-22.

Biolo, G., Williams, B.D., Fleming, R.Y.D., and Wolfe, R.R. 1999. Insulin action on muscle protein kinetics and amino acid transport during recovery after resistance exercise. *Diabetes* 48: 949-57.

Bishop, N.C., Blannin, A.K., Rand, L., et al. 1999. Effect of carbohydrate and fluid intake on the blood leukocyte responses to prolonged cycling. *International Journal of Sports Medicine* 17: 26-27.

Bishop, N.C., Blannin, A.K., Walsh, N.P., and Gleeson, M. 2001. Carbohydrate beverage ingestion and neutrophil degranulation responses following cycling to fatigue at 75% of $\dot{V}O_2$max. *International Journal of Sports Medicine* 22: 226-31.

Bloomquist, K., et al. 2013. Effect of range of motion in heavy load squatting on muscle and tendon adaptations. *European Journal of Applied Physiology* 8: 2133-61.

Bogdanis, G.C., Nevill, M.E., Boobis, L.H., and Lakomy, H.K. 1996. Contribution of phosphocreatine and aerobic metabolism to energy supply during repeated sprint exercise. *Journal of Applied Physiology* 80: 876-84.

Bompa, T. 1965a. Periodization of strength. *Sports Review* 1: 26-31.

———. 1965b. Periodization of strength for power sports. International Conference on Advancements in Sports Training, Moscow.

———. 1977. Characteristics of strength training for rowing. International Seminar on Training in Rowing, Stockholm.

———. 1983. *Theory and methodology of training.* Dubuque, IA: Kendall/Hunt Publishing Company.

———. 1993. *Periodization of strength: The new wave in strength training.* Toronto: Veritas.

———. 1999. *Periodization: Theory and methodology of training.* 4th ed. Champaign, IL: Human Kinetics.

Bompa T.O. 2006. *Total training for coaching team sports: A self help guide.* Toronto. Sport Books Publisher.

Bompa, T., and Claro, F. 2008. *Periodization in rugby.* Aachen, Germany: Meyer & Meyer Sport.

Bompa T., Hebbelinck, M., and Van Gheluwe, B. 1978. A biomechanical analysis of the rowing stroke employing two different oar grips. The XXI World Congress in Sports Medicine, Brasilia, Brazil.

Bompa, T.O. 2005. *Treinando atletas de deporto colectivo.* São Paulo, Brazil: Phorte Editora.

Bompa, T.O. 2016. Strength training and injury prevention, Sports Science Congress, Bucharest, Romania.

Bompa, T.O., and Buzzichelli, C.A. 2018. *Periodization: Theory and methodology of training.* 6th ed. Champaign, IL: Human Kinetics.

Bompa, T.O., and Haff, G.G. 2009. *Periodization: Theory and methodology of training.* 5th ed. Champaign, IL: Human Kinetics.

Bonen, A. 2001. The expression of lactate transporters (MCT1 and MCT4) in heart and muscle. *European Journal of Applied Physiology* 86 (1): 6-11.

Bonen, A., and Belcastro, A. 1977. A physiological rationale for active recovery exercise. *Canadian Journal of Applied Sports Sciences* 2: 63-64.

Borsheim, E., Cree, M.G., Tipton, K.D., Elliott, T.A., Aarsland, A., and Wolfe, R.R. 2004. Effect of carbohydrate intake on net muscle protein synthesis during recovery from resistance exercise. *Journal of Applied Physiology* 96 (2): 674-78.

Bosco, C., and Komi, P.V. 1980. Influence of countermovement amplitude in potentiation of muscular performance. In *Biomechanics VII proceedings*, 129-35. Baltimore: University Park Press.

Bosquet, L., Montpetit, J., Arvisais, D., and Mujika, I. 2007. Effects of tapering on performance: A meta-analysis. *Medicine and Science in Sports and Exercise* 39 (8): 1358-65.

Brooks, G.A., Brauner, K.T., and Cassens, R.G. 1973. Glycogen synthesis and metabolism of lactic acid after exercise. *American Journal of Physiology* 224: 1162-66.

Brooks, G.A., and Fahey, T. 1985. *Exercise physiology: Human bioenergetics and its application.* New York: Wiley.

Brooks, G.A., Fahey, T.D., and White, T.P. 1996. *Exercise physiology: Human bioenergetics and its applications.* 2nd ed. Mountainview, CA: Mayfield.

Broughton, A. 2001. *Neural mechanisms are the most important determinants of strength adaptations.* Proposition for debate. School of Physiotherapy, Curtin University.

Brughelli, M., Cronin, J. and Chaouachi, A. 2011. Effects of running velocity on running kinetics and kinematics. *Journal of Strength and Conditioning Research* 25 (4): 933-39.

Bührle, M. 1985. *Grundlagen des maximal-und Schnellkraft Trainings.* Schorndorf: Hofmann Verlag.

Bührle, M., and Schmidtbleicher, D. 1981. Komponenten der maximal-und Schnellkraft-Versuch einer Neustrukturierung auf der Basis empirischer Ergebnisse. *Sportwissenschaft* 11: 11-27.

Burd, N.A., et al. 2010. Low-load high-volume resistance exercise stimulates muscle protein synthesis more than high-load low-volume resistance exercise in young men. *PLOS ONE* 5 (8): e12033.

Burkes, L.M., Collier, G.R., and Hargreaves, M. 1998. Glycemic index—A new tool in sport nutrition? *International Journal of Sport Nutrition* 8 (4): 401-15.

Burkett, B. 2018. *Applied sport mechanics*. 4th ed. Champaign, IL: Human Kinetics.

Campos, J., Poletaev, P., Cuesta, A., Pablos, C., & Carratalà. 2006. Kinematical analysis of the snatch in elite male junior weightlifters of different weight categories. *Journal of Strength and Conditioning Research*, 20 (4): 843-50.

Caraffa, A., Cerulli, G., Projetti, M., Aisa, G., and Rizzo, A. 1996. Prevention of anterior cruciate ligament injuries in soccer. A prospective controlled study of proprioceptive training. *Knee Surgery, Sports Traumatology, Arthroscopy* 4 (1): 19-21.

Chen, J.L., et al. 2011. Parasympathetic nervous activity mirrors recovery status in weightlifting performance after training. *Journal of Strength and Conditioning Research* 25 (6): 1546-52.

Chiu, L.Z., et al. 2003. Postactivation potentiation response in athletic and recreationally trained individuals. *Journal of Strength and Conditioning Research* 17 (4): 671-77.

Cinique, C. 1989. Massage for cyclists: The winning touch? *The Physician and Sportsmedicine* 17 (10): 167-70.

Clark, N., 1984. The training table: Recovering from exhaustive workouts. *Strength and Conditioning Journal* 6 (6): 36-37.

Colado, J.C., et al. 2011. The progression of paraspinal muscle recruitment intensity in localized and global strength training exercises is not based on instability alone. *Archives of Physical Medicine and Rehabilitation* 92 (11): 1875-83.

Compton, D., Hill, P.M., and Sinclair, J.D. 1973. Weight-lifters' blackout. *Lancet* 302 (7840): 1234-37.

Conlee, R.K. 1987. Muscle glycogen and exercise endurance: A twenty-year perspective. *Exercise and Sport Sciences Reviews* 15: 1-28.

Convertino, V.A., Keil, L.C., Bernauer, E.M., and Greenleaf, J.E. 1981. Plasma volume, osmolality, vasopressin, and renin activity during graded exercise in man. *Journal of Applied Physiology* 50 (1): 123-28.

Conwit, R.A. et al. 2000. Fatigue effects on motor unit activity during submaximal contractions. *Archives of Physical Medicine and Rehabilitation* 81 (9): 1211-16.

Coombes, J.S., and Hamilton, K.L. 2000. The effectiveness of commercially available sports drinks. *Sports Medicine* 29 (3): 181-209.

Councilman, J.E. 1968. *The science of swimming*. Englewood Cliffs, NJ: Prentice Hall.

Coutts, A., Reaburn, P., Piva, T.J., and Murphy, A. 2007. Changes in selected biochemical, muscular strength, power, and endurance measures during deliberate overreaching and tapering in rugby league players. *International Journal of Sports Medicine* 28 (2): 116-24.

Coyle, E.F. 1999. Physiological determinants of endurance exercise performance. *Journal of Science and Medicine in Sport* 2 (3): 181-89.

Coyle, E.F., Feiring, D.C., Rotkis, T.C., Cote, R.W., Roby, F.B., Lee, W., and Wilmore, J.H. 1991. Specificity of power improvements through slow and fast isokinetic training. *Journal of Applied Physiology: Respiratory Environment Exercise Physiology* 51 (6): 1437-42.

Cramer, J.T., et al. 2005. The acute effects of static stretching on peak torque, mean power output, electromyography, and mechanomyography. *European Journal of Applied Physiology* 93 (5-6): 530-39.

Crameri, R.M., et al. 2004. Enhanced procollagen processing in skeletal muscle after a single bout of eccentric loading in humans. *Matrix Biology* 23 (4): 259-64.

D'Amico, A., and Morin, C. 2011. Effects of myofascial release on human performance: a review of the literature. *Semantic Scholar*. Corpus ID 26560281.

Davis, J., Jackson, D.A., Broadwell, M.S., Queary, J.L., and Lambert, C.L. 1997. Carbohydrate drinks delay fatigue during intermittent, high-intensity cycling in active men and women. *International Journal of Sports Nutrition* 7 (4): 261-73.

참고문헌

Davis, R.M., Welsh, R.S., De Volve, K.L., and Alderson, N.A. 1999. Effects of branched-chain amino acids and carbohydrate on fatigue during intermittent, high-intensity running. *International Journal of Sports Medicine* 20 (5): 309-14.

De Luca, C.J., and Erim, Z. 1994. Common drive of motor units in regulation of muscle force. *Trends in Neuroscience* 17: 299-305.

De Luca, C.J., LeFever, R.S., McCue, M.P., and Xenakis, A.P. 1982. Behaviour of human motor units in different muscles during linearly varying contractions. *Journal of Physiology—London* 329: 113-28.

de Salles, B.F., et al. 2010. Strength increases in upper and lower body are larger with longer inter-set rest intervals in trained men. *Journal of Science and Medicine in Sport* 13 (4): 429-33.

Devine, K.L., LeVeau, B.F., and Yack, H.J. 1981. Electromyographic activity recorded from an unexercised muscle during maximal isometric exercise of the contralateral agonists and antagonists. *Physical Therapy* 6 (6): 898-903.

Doessing, S., and Kjaer, M., 2005. Growth hormone and connective tissue in exercise. *Scandinavian Journal of Medicine and Science in Sports* 15 (4): 202-10.

Dons, B., Bollerup, K., Bonde-Petersen, F., and Hancke, S. 1979. The effects of weight lifting exercise related to muscle fibre composition and muscle cross-sectional area in humans. *European Journal of Applied Physiology* 40: 95-106.

Dorado, C., Sanchis-Moysi, J., and Calbet, J.A., 2004. Effects of recovery mode on performance, O_2 uptake, and O_2 deficit during high-intensity intermittent exercise. *Canadian Journal of Applied Physiology* 29 (3): 227-44.

Dudley, G.A., and Fleck, S.J. 1987. Strength and endurance training: Are they mutually exclusive? *Sports Medicine* 4: 79-85.

Ebbing, C., and Clarkson, P. 1989. Exercise-induced muscle damage and adaptation. *Sports Medicine* 7: 207-34.

Edge, J., Bishop, D., Goodman, C., and Dawson, B. 2005. Effects of high- and moderate-intensity training on metabolism and repeated sprints. *Medicine and Science in Sports and Exercise* 37 (11): 1975-82.

Edgerton, R.V. 1976. Neuromuscular adaptation to power and endurance work. *Canadian Journal of Applied Sports Sciences* 1: 49-58.

Ekstrand, J., Waldén, M., and Hägglund, M. 2004. Risk for injury when playing in a national football team, *Scandinavian Journal of Medicine and Science in Sports* 14 (1): 34-8.

Eliassen, W., Saeterbakken, A.H., and van den Tillart, R. 2018. Comparison of bilateral and unilateral squat exercises on barbell kinematics and muscle activation. *International Journal of Sports Physical Therapy* Aug: 13 (5): 871-81.

Enoka, R. 1996. Eccentric contractions require unique activation strategies by the nervous system. *Journal of Applied Physiology* 81 (6): 2339-46.

Enoka, R.M. 1994. *Neuromechanical basis of kinesiology.* 2nd ed. Champaign, IL: Human Kinetics.

———. 2002. *Neuromechanics of human movement.* 3rd ed. Champaign, IL: Human Kinetics.

———. 2015. *Neuromechanics of human movement.* 4th ed. Champaign, IL: Human Kinetics.

Enoka, R.M., and Stuart, D.G. 1992. Neurobiology of muscle fatigue. *Journal of Applied Physiology* 72 (5): 1631-38.

Evangelista, P. 2010. Principles of Strength Training, a presentation for the Tudor Bompa Institute - Italia. Ciccarelli Editore.

Evertsen, F., Medbo, J.I., Jebens, E.P., and Gjovaag, T.F. 1999. Effect of training on the activity of five muscle enzymes studied in elite cross-country skiers. *Acta Physiologica Scandinavica* 167 (3): 247-57.

Fabiato, A., and Fabiato, F. 1978. The effect of pH on myofilaments and the sarcoplasmic reticulum of skinned cells from cardiac and skeletal muscle. *Journal of Physiology* 276: 233-55.

Fahey, T.D. 1992. How to cope with muscle soreness. *Powerlifting USA* 15 (7): 10-11.

Fama, B.J., and Bueti, D.R. 2011. The acute effect of self-myofascial release on lower extremity plyometric performance. Theses and Dissertations. Paper 2. Sacred Heart University.

Farrow, D., Young, W., and Bruce, L. 2005. The development of a test of reactive agility for netball: A new methodology. *Journal of Science and Medicine in Sport* 8 (1): 52-60.

Febbraio, M.A., and Pedersen, B.K. 2005. Contraction-induced myokine production and release: Is skeletal muscle an endocrine organ? *Exercise and Sport Sciences Reviews* 33 (3): 114-19.

Ferret, J.M., and Cotte, T. 2003. Analyse des differences de preparation medico sportive de l'Equipe de France de football pour le coupes du monde 1998 et 2002, Lutter contre le Dopage en géran la recuperation physique, Publications de l'Université de Saint-Etienne 23-26.

Fitts, R.H., and Widrick, J.J. 1996. Muscle mechanics: Adaptations with exercise-training. *Exercise and Sport Sciences Reviews* 24: 427-73.

Fleck, S.J., and Kraemer, W.J. 1996. *Periodization breakthrough.* New York: Advanced Research Press.

Forslund, A.H., et al. 2000. The 24-h whole body leucine and urea kinetics at normal and high protein intake with exercise in healthy adults. *American Journal of Physiology* 278: E857-67.

Fox, E.L. 1984. *Sports physiology.* New York: CBS College.

Fox, E.L., Bowes, R.W., and Foss, M.L. 1989. *The physiological basis of physical education and athletics.* Dubuque, IA: Brown.

Franchi, M.V., Reeves, N.D., and Narici, M.V. 2017. Skeletal muscles remodeling in response to eccentric a concentric loading: Morphological, molecular and metabolic adaptation. *Frontiers in Physiology* 8: 447.

Frank, C.B. 1996. Ligament injuries: Pathophysiology and healing. In *Athletic injuries and rehabilitation*, edited by J.E. Zachazewski, D.J. Magee, and W.S. Wilson, 9-26. Philadelphia: Saunders.

Friden, J., and Lieber, R.L. 1992. Structural and mechanical basis of exercise-induced muscle injury. *Medicine in Science and Sports Exercise* 24: 521-30.

Fritzsche, R.G., et al. 2000. Water and carbohydrate ingestion during prolonged exercise increase maximal neuromuscular power. *Journal of Applied Physiology* 88 (2): 730-37.

Fry, R.W., Morton, R., and Keast, D. 1991. Overtraining in athletics. *Sports Medicine* 2 (1): 32-65.

García-Fernández, P., Guodemar-Pérez, J., Ruiz-López, M., Rodríguez-López, E.S. and Hervás-Pérez, J.P. 2017. Injury rate in professional soccer players within the community of Madrid: A comparative, epidemiological cohort study among the first, second and second B divisions. *Journal of Physiotherapy and Physical Rehabilitation 2* (152). http://doi.org/10.4172/2573-0312.1000152

Garhammer, J. 1989. Weightlifting and training. In *Biomechanics of sport*, edited by C.L. Vaughn, 169-211. Boca Raton, FL: CRC Press.

Gauron, E.F. 1984. *Mental training for peak performance.* New York: Sports Science Associates.

Gibala, M.J., MacDougall, J.D., Tarnopolsky, M.A., Stauber, W.T., and Elorriaga, A. 1995. Changes in human skeletal muscle ultrastructure and force production after acute resistance exercise. *Journal of Applied Physiology* 78 (2): 702-8.

Godfrey, R.J., et al. 2003. The exercise-induced growth hormone response in athletes. *Sports Medicine* 33: 599-613.

Goldberg, A.L., Etlinger, J.D., Goldspink, D.F., and Jablecki, C. 1975. Mechanism of work-induced hypertrophy of skeletal muscle. *Medicine and Science in Sports and Exercise* 7: 185-98.

Goldspink, G. 2005. Mechanical signals, IGF-I gene splicing, and muscle adaptation. *Physiology* 20: 232-38.

———. 2012. Age-related loss of muscle mass and strength. *Journal of Aging Research* 2012. https://doi.org/10.1155/2012/158279

Gollhofer, A., Fujitsuka, P.A., Miyashita, N., and Yashita, M. 1987. Fatigue during stretch-shortening cycle exercises: Changes in neuro-muscular activation patterns of human skeletal muscle. *Journal of Sports Medicine* 8: 30-47.

Gollnick, P., Armstrong, R., Saubert, C., Piehl, K., and Saltin, B. 1972. Enzyme activity and fibre composition in skeletal muscle of untrained and trained men. *Journal of Applied Physiology* 33 (3): 312-19.

González-Badillo, J.J., et al. 2014. Maximal intended velocity training induces greater gains in bench press performance than deliberately slower half-velocity training. *European Journal of Sport Science* 15: 1-10.

Gorostiaga, E.M., Navarro-Amézqueta, I., Calbet, J.A., Hellsten, Y., Cusso, R., Guerrero, M., Granados, C., González-Izal, M., Ibañez, J., and Izquierdo, M. 2012. Energy metabolism during repeated sets of leg press exercise leading to failure or not. *PLOS One* 7 (7): e40621.

Gossen, R.E., Allingham, K., and Sale, D.G. 2001. Effect of temperature on post-tetanic potentiation in human dorsiflexor muscles. *Canadian Journal of Physiology and Pharmacology* 79: 49-58.

Goto, K., et al. 2004. Muscular adaptations to combinations of high- and low-intensity resistance exercises. *Journal of Strength and Conditioning Research* 18 (4): 730-37.

Goto, K., et al. 2007. Effects of resistance exercise on lipolysis during subsequent submaximal exercise. *Medicine and Science in Sports and Exercise* 39 (2): 308-15.

Graves, J.E., et al. 1988. Effect of reduced training frequency on muscular strength. *International Journal of Sports Medicine* 9 (5): 316-19.

Gregg, R.A., and Mastellone, A.F. 1957. Cross exercise: A review of the literature and study utilizing electromyographic techniques. *American Journal of Physical Medicine* 38: 269-80.

Grizard, J., et al. 1999. Insulin action on skeletal muscle protein metabolism during catabolic states. *Reproduction Nutrition Development* 39 (1): 61-74.

Gullich, A., and Schmidtbleicher, D. 1996. MVC-induced short-term potentiation of explosive force. *New Studies in Athletics* 11 (4): 67-81.

Haff, G.G, et al. 2000. Carbohydrate supplementation attenuates muscle glycogen loss during acute bouts of resistance exercise. *International Journal of Sport Nutrition and Exercise Metabolism* 10: 326-39.

Hagberg, et al. 1979. Effect of training on hormonal responses to exercise in competitive swimmers. *European Journal of Applied Physiology and Occupational Physiology* 41 (3): 211-19.

Hainaut, K., and Duchateau, J. 1989. Muscle fatigue: Effects of training and disuse. *Muscle & Nerve* 12: 660-69.

Haiyan, L., et al. 2011. Macrophages recruited via CCR2 produce insulin-like growth factor-1 to repair acute skeletal muscle injury. *FASEB Journal* 25 (1): 358-69.

Häkkinen, K. 1986. Training and detraining adaptations in electromyography. Muscle fibre and force production characteristics of human leg extensor muscle with special reference to prolonged heavy resistance and explosive-type strength training. *Studies in Sport, Physical Education and Health* 20. Jyväskylä, Finland: University of Jyväskylä.

———. 1989. Neuromuscular and hormonal adaptations during strength and power training. *Journal of Sports Medicine and Physical Fitness* 29 (1): 9-26.

Häkkinen, K., and Komi, P. 1983. Electromyographic changes during strength training and detraining. *Medicine and Science in Sports and Exercise* 15: 455-60.

Häkkinen, K., and Pakarinen, A. 1993. Acute hormonal responses to two different fatiguing heavy-resistance protocols in male athletes. *Journal of Applied Physiology* 74 (2): 882-87.

Hall, E., Bishop, D., and Gee, T. 2016. Effect of Plyometric training on handspring vault performance and functional power in youth female gymnasts. PloS one. 11. e0148790. 10.1371/journal.pone.0148790.

Hamada, T., et al. 2000. Post activation potentiation, fiber type, and twitch contraction time in human knee extensor muscles. *Journal of Applied Physiology* 88 (6): 2131-37.

Hameed, M., et al. 2008. Effects of eccentric cycling exercise on IGF-I splice variant expression in the muscles of young and elderly people. *Scandinavian Journal of Medicine and Science in Sports* 18 (4): 447-52.

Hamlyn, N., et al. 2007. Trunk muscle activation during dynamic weight-training exercises and isometric instability activities. *Journal of Strength and Conditioning Research* 21 (4): 1108-12.

Harre, D., ed. 1982. *Trainingslehre*. Berlin: Sportverlag.

———. 2005. *Teoria dell' allenamento*. Roma, Società Stampa Sportiva.

Harrison, B.C., et al. 2011. IIb or not IIb? Regulation of myosin heavy chain gene expression in mice and men. *Skeletal Muscle* 1 (1): 1-5.

Hartmann, J., and Tünnemann, H. 1988. *Fitness and strength training*. Berlin: Sportverlag.

Hartmann, H., et al. 2012. Influence of squatting depth on jumping performance. *Journal of Strength and Conditioning Research* 26 (12): 3243-61.

Hassell, A.L, Lindsted, S., and Nishikawa, K.C. 2017. Physiological mechanisms of eccentric contraction and its applications: a role for the giant titin protein. *Frontiers in Physiology* 9 (8): 70.

Hawley, J.A., Tipton, K.D., and Millard-Stafford, M.L. 2006. Promoting training adaptations through nutritional interventions. *Journal of Sports Sciences* 24 (7): 709-21.

Hay, J.G. 1993. *The biomechanics of sports techniques*. Englewood Cliffs, NJ: Prentice Hall.

Healey, K.C., et al. 2014 The effects of myofascial release with foam rolling on performance. *Journal of Strength and Conditioning Research* 28 (1): 61-68.

Hellebrand, F., and Houtz, S. 1956. Mechanism of muscle training in man: Experimental demonstration of the overload principle. *Physical Therapy Review* 36: 371-83.

Hellebrandt, F.A., Parrish, A.M., and Houtz, S.J. 1947. Cross education: The influence of unilateral exercise on the contralateral limb. *Archive of Physical Medicine* 28: 78-84.

Helms, Eric. 2010. *Effects of Training-Induced Hormonal Changes on Muscular Hypertrophy.* 3dmusclejourney.com/resources/Effects_of_Training-Induced_Hormonal_Changes_on_Muscular_Hypertrophy_by_Eric_Helms.pdf.

Henneman, E., Somjen, G., and Carpenter, D.O. 1965. Functional significance of cell size in spinal motoneurons. *Journal of Neurophysiology* 28: 560-80.

Hennig, R., and Lomo, T. 1987. Gradation of force output in normal fast and slow muscle of the rat. *Acta Physiologica Scandinavica* 130: 133-42.

Hessel, A.L., Lindstedt, S.L., and Nishikawa, K.C., 2017. Physiological mechanism of eccentric contraction and its application: A role for the giant titin protein. *Frontiers in Physiology* 9 (8): 70.

Hermansen, L., and Vaage, O. 1977. Lactate disappearance and glycogen synthesis in human muscle after maximal exercise. *American Journal of Physiology* 233 (5): E422-29.

Hettinger, T. 1966. *Isometric muscle training.* Stuttgart: Georg Thieme Verlag.

Hettinger, T., and Müler, E. 1953. Muskelleistung and Muskel Training. *Arbeitsphysiologie* 15: 111-26.

Hickson, R., et al. 1985. Reduced training intensities and loss of aerobic power, endurance, and cardiac growth. *Journal of Applied Physiology* 58: 492-99.

Hickson, R.C., Dvorak, B.A., Corostiaga, T.T., and Foster, C. 1988. Strength training and performance in endurance-trained subjects. *Medicine and Science in Sports and Exercise* 20 (2) (Suppl.): 586.

Hody, S., Croisier, J.L., Bury, T., Register, B., and Leprince, P. 2019. Eccentric muscle contractions: Risks and benefits. *Frontiers in Physiology* 3 (10): 536.

Hoff, J., Gran, A., and Helgerud, J. 2002. Maximal strength training improves aerobic endurance performance. *Scandinavian Journal of Medicine and Science in Sports* 12 (5): 288-95.

Hoffman, J.R., Ratamess, N.A., Tranchina, C.P., Rashti, S.L., Kang, J., and Faigenbaum, A.D. 2010. Effect of a proprietary protein supplement on recovery indices following resistance exercise in strength/power athletes. *Amino Acids* 38 (3): 771-78.

Hornberger, T.A., et al. 2006. The role of phospholipase D and phosphatidic acid in the mechanical activation of mTOR signaling in skeletal muscle. *Proceedings of the National Academy of Science of the United States of America* 103 (12): 4741-46.

Hortobagyi, T., Hill, J., Houmard, A., Fraser, D., Lambert, J., and Israel, G. 1996. Adaptive responses to muscle lengthening and shortening in humans. *Journal of Applied Physiology* 80 (3): 765-72.

Houmard, J.A., Kirwan, J.P., Flynn, M.G., and Mitchell, J.B. 1989. Effects of reduced training on submaximal and maximal running responses. *International Journal of Sports Medicine* 10: 30-33.

Houmard, J.A. 1991. Impact of reduced training on performance in endurance athletes. *Sports Medicine* 12 (6): 380-93.

Howard, J.D., Ritchie, M.R., Gater, D.A., Gater, D.R., and Enoka, R.M. 1985. Determining factors of strength: Physiological foundations. *National Strength and Conditioning Journal* 7 (6): 16-21.

Hubbard, T.J., et al. 2004. Does cryotherapy hasten return to participation? A systematic literature review. *Journal of Athletic Training* 39 (1): 88-94.

Hultman, E., and Sjoholm, H. 1983. Energy metabolism and contraction force of skeletal muscle in-situ during electrical stimulation. *Journal of Physiology* 345: 525-32.

International Olympic Committee. 2010. *Consensus Statement on Sport Nutrition.* olympic.org/Documents/Reports/EN/CONSENSUS-FINAL-v8-en.pdf

Israel, S. 1972. *The acute syndrome of detraining.* Berlin: GDR National Olympic Committee. 2: 30-35.

Ivy, J., and Portman, R. 2004. *Nutrient timing.* Laguna Beach, CA: Basic Health Publications.

Ivy, J.L, et al. 2003. Effect of carbohydrate-protein supplement on endurance performance during exercise of varying intensity. *International Journal of Sport Nutrition and Exercise Metabolism* 13: 42-49, 52-56, 338-401.

Izquierdo, M., et al. 2006. Differential effects of strength training leading to failure versus not to failure on hormonal responses, strength and muscle power increases. *Journal of Applied Physiology* 100: 1647-56.

Jacobs, I., Esbornsson, M., Sylven, C., Holm, I., and Jansson, E. 1987. Sprint training effects on muscle myoglobin, enzymes, fibre types, and blood lactate. *Medicine and Science in Sports and Exercise* 19 (4): 368-74.

Janssen, P. 2001. *Lactate threshold training.* Champaign, IL: Human Kinetics.

참고문헌

Jezova, D., et al. 1985. Plasma testosterone and catecholamine responses to physical exercise of different intensities in men. *European Journal of Applied Physiology and Occupational Physiology* 54 (1): 62-66.

Johns, R.J., and Wright, V. 1962. Relative importance of various tissues in joint stiffness. *Journal of Applied Physiology* 17: 824.

Jorgensen, J.O., et al. 2003. Exercise, hormones and body temperature: Regulation and action of Gh during exercise. *Journal of Endocrinological Investigation* 26 (9): 38-42.

Kandarian, S.C., and Jackman, R.W. 2006. Intracellular signaling during skeletal muscle atrophy. *Muscle & Nerve* 33 (2): 155-65.

Kanehisa, J., and Miyashita, M. 1983. Effect of isometric and isokinetic muscle training on static strength and dynamic power. *European Journal of Applied Physiology* 50: 365-71.

Kannus, P., Alosa, D., Cook, L., Johnson, R.J., Renstrom, P., Pope, M., Beynnon, B., Yasuda, K., Nichols, C., and Kaplan, M. 1992. Effect of one-legged exercise on the strength, power and endurance of the contralateral leg: A randomized, controlled study using isometric and concentric isokinetic training. *European Journal of Applied Physiology* 64 (2): 117-26.

Karlsson, J., and Saltin, B. 1971. Diet, muscle glycogen and endurance performance. *Journal of Applied Physiology* 31 (2): 203-6.

Kawamori, N., et al. 2013. Relationships between ground reaction impulse and sprint acceleration performance in team sport athletes. *Journal of Strength and Conditioning Research* 27 (3): 568-73.

Kerksick, C., et al. 2008. International society of sport nutrition position stand: Nutrient timing. *Journal of the International Society of Sport Nutrition* 5: 17.

King, I. 1998. *How to Write Strength Training Programs*. Toowong (AUS): Kings Sport Publishing. 123.

Kjaer, M., et al. 2005. Metabolic activity and collagen turnover in human tendon in response to physical activity. *Journal of Musculoskeletal and Neuronal Interactions* 5 (1): 41-52.

Kjaer, M., et al. 2006. Extracellular matrix adaptation of tendon and skeletal muscle to exercise. *Journal of Anatomy* 208 (4): 445-50.

Komi, P.V., and Bosco, C. 1978. Utilization of stored elastic energy in leg extensor muscles by men and women. *Medicine and Science in Sports and Exercise* 10 (4): 261-65.

Komi, P.V., and Buskirk, E.R. 1972. Effect of eccentric and concentric muscle conditioning on tension and electrical activity of human muscle. *Ergonomics* 15 (4): 417-34.

Kraemer, W.J., and Ratamess, N.A. 2005. Hormonal responses and adaptations to resistance exercise and training. *Sports Medicine* 35: 339-61.

Kraemer, W.J., Ratamess, N.A., Volek, J.S., Häkkinen, K., Rubin, M.R., French, D.N., Gómez, A.L., et al. 2006. The effects of amino acid supplementation on hormonal responses to resistance training overreaching. *Metabolism* 55 (3): 282-91.

Kyröläinen, H., Avela, J., and Komi, P.V. 2005. Changes in muscle activity with increasing running speed. *Journal of Sports Sciences* 23 (1): 1101-9.

Kugler, A., Kruger-Franke, M., Reininger, S., Trouillier, H.H., and Rosemeyer, B. 1996. Muscular imbalance and shoulder pain in volleyball attackers. *British Journal of Sports Medicine* 30 (3): 256-59.

Kuipers, H., and Keizer, H.A. 1988. Overtraining in elite athletes: Review and directions for the future. *Sports Medicine* 6: 79-92.

Kuoppasalmi, K., and Adlercreutz, H. 1985. Interaction between anabolic and catabolic steroid hormones in muscular exercise. *Exercise Endocrinology*. Berlin: de Gruyter: 65-98.

Kyröläinen, H., et al. 2001. Biomechanical factors affecting running economy. *Medicine and Science in Sports and Exercise* 33 (8): 1330-37.

Lamb, D.R. 1984. *Physiology of Exercise: Responses and Adaptations*. 2nd ed. New York: MacMillan.

Langberg, H., et al. 2007. Eccentric rehabilitation exercise increases peritendinous type I collagen synthesis in humans with Achilles tendinosis. *Scandinavian Journal of Medicine and Science in Sports* 17: 61-66.

Lange, L. 1919. *Über functionelle Anpassung*. Berlin: Springer Verlag.

Latash, M.L. 1998. *Neurophysiological basis of movement*. Champaign, IL: Human Kinetics.

La Torre, A., et al. 2010. Acute effects of static stretching on squat jump performance at different knee starting angles. *Journal of Strength and Conditioning Research* 24 (3): 687-94.

Laubach, L.L. 1976. Comparative muscle strength of men and women: A review of the literature. *Aviation, Space, and Environmental Medicine* 47: 534-42.

Lee, M., and Carroll, T. 2007. Cross-education: Possible mechanisms for the contralateral effects of unilateral resistance training. *Sports Medicine* 37 (1): 1-14.

Lemon, P.W., et al. 1997. Moderate physical activity can increase dietary protein needs. *Canadian Journal of Applied Physiology* 22: 494-503.

Lephart, S.M., Ferris, C.M., Riemann, B.L., Myers, J.B., and Fu, F.H. 2002. Gender differences in strength and lower extremity kinematics during landing. *Clinical Orthopaedics and Related Research* 402: 162-69.

Liu, Y., et al. 2008. Response of growth and myogenic factors in human skeletal muscle to strength training. *British Journal of Sports Medicine* 42 (12): 989-93.

MacDonald, G.Z., et al. 2013. An acute bout of self-myofascial release increases range of motion without a subsequent decrease in neuromuscular performance. *Journal of Strength and Conditioning Research* 27 (3): 812-21.

MacDougall, J.D., Tuxen, D., Sale, D.G., Moroz, J.R., and Sutton, J.R. 1985. Arterial blood pressure response to heavy resistance exercise. *Journal of Applied Physiology* 58 (3): 785-90.

Mallinson, J.E., Taylor, T., Teodosiu, D.C., Clark, R.B., Constantin, D., Franchi, M.V. Narici, M.V., Auer, D., and Greenhaff, P.L. 2020. Longitudinal hypertrophic and transcriptional responses to high-load eccentric–concentric vs concentric training in males. *Scandinavian Journal or Medicine and Science in Sports*, 00:1-15.

Marsden, C., Meadows, J.F., and Merton, P.A. 1971. Isolated single motor units in human muscle and their rate of discharge during maximal voluntary effort. *Journal of Physiology—London* 217: 12P-13P.

Martin, D.T, Scifres, J.C., Zimmerman, S.D, and Wilkinson, J.G. 1994. Effects of interval training and a taper on cycling performance and isokinetic leg strength. *International Journal of Sports Medicine* 15: 485-91.

Martuscello, J., Nuzzo, J.L. Ashley, C.D., Campbell, B.I., Orriola, J.J., and Mayer, J.M. 2012. Systematic review of core muscle electromyographic activity during physical fitness exercises. *Journal of Strength and Conditioning Research* 27 (6): 1684-98.

Mathews, D.K., and Fox, E.L. 1976. *The physiological basis of physical education and athletics*. Philadelphia: Saunders.

Matveyev, L. 1965. *The Problem of Periodization of Sport Training*.

Maughan, R.J., Goodburn, R., Griffin, J., Irani, M., Kirwan, J.P., Leiper, J.B., MacLaren, D.P., McLatchie, G., Tsintsas, K., and Williams, C. 1993. Fluid replacement in sport and exercise—A consensus statement. *British Journal of Sports Medicine* 27 (1): 34-35.

McConell, G.K., Costill, D.L., Widrick, J.J., Hickey, M.S., Tanaka, H., and Gastin, P.B. 1993. Reduced training volume and intensity maintain capacity but not performance in distance runners. *International Journal of Sports Medicine* 14: 33-37.

McDonagh, M., and Davies, C.T.M. 1984. Adaptive response of mammalian skeletal muscle to exercise with high loads. *European Journal of Applied Physiology* 52: 139-55.

McMaster, D.T, Gill, N., Cronin, J., and McGuigan, M. 2013. The development, retention, and decay rates of strength and power in elite rugby union, rugby league, and American football: A systematic review. *Sports Medicine* 43 (5): 367-84.

McNeely, E., and Sandler, D. 2007. Tapering for endurance athletes. *Strength and Conditioning Journal* 29 (5): 18-24.

Micheli, L.J. 1988. Strength training in the young athlete. In *Competitive sports for children and youth*, edited by E.W. Brown and C.E. Branta, 99-105. Champaign, IL: Human Kinetics.

Miller, B.F., et al. 2005. Coordinated collagen and muscle protein synthesis in human patella tendon and quadriceps muscle after exercise. *Journal of Physiology* 567 (Pt 3): 1021-33.

Mizner, R.L., Stevens, J.E., and Snyder-Mackler, L. 2003. Voluntary activation and decreased force production of the quadriceps femoris muscle after total knee arthroplasty. *Physical Therapy* 83 (4): 359-65.

Moeller, F., et al. 1985. Duration of stretching effect on range of motion in lower extremities. *Archives of Physical Medicine and Rehabilitation* 66: 171-73.

Mohr, M., Krustrup, P., and Bangsbo, J. 2005. Fatigue in soccer: A brief review. *Journal of Sports Sciences* 23 (6): 593-99.

Morgan, R.E., and Adamson, G.T. 1959. *Circuit weight training*. London: Bell.

Morin, J.B. 2011. Technical ability of force application as a determinant factor of sprint performance. *Medicine and Science in Sports and Exercise* 43 (9): 1680-88.

Morin, J.B., et al. 2012. Mechanical determinants of 100-m sprint running performance. *European Journal of Applied Physiology* 112 (11): 3921-30.

Moritani, T. 1992. Time course of adaptations during strength and power training. In *Strength and power in sport*, edited by P.V. Komi, 266-78. Champaign, IL: Human Kinetics.

Moritani, T., and deVries, H.A. 1979. Neural factors versus hypertrophy in the time course of muscle strength gain. *American Journal of Physical Medicine* 58 (3): 115-30.

Mujika, I. 1998. The influence of training characteristics and tapering on adaptation in highly trained individuals: A review. *International Journal of Sports Medicine* 19: 439-46.

———. 2009. *Tapering and peaking for optimal performance.* Champaign, IL: Human Kinetics.

Mujika, I., Chatard, J.C., Busso, T., Geyssant, A., Barale, F., and Lacoste, L. 1995. Effects of training on performance in competitive swimming. *Canadian Journal of Applied Physiology* 20 (4): 395-406.

Mujika, I., and S. Padilla. 2000. Detraining: Loss of training-induced physiological and performance adaptation. *Sports Medicine* 30 (3): 145-154.

Mujika, I., Padilla, S., and Pyne, D. 2002. Swimming performance changes during the final 3 weeks of training leading to the Sydney 2000 Olympic Games, *International Journal of Sports Medicine* 23 (8): 582-87.

Nardone, A., Romanò, C., and Schieppati, M. 1989. Selective recruitment of high-threshold human motor units during voluntary isotonic lengthening of active muscles. *Journal of Physiology* 409: 451-71.

Nelson, A.G., Arnall, D.A., Loy, S.F., Silvester, L.J., and Conlee, R.K. 1990. Consequences of combining strength and endurance training regimens. *Physical Therapy* 70 (5): 287-94.

Nelson, A.G., et al. 2005. Acute effects of passive muscle stretching on sprint performance. *Journal of Sports Sciences* 23 (5): 449-54.

Newsholme, E. 2005. *Keep on running: The science of training and performance.* Hoboken, NJ: Wiley.

Newton, R., Murphy, A., Humphries, B., Wilson, G., Kraemer, W., and Häkkinen, K. 1996. Influence of load and stretch shortening cycle on the kinematics, kinetics and muscle activation that occurs during explosive bench press throws. *European Journal of Applied Physiology* 75: 333-42.

Newton, R., Kraemer, W., Häkkinen, K., Humphries, B., and Murphy, A. 1996. Kinematics, kinetics and muscle activation during explosive upper body movements. *Journal of Applied Biomechanics* 12: 31-43.

Nicholson, G., Bennett, T.D., Bissas, A. and Merlino, S. 2019. *Biomechanical Report for the IAAF World Indoor Championships 2018: High Jump Men.* Birmingham, UK: International Association of Athletics Federations.

Noakes, T.D., et al. 2005. From catastrophe to complexity: A novel model of integrative central neural regulation of effort and fatigue during exercise in humans: Summary and conclusions. *British Journal of Sports Medicine* 39: 120-24.

Nummela, A., et al. 2007. Factors related to top running speed and economy. *International Journal of Sports Medicine* 28 (8): 655-61.

Nuzzo, J.L. 2008. Trunk muscle activity during stability ball and free weight exercises. *Journal of Strength and Conditioning Research* 22 (1): 95-102.

Okamura, K., et al. 1997. Effect of amino acid and glucose administration during post-exercise recovery on protein kinetics in dogs. *American Journal of Physiology* 272: E1023-30.

O'Leary, D.D., Hope, K., and Sale, D.G. 1998. Influence of gender on post-tetanic potentiation in human dorsiflexors. *Canadian Journal of Physiology and Pharmacology* 76: 772-79.

Owino, V., et al. 2001 Age-related loss of skeletal muscle function and the inability to express the autocrine form of insulin-like growth factor-1 (MGF) in response to mechanical overload. *FEBS Letters* 505 (2): 259-63.

Ozolin, N.G. 1971. *Athlete's training system for competition.* Moscow: Phyzkultura i sports.

Petibois, C., and Deleris, G. 2003. Effects of short and long-term detraining on the metabolic response to endurance exercises. *International Journal of Sports Medicine*, 24: 320-325.

Piehl, K. 1974. Time course for refilling of glycogen stores in human muscle fibres following exercise-induced glycogen depletion. *Acta Physiologica Scandinavica* 90: 297-302.

Pincivero, D.M., and Campy, R.M. 2004. The effects of rest interval length and training on quadriceps femoris muscle. Part I: Knee extensor torque and muscle fatigue. *Journal of Sports Medicine and Physical Fitness* 44 (2): 111-18.

Pincivero, D.M., Lephart, S.M., and Karunakara, R.G. 1997. Effects of rest interval on isokinetic strength and functional performance after short-term high intensity training. *British Journal of Sports Medicine* 31 (3): 229-34.

Ploutz, L., et al. 1994. Effect of resistance training on muscle use during exercise. *Journal of Applied Physiology* 76: 1675-81.

Power, K., et al. 2004. An acute bout of static stretching: Effects on force and jumping performance. *Medicine and Science in Sports and Exercise* 36 (8): 1389-96.

Powers, S.K., Lawler, J., Dodd, S., Tulley, R., Landry, G., and Wheeler, K. 1990. Fluid replacement drinks during high intensity exercise: Effects on minimizing exercise-induced disturbances in homeostasis. *European Journal of Applied Physiology and Occupational Physiology* 60 (1): 54-60.

Pyne, D.B., et al. 2009. Peaking for optimal performance: Research limitations and future directions. *Journal of Sports Sciences* 27 (3): 195-202.

Raglin, J.S. 1992. Anxiety and sport performance. *Exercise Sports Science Review* 20: 243-74.

Ranieri, F., and Di Lazzaro, V. 2012. The role of motor neuron drive in muscle fatigue. *Neuromuscular Disorders* 22 (3): S157-61.

Rasmussen, R.B., and Phillips, S.M. 2003. Contractile and nutritional regulation of human muscle growth. *Exercise and Sport Sciences Reviews* 31 (3): 127-31.

Ready, S.L., Seifert, J., and Burke, E. 1999. Effect of two sport drinks on muscle tissue stress and performance. *Medicine and Science in Sports and Exercise* 31 (5): S119.

Reid, P.J., Oliver, J.L., De Ste Croix, M.B.A., Myer, G.D., and Lloyd, R.S. 2018. An audit of injuries in six English professional soccer academies. *Journal of Sports Sciences* 3: 13.

Reilly, T., and Ekblom, B. 2005. The use of recovery methods post-exercise. *Journal of Sports Sciences* 23 (6): 619-27.

Rennie, M.J., and Millward, D.J. 1983. 3-methylhistidine excretion and the urinary 3-methylhistidine/creatinine ratio are poor indicators of skeletal muscle protein breakdown. *Clinical Science* 65: 217-25.

Rhea, M.R., et al. 2009. Alterations in speed of squat movement and the use of accommodated resistance among college athletes training for power. *Journal of Strength and Conditioning Research* 23 (9): 2645-50.

Rietjens, G.J., Keizer, H.A., Kuipers, H., and Saris, W.H. 2001. A reduction in training volume and intensity for 21 days does not impair performance in cyclists. *British Journal of Sports Medicine* 35 (6): 431-34.

Rixon, K.P., Lamont, H.S., and Bemben, M.G. 2007. Influence of type of muscle contraction, gender, and lifting experience on postactivation potentiation performance. *Journal of Strength and Conditioning Research* 21 (2): 500-05.

Robinson, J.M., et al. 1995. Effects of different weight training exercise/rest intervals on strength, power, and high intensity exercise endurance. *Journal of Strength and Conditioning Research* 9 (4): 216-21.

Roemmich, J.N., and Rogol, A.D. 1997. Exercise and growth hormone: Does one affect the other? *Journal of Pediatrics* 131: S75-80.

Roig, M., O'Brien, K., Murray, G.R., McKinnon, P., Shadgan, B., and Reid, W.D. 2009. The effects of eccentric versus concentric resistance training on muscle strength and mass in healthy adults: A systematic review with meta-analysis. *British Journal of Sports Medicine* 43 (8): 556-68.

Roman Suarez, I. 1986. *Levantamiento de pesas—Periodo competitivo*. La Habana, Cuba: Editorial Científico-Técnica.

Rønnestad, B.R., and Mujika, I. 2013. Optimizing strength training for running and cycling endurance performance: A review. *Scandinavian Journal of Medicine and Science in Sports* 24 (4): 603-12.

Roschel, H., et al. 2011. Effect of eccentric exercise velocity on akt/mtor/p70(s6k) signaling in human skeletal muscle. *Applied Physiology Nutrition and Metabolism* 36 (2): 283-90.

Sahlin, K. 1986. Metabolic changes limiting muscular performance. *Biochemistry of Exercise* 16: 86-98.

Sale, D. 1986. Neural adaptation in strength and power training. In *Human muscle power*, edited by L. Jones, L.N. McCartney, and A. McConias, 289-304. Champaign, IL: Human Kinetics.

———. 1992. Neural adaptations to strength training. In *Strength and power in sport*, edited by P.V. Komi, 249-65. Oxford: Blackwell Scientific.

Sale, D.G., MacDougall, J.D., Jakobs, I., and Garner, S. 1990. Interaction between concurrent strength and endurance training. *Journal of Applied Physiology* 68 (1): 260-70.

Saltin, B. 1973. Metabolic fundamentals in exercise. *Medicine and Science in Sports* 5: 137-46.

Samuel, M.N., et al. 2008. Acute effects of static and ballistic stretching on measures of strength and power. *Journal of Strength and Conditioning Research* 22 (5): 1422-28.

Santa Maria, D., Gryzbinski, P., and Hatfield, B. 1985. Power as a function of load for a supine bench press exercise [Abstract]. *National Strength and Conditioning Association Journal* 6: 58.

Sariyildiz, M., et al. 2011. Cross-education of muscle strength: Cross-training effects are not confined to untrained contralateral homologous muscle. *Scandinavian Journal of Medicine and Science in Sport* 21 (6): e359-64.

Schanzer, W. 2002. *Analysis of non-hormonal nutritional supplements for anabolic-androgenic steroids.* www.olympic.org/Documents/Reports/EN/en_report_324.pdf.

Schillings, M.L., et al. 2000. *Central and peripheral aspects of exercise-induced fatigue.* med.uni-jena.de/motorik/pdk/schillings.pdf.

Schmidtbleicher, D. 1984. *Sportliches Krafttraining und motorische Grundlagenfoschung.* In W. Berger, V. Dietz, A. Hufschmidt, R. Jung, K.-H. Mauritz, and D. Schmidtbleicher, *Haltung und Bewegung beim Menschen*, 155-88. Berlin: Springer.

———. 1992. Training for power events. In *Strength and power in sport*, edited by P.V. Komi, 381-95. Oxford, UK: Blackwell Scientific.

Schmidtbleicher, D., et al. 2014. Long-term strength training effects on change-of-direction sprint performance. *Journal of Strength and Conditioning Research* 28 (1): 223-31.

Schoenfeld, B.J. 2012. Does exercise-induced muscle damage play a role in skeletal muscle hypertrophy? *Journal of Strength and Conditioning Research* 26 (5): 1441-53.

Seiberl, W., Power, G.A., Herzog, W., and Hahn, D. 2015. The stretch-shortening cycle (SSC) revisited: Residual force enhancement contributes to increased performance during fast SSCs of human m. abductor policis. *Physiological Reports* May 3 (5): e12401.

Shepley, B., MacDougall, J.D., Cipriano, N., Sutton, J.R., Tarnopolsky, M.A., and Coates, G. 1992. Physiological effects of tapering in highly trained athletes. *Journal of Applied Physiology* 72: 706-11.

Sirotic, A.C., and Coutts, A.J. 2007. Physiological and performance test correlates of prolonged, high-intensity, intermittent running performance in moderately trained women team sport athletes. *Journal of Strength and Conditioning Research* 21 (1): 138-44.

Sjøgaard, G., et al. 1985. Water and ion shifts in skeletal muscle of humans with intense dynamic knee extension. *American Journal of Physiology* 248 (2 pt 2): R190-96.

Söderman, K., Wener, S., Pietila, T., Engstrom. B., and Alfredson, H. 2000. Balance board training: Prevention of traumatic injuries of the lower extremities in female soccer players? A perspective randomized intervention study. *Knee Surgery, Sports Traumatology, Arthroscopy* 8 (6): 356-63.

Staley, C. 2005. *Muscle logic.* Emmaus, PA: Rodale Press.

Stanek, J.M. 2015. The effectiveness of compression socks for athletic performance and recovery. *Journal of Sports Rehabilitation* 26: 109-14.

Staron, R.S., Hagerman, F.C., and Hikida, R.S. 1981. The effects of detraining on an elite power lifter. *Journal of Neurological Sciences* 51: 247-57.

Stickford, A.S., Chapman, R.F., Johnston, J.D., and Stager, J.M. 2015. Lower leg compression, running mechanics and economy in elite distance runners. *International Journal of Sports Physiology and Performance* 10 (1): 76-83.

Stone, M.H., and O'Bryant, H.S. 1984. *Weight training: A scientific approach.* Minneapolis: Burgess.

Stone, M., O'Bryant, H., Garhammer, J., McMillan, J., and Rozenek. R. 1982. A theoretical model of strength training. *National Strength & Conditioning Association Journal* 4(4): 36-39.

Stone, M.H., Stone, M., and Sands, W.A. 2007. *Principles and practice of resistance training.* Champaign, IL: Human Kinetics.

Sullivan, K.M., et al. 2013. Roller-massager application to the hamstrings increases sit-and-reach range of motion within five to ten seconds without performance impairments. *International Journal of Sports Physical Therapy* 8 (3): 228-36.

Takagi, R., et al. 2011. Influence of icing on muscle regeneration after crush injury to skeletal muscles in rats. *Journal of Applied Physiology* 110 (2): 382-88.

Takarada, Y., et al. 2000. Rapid increase in plasma growth hormone after low-intensity resistance exercise with vascular occlusion. *Journal of Applied Physiology* 88 (1): 61-5.

Taylor, J.L., Todd, G., and Gandevia, S.C. 2006. Evidence for a supraspinal contribution to human muscle fatigue. *Clinical and Experimental Pharmacology and Physiology* 33 (4): 400-5.

Terjung, R.L., and Hood, D.A. 1986. Biochemical adaptations in skeletal muscle induced by exercise training. In *Nutrition and aerobic exercise*, edited by D.K. Layman, 8-27. Washington, DC: American Chemical Society.

Tesch, P. 1980. Muscle fatigue in man. *Acta Physiologica Scandinavica Supplementum* 480: 3-40.

Tesch, P., Sjšdon, B., Thorstensson, A., and Karlsson, J. 1978. Muscle fatigue and its relation to lactate accumulation and LDH activity in man. *Acta Physiologica Scandinavica* 103: 413-20.

Tesch, P.A., and Larsson, L. 1982. Muscle hypertrophy in bodybuilders. *European Journal of Applied Physiology and Occupational Physiology* 49 (3): 301-6.

Tesch, P.A., Thorsson, A., and Kaiser, P. 1984. Muscle capillary supply and fiber type characteristics in weight and power lifters. *Journal of Applied Physiology* 56: 35-38.

Tesch, P.A., Dudley, G.A., Durvisin, M.R., Hather, M., and Harris, R.T. 1990. Force and EMG signal patterns during repeated bouts of concentric and eccentric muscle actions. *Acta Physiologica Scandinavica* 138: 263-271.

Thacker, S.B., Stroup, D.F., Branche, C.M., Gilchrist, J., Goodman, R.A., and Porter Kelling, E. 2003. Prevention of knee injuries in sports. A systematic review of literature. *Journal of Sports Medicine and Physical Fitness* 43 (2): 165-79.

Thomas, L., Mujika, I., and Busso, T. 2009. Computer simulations assessing the potential performance benefit of a final increase in training during pre-event taper. *Journal of Strength and Conditioning Research* 23 (6): 1729-36.

Thorstensson, A. 1977. Observations on strength training and detraining. *Acta Physiologica Scandinavica* 100: 491-93.

Tipton, K.D., Ferrando, A.A., Phillips, S.M., Doyle Jr., D., and Wolfe, R.R. 1999. Postexercise net protein synthesis in human muscle from orally administered amino acids. *American Journal of Physiology* 276: E628-34.

Tipton, K.D., and Wolfe, R.R. 2001. Exercise, protein metabolism, and muscle growth. *International Journal of Sport Nutrition and Exercise Metabolism* 11 (1): 109-32.

———. 2004. Protein and amino acid for athletes. *Journal of Sports Science* 22 (1): 65-79.

Trinity, J.D., et al. 2006. Maximal mechanical power during a taper in elite swimmers. *Medicine and Science in Sports and Exercise*, 38 (9): 1643-49.

Tucker, C.B., Bissas, A. and Merlino, S. 2019. Biomechanical Report for the IAAF World Indoor Championships 2018: Long Jump Men. Birmingham, UK: International Association of Athletics Federations.

Van Cutsem, M., Duchateau, J., and Hainaut, K. 1998. Changes in single motor unit behaviour contribute to the increase in contraction speed after dynamic training in humans. *Journal of Physiology* 513: 295-305.

Van Someren, K.A. 2006. The physiology of anaerobic endurance training. In *The Physiology of Training*, edited by G. Whyte., 88. London: Elsevier.

Verkhoshansky, Y.L.V. 1969. Perspectives in the improvement of speed-strength preparation of jumpers. *Yessis Review of Soviet Physical Education and Sports* 4 (2): 28-29.

———. 1997. *Tutto sul metodo d'urto*. Roma, Società Stampa Sportiva.

von Lieres, H.C. Wilkau, G.I.., Bezodis, N.E., Simpson, S., and Bezodis, I.N. 2020. Phase analysis in maximal sprinting: An investigation of step-to-step technical changes between the initial acceleration, transition and maximal velocity phases. *Sports Biomechanics* 19 (2): 141-156. DOI: 10.1080/14763141.2018.1473479

Wade, A.J., Broadhead, M.W., Cady, E.B., Llewelyn, M.E., Tong, H.N., and Newham, D.J. 2000. Influence of muscle temperature during fatiguing work with the first dorsal interosseous muscle in man: A 31P-NMR spectroscopy study. *European Journal of Applied Physiology* 81 (3): 203-9.

Wathen, D. 1994. Agonist-antagonist ratios for slow concentric isokinetic movements. In *Essentials of strength training and conditioning*, edited by T.R. Baechle. Champaign, IL: Human Kinetics.

Wee, J., et al. 2005. GH secretion in acute exercise may result in post-exercise lipolysis. *Growth Hormone & IGF Research Journal* 15 (6): 397-404.

Weir, J.P., et al. 2006. Is fatigue all in your head? A critical review of the central governor model. *British Journal of Sports Medicine* 40 (7): 573-86.

Welsh, R.S., Davis, J.M., Burke, J.R., and Williams, H.G. 2002. Carbohydrates and physical/mental performance during intermittent exercise to fatigue. *Medicine and Science in Sports and Exercise* 34 (4): 723-31.

Wester, J.U., Jespersen, S.M., Nielsen, K.D., and Neumann, L. 1996. Wobble board training after partial sprains of the lateral ligaments of the ankle: A prospective randomized study. *Journal of Orthopaedic and Sports Physical Therapy* 23 (5): 332-36.

Wayard, P.G., et al. 2000. Faster top running speeds are achieved with greater ground forces, not more rapid leg movements. *Journal of Applied Physiology* 89 (5): 1991-99.

White, J.P., et al. 2013. Testosterone regulation of Akt/mTORC1/FoxO3a signaling in skeletal muscle. *Molecular and Cellular Endocrinology* 365 (2): 174-86.

Wiemann, K., and Tidow, G. 1995. Relative activity of hip and knee extensors in sprinting—Implications for training. *New Studies in Athletics* 10 (1): 29-49.

Wigernaes, I., Hostmark, A.T., Stromme, S.B., Kierulf, P., and Birkeland, K. 2001. Active recovery and post-exercise white blood cell count, free fatty acids and hormones in endurance athletes. *European Journal of Applied Physiology* 84 (4): 358-66.

Willems, T., Witvrouw, E., Verstuyft, J., Vaes, P., and De Clercq, D. 2002. Proprioception and muscle strength in subjects with a history of ankle sprains and chronic instability. *Journal of Athletic Training* 37 (4): 487-93.

Wilmore, J., and Costill, D. 2004. *Physiology of sport and exercise*. 3rd ed. Champaign, IL: Human Kinetics.

Wilmore, J.H., and Costill, D.L. 1988. Training for sport and activity. In *The physiological basis of the conditioning process*. Dubuque, IA: Brown.

Wilmore, J.H., Parr, R.B., Girandola, R.N., Ward, P., Vodak, P.A., Barstow, T.J., Pipes, T.V., Romero, G.T., and Leslie, P. 1978. Physiological alterations consequent to circuit weight training. *Medicine and Science in Sports and Exercise* 10: 79-84.

Wojtys, E.M., Huston, L.J., Taylor, P.D., and Bastian, S.D. 1996. Neuromuscular adaptations in isokinetic, isotonic, and agility training programs. *American Journal of Sports Medicine*, Mar-Apr 1996; 24 (2): 187-92.

Wojtys, E.M., Huston, L.J., Schock, H.J., Boylan, J.P., and Ashton-Miller, J.A. 2003. Gender differences in muscular protection of the knee in torsion in size-matched athletes. *Journal of Bone and Joint Surgery—American Volume* 85-A (5): 782-89.

Woo, S.L.-Y., An, K.-N., Arnoczky, S.P., Wayne, J.S., Fithian, D.C., and Myers, B.S. 1994. Anatomy, biology and biomechanics of tendon, ligament, and meniscus. In *Orthopaedic basic science*, edited by S.R. Simon, 45-87. Park Ridge, IL: American Academy of Orthopaedic Surgeons.

Wright, J.E. 1980. Anabolic steroids and athletics. *Exercise and Sport Sciences Reviews* 8: 149-202.

Wysotchin, 1976. Die muskelentspannung von sprintern. *Die Lehre der Leichtathletik*. 19: 593-596.

Yamaguchi, T., et al. 2006. Acute effect of static stretching on power output during concentric dynamic constant external resistance leg extension. *Journal of Strength and Conditioning Research* 20 (4): 804-10.

Yarasheski, K.E., et al. 1992. Effect of growth hormone and resistance exercise on muscle growth in young men. *American Journal of Physiology* 262(3 Pt.1): E261-7.

Yessis, M. 1990. *Soviet training methods*. New York: Barnes & Noble.

Zatsiorsky, V.M. 1995. *Science and Practice of Strength Training*. Champaign, IL: Human Kinetics.

Zawadzki, K.M., Yaspelkis, B.B., and Ivy, J.L. 1992. Carbohydrate-protein complex increases the rate of muscle glycogen storage after exercise. *Journal of Applied Physiology* 72: 1854-59.

Zehnder, M., Rico-Sanz, J., Kühne, G., and Boutellier, U. 2001. Resynthesis of muscle glycogen after soccer-specific performance examined by 13C-magnetic resonance spectroscopy in elite players. *European Journal of Applied Physiology* 84 (5): 443-47.

Zeller, B.L., McCrory, J.L., Kibler, W.B., and Uhl, T.L. 2003. Differences in kinematics and electromyographical activity between men and women during the single-legged squat. *American Journal of Sports Medicine* 31 (3): 449-56.

Zhang, P., et al. 2007. Signaling mechanisms involved in disuse muscle atrophy. *Medical Hypotheses* 69 (2): 310-21.

Zhou, S. 2003. Cross-education and neuromuscular adaptations during early stage of strength training. *Journal of Exercise Science and Fitness* 1 (1): 54-60.

Zijdewind, I., and Kernell, D. 2001. Bilateral interactions during contractions of intrinsic hand muscles. *Journal of Neurophysiology* 85 (5): 1907-13.

저자 소개

Tudor O. Bompa 박사는 1963년 그의 고향인 루마니아에서 획기적인 주기화 이론을 발표하면서 서구식 트레이닝 방법에 혁명을 일으켰다. 그는 11명의 올림픽 메달리스트(금메달리스트 4명 포함)를 개인적으로 트레이닝 시켰으며 전 세계 코치 및 선수들의 컨설턴트로 활동했다.

Bompa의 저서 *Theory and Methodology of Training: The Key to Athletic Performance and Periodization*은 19개 언어로 번역되어 180개 이상의 국가에서 선수 트레이닝과 코치 교육 및 인증을 위해 사용되었고 46개국에서 트레이닝에 대한 발표로 초청받았으며 아르헨티나 문화부, 호주 스포츠 위원회, 스페인 올림픽 위원회, 전미 근력 및 컨디셔닝 협회(2014 엘빈 로이 경력 업적상), 국제 올림픽 위원회와 같은 권위 있는 기관으로부터 명예 증서와 감사장을 받았다.

또한, 캐나다 올림픽 협회와 루마니아 국립 스포츠 위원회의 회원인 Bompa는 York University의 명예 교수로 1987년부터 트레이닝 이론을 가르치기 시작하였고 2017년에는 고국인 루마니아에서 *Honoris causa* 박사라는 명예 칭호를 받았다.

Carlo A. Buzzichelli는 하바나(쿠바)의 우수한 체육문화 및 스포츠 연구소의 박사 후보자로 전문적인 근력 및 컨디셔닝 코치이며 국제 근력 및 컨디셔닝 연구소 소장; 쿠바, 이탈리아, 필리핀의 올림픽 육상 선수 컨설턴트; 밀라노 대학교(이탈리아)에서 트레이닝 이론 및 방법론 겸임 교수; 국제 스포츠 과학 협회(ISSA)의 회장 자문 위원회로 활동하고 있다.

Buzzichelli는 전 세계 여러 대학 및 스포츠 기관에서 세미나 및 강연을 개최했으며, 2012년 트리반드룸(인도)에서 개최된 근력 및 컨디셔닝 국제 워크숍, 2015년 베이징(중국)에서 개최된 퍼포먼스 트레이닝 회의, 2016년 부쿠레슈티(루마니아)에서 개최된 근력 및 컨디셔닝 국제 워크숍, 2017년 하바나(쿠바)에서 개최된 육상 국가대표팀 코치 포럼, 2018년 마닐라(필리핀)에서 개최된 필리핀 재활의학 아카데미 컨퍼런스,

저자 소개

2018년 피렌체(이탈리아)에서 개최된 축구 과학 국제 회의, 2018년 바르샤바(폴란드)에서 개최된 컴뱃 스포츠 근력 및 컨디셔닝 국제 컨퍼런스, 2019년 괄리오르(인도)에서 개최된 근력 및 컨디셔닝 국제 워크샵에서 초청강사로 활동하였다.

Buzzichelli의 코칭 경험에는 2002 영연방 경기대회와 2003년, 2017년, 2019년 세계 육상 선수권 대회; 2016 하계 올림픽이 포함된다. 그는 배구 및 축구팀에서 근력 및 컨디셔닝 코치로 근무할 당시 3개 팀을 5시즌 동안 5번의 승격을 달성하였으며 4개의 개인종목(육상, 수영, 브라질리언 주짓수, 역도)의 코치를 맡을 당시 전국 선수권 대회에서 50개 이상의 메달을 획득하였고 역도와 육상 선수를 지도하여 10개의 국가 신기록을 세우고 국제 대회에서 15개의 메달을 획득하는데 기여했다. 2015년에는 서로 다른 두 종목의 이탈리아 챔피언을 지도하였고 2016년에 두 선수가 각자의 종목에서 국제 타이틀을 획득하였다.

역자 소개

대표역자

김 기 홍 단국대학교

공동역자

고 성 식 한국교통대학교   유 정 빈 대전과학기술대학교

김 병 관 단국대학교   윤　 철 한국체력트레이너협회

김 시 현 필라테스 루시   이 상 현 단국대학교

김 아 름 단국대학교   정 덕 조 서원대학교

박 인 아 충남스포츠과학센터   정 상 훈 영진전문대학교

박 준 식 단국대학교   정 환 종 단국대학교

배 명 호 어시스트레치   제이슨강 단국대학교

서 상 원 광주대학교   지 영 진 단국대학교

손 재 헌 단국대학교   최 한 나 로라피트니스

송 상 협 단국대학교   한 현 구 헤이스바디랩

양 재 웅 한국체력트레이너협회